Systemrelevante Finanzinstitute

Jacob Kleinow

Systemrelevante Finanzinstitute

Systemrisiko und Regulierung
im europäischen Kontext

Mit einem Geleitwort von Andreas Horsch

Jacob Kleinow
Freiberg, Deutschland

Dissertation an der TU Freiberg, 2016

ISBN 978-3-658-14595-8   ISBN 978-3-658-14596-5 (eBook)
DOI 10.1007/978-3-658-14596-5

Die Deutsche Nationalbibliothek verzeichnet diese Publikation in der Deutschen Nationalbibliografie; detaillierte bibliografische Daten sind im Internet über http://dnb.d-nb.de abrufbar.

Springer Gabler
© Springer Fachmedien Wiesbaden 2016
Das Werk einschließlich aller seiner Teile ist urheberrechtlich geschützt. Jede Verwertung, die nicht ausdrücklich vom Urheberrechtsgesetz zugelassen ist, bedarf der vorherigen Zustimmung des Verlags. Das gilt insbesondere für Vervielfältigungen, Bearbeitungen, Übersetzungen, Mikroverfilmungen und die Einspeicherung und Verarbeitung in elektronischen Systemen.
Die Wiedergabe von Gebrauchsnamen, Handelsnamen, Warenbezeichnungen usw. in diesem Werk berechtigt auch ohne besondere Kennzeichnung nicht zu der Annahme, dass solche Namen im Sinne der Warenzeichen- und Markenschutz-Gesetzgebung als frei zu betrachten wären und daher von jedermann benutzt werden dürften.
Der Verlag, die Autoren und die Herausgeber gehen davon aus, dass die Angaben und Informationen in diesem Werk zum Zeitpunkt der Veröffentlichung vollständig und korrekt sind. Weder der Verlag noch die Autoren oder die Herausgeber übernehmen, ausdrücklich oder implizit, Gewähr für den Inhalt des Werkes, etwaige Fehler oder Äußerungen.

Gedruckt auf säurefreiem und chlorfrei gebleichtem Papier

Springer Gabler ist Teil von Springer Nature
Die eingetragene Gesellschaft ist Springer Fachmedien Wiesbaden GmbH

Geleitwort

Systemically important financial institutions (SIFIs) sind so bezeichnet, dass an ihrer erheblichen Relevanz erst gar kein Zweifel aufkommen kann. Inwieweit das Wohl und Wehe des gesamten Finanzsystems von einzelnen Finanzintermediären abhängt, ließ sich permanent beobachten, allerdings handelte es sich zumeist um gute Zeiten. Abgesehen von Einzelfällen haben erst die Krisenprozesse, welche mit der Subprime- und Finanzmarktkrise 2007 begannen, die bestehende Schicksalsverbundenheit in schlechten Zeiten überaus deutlich gemacht.

Seither befassen sich Akteure in Wissenschaft wie auch in Unternehmen und staatlichen Einrichtungen in zuvor nicht gekannter Intensität mit systemrelevanten Finanzinstitutionen sowie Systemrisiken. Es überrascht kaum, dass das krisengetriebene Handeln von Gesetzgebern und Regulierern, welches sich auf SIFIs richtet, auf die sorgfältige wissenschaftliche Auseinandersetzung mit den inhärenten Problemkreisen nicht warten zu können schien.

Spätestens vor dem Hintergrund der anhaltenden Krisenprozesse stellen sich daher im SIFI-Kontext eine ganze Reihe von ebenso grundsätzlichen wie bis dato nur unbefriedigend beantworteten Fragen, die von der sauberen Abgrenzung der verwendeten Kernbegriffe über die Differenzierung von SIFIs und Nicht-SIFIs, die Messung von Systemrisiken und die Quantifizierung der Auswirkungen eines ‚SIFI-Status' bis hin zu den abzuleitenden regulatorischen Konsequenzen reichen. Genau den hier bestehenden Lücken widmet sich die Dissertationsschrift von Jacob Kleinow. Seine Arbeit zeichnet sich damit durch Aktualität ebenso aus wie durch ökonomische Relevanz. Eingangs ordnet er hierfür die im Themenkontext vorherrschenden Begrifflichkeiten und Konzepte sorgfältig ein und kann so das SIFI-spezifische Marktversagen ableiten, welches für eine Regulierungsbegründung unabdingbar ist. Im weiteren Verlauf wird die Relevanz eines ‚SIFI-Status' – mit Blick auf Unternehmenswerte bzw. Kapitalkosten so etikettierter Finanzintermediäre – ausführlichen empirischen Analysen unterzogen, aus denen sich schlussfolgern lässt, dass aus dem SIFI-Status nicht unerhebliche Rating- bzw. Finanzierungs(kosten)vorteile der betreffenden Finanzintermediäre entstehen. Die anschließende Betrachtung des (Risikos des) Finanzsystems stellt den bisherigen Messvorschlägen einen eigenen Systemic Risk Index gegenüber, bevor anknüpfend hieran wesentliche Ursachen für so gemessene Systemrisiken identifiziert werden. Die hierzu gewonnenen Erkenntnisse sind nicht nur robust, sondern leiten bereits zum letzten Abschnitt der Regulierung von SIFIs auch insoweit hin, als sie bestimmte Aufsichtsmaßnahmen – wie besondere Höchstverschuldungsquoten – zweifelhaft erscheinen lassen. In seinem letzten Hauptkapitel analysiert Jacob Kleinow diese und andere Ansätze SIFI-spezifischer Regulierung ebenso strukturiert wie kritisch en detail und kann so die zweifelhafte Effektivität und Effizienz der bisher diskutierten Regulierungsansätze klar herausarbeiten.

Jacob Kleinow erweitert den zu systemrelevanten Finanzinstitutionen und Systemrisiken vorhandenen Wissensstand in mehrerlei und bedeutsamer Hinsicht. Seine Arbeit ist daraufhin im Januar 2016 von der wirtschaftswissenschaftlichen Fakultät der Technischen Universität Bergakademie Freiberg als Dissertation angenommen worden. Gerade angesichts der bisherigen Defizite der Befassung mit SIFIs wünsche ich ihr eine weite Verbreitung sowie geneigte Rezeption in Wissenschaft und (Bank- sowie Regulierungs-)Praxis.

Andreas Horsch

Vorwort

Es ist möglich, ein Finanzsystem zu konstruieren, in dem es eine nur geringe Anzahl systemrelevanter Finanzinstitute gibt. Es ist aber nicht möglich, ein Finanzsystem zu konstruieren, in dem Systemrisiko ausgeschlossen ist. Trotz des mit der weltwirtschaftlichen Verknüpfung gewachsenen Interesses an der Vermeidung von Insolvenz systemrelevanter Finanzinstitute existieren zu deren Wesen und Wirkung bislang in der Wissenschaft allenfalls Theorieansätze und bei politischen Akteuren lediglich behelfsstückartige Doktrinen.

Systemrisiko hat viele Facetten; um Messbarkeit herzustellen, bedarf es neuartiger Systemrisikokennzahlen, die vor allem durch neue Daten vorangetrieben werden und interdisziplinäre Ansätze verfolgen. Wie soll Systemrelevanz gemessen werden? Welche Ursachen hat Systemrelevanz? Ist Regulierung per se wünschenswert? Wenn regulatorisch eingegriffen wird, welche Gestalt sollte die Regulierung annehmen? Die Arbeit zielt darauf, Forschungslücken in diesem Zusammenhang zu füllen und wissenschaftlich fundierte Antworten und Denkansätze zu liefern. Die Forschungsziele werden jeweils zunächst auf theoretischem Weg und sodann empiriebasiert bearbeitet.

Zweifel am Festgefügten, am Selbstverständlichen, am Bequemen birgt Entwicklungspotential. Kein Zweifel besteht für mich an der Tatsache, dass mir der wohl eher unscheinbare Lehrstuhl für Investition und Finanzierung an der Technischen Universität Freiberg die Freiheit, die Unterstützung und das Leistungsumfeld gegeben hat, unter denen wissenschaftliche Ergebnisse entstehen und multivalente Persönlichkeiten reifen können. Dem Lehrstuhlinhaber, meinem Doktorvater, Herrn Professor Dr. Andreas Horsch, bin ich besonders dankbar. Ein herzlicher Dank auch meinem geschätzten Kollegen und Diskussionspartner Tobias Nell. Ich danke dem gesamten Team, das mich bei internationalen Forschungsaufenthalten und Symposien sowie durch Veröffentlichungen in wissenschaftlichen Journalen zum Botschafter unseres Lehrstuhls werden ließ. Danke den mir nahestehenden Personen für ihre Unterstützung.

Jacob Kleinow

Gliederungsüberblick

1 Einleitung 1

2 Grundlagen zu systemrelevanten Finanzinstituten 17

3 Einfluss von Systemrelevanz auf den Wert von Finanzinstituten 37

4 Einfluss von Systemrelevanz auf Ratings und Risikonahme von Finanzinstituten 71

5 Methoden zur Messung von Systemrisiko 99

6 Ursachen für Systemrisiko im europäischen Bankensektor 139

7 Regulierung systemrelevanter Finanzinstitute in der Europäischen Union 165

8 Schlussbetrachtung 241

Inhaltsverzeichnis

Abbildungsverzeichnis XVII

Tabellenverzeichnis XIX

Abkürzungsverzeichnis XXI

1 Einleitung 1

    1.1 Problemstellung 1

    1.2 Stand der Forschung 3

    1.3 Forschungsbedarf, Ziele und Aufbau der Arbeit 11

2 Grundlagen zu systemrelevanten Finanzinstituten 17

    2.1 Grundbegriffe 17

        2.1.1 Systemrisiko 17

        2.1.2 Too big to fail und Systemrelevanz 22

    2.2 Von der TBTF-Doktrin zu systemrelevanten Finanzinstitutionen 27

    2.3 Marktversagen, staatliche Eingriffe und Garantien 32

    2.4 Vier-Stufen-Modell zum Umgang mit systemrelevanten Finanzinstituten 35

3 Einfluss von Systemrelevanz auf den Wert von Finanzinstituten 37

    3.1 Einführung 37

        3.1.1 Regulatorische SIFI-Ankündigungen und Kapitalmarktreaktionen: Theorie und Hypothesen 37

        3.1.2 SIFI-Siegel in der Regulierungspraxis: Empirie ... 39

    3.2 Stand der Forschung 43

    3.3 Forschungsdesign und Daten 48

        3.3.1 Informationen und Aktienpreise 48

        3.3.2 Abnormale Renditen 51

        3.3.3 Untersuchungsparameter und Bankensample 55

        3.3.4 Statistische Testverfahren 58

3.3.4.1 Parametrische Testverfahren 58

3.3.4.2 Nichtparametrische Testverfahren 59

3.4 Empirische Ergebnisse 62

3.5 Zusammenfassung 68

4 Einfluss von Systemrelevanz auf Ratings und Risikonahme von Finanzinstituten 71

4.1 Einführung 72

4.2 Stand der Forschung 74

4.3 Daten 74

4.4 Ausmaß der Rating- und Finanzierungsvorteile 83

4.4.1 Forschungsdesign 83

4.4.2 Ergebnisse 83

4.5 Treiber der Rating- und Finanzierungsvorteile 91

4.5.1 Forschungsdesign 91

4.5.2 Ergebnisse 94

4.6 Zusammenfassung 96

5 Methoden zur Messung von Systemrisiko 99

5.1 Indikatorbasierte Ansätze 101

5.1.1 Globale Systemrisiken –
Bestimmung von global systemrelevanten Instituten 101

5.1.2 Nationale Systemrisiken –
Bestimmung von national systemrelevanten Instituten 104

5.2 Modellbasierte Ansätze 109

5.2.1 Überblick 109

5.2.2 Systemrisikobeitrag 111

5.2.3 Systemrisikoempfindlichkeit 113

5.3 Entwicklung eines Systemic Risk Index 115

5.3.1	Theoretische Grundlagen	115
	5.3.1.1 Messung des Systemrisikobeitrags	115
	5.3.1.2 Messung der Systemrisikoempfindlichkeit	116
5.3.2	Design der Systemrisiko-Kennzahl	117
5.3.3	Daten und Empirische Ergebnisse	118
5.4	Entwicklung von Conditional-Default-Copulas	124
5.4.1	Theoretische Grundlagen	124
	5.4.1.1 Copulas	125
	5.4.1.2 Copula-Ansatz zur Schätzung von Ansteckung im Interbankenmarkt	126
5.4.2	Design der Systemrisiko-Kennzahl	128
5.4.3	Daten und Empirische Ergebnisse	130

6 Ursachen für Systemrisiko im europäischen Bankensektor 137

6.1 Einführung 139

6.2 Stand der Forschung 140

6.3 Forschungsdesign und Daten 144

    6.3.1 Bankcharakteristika als Determinanten für Systemrisiko 144

    6.3.2 Makro-Kontrollvariablen mit Einfluss auf Systemrisiko 149

6.4 Empirische Ergebnisse 155

    6.4.1 Regression des Systemrisikoindex europäischer Banken 155

    6.4.2 Robustheit der Ergebnisse 161

6.5 Zusammenfassung 162

7 Regulierung systemrelevanter Finanzinstitute in der Europäischen Union 165

7.1 Regulierung von Finanzintermediären als Ausgangspunkt von SIFI-Regulierung . 165

7.2 Herausforderungen bei der Bestimmung des SIFI-Regulierungsoptimums 168

7.3 Zum Für und Wider: Regulierungsinnovationen für SIFIs 172

7.4 Regulierungsmöglichkeiten und deren Umsetzung 173

    7.4.1 Konzept des Expected Systemic Loss (ESL) 175

        7.4.1.1 Senkung der Ausfallwahrscheinlichkeit (PD): SIFI-Eigenkapitalpuffer 177

        7.4.1.2 Senkung des systemischen Exposures beim Ausfall (SEAD): Trennbankensystem 181

        7.4.1.3 Senkung der systemischen Verlustquote beim Ausfall (SLGD): Sanierungs- und Abwicklungspläne 186

    7.4.2 Neue europäische Regel- und Handlungssysteme mit besonderem SIFI-Mandat 190

        7.4.2.1 EU-Bankenaufsichtsmechanismus – Single Supervisory Mechanism ... 193

        7.4.2.2 EU-Bankenabwicklungsmechanismus – Single Resolution Mechanism 194

    7.4.3 Informationsgehalt des Bankenstresstests der Europäischen Bankenaufsichtsbehörde 198

        7.4.3.1 Einführung 198

        7.4.3.2 Stand der Forschung 203

        7.4.3.3 Forschungsdesign und Daten 206

        7.4.3.4 Empirische Ergebnisse 209

        7.4.3.5 Zusammenfassung 216

7.5 Initiativen zur Verbesserung der Verlustabsorptionsfähigkeit 219

    7.5.1 Ungeordnete Insolvenzen von SIFIs 219

    7.5.2 Konzeptionelle Basis der Verlustabsorptionsfähigkeit 220

        7.5.2.1 Verlustabsorption durch Eigenkapital 221

        7.5.2.2 Verlustabsorption durch bail-in-fähiges Fremdkapital 222

    7.5.3 Verlustabsorptionsfähigkeit in der Regulierungspraxis 226

        7.5.3.1 Total loss absorbing capacity 226

7.5.3.2 Mindestanforderungen an Eigenmittel und berücksichtigungsfähige Verbindlichkeiten 229

7.5.4 Zusammenfassender Vergleich von TLAC und MREL 232

7.6 Entwicklungsempfehlungen für die Gestaltung der SIFI-Regulierung 235

8 Schlussbetrachtung 241

8.1 Zusammenfassung der Ergebnisse 241

8.2 Perspektiven 244

Anhang 247

Literaturverzeichnis 263

Abbildungsverzeichnis

Abb. 1: Gang der Analyse 16

Abb. 2: Systemrisikobeitrag und -empfindlichkeit 19

Abb. 3: Teufelskreis der TBTF-Doktrin 31

Abb. 4: Zeitstrahl einer Ereignisstudie 54

Abb. 5: Reaktion der Aktienpreise auf die SIFI-Ankündigungsereignisse 63

Abb. 6: Regionale Verteilung des Bankensamples 78

Abb. 7: Verteilung der Support Ratings im Bankensample 78

Abb. 8: Verteilung des Support Rating Floors im Bankensample 79

Abb. 9: Verteilung des Long Term Issuer Ratings und Viability Ratings 80

Abb. 10: Ratings und Effektivzinssätze im Zeitverlauf 89

Abb. 11: Modellbasierte Ansätze zur Messung systemischer Risiken 110

Abb. 12: VaR der Aktienrenditen der Banken im Sample und zugehörige SRIs 122

Abb. 13: Systemrisikobeitrag (SRC) und -empfindlichkeit (SRS) der Banken 123

Abb. 14: Ausfallwahrscheinlichkeit nach dem Verständnis von strukturellen Kreditrisikomodellen 127

Abb. 15: Copula-Modelle zur Darstellung der Abhängigkeiten zwischen Bankausfällen 132

Abb. 16: Unterschiedliche Abhängigkeitsstrukturen einer einzelnen Bank und dem Bankensystem 134

Abb. 17: SIFI-Regulierungsoptimum 171

Abb. 18: Konzept des Expected Systemic Loss (ESL) 176

Abb. 19: Einheitliches europäisches Finanzaufsichtssystem 191

Abb. 20: Europäische Bankenunion 192

Abb. 21: Zeitstrahl der Stresstest-Ereignisstudie 207

Abb. 22: Aktienkursreaktionen auf dem EBA-Stresstest 210

Abb. 23: Bank$_1$ und Bank$_2$ mit unterschiedlicher Kapitalstruktur 223

Abb. 24: Bank$_2$ nach dem Bail-in 225

Abb. 25: Steigende Eigenkapitalanforderungen durch TLAC 228

Tabellenverzeichnis

Tab. 1: Stand der Forschung – Monographien zum Themenkreis 7

Tab. 2: Systemrisiko-Definitionen 21

Tab. 3: Modifikationen von too big to fail 25

Tab. 4: TBTF-Banken laut Wall Street Journal 39

Tab. 5: G-SIBs per 03.11.2012 42

Tab. 7: Typische Ereigniszeiträume 55

Tab. 8: Abnormale Renditen der SIFIs 64

Tab. 9: Kumulierte abnormale Renditen der SIFIs 65

Tab. 10: Test auf signifikante Unterschiede der (kumulierten) abnormalen Renditen von SIFIs und Nicht-SIFIs 66

Tab. 11: Kategorien des Support Ratings 76

Tab. 12: Vergleich der Ratingarten von Fitch 77

Tab. 13: Verteilungsstatistiken der Ratings im Sample 82

Tab. 14: Regression des Long Term Issuer Ratings (Ordered-Probit-Regression)... 85

Tab. 15: Erwarteter Ratinguplift des Long Term Issuer Ratings bei einer Verbesserung des Support Rating Floors um einen Notch 86

Tab. 16: Gesamteffekt des Support Rating Floors auf das Long Term Issuer Rating 87

Tab. 17: Approximation des Long Term Issuer Ratings ohne staatlichen Bailout 88

Tab. 18: Durchschnittlicher Effektivzinsspread für Anleihen zwischen Ratings (2007-2015) 90

Tab. 19: Gesamtwert der staatlichen Unterstützung auf Finanzierungskosten von Banken (in Basispunkten) 90

Tab. 20: Beschreibende Statistiken zu den Bankvariablen 93

Tab. 21: Regressionen der staatlichen Unterstützung für Banken 95

Tab. 22: Identifikation von systemrelevanten Finanzinstituten 102

Tab. 23: Ranking von systemrelevanten Finanzinstituten 103

Tab. 24: "Bedeutende beaufsichtigte Banken" laut Europäischer Zentralbank in
Deutschland 106

Tab. 25: Untersuchte europäische Banken im Zeitverlauf 119

Tab. 26: Europäisches Bankensample im Detail 120

Tab. 27: Systemrisiko europäischer Banken 121

Tab. 28: Anzahl der best-fit Copulas 133

Tab. 29: Systemrisikobeitrag: $PD_{system|bank}$ 136

Tab. 30: Systemrisikoempfindlichkeit: $PD_{bank|system}$ 136

Tab. 31: Literatur zu Treibern des Systemrisikos im europäischen Bankensektor 141

Tab. 32: Deskriptive Statistiken zu den Bankvariablen 148

Tab. 33: Deskriptive Statistiken zu den Makrovariablen 151

Tab. 34: Deskriptive Statistiken zum Sample 153

Tab. 35: Panelregressionen des Systemrisikoindex der Banken 156

Tab. 36: G-SIB-Klassen und zusätzliche Anforderungen an die
Verlustabsorptionsfähigkeit 179

Tab. 37: Stresstests der EBA und ihres Vorgängers CEBS 201

Tab. 38: Abnormale Renditen um den EBA-Bankenstresstest 2014 211

Tab. 39: Kumulierte abnormale Renditen um den EBA-Bankenstresstest 2014 213

Tab. 40: Test auf signifikante Unterschiede der kumulierten abnormalen Renditen um
den EBA-Bankenstresstest 2014 214

Tab. 41: Regression der kumulierten abnormalen Renditen um den EBA-
Bankenstresstest 2014 216

Tab. 42: Die Kriterien zur Bestimmung der bankindividuellen MREL 230

Tab. 43: Unterschiede zwischen TLAC und MREL 233

Abkürzungsverzeichnis

AdT1	Additional Tier 1 Equity
APT	Arbitrage pricing theory
AQR	Asset Quality Review
BaFin	Bundesanstalt für Finanzdienstleistungsaufsicht
BCBS	Basel Committee on Banking Supervision
BP	Basispunkt(e)
BRRD	Bank Recovery and Resolution Directive
CAPM	Capital Asset Pricing Model
CDS	Credit Default Swap
CEBS	Commission of European Banking Supervisors
CET1	Core Equity Tier 1
CoRisk	Comovement Risk
CoVaR	Conditional Value at Risk
CRA	Credit Rating Agency
CRD IV	Capital Requirement Directive IV
CRSP	Center for Research in Security Prices
D-SIB	Domestic Systematically Important Banks
DIW	Deutsches Institut für Wirtschaftsforschung
EBA	European Banking Authority
ECAI	External Credit Assessment Institution
EONIA	Euro OverNight Index Average
ESL	Expected Systemic Loss
ESM	Europäischer Stabilitätsmechanismus
ESRB	European Systemic Risk Board

FDIC	Federal Deposit Insurance Corporation
FFIEC	Federal Financial Institutions Examination Council
FSB	Financial Stability Board
G-SIB	Global Systemically Important Bank
G-SIFI	Global Systemically Important Financial Institution
G-SII	Global Systemically Important Insurers
GLBA	Gramm-Leach-Bliley Act
IFRS	International Financial Reporting Standards
IOSCO	International Organization of Securites Commissions
ISIN	International Securities Identification Number
IWF	Internationaler Währungsfonds
LCR	Liquidity Coverage Ratio
LGD	Loss Given Default
Libor	London Interbank Offered Rate
LOLR	Lender of last resort
LTCM	Long-Term Capital Management
LTD	Lower Tail Dependence
LTR	Long term (issuer) rating
MBR	Market-to-Book Ratio
Med.	Median
MES	Marginal Expected Shortfall
MREL	Minimum requirement for eligible liabilities
OIS	Overnight Index Swap
PCA	Principal Component Analysis
PD	Probability of default

ROIC	Return on invested Capital
RWA	Risikogewichtete Aktiva
SCAP	Supervisory Capital Assessment Program
SEAD	Systemic Exposure at Default
SIC	Standard Industrial Classification
SLGD	Systemic Loss Given Default
SRC	Systemic Risk Contribution
SREP	Supervisory Review and Evaluation Process
SRF	Single Resolution Fund
SRI	Systemic Risk Index
SRM	Single Resolution Mechanism
SRS	Systemic Risk Sensitivity
SSM	Single Supervisory Mechanism
St.Abw.	Standardabweichung
T2	Tier 2 Capital
TARP	Troubled Asset Relief Program
TBTF	Too big to fail
TLAC	Total loss absorbing capacity
US-GAAP	United States Generally Accepted Accounting Principles
VIF	Varianzinflationsfaktoren
WKN	Wertpapierkennnummer

1 Einleitung

1.1 Problemstellung

Auch Banken gehen bankrott. Manche von ihnen scheitern, ohne dass die breite Öffentlichkeit davon Notiz nimmt. Andere fallierende Finanzinstitute wiederrum erregen Aufmerksamkeit in der Wissenschaft und Praxis; meist wegen ihrer Größe oder einer anderweitig begründeten, maßgeblichen Rolle im Finanzsystem. Das Interesse an der Untersuchung bedeutender Finanzintermediäre, welche ein systemisches Risiko verkörpern, sogenannte systemrelevante Finanzinstitute (*Systemically Important Financial Institutions*, SIFIs), ist keine Modeerscheinung orientierungsloser Post-Lehman-Jahre, sondern Konsequenz einer durch technologischen Fortschritt sukzessive voranschreitenden Bedeutungsabnahme nationaler Grenzen für privates Kapital[1]. Damit einher gehen größere Kreditinstitute, die in einem immer größeren, komplex verflochtenen und fragiler gewordenen Finanzsystem agieren.[2] In der Europäischen Union verwalten die größten Banken Aktiva in einer mit dem Bruttoinlandsprodukt ihres jeweiligen Sitzstaates vergleichbaren Höhe.[3] Die Abhängigkeit der konjunkturellen Entwicklung ganzer Volkswirtschaften vom Wohl und Wehe einzelner, systemrelevanter Finanzinstitute hat – aus Sicht der Regulierer – nicht zuletzt die weltweite Finanz- und Wirtschaftskrise ab dem Jahr 2008 verdeutlicht[4]. Um die Insolvenz (national) systemrelevanter Finanzinstitute zu umgehen, wurde – bei Inkaufnahme hoher Staatsneuverschuldung – (vor)schnell in das Finanzmarktgeschehen eingegriffen[5]. In den letzten Jahren sind besonders in der Europäischen Union Risiken im Finanzsystem, ausgehend von einzelnen Finanzinstituten zum Vorschein gekommen. Vor diesem Hintergrund wurde der Begriff *systemisches Risiko* (oder *Systemrisiko*) oft dann verwendet,

---

[1] Ähnlich der HAYEK'schen Idee einer „Entnationalisierung des Geldes" (gemeint sind Währungen) kann in diesem Zusammenhang von einer Entnationalisierung privaten Kapitals gesprochen werden, vgl. Hayek (1977), S. 1.
[2] Vgl. Dudley (2012), auch mit folgendem Zitat: „The root cause of 'too big to fail' is the fact that in our financial system as it exists today, the failure of large complex financial firms generate large, undesirable externalities. These include disruption of the stability of the financial system and its ability to provide credit and other essential financial services to households and businesses. When this happens, not only is the financial sector disrupted, but its troubles cascade over into the real economy".
[3] Vgl. Europäische Kommission (2014k), S. 2.
[4] Vgl. Bernanke (2013): „I don't think too-big-to-fail is solved now. […] [T]oo-big-to-fail was a major part of the source of the crisis. And we will not have successfully responded to the crisis if we don't address that problem successfully". Vgl. auch auf Ebene der G 20: Gruppe der 20 (2008), S. 1 und 3; sowie Gruppe der 20 (2009b), S. 3.
[5] Für einen vergleichenden Überblick (zur Kompatibilität) europäischer und US-amerikanischer Eingriffe seit der Finanzkrise vgl. Goldstein/Véron (2012).

wenn ein Ereignis (hier: die Insolvenz einer Großbank) zu solch umfassenden Vertrauensverlusten oder direkt zu ökonomischen Schocks führte, die wesentliche *negative externe Effekte* auf das Finanzsystem hatten.[6] Regierungen und internationale Organisationen machen sich seit einigen Jahren um das Systemrisiko Sorgen, weil es zum Kollaps des weltweiten Finanzsystems führen könne, ähnlich dem kaskadischen Fall von Dominosteinen. Es existiert eine allgemeine Verwirrung bezüglich der Ursachen und selbst bezüglich der Definition von Systemrisiko; und Unsicherheit über den Umgang mit ihm.

Vor allem Bank-, aber auch Versicherungs- oder Fondsunternehmen und selbst Marktinfrastrukturanbieter könnten grundsätzlich *systemrelevant* sein. Aus gesamtwirtschaftlicher bzw. Stabilitätssicht haben systemrelevante Finanzinstitute das Potential, im Finanzsektor zu *Marktversagen* zu führen. Finanzinstitute, denen man richtiger- (oder auch fälschlicher)weise Systemrelevanz zuspricht, könnten zwar von ihrem Status in Form von geringeren Risikoaufschlägen in der Finanzierung bzw. von höheren Unternehmenswerten profitieren. Allerdings könnte dann ein auf diesem Vorteil beruhendes, etwa leichtfertigeres oder risikofreudigeres, Handeln ihrer Manager negative externe Effekte auf Finanzmärkte haben.

Ein gar systemüberspannender *Ansteckungseffekt* kann auf verschiedenen (Übertragungs-)Wegen ausgelöst werden. Im Falle von Banken werden insbesondere dominoartige Bankinsolvenzen infolge flächendeckender Vertrauensverluste sowie der engen Interbankverflechtungen diskutiert.[7] Aber erst wenn die Ursachen für die systemische Relevanz eines einzelnen Finanzinstitutes bekannt, die vorhandenen Übertragungswege ermittelt sowie Eingriffe dem Grunde und dem Ergebnis nach gerechtfertigt sind, kann eine *SIFI-spezifische Regulierung*[8] ihr Ziel erfüllen.

Parallel zu den in mancher Hinsicht unverzüglichen, diskretionären Eingriffen in die wirtschaftliche Entwicklung und damit ggf. in den Bestand einiger Banken in wirtschaftlichen Notlagen haben gesetzgebende und regulierende Akteure im Zuge der zahlreichen krisengetriebenen (Re-)Regulierungen der Finanzmärkte seither versucht, spezielle Regeln für SIFIs zu entwerfen und durchzusetzen. Die teils bereits praktizierten, teils erst diskutierten Konzepte haben aus einzelwirtschaftlicher Sicht erhebliche Auswirkungen – und *unerwünschte Nebenwirkungen* – sowohl

---

[6] Vgl. Roth (1994), S. 43; Gruppe der 10 (2001), S. 126; vgl. ferner für eine ausführliche Arbeit zu Dominoeffekten im Bankensystem Körnert (1998).
[7] Vgl. für eine Differenzierung Bandt/Hartmann (2000), S. 8 ff.
[8] Regulierung kann als die *Schaffung von Rechtsnormen* bezeichnet werden; vgl. für eine umfassende Abgrenzung von Aufsicht und Regulierung im europäischen Kontext Kang (2012), insb. S. 19-21.

1.2 Stand der Forschung

für SIFIs als auch für – mit ihnen konkurrierende oder verbundene – Finanzinstitutionen ohne SIFI-Status. Hochgradig vernetzte Finanzmärkte haben aber auch Vorteile. „The difficult task before market participants, policymakers, and regulators with systemic risk responsibilities [...] is to find ways to preserve the benefits of interconnectedness in financial markets while managing the potentially harmful side effects."[9] Es bietet sich daher an, diese Konzepte in ihrem jeweiligen Stadium auf den Prüfstand zu stellen. Auch diesbezüglich möchte vorliegende Arbeit einen wesentlichen Beitrag zur wissenschaftlichen Literatur leisten.

1.2 Stand der Forschung

Trotz seiner Aufnahme in die wissenschaftliche Diskussion und eines populären Nimbus' des Themas existieren erstaunlich *wenige Monografien* mit einer nennenswerten Schnittmenge zum „SIFI"-Themenkreis. Anders ist dies bei den wissenschaftlichen Zeitschriften, wo aktuelle Aufsätze versuchen, bestimmte Einzel- bzw. Teilthemen dieser Arbeit aus einer eigenen Perspektive zu betrachten und sie mit anderer Methodik zu bearbeiten. Allerdings geschieht dies meist derart stark fokussiert – sowohl thematisch als auch methodisch –, dass deren vollständige Erfassung in einer Literaturübersicht weder wissenschaftlich Gewinn bringend erscheint, noch handwerklich sinnvoll wäre. Es ist Anspruch dieser Arbeit alle themen- und methodenrelevanten Erkenntnisse der wegweisenden – d.h. Forschungsfortschritt ermöglichende – sowie der aktuellen und gleichzeitig einflussreichen – d.h. häufig zitierten – Aufsatzliteratur in den Kapiteln vorzustellen und daran für weiterreichende Untersuchungen zu partizipieren.

Zu den im Themenfeld vorhandenen Monografien kann resümiert werden, dass deren eine Hälfte im Kern analytisch-theoretisch (und normativ), die zweite überwiegend deskriptiv-empirisch (und positiv) aufgebaut. Die früheste, zu erwähnende Arbeit, DAVIS (1995), analysiert, im Nachhinein betrachtet sehr weitsichtig, Systemrisiko im Zusammenhang mit Verschuldung in Industrieländern. Interessant ist auch dessen Besprechung der Instabilität im *Nicht-Finanzsektor*. DAVIS (1995) versucht in seiner Arbeit, "to make an initial assessment of the causes, nature, and consequences of instability in contemporary financial markets".[10] Dabei wendet (teilweise komplementär) unterschiedliche (finanz-)ökonomische Modelle, wie z.B. bank run, financial fragility, rational expectation, information asymmetries zur Erklärung des Phänomens Systemrisiko an.

---

[9] Yellen (2013).
[10] Davis (1995), S. 117.

Die erste dedizierte „SIFI"-Arbeit stammt von STERN/FELDMAN (2004) und analysiert Gründe für die (von ihnen festgestellte, zunehmende) Bedeutung der *too big to fail (TBTF)-Doktrin* aus regulatorischer Sicht. Ein Unternehmen ist dann TBTF, wenn sein Bankrott die Ökonomie zum Erliegen brächte und es daher staatliche Hilfe erhält.[11] Obgleich zum Zeitpunkt der Veröffentlichung die Brisanz des Themas in Wissenschaft, Finanzaufsicht[12] und Staat noch weitgehend unterschätzt wird, zeigt deren Arbeit bereits Wege aus dem „TBTF-Dilemma" auf. Außerdem stellen STERN/FELDMAN (2004) fest, dass Erwartungen für einen staatlichen Bailout eines systemrelevanten Finanzinstituts zwar nicht verhindert, wohl aber verringert werden können. Den größten Handlungsbedarf sehen sie für Aufseher in der Begrenzung von *Insolvenzansteckung*.

Die nächste, zeitlich folgende Monografie von PROKOPCZUK (2009) ist eine Dissertation mit empirischer Ausprägung und dem Titel „Essays on Systemic Risk". Unter dem Einfluss erster Erfahrungen aus der Subprime-Krise und spektakulärer Bailouts beleuchtet sie das Systemrisiko als Besonderheit des Bankensektors, brancheninterne (intra industry) Ansteckungseffekte und die Rolle von Systemrisiken im Portfoliomanagement. PROKOPCZUK (2009) stellt dabei fest, dass das Systemrisiko des Bankensektors signifikant größer als das anderer Sektoren ist (und sich dies bei adversen Marktentwicklungen noch verschärft). In einem anderen Abschnitt ermittelt er, dass auch die Ansteckungseffekte (bei Bekanntgabe überraschend negativer Erfolgskennzahlen) von einem Unternehmen auf die Konkurrenten im Falle des Bankensektors am höchsten sind.

MOOSA (2010) spannt kurz darauf einen größeren Bogen mit einer theoriebasierten, deskriptiven Analyse aus ökonomischer Sicht mit geschichtlichem und regulatorischem Hintergrund. Auch er stellt fest, dass SIFIs abwicklungsfähig sein sollten und eine TBTF-Doktrin mit hohen gesamtwirtschaftlichen Kosten verbunden ist. Maßgeblich zur Lösung dieses Problems sind für MOOSA (2010) ein politischer Wille zur Nichtrettung von strauchelnden SIFIs bzw. die staatliche Unterstützung bei der regelgebundenen Sanktionierung von SIFIs, wobei er entgegen späterer Autoren die Auffassung vertritt, dass eine zu starke *Harmonisierung nationaler Regulierungen kontraproduktiv* wirkt.

---

[11] Vgl. Stern/Feldman (2004), S. xi. Ausführlich zum Begriff vgl. in dieser Arbeit auch 2.1.2.
[12] *Finanzaufsicht* kann als die *Ausübung bzw. richtige Anwendung von Rechtsnormen* verstanden werden. Aufseher können, um die Einhaltung von Gesetzten zu gewährleisten, ex ante und ex post eingreifen, vgl. für eine umfassende Abgrenzung von Aufsicht und Regulierung im europäischen Kontext Kang (2012), insb. S. 19-21.

1.2 Stand der Forschung

Im Mittelpunkt der Arbeit von ALTER (2013) stehen, wie auch bei PROKOPCZUK (2009), drei empirische Aufsätze. ALTER (2013) untersucht Credit-Spread-Abhängigkeiten von europäischen Staaten und Banken, entwirft einen Ansteckungsindex für die Eurozone und analysiert unter Verwendung von nicht-öffentlichen Daten der Bundesbank zum deutschen Kreditregister den Einfluss der *Zentralität von Kapitalallokationen*[13], d.h. den Einfluss von umfangreich vernetzten, im Interbankengeschäft besonders aktiven Teilnehmern, in Interbanknetzwerken auf Systemrisiken.

Die zeitlich ins selbe Jahr fallende Monografie „Systemic Risk Assessment and Oversight" von CHAN-LAU (2013) glänzt durch Praxisnähe, fällt allerdings weniger wissenschaftlich, als handbuchähnlich (mit Fallbeispielen) aus. Thematisiert ist vor allem der Übergang von mikro- zu makroprudentieller Regulierung und Aufsicht. Außerdem werden – wie auch in der vorliegenden Arbeit – eine Reihe von (System-)Risikomessgrößen verglichen und angewendet. GAI (2013) zeigt in seiner Monografie, dass systemische Risiken in entwickelten Interbankennetzwerken *Regulierung notwendig* machen können, auch wenn sie nur schwer bzw. nicht vollständig zu vermeiden sind. Finanzsysteme werden laut GAI (2013) durch Vernetzung zwar robuster gegenüber makroökonomischen Schocks; die Ansteckung findet aber leichter statt. Als zwei bedeutende Stellschrauben zur Mitigation von Systemrisiko nennt er Maßnahmen zur *Limitierung von Bankkonzentration* und die *Regulierung der Bankliquidität*.

Die Schätzung der Wahrscheinlichkeit eines multiplen Ausfalls von Finanzinstitutionen, ein Systemrisikoindikator, sowie die Modellierung von *Comovements* (zeitgleiche Entwicklung von Wertpapierpreisen) auf Finanzmärkten sind Gegenstand der Monografie von PIANETI (2014). Wichtige Erkenntnisse sind unter anderem ein zunehmendes Systemrisiko und steigende Ansteckungsgefahr unter europäischen Staaten seit Anfang 2007 und besonders ausgeprägt ab 2011. Außerdem stellt PIANETI (2014) fest, dass das makro-ökonomische Umfeld bei der Bestimmung von Systemrisiken berücksichtigt werden muss.

WEWEL (2014) schaut erstmals auf die Übertragung von Systemrisiken vom US-amerikanischen auf den europäischen Bankensektor und umgekehrt. Auch er vergleicht die Aussagekraft

---

[13] Zur Messung der Zentralität eines Teilnehmers auf dem Interbankenmarkt schlägt Newman (2010), S. 168-234 verschiedene Messgrößen vor, wie z.B. *out degree* (Zahl der Verbindungen, die von jedem Teilnehmer ausgehen, z.B. die Anzahl der direkten Interbankgläubiger einer Bank), *in degree* (Zahl der Verbindungen, die bei jedem Teilnehmer enden) oder *strength* (aggregierte Summe der Exposures eines Teilnehmers).

von *Systemrisikokennzahlen*. Der dritte und letzte Aufsatz seiner empirischen Dissertationsschrift („Are earthquakes less contagious than bank failures?") vergleicht die Ansteckungsgefahr eines Bankenzusammenbruchs mit der eines Erdbebens. Zentrale Erkenntnis ist hier, dass eine Bankinsolvenz Aktien aus allen Industriesektoren weltweit beeinflusst, ein Erdbeben aber nur einen signifikanten Einfluss auf Aktien von Versicherungs- und Versorgungsunternehmen weltweit hat.

Die Dissertation „Europäische Bankenregulierung und das ‚Too big to fail-Dilemma'" von PFLOCK (2014) greift erstmals dediziert regulatorische und rechtliche Gegebenheiten in der Europäischen Union auf und hat daher Parallelen zum vorletzten Kapitel der vorliegenden Arbeit. Entgegen MOOSA (2010) spricht der Autor auch von einem *Gebot einer „europäischen Lösung"*. Der vor-insolvenzlichen Restrukturierung misst PFLOCK (2014) eine Schlüsselrolle zur Lösung des SIFI-Problems bei. RENGIER (2014) betrachtet TBTF aus kartellrechtlicher Sicht. Er kommt unter anderem zu dem Schluss, dass Großbanken in Europa eine implizite Bestandsgarantie erhalten. Aus wettbewerblicher Perspektive gleiche dies einer (unzulässigen) Beihilfe. Der Autor plädiert deshalb für eine *Fusionskontrolle* oder, falls notwendig, für eine *Entflechtung* (Trennbankensystem).

Wie WEWEL (2014) greift auch die Arbeit von SHARIFOVA (2014) Themen wie die Messung von grenzüberschreitenden Verbindungen zwischen US-amerikanischen und europäischen Banken und die Identifizierung von SIFIs auf. Dabei wird postuliert, dass Systemrisiko von Finanzinstituten besonders durch deren *Leverage*, *Größe* und Value at Risk bestimmt werden. Besonders kritisch erwähnt SHARIFOVA (2014), dass marktbasierte Systemrisikomessgrößen maßgeblich durch *Korrelationen von Aktienrenditen* bestimmt werden.

Zuletzt ist die aktuell erschienene Monografie von WEITZEL (2014) zu nennen. Er untersucht den Einfluss von systemrelevanten Banken auf den Finanzsektor und die wirtschaftliche Prosperität von Volkswirtschaften.

1.2 Stand der Forschung

Tab. 1: Stand der Forschung – Monographien zum Themenkreis

Diese Tabelle gibt einen Überblick über bisherige Monographien zum Themenkreis der Dissertation. Es werden der Untersuchungsgegenstand, die verwendete

Autor (Jahr)	Titel	SIFI-Untersuchungs-schwerpunkt	Methodik	SIFI-Ergebnis (Auswahl)	Besonderheit
DAVIS (1995)	Debt, Financial Fragility and Systemic Risk	Systemrisiko in Zusammenhang mit Verschuldung in Industrieländern und Instabilität des Nicht-Finanzsektors	Anwendung verschiedener Theoriebausteine zur Erklärung von Systemrisiken	Zur Erklärung von Systemrisiko sind mehrere Theorieansätze, wie z.B. bank run, financial fragility, rational expectation, information asymmetries (teilweise komplementär) tauglich.	Betrachtung unterschiedlicher Länder, Regulierungsas-
STERN/ FELDMAN (2004)	Too big to fail – The hazards of bank bailouts	Gründe für die (zunehmende Bedeutung der) TBTF-Doktrin, Wege aus dem TBTF-Dilemma	Theoriebasierte, deskriptive Analyse aus regulatorischer Sicht mit makroökonomischem Hintergrund	Bisher keine Lösung zur TBTF-Problematik, sondern Verschärfung; die Erwartungen für einen staatlichen Bailout können zwar nicht verhindert, aber verringert werden; größter Handlungsbedarf besteht für Aufseher in der Verringerung von Insolvenzansteckung im Finanzsystem	Handbuchähnlich, für politische Entscheidungsträger
PROKOP-CZUK (2009)	Essays on Systemic Risk	Systemrisiko als Besonderheit des Bankensektors, branchen-interne Ansteckungseffekte, Portfoliomanagement und	Empirische Arbeit unter anderem unter Verwendung von: Tail Dependence Coefficient, Negative Earnings Surprises, Systemic Jump Models	Nachweis einer höheren Systemkrisenwahrscheinlichkeit im Bankensektor; Ansteckungseffekte im Bankensektor im Gegensatz zum Nicht-Bankensektor; Missachtung der systemischer Effekte für Investoren führen zu Verlusten bzgl. der erwarteten Renditen und dem erwarteten Nutzen für Investoren	Dissertation aus drei Aufsätzen
MOOSA (2010)	The Myth of Too Big To Fail	TBTF-Doktrin, Geschichte von und Anreizeffekte durch TBTF, Analyse bestehender Regulierung auf TBTF-„Resistenz"	Theoriebasierte, deskriptive Analyse aus ökonomischer Sicht mit regulatorischem Hintergrund	TBTF-Institutionen sollten abwicklungsfähig sein; TBTF verursacht aus volkswirtschaftlicher Sicht Kosten; politischer Wille und staatliche Unterstützung ist maßgeblich; zu starke Harmonisierung nationaler Regulierungen wirkt kontraproduktiv	Politökonomische Aspekte, geschichtliche Aufbereitung
ALTER (2013)	Three Essays on Systemic Risk and Financial Contagion	Credit-spread-Abhängigkeiten von europäischen Staaten und Banken, Ansteckungsindex für die Eurozone, Zentralität von Kapitalallokationen in Interbanknetzwerken und Rettungsfonds	Empirische Arbeit unter anderem unter Verwendung von: Vector Error Correction Modell, Bivariate Vector Autoregressionsmodell, Impulse Response Funktionen, Kennzahlen zur Struktur von Interbanknetzwerken	Vor Beginn der staatl. Interventionen im Rahmen der europäischen Staatsschuldenkrise wurde das Kreditrisiko von europäischen Staaten stark von Bewegungen von Bank-CDS-Spreads beeinflusst (und nicht umgekehrt); zunehmende Interdependenzen zwischen Banken und Staaten werden zu einer Quelle für Systemrisiken in der Eurozone; Gemeinsamkeiten zwischen den Portfolios der Banken machen das Finanzsystem anfällig für große Makroschocks; marktbasierte Systemrisikokennzahlen scheinen unzuverlässig	Diss. aus drei Aufsätzen, Verwendung von nichtöffentlichen Bundesbank Daten zum dt. Kreditregister

Tab. 1: Stand der Forschung – Monographien zum Themenkreis (Fortsetzung)

Autor (Jahr)	Titel	SIFI-Untersuchungsschwerpunkt	Methodik	SIFI-Ergebnis (Auswahl)	Besonderheit
CHAN-LAU (2013)	Systemic Risk Assessment and Oversight	Übergang von mikro- auf makroprudentielle Regulierung/Aufsicht, Anwendung/Vergleich verschiedener (System-)Risikomessgrößen	Empiriegetrieben unter anderem unter Verwendung von: CoRisk, Bilanz-Netzwerk-analyse, Z-Scores, Tail-Abhängigkeit, Dynamic-Conditional-Correlation	Einführung in quantitative, einfach implementierbare Systemrisikomanagementwerkzeuge im regulatorischen und wirtschaftspolitischen Rahmen	Praxisnah, Handbuchähnlich mit Fallbeispielen
GAI (2013)	Systemic Financial Risk – The Dynamics of Modern Financial Systems	Ermittlung der Wahrscheinlichkeit und des Potentials von Financial Shocks, Liquiditätsengpässe in Interbankennetzwerken	Empirische Arbeit unter Verwendung von Konzepten aus der Bankmikroökonomie, quantitativen Risikomanagement, der Spieltheorie und der Theorie von Netzwerken	Systemische Risiken sind schwer bzw. gar nicht vollständig zu umgehen, müssen aber als Basis für eine Regulierung gemessen werden; Finanzsysteme werden durch Vernetzung zwar robuster, Ansteckung findet aber leichter statt; Bankkonzentration treibt Systemrisiken; Regulierung der Bankliquidität ist zur Mitigation systemischer Risiken notwendig;	Kapitel im Hauptteil sind Neuauflagen bereits publizierter Aufsätze
PIANETI (2014)	Essays in Systemic Risk and Contagion	Schätzung der Wahrscheinlichkeit eines multiplen Ausfalls von Finanzinstitutionen, Systemrisikoindikator, Modellierung von Comovements (zeitgleiche Bewegung) auf Finanzmärkten	Empirische Arbeit unter anderem unter Verwendung von Unconditional PD, Dynamic Factor Model	Zunehmendes Systemrisiko und Ansteckungsgefahr unter europäischen Staaten seit Anfang 2007 und besonders ausgeprägt ab 2011; makroökonomisches Umfeld muss zur Bestimmung von Systemrisiken berücksichtigt werden	Dissertation aus drei Aufsätzen
PFLOCK (2014)	Europäische Bankenregulierung und das „Too big to fail-Dilemma"	Bankensektor, Europa, rechtlicher/ökonomischer Rahmen von Systemrisiko, Eigenmittel- und weitere Regulierungsinstrumente	Theoriebasierte, deskriptive Analyse aus ökonomischer Sicht mit rechtswissenschaftlichem Hintergrund	Gebot einer „europäischen Lösung; Bedeutung der vorinsolvenzlichen Restrukturierung	Dissertation, rechtliche Aspekte

Tab. 1: Stand der Forschung – Monographien zum Themenkreis (Fortsetzung)

Autor (Jahr)	Titel	SIFI-Untersuchungsschwerpunkt	Methodik	SIFI-Ergebnis (Auswahl)	Besonderheit
RENGIER (2014)	Too Big to Fail Stellung von Großbanken in Kartellrechts	Fragen des Europa aus wettbewerblicher Perspektive, kartellrechtliche Eingriffsinstrumente	Rechtlich-wettbewerbspolitische Wertung; Anwendung rechtlicher Tatbestände auf TBTF	Bestandsgarantie für Großbanken als Wettbewerbsfaktor, die nach EU-Recht faktisch einer Beihilfe gleichen; Fusionskontrolle; Entflechtung	Dissertation, Kartellrechtlicher Fokus
SHARIFOVA (2014)	Essays on Measuring Systemic Risk	Messung von grenzüberschreitenden Verbindungen zwischen US-amerikanischen und europäischen Banken, Identifizierung von SIFIs	Empirische Arbeit unter Verwendung von: CoVaR, MES, SRISK	Systemrisikoverfahren erzielen genauere Ergebnisse als übliche Kreditrisikoverfahren; Systemrisiko wird besonders vom Leverage, der Größe und dem Value-at-Risk einer Finanzinstitution bestimmt; marktbasierte Systemrisikomessgrößen werden maßgeblich durch Korrelationen von Aktienrenditen bestimmt	Dissertation
WEITZEL (2014)	Die ökonomische Bedeutung des Banksektors unter Berücksichtigung der „Too-Big-to-Fail"-Doktrin	Einfluss von systemrelevanten Banken auf den Finanzsektor und damit die wirtschaftliche Entwicklung eines Landes	Deskriptive Herleitung von ökonomischen Zusammenhängen, Regressionsanalysen	„Weniger deutliche Schlussfolgerungen" (S. 318); keine Wirkung der Größe von Banken auf das wirtschaftliche Wachstum; TBTF-Problematik nicht endgültig gelöst	Dissertation, viele deskriptive Abbildungen/ Statistiken
WEWEL (2014)	Essays on Systemic Risk and Stock Market Contagion	Transatlantische Übertragung von Systemrisiken, anderem Aussagekraft von Systemrisikokennzahlen, Ansteckungsgefahr eines Bankenzusammenbruchs und eines Erdbebens im Vergleich	Empirische Arbeit unter Verwendung von: Upper Tail Coefficient, MES, SRISK, CoVaR, Pre/post-event correlations	Systemische Ansteckungswahrscheinlichkeiten sind in der Regel höher innerhalb den USA und Europa als zwischen diesen aus drei Regionen; wobei die Abhängigkeit zwischen Banken und Realwirtschaft begrenzt ist; Systemrisikomessgrößen sind in der Lage frühe Symptome für Systemrisiko zu deuten; eine Bankinsolvenz beeinflusst Aktien aus allen Sektoren weltweit und ein Erdbeben hat nur einen signifikanten Einfluss auf Aktien von Versicherungs- und Versorgungsunternehmen	Dissertation

Neben den Aufsätzen in wissenschaftlichen Zeitschriften und den vorstehend besprochenen Monografien existiert eine kleine Reihe von Sammelwerken zum Themenkreis der Arbeit. Allerdings sind jene mehr als Aufsatzsammlung denn als inhaltlich zusammenfassende Traktate zu verstehen, weshalb ein übergreifender Untersuchungsgegenstand, eine einheitliche Methodik, ein gemeinsames Ergebnis und konkret themenbezogene Besonderheit in jedem der Beiträge nicht erwartet werden können. Besonders erwähnenswerte Sammelbände sind BANNER (2012), HARRISON/CARTER (2012) und BRUNNERMEIER/KRISHNAMURTHY (2014) mit US-amerikanischem Fokus und mit Beiträgen von dortigen Regulieren sowie KENADJIAN (2012) und DOMBRET/KENADJIAN (2013) mit Beiträgen (aus Wissenschaft und Aufsicht) insbesondere zur Abwicklung und Restrukturierung von SIFIs aus europäischer Perspektive. WILLKE/BECKER/ROSTÁSY (2013) analysieren politische Reaktionen auf Systemrisiken und erkennen aus Sicht der Politökonomen einen Treiber für Systemrisiko in Demokratiekrisen. Aus einer Risikomanagementperspektive beschäftigen sich wiederum die Autoren im Sammelwerk von GALIZIA (2013) mit dem Systemrisiko. Schließlich gehen im zweiten auf Systemrisiko ausgerichteten Sammelwerk von DOMBRET/KENADJIAN (2015) die Autoren der Beiträge der Frage nach, ob die Trennung von Großbanken durchführbar ist, sowie welche Folgen das für Systemrisiken und nicht zuletzt das Bankgeschäft hätte.

Die Forschungsschwerpunkte *bisheriger* Literatur liegen damit in der

(1) Entwicklung von Systemrisikomessgrößen[14], deren

(2) intrasektoraler (z.B. internationaler) Übertragung[15] und der

(3) Identifikation von systemrelevanten Finanzinstituten sowie[16]

(4) SIFI-Regulierung[17].

---

[14] Vgl. i.V.m. Tab. 1 Prokopczuk (2009), Gai (2013), Pianeti (2014) und Wewel (2014).
[15] Vgl. i.V.m. Tab. 1 Davis (1995), Alter (2013), Weitzel (2014).
[16] Vgl. i.V.m. Tab. 1 Sharifova (2014).
[17] Vgl. i.V.m. Tab. 1 Stern/Feldman (2004), Moosa (2010), Chan-Lau (2013), Pflock (2014) und Sharifova (2014).

Bisher keine Aussagen bzw. nur behelfsartige Ansätze gibt es allerdings zu (1) in der weiterführenden, theoretischen Ableitung und empirischen Analyse vom *Wert der Systemrelevanz* für Unternehmen. Auch ist – in Verbindung mit (1) – bisher nicht erforscht, wie die mit Systemrelevanz verbundene staatliche Insolvenzversicherung die *Risikonahme* betroffener Institutionen beeinflusst. Die Erkenntnisse zu (2) sind weitreichend. Über das vorhandene Wissen um die Übertragung von Systemrisiken hinaus mangelt es aber an der Fortführung der Analyse zur Erkennung, Definierung und Verifizierung von *Ursachen des Systemrisikos*. Allerdings auch die Diskussion zu (3) – *Identifikation von SIFIs* – hat sich nach einer anfänglichen „Schockstarre" seitens der Politik und der internationalen Regulierer erheblich fortentwickelt. Nachholbedarf besteht nun in der ökonomischen Bewertung bisheriger Ansätze zur Identifikation von systemrelevanten Finanzinstituten. Und nicht zuletzt ist es im Sinne der staatlichen Intensivierung der SIFI-Identifikation (3) zu weiteren *Regulierungsinitiativen* (4) gekommen, denen sich schon allein aufgrund ihrer Aktualität und schnellen Folge bisher keiner der Autoren bzw. nur einzelne widmen konnten. Auch hier besteht Themenneuheit.

Die Arbeit trägt dazu bei, diese Lücken analytischer Erkenntnis zu identifizieren und zu füllen. Sie entwickelt alternative und zusätzliche Vorschläge zur Regulierung systemrelevanter Finanzinstitute.

1.3 Forschungsbedarf, Ziele und Aufbau der Arbeit

Wenn Finanzinstituten, und darunter vornehmlich Kreditinstituten, vonseiten ihres Sitzstaates bzw. seiner Exekutive offen oder verdeckt Systemrelevanz zugesprochen wird, erlangen diese eine implizite *Versicherung gegen Insolvenz*[18]. Diese Versicherung ist mit einer Subvention[19] vergleichbar, weshalb sich die (1) Frage nach ihrem Ausmaß stellt. Die renditeorientierten[20] Entscheidungsträger eines „systemrelevanten" Finanzintermediärs erhalten unter solchen Gegebenheiten möglicherweise den Anreiz, eine *risikoreiche Geschäftsstrategie* zu wählen, da die

---

[18] Vgl. stellvertretend Stern/Feldman (2004), S. 17f.; Moss (2009), S. 1f.
[19] Eine Legaldefinition von Subvention ist in § 264 Abs. 4 Strafgesetzbuch zu finden: „Subvention [...] ist eine Leistung aus öffentlichen Mitteln [...], die wenigstens zum Teil ohne marktmäßige Gegenleistung gewährt wird und der Förderung der Wirtschaft dienen soll".
[20] Wenn die Rendite einer privatwirtschaftlichen Bank negativ ist und ihr Kapital aufgebraucht wird, kann sie zumindest langfristig nicht bestehen. Aus diesem Grund verfolgen die Entscheidungsträger einer Bank langfristig positive Renditen.

marktliche Disziplinierung[21] durch Kapitalgeber (z.B. über einen risikoadäquaten Mindestverzinsungsanspruch) geschwächt ist.[22] Die Hypothese einer (2) versicherungs- bzw. subventionsgetriebenen Risikoausweitung gilt es zu überprüfen.

Eine sogenannte *„too-big-to-fail-Politik"*[23] (d.h. die diskretionäre Rettung von „großen" Finanzinstitutionen, ausführlich 2.2) wird seitens der Regulierer mit dem Argument gerechtfertigt, dass die volkswirtschaftlichen Kosten beim Marktaustritt eines systemrelevanten Finanzinstituts höher seien als bei einer staatlichen Rettung (Bailout) und Systemstabilität ohnehin ein *öffentliches Gut* darstelle[24]. Dem steht jedoch das Argument gegenüber, dass durch eine solche Vorgehensweise die *Selektionsfunktion des Marktes* behindert, wenn nicht gar ausgeschaltet wird, wobei systemrelevante Finanzinstitute zudem über eine transaktionskostenbedingt optimale Betriebsgröße hinaus wachsen können und umso größere negative, externe Effekte verursachen. So kommt es langfristig zu Marktversagen (z.B. Nichtaustritt ineffizienter Banken, Nachfrageüberhang trotz zu großer Banken aufgrund gestörtem Produkt- bzw. Qualitätswettbewerb), möglicherweise bei Insolvenz eines systemrelevanten Finanzinstitutes zu einer hohen Verschuldung des öffentlichen Haushalts und in der Folge zu letztlich durch *Fehlallokationen* verursachten Wohlfahrtsverlusten[25].

Zusammenfassend kann daher gesagt werden, dass trotz des im Zeitverlauf mit der weltwirtschaftlichen Verknüpfung gewachsenen Interesses an der Vermeidung von Insolvenz systemrelevanter Finanzinstitute – sowohl in der Wissenschaft als auch bei politischen Akteuren – bislang allenfalls Theorieansätze bzw. behelfsstückartige politische Doktrinen zu Wesen und Wirkung systemrelevanter Finanzinstitute existieren, wie die in 1.3 resümierte Literatur zeigt. Insbesondere herrscht bisher Uneinigkeit, (3) wie zunächst Systemrelevanz gemessen werden soll (*Identifikationsproblem*), (4) welche Ursachen zu Systemrelevanz führen (*Ursachenfrage*) und (5) ob eine *spezielle Regulierung* per se wünschenswert sein kann bzw. welche Gestalt die Regulierung annehmen sollte. Die Arbeit zielt auf diese Forschungslücken. Die Forschungsziele werden jeweils zunächst auf theoretischem Weg und sodann empiriebasiert bearbeitet.

---

[21] Vgl. O'Hara/Shaw (1990). S. 1588f.; zur Existenz des Moral Hazard und der Effektivität der Marktdisziplinierung Nier/Baumann (2006).
[22] Eine gesteigerte Risikonahme könnte zu dem politisch möglicherweise gewünschten Effekt der Auflösung der Kreditrationierung führen. Zum Phänomen der Kreditrationierung vgl. Stiglitz/Weiss (1981).
[23] Der Begriff *too big to fail* (TBTF) ist wörtlich übersetzt irreführend, hat sich aber im wissenschaftlichen und politischen Diskurs durchgesetzt, vgl. dazu ausführlich 2.1.2.
[24] Vgl. Deutsche Bundesbank (2009), S. 12; Remsperger (2010), Calliess (2013), S. 6; Schäfer (2013), S. 3f.
[25] Vgl. Kellermann (2010), S. 18.

1.3 Forschungsbedarf, Ziele und Aufbau der Arbeit

Wenn ein Problem nicht definiert ist, kann es nicht (effizient und abschließend) gelöst werden, weil Verwirrung über die Natur des Problems Lösungsmöglichkeiten verschleiert, Irrwege verursacht und Ergebnisse verschleiert. Zu Beginn müssen daher grundlegende Begriffe wie *Systemrelevanz, too big to fail, Systemrisiko* und systemisches Risiko voneinander abgegrenzt werden. In diesem Zusammenhang wird auch der bisherige Umgang mit Finanzinstituten, denen eine solche Begrifflichkeit zugeordnet werden kann, untersucht.

Es wird der Wert der Systemrelevanz für ein Finanzinstitut hergeleitet, welcher sich in einer (Marktpreis-)Änderung[26] von Vermögenswerten materialisiert. Auch der Systemrisikobeitrag eines systemrelevanten Instituts zu einer Krise im Finanzsystem wird modelliert und empirisch überprüft. Wenn Systemrelevanz von Finanzinstituten wissenschaftlich begründet und empirisch nachgewiesen werden kann, ist das von grundlegender Bedeutung für deren etwaige Regulierung. Ein systemrelevantes Finanzinstitut wird im Allgemeinen erst bei drohender Insolvenz als Problem wahrgenommen. In der Arbeit muss diskutiert werden, ob Systemrelevanz nicht gerade erst durch die – im Vergleich zu anderen Wirtschaftssektoren – bereits weitgehende staatliche Regulierung von Finanzinstituten entsteht[27]. Sollte ein *staatlicher Eingriff vor Kulmination* (also der drohenden, rettungsbedingenden Insolvenz von SIFIs) effizienter sein; auch wenn dieser nur die Folgen von Fehlregulierung heilt? Die Ergebnisse werden durch eine allgemeine Auseinandersetzung mit dem Für und Wider der Regulierungsinstitutionen abgerundet. Es werden theoretisch anwendbare Regulierungsinstrumente für systemrelevante Finanzinstitute kritisch bewertet, jüngste *Regulierungsinitiativen* – auch internationaler Art – für systemrelevante Finanzinstitute beurteilt und eigene, korrektive und weiterführende Vorschläge entwickelt.

Nach der begrifflichen Einführung und Ordnung der Themengrundlagen sind die Ziele der Arbeit

(1) die theoretische Ableitung und empirische *Analyse des Effektes von Systemrelevanz* auf den Wert eines Finanzunternehmens,

---

[26] Für die methodischen Ansätze vgl. einführend zu Ratings: Soussa (2000), S. 9-19 und Rime (2005); zu Einlage- und damit Refinanzierungszinssätzen: Baker/McArthur (2009), Jacewitz/Pogach (2014); zu Kreditausfall-Swaps vgl. Völz/Wedow (2009).

[27] Bspw. zeigen Demirgüç-Kunt/Detragiache (2002) durch einem langfristigen Vergleich von 61 Finanzsystemen weltweit, dass staatliche Einlagensicherungssysteme zu Instabilität führen. Die staatliche Versicherung zur Rückzahlung der Einlagen bei einer systemrelevanten Bank gleicht der Versicherungsleistung durch ein staatliches bzw. privatwirtschaftliches Einlagensicherungssystem. Für eine Kritische Analyse der Theorien über Schalterstürme und geeignete Gegenmaßnahmen vgl. Schönfelder (1991).

(2) die empiriebasierte Ableitung des *Einflusses der mit der Systemrelevanz verbundenen staatlichen Insolvenzversicherung* auf die Ratings wie auch die Risikonahme entsprechender SIFI-Institute,

(3) die ökonomische Bewertung bisheriger Ansätze zur *Identifikation von systemrelevanten Finanzinstituten* und die Schaffung zweier alternativer Kennzahlen zur Identifikation inklusive Anwendung auf ein europäisches Bankensample,

(4) die theoriebasierte und empiriegestützte *Ursachenanalyse für Systemrisikotreiber* im europäischen Bankensektor sowie

(5) eine ökonomische Analyse der *Begründungsansätze zur staatlichen SIFI-Regulierung* und der konkreten Regulierung(sinitiativen) selbst, inklusive des Schließens von Lücken durch eigene *Vorschläge zur Regulierung*.

Das Untersuchungsobjekt stellen in dieser Arbeit zuvorderst die Kreditinstitute dar. Indes werden die Erkenntnisse, bei Hervorhebung der Unterschiede, auch auf andere Finanzinstitute[28] und systemrelevante Strukturen projiziert, weil Nichtbank-Finanzinstitute zunehmend Relevanz erlangen.

Im Grundlagenkapitel werden zum Verständnis der Diskussion eingangs Begriffe definiert und im Untersuchungsthema geordnet. Als Teil der Begriffsbildung findet eine Auseinandersetzung mit ökonomischen Theorien (unter anderem der Principal Agent-Theorie) zur Systemrelevanz von Finanzinstituten statt. Daran anknüpfend ist der Umgang mit systemrelevanten Finanzinstituten in der Vergangenheit und ein kurzer regulatorischer Abriss Gegenstand des Grundlagenkapitels. Überleitend zu Kapitel 3 wird ein *Vier-Stufen-Modell* zum praktischen Umgang mit systemrelevanten Finanzinstituten präsentiert. Die vier Stufen zu *Einfluss, Ausmaß, Ursachen* und *Regulierung* von Systemrelevanz gehen in den Kapiteln 3 bis 7 auf.

Mittels einer Eventstudienanalyse wird so im Kapitel 3 eine Reihe regulatorischer Ankündigungen für systemrelevante Banken nach Einflüssen auf den Marktwert des Eigenkapitals untersucht. Wie sich herausstellt, reagieren Marktteilnehmer auf solche Ankündigungen, die im Grunde mit Urteilen darüber gleichzusetzen sind, ob und inwieweit eine bestimmte Institution systemrelevant ist.

---

[28] Nichtbank-Finanzinstitute wie bspw. Versicherungen, Investment-/Geldmarktfonds, Marktinfrastrukturanbieter; Finanzmärkte und -instrumente werden ebenfalls auf Systemrelevanz untersucht.

1.3 Forschungsbedarf, Ziele und Aufbau der Arbeit

Aufbauend darauf wird in Kapitel 4 untersucht, ob und in welchem Ausmaß staatliche Rettungsgarantien Marktpreise von Anleihen beeinflussen, die von Banken emittiert werden. Zur Bemessung werden die in Credit Ratings eingebetteten *Erwartungen einer staatlichen Rettung* analysiert. In der Literatur sind des Weiteren Hinweise sind zu finden, dass Garantien und damit verbundene *Bailout-Erwartungen* den Risikoappetit von Banken erhöhen. Dieser Zusammenhang wird empirisch getestet.

Im Kapitel 5 werden zunächst Wege zur Identifikation von systemrelevanten Finanzinstituten dargestellt, welche einerseits in theoretisch plausible und andererseits in der Regulierungspraxis angewandte unterschieden werden. Im zweiten Teil dieses Kapitels werden zwei eigens entwickelte Systemrisikomessgrößen hergeleitet und empirisch ausgewertet.

Das sechste Kapitel analysiert die *Treiber für Systemrisiko* und *Ansteckungseffekte* unter europäischen Banken im Zeitraum von 2007 bis 2012 anhand von idiosynkratischen Bankeigenschaften und einer Auswahl von Makrovariablen.

Das vorletzte Kapitel 7 ist dem *Für* und *Wider von Regulierung* und Regulierungsinstitutionen systemrelevanter Finanzinstitute gewidmet. Die möglichen und umgesetzten Instrumente zur direkten und indirekten Regulierung von systemrelevanten Finanzinstituten werden analysiert und ihre *Effektivität* sowie *Effizienz* bewertet. Daran anknüpfend werden am Ende dieses Kapitels neue Vorschläge und ein eigenes Modell zur Regulierung von systemrelevanten Finanzinstituten entwickelt.

Kapitel 8 fasst die Ergebnisse der Arbeit zusammen und gibt einen Ausblick.

Abb. 1: Gang der Analyse

1. Einleitung

| Kontroversen um systemrelevante Finanzinstitute, Motivation | Forschungsbedarf und Verlauf der ökonomischen Analyse |

2. Begriffliche Grundlagen und Theoriebasis

| Too big to fail, Systemrisiko und SIFIs | Historie, Marktversagen und staatliche Eingriffe |

4-Stufen-Modell zum Umgang mit systemrelevanten Finanzinstituten
(I) Einfluss, (II) Ausmaß, (III) Ursachen, (IV) Regulierung

Einfluss von Systemrelevanz ...

3. ... auf den Wert von SIFIs	4. ... auf Ratings und Risikoverhalten
SIFI-Siegel Eventstudienmethodik Abnormale Renditen	Financial Stength und Viability Ratings Logistische Regression Rating Uplifts

5. Ausmaß von Systemrelevanz	6. Ursachen für Systemrelevanz
Indikatoransätze Modellansätze Systemic Risk Index Conditional-Default-Copulas	Europäisches Bankensample Bankcharakteristika Makroökonomische Faktoren Panel Regressionen

7. Regulierung systemrelevanter Finanzinstitute

| Regulierung von Finanzintermediären | Regulierungsinnovation- und optimum |

Expeted Systemic Loss =
Probability of Default · Systemic Exposure at Default · Systemic Loss Given Default

| Bankenaufsichtsmechanismus (SSM)
Bankenabwicklungsmechanismus (SRM) | Vorschläge zur Verbesserung der Verlustabsorptionsfähigkeit (TLAC und MREL) |

Informationsgehalt von Bankenstresstests der Europäischen Bankenaufsichtsbehörde

Entwicklungsempfehlungen für die Gestaltung der SIFI-Regulierung

8. Zusammenfassung und Ausblick

Diese Abbildung gibt einen Überblick über die Struktur und Schwerpunkte der Arbeit

2 Grundlagen zu systemrelevanten Finanzinstituten

2.1 Grundbegriffe

2.1.1 Systemrisiko

Systemrisiko ist eine *negative Externalität*.[29] Zwar sind die Begriffe *Systemrisiko* und *systemisches Risiko* bzw. *systemic risk* nicht gänzlich neu, in den letzten Jahren seit dem Ausbruch der weltweiten Finanzkrise im September 2008 sowie der darauf folgenden Weltwirtschafts- und europäischen Staatsschuldenkrise sind sie allerdings erstmals ins Zentrum des Interesses von Wissenschaft und Praxis gerückt[30]. Systemrisiko, systemisches Risiko bzw. systemic risk werden in der wissenschaftlichen Literatur synonym verwendet.[31] Allerdings liegt die Verwechselung mit dem *systematischen Risiko*, d.h. dem β im Capital Asset Pricing Model (CAPM)[32], nahe, obwohl beide Begriffe wenig miteinander vereint. Das systematische Risiko ist in Abgrenzung zum unsystematischen (spezifischen) Risiko „the part of an asset's risk which […] cannot be diversified away"[33].

Systemrisiko taucht in der Literatur erst seit den 1980er Jahren auf; wurde also erst zu dieser Zeit eminent. Es gibt aber wesentlich ältere Publikationen, in welchen Systemrisiko nicht explizit als solches bezeichnet, aber umschrieben wird.[34] Anders als das systematische Risiko, das

---

[29] Teile von Vorarbeiten für dieses Kapitel in Zusammenarbeit mit Andreas Horsch, Mario Garcia-Molina und Christof Morscher, sind bereits publiziert bzw. zur Publikation angenommen: Kleinow/Horsch/Garcia-Molina (2015b): Identification and Regulation of Systemically Important Financial Institutions in Latin America – A Primer, in: Brazilian Journal of Political Economy, forthcoming; Kleinow/Horsch/Morscher (2015): Too big to fail, in: WISO – Wirtschafts- und Sozialpolitische Zeitschrift 38 (1), S. 95-114; Kleinow/Morscher/Horsch (2015): Systemrelevante Finanzinstitute, in: WiSt Wirtschaftswissenschaftliches Studium (2), S. 75-81.

[30] Die Statistiken zum Suchbegriff „Systemic Risk" unter Google Trends liefern ein interessantes Bild über Interesse an Systemrisiko im zeitlichen Verlauf und in der regionalen Verteilung, vgl. Anhang Abb. 1 und Anhang Abb. 2.

[31] Vgl. für synonyme Verwendungen beim DIW Beck/Bremus (2007); Sachverständigenrat zur Begutachtung der gesamtwirtschaftlichen Entwicklung (2009), S. 116-163 passim; bei Bundesbank Dombret (2013) und beim Zentrum für Europäische Wirtschaftsforschung Schröder (2013).

[32] Das Capital Asset Pricing Model (*CAPM*) gilt als das das die erste schlüssige Erklärung für den Einfluss des Risikos einer Investition auf die *erwartete Investitionsrendite*. Das CAPM ist in den frühen 1960er Jahren von SHARPE (1964), TREYNOR (1962), LINTNER (1965a)/(1965b) und MOSSIN (1966) entwickelt worden. Das Modell baut auf der Portfolio Theorie von MARKOWITZ (1952) auf und führt die Unterscheidung von systematischem und unsystematischem (spezifischem) Risiko ein. Nach dem Modell beeinflusst nicht jedes Risiko die Preise von Assets. Ein Risiko das nämlich im Verbund mit anderen Assets diversifizierbar ist, ist gewissermaßen bewertungsirrelevant. Für die dafür maßgeblichen Arbeiten erhielten MARKOWITZ (*Portfolio Selection Theorie*), MILLER (*Modigliani/Miller-Theorem*) und SHARPE (*CAPM*) als erste Forscher aus dem Bereich Finance im Jahr 1990 den Nobelpreis, vgl. Royal Swedish Academy of Sciences (1990); vgl. ferner für einen wirtschaftswissenschaftshistorischen Abriss Lee (1991).

[33] Sharpe (1964), S. 440.

[34] Vgl. bspw. Bagehot (1873), S. 53: „In wild periods of alarm, one failure makes many, and the best way to prevent the derivative failures is to arrest the primary failure which causes them".

den angedeuteten wissenschaftlichen Ursprung im CAPM hat, wird der Systemrisiko zuerst in Publikationen von Zentralbanken mit Bezug auf das Management von Interbankenbeziehungen besprochen.[35] Oft wird dort auch Systemrisiko in Verbindung mit Banken- bzw. Währungskrisen thematisiert. Meist ist dann davon die Rede, dass dieses Systemrisiko ein Risiko bezeichnet, das schlagend wird, wenn der Ausfall eines Finanzintermediärs dazu führt, dass erst das Finanzsystem und dann die gesamte Volkswirtschaft einen großen negativen Shock erfahren.[36] Darüber, dass die „*Wundertüte*"[37] *Systemrisiko* eine Gefahr für die Finanzstabilität und ökonomische Prosperität einer Volkswirtschaft darstellt, herrscht zwar Einigkeit. Ob es aber ein explizites Ziel für eine Messung ist, oder eher als Modewort bzw. Slogan zur Rechtfertigung regulatorischer Entscheidungen dient[38], bleibt unklar. Auch herrscht bis heute kein Konsens, wodurch sich Systemrisiko von anderen Risiken abgrenzt. Es erstaunt daher nicht, dass die Definition und das Verständnis von Systemrisiko vom jeweiligen Kontext abhängt.[39]

---

[35] Die ersten Veröffentlichungen aus Zentralbanken zu „Systemic risk" fokussieren Zahlungsverkehrssysteme, vgl. stellvertretend, chronologisch zu „system risk" Frankel/Marquardt (1983), S. 11; Stevens (1984), S. 8-10; Mengle (1985), S. 19 mit „Systemic risk refers to the expectation that failure of one bank to settle will cause another bank or banks to fail to settle as well" und noch konkreter Angell (1988), S. 4 mit „each [...] participant is also exposed to systemic risk. If one participant cannot settle its net debit position at the close of business, the network, under the [...] rules, must unwind all of the day's payment transactions involving those depository institutions that exchanged dollar payments worldwide". Eine frühe Monographie von Cline (1986) mit dem Untertitel „Systemic risk and policy response" thematisiert zwar die Übertragung von Risiken von Banken auf Staaten, S. 21, „The international financial system is vulnerable to the potential impact of default or serious disruption in the servicing of the debt of [...] countries. This vulnerability stems largely from the fact that much of the debt is owed to private banks [...] and the amounts owed are large relative to bank capital. Because banks play a pivotal role in national economies, and because their loans are highly leveraged on a relatively small capital base, loss of a significant part of their capital [...] could place severe strains on the Western economies", lässt aber eine Definition von Systemrisiko sowie eine an den Interbankenmarkt angelehnte Analyse offen. Für eine noch frühere Beschreibung des Problems ohne Verwendung der Begrifflichkeiten vgl. Santomero/Watson (1977), S. 1270: "The phenomenon of failing banks may create a crisis of confidence that leads to more failures".

[36] Vgl. Nier et al. (2007), S. 2034: "Systemic risk arises when the failure or weakness of multiple banks imposes costs on the financial system and ultimately on the economy as a whole"; ebenso wie Adrian/Brunnermeier (2014), S. 2: "The risk that the intermediation capacity of the entire financial system is impaired, with potentially adverse consequences for the supply of credit to the real economy".

[37] Vgl. Hansen (2014), S. 1.

[38] Vgl. für einen frühen, zugespitzten Kommentar von Hellwig (1998), S. 123: „Der Terminus ‚systemisches Risiko' gehört zur Folklore der Diskussion um Banken und Bankenaufsicht".

[39] Vgl. Kaufman (2000), S. 14: „It means different things to different people, particularly with respect to causation".

2.1 Grundbegriffe

Abb. 2: Systemrisikobeitrag und -empfindlichkeit

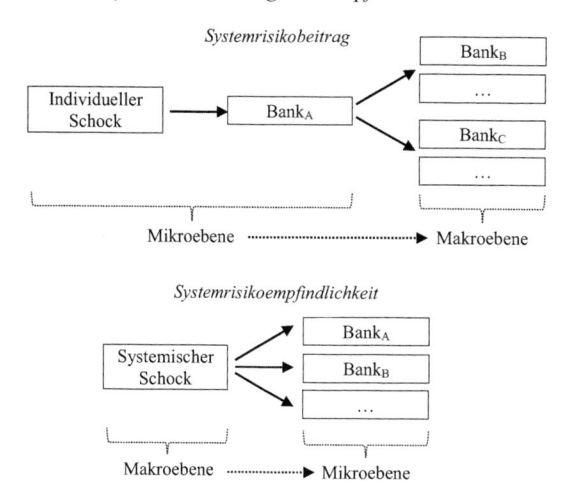

```
              Systemrisikobeitrag        Bank_B
                                          ...
  Individueller ────▶  Bank_A  ────▶
     Schock                             Bank_C
                                          ...

          Mikroebene  ············▶  Makroebene


              Systemrisikoempfindlichkeit
                                         Bank_A
   Systemischer  ────▶                   Bank_B
      Schock
                                          ...

          Makroebene  ············▶  Mikroebene
```

Diese Abbildung zeigt den Wirkungsmechanismus hinter den beiden Systemrisikoverständnissen. Besonderes Augenmerk liegt hierbei auf den unterschiedlichen Ansteckungskanälen.

Die bestehenden Definitionen von Systemrisiko können nach der Frage der inhärenten Kausalität in mehrere Systemrisikoverständnisse unterschieden werden:[40]

(1) Zum einen versteht man unter Systemrisiko den *Systemrisikobeitrag* einer Finanzinstitution, d.h. potentielle Ausstrahlungseffekte (spillover effects) von einer Finanzinstitution auf andere. Diese Definition bedient sich der Kausalität von der Mikro- zur Makroebene und verlangt nach einer direkten Beziehung ausgehend von Finanzinstitutionen auf Märkte, Wirtschaftssektoren und letztlich Volkswirtschaften. Wenn der erste Dominostein fällt, fallen also nach diesem Verständnis auch weitere gemäß einer Kettenreaktion.[41] Systemrisiko wird daher auf der Mikroebene (z.B. in einer Bank) ausgelöst. Beispielsweise könnte der Ausfall eines bedeutenden Schuldners oder hohe unerwartete Verluste im Eigenhandel eine Bank$_A$ zahlungsunfähig machen. Dieser individuelle Schock wird nun auf unterschiedliche Art und Weise auf weitere Teilnehmer (Bank$_B$, Bank$_C$, ...)

---

[40] Vgl. stellvertretend ebd., S. 14 und Hellwig (1998), S. 124f.
[41] Vgl. für eine frühe Arbeit zu Dominoeffekten im Bankensystem Körnert (1998).

im Bankensystem übertragen (*bottom up*). Umso mehr Banken folgenschwer „angesteckt" würden und damit einhergehende Verluste deren Kapitalpuffer überstiegen (Verkettung von Insolvenzen), desto größer wäre das Systemrisiko der Bank$_A$ (Abb. 2).

(2) Zum anderen versteht man unter Systemrisiko die *Systemrisikoempfindlichkeit* einer Finanzinstitution. Diese Definition bedient sich eines „großen Schocks" der nahezu simultan adverse Effekte für die meisten oder alle Finanzinstituten hat von der Makro- zur Mikroebene. Dieser systemische Schock könnte beispielsweise eine Leitzins- bzw. Währungsänderung oder aber auch eine Naturkatastrophe sein (*top down*). Umso mehr ein Unternehmen von solchen Ereignissen „mitgerissen"[42] wird, desto höher ist nach diesem Verständnis das Systemrisiko (Abb. 2). Der Transmissionsprozess steht, anders als bei (1) bei diesem Systemrisikoverständnis weniger im Vordergrund.

In manchen Fällen wird noch ein drittes Systemrisikoverständnis unterschieden, das ebenfalls die Ansteckung fokussiert, aber nicht eine direkte Kausalität voraussetzt; das *Systemkorrelationsrisiko*. Systemrisiko durch Systemkorrelation (Mangel an Diversifikation im System) entsteht bei einer großen Anzahl von involvierten Finanzinstituten mit gleichen Drittparteirisiken bzw. gleichen Risikoprofilen. Wenn ein Finanzinstitut einen negativen Schock erfährt und dies zu hohen Wertverlusten führt, breitet sich Unsicherheit über den Wert der anderen Institutionen aus, die potentiell den gleichen Schock erfahren könnten (common shock contagion). „Dabei spielt es vorerst keine Rolle, ob die Ausfallrisiken durch Ansteckung von einer Bank zur nächsten übertragen werden, oder ob eine unerwartete Entwicklung auf makroökonomischer Ebene – ein makro-ökonomischer ‚Schock' – die gemeinsame Ausfallwahrscheinlichkeit beeinflusst."[43] Dieses homogenitätsbedingte Systemrisiko geht in dem vorgenannten Systemrisikobeitrag und der -empfindlichkeit auf.

Die folgende Tabelle gibt einen chronologischen Abriss über die Vorschläge zur Definition von Systemrisiko seit den 1990er Jahren[44] inklusive der Einteilung in die vorgenannten drei Verständnisklassen.

---

[42] Vgl. zum „Contagion"-Prozess Crockett (1997).
[43] Krahnen (2006), S. 58.
[44] Seither tut man sich allerdings schwer mit einer Definition, vgl. Hoskins (1990), S. 613: „The systemic risk rationale is easy to state but difficult to define" und dann ebd. weiter mit einem Versuch "The image which comes to mind is one of widespread failures of banks, where one bank's failure causes other banks to fail, and so forth in a widening wave of failures reflecting the intricate interdependence of credit relationships in a modern banking and financial system".

2.1 Grundbegriffe

Tab. 2: Systemrisiko-Definitionen
Diese Tabelle gibt einen Überblick über die Evolution des Systemrisikobegriffes. Die Definitionen sind zuerst nach dem Kausalitätsverständnis und dann chronologisch sortiert.

	Autor (Jahr)	Definition
Systemrisikobeitrag	LAWARE (1991)	"Systemic risk refers to the possibility that financial difficulties at one bank, or possibly a small number of banks, may spill over to many more banks and perhaps the entire financial system. So long as problems can be isolated at a limited number of banks, but confidence maintained in the broader banking and financial system, there is little or no systemic risk.", S. 550.
	BANK FÜR INTERN. ZAHLUNGS- AUSGLEICH (1994)	„The risk that the failure of a participant to meet its contractual obligations may in turn cause other participants to default, with the chain reaction leading to broader financial difficulties", S. 177.
	ROCHET/TIROLE (1996)	"Systemic risk refers to the propagation of an agent's economic distress to other agents linked to that agent through financial transactions", S. 733.
	HELLWIG (1998)	„[Systemrisiko soll] das Problem bezeichnen, daß (!) aufgrund von wechselseitigen Abhängigkeiten verschiedener Institutionen in einem Finanzsystem die Schwierigkeiten einer Institution die Funktionsfähigkeit des gesamten Systems infrage stellen können", S. 125.
Systemrisikoempfindlichkeit	DAVIS (1995)	„‚Systemic risk' [is] used to describe a disturbance in financial markets which entails unanticipated changes in prices and quantities in credit or asset markets, which lead to a danger of failure of financial firms, and which in turn threatens to spread so as to disrupt the payments mechanism and capacity of the financial system to allocate capital", S. 117.
	BARTHOLOMEW/ WHALEN (1995)	„Systemic risk refers to an event having effects on the entire banking, financial, or economic system rather than just one or a few institutions", S. 4.
	MISHKIN (1995)	"Systemic risk is the likelihood of a sudden, usually unexpected, event that disrupts information in financial markets, making them unable to effectively channel funds to those parties with the most productive investment opportunities", S. 32.
Systemkorrelationsrisiko	DAS/UPPAL (2004)	"The risk from infrequent events that are highly correlated across a large number of assets", S. 2810.
	ERGUNGOR/ THOMSON (2005)	„In a systemic crisis, multiple banks fail simultaneously, and the collective failure impairs enough of the banking system's capital so that large economic effects are likely to result and the government is required to intervene", S. 2.
	KRAHNEN (2006)	„Das systemische Bankenrisiko ergibt sich aus dem gemeinsamen Ausfall mehrerer (juristisch) unabhängiger Finanzinstitute. Das so verstandene systemische Risiko eines Finanzmarktes gibt Auskunft über die Wahrscheinlichkeit, dass aufgrund negativer Entwicklungen mehrere Bankinstitute gleichzeitig in Schwierigkeiten geraten", S. 58.
	ACHARYA (2009)	"We define systemic risk as the joint failure risk arising from the correlation of returns on the asset side of bank balance sheets", S. 225.

Die Definition von Systemrisiko nach dem Verständnis dieser Arbeit soll die Kausalitätszusammenhänge des Systemrisikobeitrags und der Systemrisikoempfindlichkeit gleichermaßen widerspiegeln. Auch die Asset-Korrelation aufgrund von homogenen institutionellen Strukturen im Finanzsektor soll als auslösendes Moment erwähnt sein. In Anlehnung an MISHKIN (1995), HELLWIG (1998) und DAS/UPPAL (2004) wird daher folgende Definition postuliert:

Diese Arbeit spricht von Systemrisiko als der Möglichkeit, dass aufgrund von *wechselseitigen Abhängigkeiten* und/oder *homogenen Geschäftsstrukturen* Schwierigkeiten einer einzelnen Institution die *Funktionsfähigkeit des gesamten Finanzsystems* infrage stellen und/oder ein *Initialereignis extreme, negative Effekte* auf das gesamte Finanzsystem hat.

Mit der Messung von Systemrisiko setzt sich Kapitel 5 auseinander. Im Kapitel 6 werden Treiber für Systemrisiko europäischer Banken ergründet um dann im Kapitel 7 Schlüsse über den regulatorischen Umgang zu ziehen. Im Folgenden werden die mit Systemrisiko eng verbundenen Begriffe *too big to fail* und *Systemrelevanz* historisch und wissenschaftlich eingeordnet.

2.1.2 Too big to fail und Systemrelevanz

Der Begriff *too big to fail* (TBTF) ist wörtlich übersetzt irreführend[45], hat sich aber im wissenschaftlichen und politischen Diskurs durchgesetzt. Der erste schriftliche Beleg für die Verwendung des Begriffes ist in Verbindung mit Großunternehmen im Titel des Beitrags „When companies get too big to fail" in der Newsweek von 1975 zu finden: „An increasing number of giant corporations can no longer claim either flexibility or efficiency. They have lost control of their costs, lost their access to capital, misjudged their markets, and diversified into lines of business they do not understand. In desperation they turn to Washington for help, and if they are big enough and shaky enough, they get it."[46] TBTF bezeichnet seither die Erwartung, dass der Staat eine mögliche Insolvenz eines Unternehmens aufgrund von seiner Größe verhindern wird.

---

[45] Erstens, weil er vorgaukelt die so betitelten Institutionen fallen bereits in diese Kategorie. Zweitens, weil er falsche Signale gibt, dass allein die Größe relevant ist und Drittens weil im Grunde nicht die jeweilige Institution selbst, sondern ihre Gläubiger-Gegenparteien mithin TBTF sind.
[46] Cobbs (1975), S. 16.

2.1 Grundbegriffe

Trotz des gestiegenen Interesses bleibt TBTF bis heute ein vages und unscharfes Konzept.[47] TBTF bedeutet Unterschiedliches für unterschiedliche Personen[48] und ist im Grunde erst ex post einwandfrei festzustellen: „I can't define it, but I know it when I see it"[49].

Als TBTF wird demnach generell ein *großes Unternehmen bezeichnet, bei dem angenommen wird, dieses bedürfe einer gesonderten staatlichen Intervention (ohne Regelbasis) zur Vermeidung eines Konkurses und bzw. oder es müsse ein spezielles Abwicklungsregime installiert sein, welches die Verluste beim Ausfall anders alloziert als im Falle anderer Institutionen in dem gleichen Sektor.*

Es stellt sich dann allerdings die Frage ob überhaupt und falls ja wer nicht fallengelassen werden sollte. Mit „too big" wird offensichtlich in erster Linie die Größe betrachtet. Obwohl ein Übermaß an Unternehmensgröße (wie auch die -marktmacht) seit langem in der Wirtschaftswissenschaft als Problem angesehen wird, geht es bei dieser Diskussion zumeist um den Einfluss von Unternehmensgröße auf -profitabilität, (In-)Effizienzen, Innovation und ähnliches.

Die TBTF-Doktrin steht für einen politischen Ansatz zum Schutz von Anspruchstellern großer (Finanz- und anderer) Institutionen vor Verlusten, die bei Ausfall entstünden. Traditionell wird dieser Ansatz, inklusive dem *Bruch von marktwirtschaftlichen Grundprinzipien* (wie beispielsweise Haftung, Konstanz der Wirtschaftspolitik, Internalisierung externer Effekte)[50], von Politikern und Regulierern damit gerechtfertigt, dass angenommen wird, die ökonomischen Kosten eines Ausfalls wären höher als die Kosten einer präventiven Rettung durch den Staat.[51] Eine eigentlich wettbewerbswidrige Erhaltung im Krisenfall soll also nach dieser Interpretation das kleinere Übel gegenüber massiveren und nachhaltigeren *Folgewirkungen einer Insolvenz* darstellen. Vor allem in den Vereinigten Staaten kam es bereits früh zur drohenden Insolvenz (d.h. dem Quasi-Eintritt formaler Insolvenztatbestände [drohende] Zahlungsunfähigkeit und/oder Überschuldung) großer Unternehmen, die daraufhin gerettet wurden und die Existenz der

---

[47] Vgl. Kaufman (2014), S. 214.
[48] Vgl. Hurley (2010), S. 352.
[49] Baker (2009) und jünger vgl. Hansen (2014), S. 16. Potter Stewart war ein Jurist und Richter am Obersten Gerichtshof der USA und das zitierte indirekte Zitat bezog sich auf die Frage nach der Definition von Pornografie.
[50] Vgl. dazu grundlegend Eucken (1990), dabei zur Haftung S. 279-284, zur Konstanz der Wirtschaftspolitik S. 285-289 und zu externen Effekten S. 301-303.
[51] Vgl. bspw. Moosa (2010), S. 319-320.

TBTF-Doktrin bestätigten. Es sollte allerdings für die erstmalige explizite Verwendung des Begriffs too big to fail für eine Finanzinstitution dauern.[52]

Im Kontext der staatlichen Rettung der Continental Illinois Bank im Jahr 1984 wurde TBTF erstmals im Zusammenhang mit einem *Finanzintermediär* von den Printmedien verwendet[53]. In einer Stellungnahme[54] gegenüber dem US-Kongress und der folgenden Anhörung am 19.09.1984 gab der oberste Bankenaufseher CONOVER bekannt, dass die zuvor gerettete *Continental Illinois*[55] zu einer Gruppe von elf „multinational banks" gehöre. Er vermied zwar zu bestätigen, dass die verbleibenden zehn Institute im Insolvenzfall per se eine gleiche Behandlung bekämen (und damit Verbindlichkeiten garantiert und alle Gläubiger – mittelbar dadurch auch die Aktionäre – geschützt wären), konnte dies aber gegenüber den Abgeordneten nicht glaubhaft versichern.[56] Im Gegenteil verteidigte er die Verwendung öffentlicher Gelder zur Bankenrettung und bekräftigte damit die von der Opposition befürchtete TBTF-Politik.[57] Die Auseinandersetzung gipfelte in folgendem überspitzten Ausspruch des Abgeordneten MCKINNEY: „We have a new kind of bank. It is called too big to fail. TBTF, and it is a wonderful bank."[58]

Nach der Rettung der Continental Illinois trat die Politik und auch Wissenschaft der TBTF-Doktrin zunehmend skeptisch entgegen.[59] US-Regulierer und -Gesetzgeber versuchten in der Folgezeit die Validität der Doktrin zu verneinen um ungewünschte regulatorische Verzerrungen von Marktanreizen zu vermeiden. Diese Versuche wurden aber nach kurzer Zeit vereitelt: In den späten 1980ern und frühen 1990ern kam es zu unzähligen Rettungen von US-Banken, von denen viele eigentlich „klein genug" waren.[60] TBTF blieb weiterhin ein unscharfer Begriff, wurde aber als ungeschriebene Gesetzmäßigkeit zu einem Element der staatlichen Finanzmarktstabilisierung. Obwohl die Kritik nicht abnahm, schien TBTF sich zum Ende der 1990er

---

[52] Zu den berühmten (und berüchtigten) Beispielen gehören die Insolvenzen der Eisenbahngesellschaft Penn Central und des Autoherstellers Chrysler in den 1970er Jahren. Zum Fall der Penn Central, vgl. Silk/Garvy/Weston (1971), insb. S. 311 und weitere Beiträge in dieser Ausgabe, S. 327-362. Über die Kreditbürgschaft für Chrysler, vgl. z.B. Reich/Donahue (1985). Zur Bedeutung des Continental Illinois-Falls für das TBTF-Konzept, vgl. Goldstein/Véron (2012), S. 5-6.
[53] Vgl. stellvertretend Gelman (1984).
[54] Vgl. U.S. Congress-House of Representatives-Committee on Banking (1984), S. 194-276
[55] Seinerzeit war Continental Illinois die nach Einlagevolumen siebtgrößte Bank der USA.
[56] Vgl. ebd., S. 300: "Chairman St Germain: 'That is one of the prime reasons for these hearings. We have quite a few, but one of our principal reasons is we have to make a decision. Do we allow, ever, a large bank to fail?' [...] Mr. Conover: "I think it is important that we find a way to do that'".
[57] Vgl. ebd., passim, insb. S. 220, 278, 299f.
[58] Ebd., S. 300 (eigene Hervorhebung).
[59] Morgan (2002), S. 880. Zur kritischen Wahrnehmung des Bailouts der Continental Illinois, vgl. Macey (1988).
[60] Vgl. Athavale (2000), besonders S. 124-126.

2.1 Grundbegriffe

Jahre als Regulierungs-konzept etabliert zu haben. Es sollte eine weitere Krise brauchen, bis der TBTF-Ansatz revidiert werden würde.

Tab. 3: Modifikationen von too big to fail[61]
Diese Tabelle gibt einen Überblick über weiterentwickelte Verständnisse des TBTF-Begriffes, die meist als Kritik bzw. Antwort auf die Finanzkrisen ab 2009 entstanden sind.

(1)	So big that it had to fail	(12)	Too big to save
(2)	Too big (or too something) to fail	(13)	Too big to succeed
(3)	Too big for their boots	(14)	Too big to survive
(4)	Too big to bail	(15)	Too big to unwind
(5)	Too big to discipline adequately	(16)	Too complex to fail
(6)	Too big to evacuate	(17)	Too complex to resolve
(7)	Too big to exist	(18)	Too European to fail
(8)	Too big to liquidate	(19)	Too important to fail
(9)	Too big to prosecute or jail	(20)	Too interconnected to fail
(10)	Too big to rescue	(21)	Too megalomaniac to fail
(11)	Too big to resolve		

Während die Logik der Vermeidung (der Konsequenzen) von Insolvenzen bestimmter Banken nicht grundsätzlich in Frage gestellt wurde, stellte sich allerdings heraus, dass es nicht allein auf die Größe ankam, sondern die Vernetzung, die Ersetzbarkeit, die Komplexität und andere Faktoren wie grenzüberschreitende Aktivitäten ebenfalls eine Rolle für die Rechtfertigung einer Rettung spielten.[62] Die Finanzkrisen ab 2007 verstärkten dann die Brisanz und änderten die Sichtweise auf TBTF. Zunächst stellte sich Uneindeutigkeit heraus: Während einige Finanzinstitutionen – von denen man annahm, dass sie groß genug wären, um gerettet zu werden – zahlungsunfähig wurden, wurden andere gerettet. Es entstand eine Reihe von Begriffsmodifikationen welche in Tab. 3 zusammengefasst werden.

Wie aus der Tab. 3 zu entnehmen ist, setzte sich die Erkenntnis durch, dass die Größe allein nicht Kriterium für staatliche Bankenrettungen ist. Neben der Größe spielte jetzt zum Beispiel auch *Komplexität, Vernetzung, Liquidität* und *Regulierung* eine Rolle. TBTF reichte seit Anfang 2008 daher nicht mehr aus, um die vielseitigen (Rettungs-)Geschehnisse auf den internationalen Finanzmärkten zu erklären. Auch mussten diese staatlichen Eingriffe leicht verständ-

---

[61] Für (1)-(3), (7) und (12)-(16) vgl. Moosa (2010), S. 8; für (4) vgl. Wilson (2012); für (5) Hansen (2014), S. 29; für (6) Kane (2000), S. 6; für (8) Watts (2009); für (9) Gup (2004), S. 274; für (10) o. V. (2008); für (11) Kregel (2009), S. 2; für (17) Europäische Kommission (2014i); für (18) Dullien/Schwarzer (2009); für (19) Ötker-Robe et al. (2011); für (20) Makrose et al. (2009); für (21) Noteboom (2014), S. 64.
[62] Vgl. m.w.N Morrison (2011), S. 500-501.

lich vermittelt und gerechtfertigt werden. Gerade mit Verweis auf Regulierungseingriffe bewegte sich US-Notenbankchef Ben S. Bernanke argumentativ in einer Rede Anfang 2009 von "*large*" oder "*major*" zu "*large and complex*", "*systemically critical*" und letztlich zu "*systemically important*".[63] Obwohl dieser Beitrag nicht der erste Aufruf war, über TBTF hinaus zu denken und der Begriff Systemrelevanz bzw. systemrelevantes Finanzinstitut schon Anfang der 2000er Jahre erstmals Verwendung fand[64], folgten bald viele Regulierer weltweit der Argumentation Bernanke's und begannen spezielle Regulierungen für SIFIs zu entwerfen.

Der Begriff der *Systemrelevanz* oder der *systemischen Relevanz* ist also aus der inhaltlichen „Beengtheit" der TBTF-Argumentation (auf Größe) entstanden. Mit Systemrelevanz wird – üblicherweise aus einem Regulierungshintergrund kommend – auf die Wichtigkeit bzw. Bedeutsamkeit einer Finanzinstitution für ein System gezielt, wie auch die in dieser Arbeit verwendete Definition im Art 6 [1] der AufsichtsRL der BaFin verdeutlicht: „Systemrelevante Institute sind Institute, deren Bestandsgefährdung aufgrund ihrer Größe, der Intensität ihrer Interbankenbeziehungen und ihrer engen Verflechtung mit dem Ausland erhebliche negative Folgeeffekte bei anderen Kreditinstituten auslösen und zu einer Instabilität des Finanzsystem führen könnte".

Die Bestimmung von Systemrelevanz ist, wie der Begriff, eng mit der Messung von Systemrisiko verbunden. Systemrisiko ist in Abschnitt 2.1.1 definiert worden. Wie Regulierer das Systemrisiko und letztlich die Systemrelevanz einer Institution festzustellen meinen, wird in Abschnitt 5.1 erklärt. Die Ansätze zur Messung von Systemrisiken wissenschaftlicher Sicht werden in Abschnitt 5.2 dargestellt.

---

[63] Bernanke (2009).
[64] Vgl. Soussa (2000), Bank für Internationalen Zahlungsausgleich (2001), Belaisch et al. (2001) und Worrell (2004). SIFIs wurden zuerst im Global Financial Stability Report vom Internationalen Währungsfonds im April 2007 erwähnt, vgl. Internationaler Währungsfonds (2007).

2.2 Von der TBTF-Doktrin zu systemrelevanten Finanzinstitutionen

Wie bereits erörtert, handelt es sich bei too big to fail um einen vergleichsweise neu entstandenen Begriff (2.1.2), politische Handlungen nach einer Quasi-TBTF-Doktrin sind allerdings wesentlich älter. Finanzkrisen gibt es seit vielen Jahrhunderten.[65] Wenn in diesem Zusammenhang große Schuldner gerettet wurden, waren dies im Grunde prinzipiell staatliche Institutionen, wie z.B. die britische *United East India Company* am Ende des 17. Jahrhundert, die deutsche *Landesbank der Rheinprovinz*[66] oder die US-amerikanische *National Credit Corporation* in den 1930er Jahren.[67]

Als im Jahr 1984 diese Continental Illinois Bank – seinerzeit siebtgrößte US-amerikanische Bank – in Liquiditätsengpässe geriet, führten die Rettungsversuche und die folgenden politischen Debatten zur Etablierung der beschriebenen TBTF-Doktrin.

In den darauffolgenden Jahren gewann das Konzept der Systemrelevanz an Bedeutung, allerdings mit wechselnder Aussagekraft. Eingangs und kurz nach der Rettung von Continental Illinois glaubte man das Problem handhaben zu können: „A demise of TBTF began around 1986, when regulators devised ways to save the bank without sparing the holding company"[68]. Während US-amerikanische Gesetzgeber und Regulierer damit begannen die Gültigkeit der TBTF-Doktrin in Frage zu stellen (und dadurch ausgelöste Anreize zu verhindern suchten), kam es bereits in den frühen 1990er Jahren in den USA zu staatlich getriebenen Rettungen von (großen aber nicht unbedingt TBTF-)Banken. Gerade weil die für Bailouts zuständige US-Einlagensicherung (Federal Deposit Insurance Corporation FDIC), Banken trotz knapper eigener Ressourcen mehrfach rettete, erhielten Marktteilnehmer genug Grund zur Annahme einer de facto Gültigkeit der TBTF-Doktrin, ungeachtet der bestreitenden Statements.[69] In den anschließenden Jahren konnte man neubekräftige Versuche zur Aufkündigung der TBTF-Doktrin erkennen. Diese Anstrengungen wurden aber mit der staatlichen Rettung des *Fonds Long Term Capital Management* (*LTCM*) im Jahre 1998 entwertet: Als besonders wirksam für die Verfestigung der Doktrin in den Chance-/Risiko-Kalkülen der Akteure erwies sich die Insolvenz und

---

[65] Kindleberger/Aliber (2005), S. 1 bezeichnen Finanzkrisen in diesem Zusammenhang als „*hardy perennial*".
[66] Vgl. für einen ausführlichen Abriss zu den Geschehnissen in der *1930er Bankenkrise* in Deutschland Born (1967) und später vor dem Hintergrund der *2007er-Finanzkrise* Bähr/Platthaus/Rudolph (2011).
[67] Vgl. ausführlich zu den historischen Anfängen der TBTF-Doktrin Leathers/Raines (2004).
[68] Morgan (2002), S. 14.
[69] Vgl. Athavale (2000), S. 124-126.

Rettung von LTCM im Jahr 1998. Obwohl LTCM keine Bank i.e.S. war, wurde das Unternehmen vom US-amerikanischen Staat gerettet – und so die TBTF-Doktrin auf Nichtbank-Finanzinstitutionen erweitert.

Bei LTCM handelte es sich um eine 1994 gegründete Investmentgesellschaft, zu deren Gründungsteam unter anderem die Nobelpreisträger MERTON und SCHOLES gehörten. Die Strategie dieses (Hedge-)Fonds war arbitrageorientiert, wobei LTCM versuchte, marginale Preisunterschiede für gleiche Wertpapiere auf verschiedenen Märkten über hohe Volumina gewinnbringend auszunutzen. Die dafür nötigen Mittel wurden primär auf Kreditmärkten beschafft, sodass der Financial Leverage von LTCM per 1997 bei ungefähr 24 lag.[70] Es war lediglich eine Frage der Zeit, wann die inhärenten Risiken schlagend werden würden: Nach anfangs erstaunlichen Nettorenditen wirkte sich die im August 1998 erklärte Zahlungsunfähigkeit Russlands schnell und überaus negativ auf das bisher so erfolgreiche LTCM-Geschäft aus. In der Folge schrumpfte das Kapital rasch auf 600 Millionen USD, was dazu führte, dass die *Federal Reserve Bank* (Fed) von New York sich veranlasst sah, eine Rettungsaktion für LTCM zu organisieren. An dieser beteiligten sich 14 große US-amerikanische Banken und Finanzinstitute: Sie stellten dem Fonds frisches Kapital zur Verfügung – und beanspruchten im Gegenzug 90% der Gewinne sowie die Kontrolle über LTCM. Ihre Partizipation beruhte nicht auf Altruismus, sondern der Erwartung, bei einem Zusammenbruch des Fonds weitaus größere Verluste zu erleiden. Der Fed wiederum erschien die Rettungsaktion geeignet, um eine Kettenreaktion aus Panik an den Finanzmärkten und daraus resultierenden Bankenzusammenbrüchen zu verhindern[71].

LTCM erwies sich als klassischer Fall von besonders ausgeprägtem *moralischem Risiko* (*Moral Hazard*) auf Seiten der Manager und Eigenkapitalgeber zu Lasten der Gläubiger: Der extreme, noch über die ohnehin hohen Verschuldungsgrade von Banken hinausgehende Verschuldungsrad ließ die LTCM-Manager hohe Investitions- und Kapitalstrukturrisiken eingehen, die auf die Erhöhung des Marktwertes des Eigenkapitals bzw. kurzfristige Gewinnmargen zielten. Dabei nahmen Manager wie Eigentümer eine signifikante Senkung des Unternehmenswertes im Misserfolgsfall vergleichsweise billigend in Kauf, weil dies im Falle einer Insolvenz ohnehin zu Lasten der Position der Fremdkapitalgeber und in einem zweiten Schritt zu Lasten des Staates bzw. der Steuerzahler gehen würde.

---

[70] Vgl. ausführlich Jorion (2000), S. 279 f.
[71] Vgl. Dowd (1999), S. 2.

2.2 Von der TBTF-Doktrin zu systemrelevanten Finanzinstitutionen

Durch die aktive Rolle der Fed bei der Rettung von LTCM wurde die TBTF-Doktrin nachdrücklich bestätigt. Dies umso mehr, als zunächst ein privatwirtschaftliches Übernahmeangebot für *LTCM* zustande gekommen war. Da seine Annahme den bisherigen Eigentümern hohe Kurs- und den Managern Arbeitsplatzverluste beschert hätte, wurde diese marktwirtschaftliche Lösung ausgeschlagen, woraufhin sich die New Yorker Fed schließlich zu ihrem viel diskutierten Eingreifen genötigt sah[72]. Mit DUNBAR (2000) galt LTCM fortan als „the fund that was too big to fail, the brightest star in the financial world".

Vor allem aber stärkte dieser Fall die Erwartungshaltung, anderer, genauso großer und hochgradig vernetzter Marktteilnehmer, in einer ähnlichen Situation ebenfalls gerettet zu werden: „The LTCM marks a return to the discredited doctrine of too big to fail: [...] Not only did the Fed intervene to rescue a large firm, but the reason given for the intervention – the Fed's fears of the effects of LTCM's failure on world financial markets – was nothing less than an emphatic restatement of the doctrine. Too big to fail was back again, with a vengeance"[73]. Seither schien – obwohl zunehmend debattiert – die *Existenz von TBTF bestätigt*. Der inhaltlich beengte Begriff TBTF lenkte die Aufmerksamkeit auf falsche Fragen bzw. Prioritäten. Eine an TBTF ausgerichtete Doktrin musste – allein schon wegen fehlender begrifflicher Eindeutigkeit (insbesondere 2.1.2) früher oder später zu Unsicherheiten auf Finanzmärkten führen.

In der Rückschau zeigte sich erstmals 2008 in der (Nicht-)Anwendung der TBTF-Doktrin durch die US-Regierung im Falle von *Bear Stearns* (staatlicher Bailout) auf der einen Seite und danach im Falle von Lehman Brothers (Insolvenz und Liquidation) auf der anderen Seite die ausschlaggebende Asymmetrie. An Lehman Brothers statuierte die US-Regierung ein Exempel und handelte entgegen der Erwartung der meisten Marktteilnehmer, um die aus ökonomischer Sicht vorzuziehende Ungewissheit staatlicher Rettungen wiederherzustellen.[74] Aber genauso wie die Parteien auf dem Finanzmarkt die Bereitschaft zur staatlichen Rettung überschätzen, unterschätzte die US-Regierung die Marktreaktionen im Zuge dieses Schocks. In der Folge stellte die *Lehman Brothers*-Insolvenz nicht die gewünschten Marktanreize wieder her, sondern

---

[72] Vgl. kritisch etwa ebd., S. 4.
[73] Ebd., S. 10.
[74] Vgl. zugespitzt Cochrane (2009), insb. S. 34: "After the Bear Stearns bailout earlier in the year, markets came to the conclusion that investment banks and bank holding companies were "too big to fail" and would be bailed out. But when the government did not bail out Lehman, and in fact said it lacked the legal authority to do so, everyone reassessed that expectation".

sie führte zur Überreizung und letztlich zur Verschärfung der Krise.[75] Unter anderen führten dann auch die „traumatic spillovers from the Lehman bankruptcy"[76] dazu, dass Gesetzgeber und Aufseher die Bedeutung des TBTF-Problems offen anerkannten; im Allgemeinen und im Besonderen für Wirtschaftskrisen. Spätestens mit der Nicht-Rettung der US-amerikanischen Investment Bank Lehman Brothers hat deshalb der Begriff too big to fail an Bedeutung gewonnen. Viele Marktteilnehmer wurden damals vom *Bail-in*, dem Verzicht auf eine staatliche Rettung, überrascht. Die Folgen (Finanz- und Weltwirtschaftskrise) standen dazu im Missverhältnis. Zur Vermeidung ähnlich negativer Spillover-Effekte durch die Insolvenz weiterer (national) systemrelevanter Finanzinstitute griffen Politiker hiernach zwischen 2008 und 2012 unter Inkaufnahme hoher *Staatsneuverschuldung* – die EU-Staatsschuldenkrise gilt als eine der Folgen hiervon – massiv in die Finanzmarktprozesse ein.[77]

Fundamentales Problem der TBTF-Doktrin ist das inhärente moralische Risiko: Stakeholder, insbesondere Kapitalgeber und Manager eines TBTF-Instituts können Chancen individualisieren, eintretende Risiken hingegen sozialisieren, da im worst case der Staat – mit dem Geld der Steuerzahler – interveniert. In den Folgejahren versuchten politische Akteure daher, die Validität der Doktrin herunterzuspielen – während sie sie gleichzeitig durch konkrete Rettungsaktionen (Bailouts) bestätigten und damit das Vertrauen der Marktteilnehmer in die Doktrin festigten[78]. In diesem Fall befindet sich die Bankenregulierung daher in einem Dilemma. Das *too-big-to-fail-Dilemma* beschreibt die Situation eines strauchelnden, systemrelevanten Finanzinstituts. Der Regulierer hat in diesem Fall die zwei angedeuteten Handlungsoptionen:

(1) Bail-in, eine seltene und möglicherweise politisch inakzeptable Entscheidung aufgrund adverser Effekte (wie sie in den Post-Lehman-Jahren zu beobachten waren) oder

(2) Bailout, diejenige Option für die sich – aus historischer Perspektive – die meisten regierenden Politiker entscheiden, ist die kostenintensive staatliche Rettung eines systemrelevanten Finanzintermediärs.

---

[75] Zur wegweisenden Bedeutung des *Lehman*-Falls, vgl. Mollenkamp et al. (2008). Für eine ausführlichere Analyse vgl. Brunnermeier (2009), insb. S. 88-90. Für einen detaillierten Review, vgl. Estrada (2011), insb. S. 1113-1125.
[76] Herring (2009), S. 176.
[77] Vgl. Goldstein/Véron (2012), S. 3 f.; vgl. zur EU-Staatsschuldenkrise dezidiert Sachverständigenrat zur Begutachtung der gesamtwirtschaftlichen Entwicklung (2011), S. 135 f.
[78] Vgl. rückblickend Athavale (2000), S. 124-126.

2.2 Von der TBTF-Doktrin zu systemrelevanten Finanzinstitutionen

Wird eine TBTF-Politik mittels (2) Bailouts geführt, kann von einer impliziten Versicherung für SIFIs gegen Insolvenz gesprochen werden (*SIFI bailout insurance*). Dies löst wie beschrieben einen Moral Hazard bei den entsprechenden Banken aus und die darauffolgenden Schritte münden in dem in Abbildung Abb. 3 dargestellten Teufelskreis (*diabolic loop*[79]), in dem Rückkopplungseffekte die Systemrelevanz von Finanzinstituten durch falsche Regulierungsanreize (TBTF-Doktrin) erhöhen.

Abb. 3: Teufelskreis der TBTF-Doktrin

hohes Risiko
Verflechtung   "SIFIness"
niedriges   einer Bank
Eigenkapital

implizite
staatliche
bailout-
Versicherung

Diese Abbildung zeigt Rückkopplungseffekte von Regulierungsanreizen (TBTF-Doktrin) auf Systemrelevanz.[80]

SIFIs setzen ihre, für unerwartete Risiken aufgebaute, Eigenkapitalpuffer höheren Risiken aus, weil die Kosten einer Insolvenz externalisiert werden. Um diesen verstärkenden Effekt der „*SIFIness*" und Bailouts zu beenden, muss der Regulierer gewährleisten, dass Verluste zuerst von Anteilseignern und dann von unbesicherten Gläubigern aufgefangen werden.[81] Ein umfassendes Konzept dafür fehlt allerdings nach wie vor; auch – auch aufgrund vorschneller Handlungen verantwortlicher Politiker in den ersten Jahren nach Ausbruch der Finanzkrise ab 2007 und fehlender Bail-in-Regelungen.[82] Im Ergebnis wird die Glaubhaftigkeit und Effektivität der Regulierung unterminiert, wobei es zusätzlich scheint, dass bisher vielmehr die Symptome als die Ursachen von Systemrelevanz behandelt wurden.

Im Besonderen entfachte die *Lehman*-Insolvenz die Diskussion neu, aus welchen Erwägungen heraus es sich die Politik (nicht) erlauben könne, Finanzinstitutionen bankrottgehen zu lassen. Ausgehend vom Systemschutz als traditionellem Regulierungsziel ist es als konsequent zu be-

---
[79] Vgl. Rengier (2014) und als Teufelskreis in Verbindung mit den *sovereign risks* der garantiegebenden Staaten vgl., S. 2f. und passim 6-9.
[80] Vgl. mit einer ähnlichen Idee Europäische Kommission (2014a), S. 3 und Brunnermeier et al. (2011), S. 3.
[81] Vgl. Finanzstabilitätsrat (2014c), S. 5.
[82] Zu aktuellen Entwicklungen auf Ebene der größten globalen Regelsetzer für Finanzinstitutionen vgl. Wilke/Becker/Rostásy (2014), S. 108-114.

zeichnen, dass sich die Diskussion auf die entsprechende System(schutz)relevanz von Finanzinstitutionen verlagerte, für die die *Größe eines Unternehmens nur eine denkbare Ursache* darstellt: „The simplest – and potentially most flawed – way to classify SIFIs is a size threshold [...]. Size alone is not an adequate criterion"[83].

Besonders wichtig an dieser Weiterentwicklung war auch die Adjustierung des Regulierungsansatzes für solche Institutionen: "*too big*" oder "*too important*" wurde nicht länger als "*not allowed to fail any longer*" verstanden, sondern verdeutlichte die Notwendigkeit einer intensiveren Regulierung und Aufsicht: „Any firm whose failure would pose a systemic risk must receive especially close supervisory oversight of its risk-taking, risk management, and financial condition, and be held to high capital and liquidity standards"[84]. Folgerichtig ist damit erforderlich, *Kriterien abzuleiten*, mit denen SIFIs bestimmt und identifiziert werden können. Dieser Aufgabe widmet sich Kapitel 5.

2.3 Marktversagen, staatliche Eingriffe und Garantien

In Marktwirtschaften sollten Regierungen nur eingreifen, wenn Marktversagen[85] festgestellt wird und dies effektiv und effizient durch den Eingriff korrigiert werden kann.[86] Als Voraussetzung für Regulierung nach marktwirtschaftlichen Kriterien gelten daher im Allgemeinen:[87]

(1) Marktversagen oder Nichterreichung eines im öffentlichen Interesse liegenden Ergebnisses;

(2) Schaden durch die vorgenannte Faktizität;

(3) Eignung der Regulierung zur Korrektur.

Ungeachtet dieser Forderung greifen Regierungen de facto aus vielen Gründen ein, manchmal aus Erwägungen des öffentlichen, aber auch zuweilen des privaten Interesses von privaten oder politischen Unternehmern. Staatliche Garantien verhindern in diesem Zusammenhang das, was

---

[83] Thomson (2009), S. 2.
[84] Bernanke (2009).
[85] Fest (2008), S. 39f. nennt in diesem Zusammenhang neben *Marktversagen* noch einen weiteren Grund für Bankenregulierung: Banken können Adressat einer Regulierung werden, wenn sie in Marktprozesse eingebunden sind im öffentlichen Interesse liegenden Ergebnisse (z.B. Geldwertstabilität) mittels freier Marktkoordination nicht zu erreichen sind.
[86] Vgl. Fritsch (2011), S. 99 für Kriterien zur Beurteilung der wirtschaftspolitischen Eingriffsmöglichkeiten. Vgl. Horsch (2008), S. 269f. zur Herausforderung der Beurteilung von Effizienz (*Kosten/Nutzen*) aus Sicht der Gesamtwohlfahrt. Vgl. auch Fest (2008), S. 175-177 für Ausführungen zu *Effizienz* und *Effektivität in der Bankenregulierung*; vgl. ferner Krämer (2000), S. 5-122 für die Rechtfertigung und Ziele von Bankenaufsicht. Zur Effizienz als Bedingung für Regulierung, vgl. ebenfalls Eidenmüller (2005), S. 393-411.
[87] Vgl. m.w.N. Horsch (2008), S. 268f. bzw. vorher analog Horsch (2006), S. 116f.

2.3 Marktversagen, staatliche Eingriffe und Garantien 33

in einer Marktwirtschaft unabdingbarer Bestandteil des Wettbewerbs ist:[88] das *Ausscheiden unrentabler* und *nicht mehr wettbewerbsfähiger Unternehmen aus dem Markt*.[89] Deshalb ist Regulierung ebenso unvollständig wie die Märkte, auf die sie zielt.[90]

In den meisten Ländern stellt die Gesamtheit der staatlichen Intervention im Bankenmarkt eine komplexe Struktur einer beträchtlichen Anzahl geschriebener und ungeschriebener Gesetze und ausführender Organisationen dar. Gleichsam teilen die meisten Länder eine grundsätzliche Auffassung zur Bankenregulierung, die auf (1) dem *Schutz der Einleger* und (2) dem *Schutz des Systems* fußt.[91] Die bestimmenden menschlichen Akteure sind Einleger (private Haushalte) von Banken, die Banken trotz bestimmter Undurchsichtigkeit dieser Finanzinstitutionen ihre Mittel überlassen. Dies setzt sie verschiedenen Risiken aus die in der asymmetrischen Informationsverteilung begründet sind, wie etwa Formen adverser Selektion und moralischen Risikos (Moral Hazard) auf Seiten der Banken.[92] Weil ein Bankenkonkurs zu großen privaten Verlusten führte und sie begrenzte Möglichkeiten haben, um zwischen schlechten und guten Banken zu unterscheiden, werden diese Konsumenten als protektionswürdig angesehen. Außerdem verhindert der Schutz der Einleger Schalterstürme (*bank runs*), die aufgrund einer Kombination von unzureichender Liquidität wegen Geldabzügen und Verlusten infolge von Notverkäufen von Bankaktiva zum Bankrott führten. Am Ende dient der *Einleger-* auch dem *Systemschutz*: Alle Banken bilden ein engmaschiges Netzwerk. Geraten die Einleger einer Bank in Panik, bleibt der Schaltersturm kein isoliertes Event sondern beeinflusst durch „Ansteckung" eine ungewisse Zahl weiterer Banken negativ. Das gilt umso mehr für die hier diskutierten systemrelevanten Banken.[93]

Bei imperfektem Wissenstand und fundamentaler Unsicherheit kann staatlicher Eingriff Bankrotts nicht von vornherein verhindern. Trotzdem wurden bestimmte Institutionen geschaffen,

---

[88] Vgl. Schumpeter (1992), S. 90 pointiert: „*Situations emerge in the process of creative destruction in which many firms may have to perish that nevertheless would be able to live on vigorously and usefully if they could weather a particular storm*".
[89] Vgl. zu den negativen Effekten der *Verlustsozialisierung* am Beispiel der Versicherungsbranche Horsch (1998), S. 84. Vgl. aus genereller Perspektive Hartmann-Wendels/Pfingsten/Weber (2014), S. 387.
[90] Zur *zweiseitigen* Unvollkommenheit, vgl. besonders Benston (1998), S. 13. Für einen explizit skeptischen Blick auf Regulierung, vgl. die Arbeiten von MISES, z.B. Mises (1949), S. 854.
[91] Der Einlegerschutz ist dafür kritisiert worden, dass er nicht als alleinige Begründung für eine Bankenregulierung ausreicht, vgl. Benston (2000). Demirgüç-Kunt/Detragiache (2002) stellen darüber hinaus bei einer empirischen Analyse von Einlagensicherungssystemen in 60 Ländern über 30 Jahre fest, dass Einlagenschutz die Stabilität im Bankensektor verringert.
[92] Zur Opazität von Banken aus Sicht ihrer Einleger, vgl. insbesondere die grundlegenden Arbeiten von Diamond, bspw. Diamond/Dybvig (1983), Diamond (1984) und Diamond (1989).
[93] Zur Übertragbarkeit der *Run-Erkenntnisse* vom US-amerikanischen auf andere Märkte am Beispiel der Assekuranz kritisch vgl. Horsch (1998), S. 17-19.

um *a priori* entweder Bankinsolvenzen selbst oder *a posteriori* schwere Konsequenzen zu verhindern. Zum Teil wurden sie entwickelt, um eine Bank oder ihre Kunden zu retten. Dazu gehören Einlagensicherungssysteme[94] und Kreditgeber letzter Instanz (*lender of last resort*, LOLR)[95]. Das Prinzip des letzteren kann folgendermaßen zusammengefasst werden: Wenn eine Bank scheitert, müssen Politiker und Regulier die möglichen Folgen evaluieren. Wenn sie zu dem Schluss kommen, dass dies unerwünschte(re) Ergebnisse als eine staatliche Rettung bringt (die marktwirtschaftliche Prinzipien verletzt) dann greifen sie mit letzterer in den Markt ein. Staatliche Garantien stellen einen besonderen Fall von LOLR – und Versicherung – dar. Der Staat verspricht, eine bestimmte Bank in einer Situation zu retten, in der ihr ökonomisches Überleben gefährdet ist. Leider bedeutet das *nicht nur die Rettung in dringlichen Fällen*, sondern induziert auch einen Moral Hazard im Vorhinein: "Any form of insurance, and liquidity and capital support are no exception in this respect, creates moral hazard."[96]

Gemäß der *Marktdisziplinhypothese*[97] kann dieser Moral Hazard auf die Garantien zurückgeführt werden, weil sie externe Kapitalgeber genauso wie Entscheidungsträger in Banken dazu anreizt, umsichtiges Handeln zu reduzieren und risikoreichere Aktivitäten zu bevorzugen. Normalerweise würden Bankmanager die Chancen einer Entscheidung gegen das Risiko von Aktionärskritik und Jobverlust abwägen. Wenn sie allerdings eine Staatsgarantie auch als eine Jobgarantie verstehen, sind sie für (selbst hohes) Risiko empfänglich. Normalerweise würden in diesem Fall einige Stakeholdergruppen (insbesondere die Kapitalgeber) höhere Risikonahme über eine höhere Kompensation zu sanktionieren versuchen; insbesondere durch einen weiteren Risikoaufschlag auf die Verzinsung, die sie verlangen. Wenn sie allerdings sicher sein können, dass die Bank aufgrund von Staatsgarantien fortbesteht, werden die Stakeholder ihren Einfluss (*Monitoring*) auf die Bank reduzieren und auf die *notwendige Risikoprämie* verzichten.

An erster Stelle sind *staatliche Garantien* nichts anderes als eine Kreditversicherung, denn die Regierung verspricht Kompensation für den Fall einer Insolvenz der Bank als Schuldner. Hierbei profitieren Banken regelmäßig von solchen Garantien, weil ein Teil der *Kreditwürdigkeit*

---

[94] Zur (Geschichte und dem Konzept der) Einlagensicherung, vgl. (prägnant) Calomiris (1990) und (ausführlich) der Sammelband von Campbell et al. (2007). Zu den Kosten einer staatlichen Einlagensicherung, vgl. Hogan/Luther (2014).
[95] Das Konzept geht zurück auf Henry Thornton und – später – Walter Bagehot mit ihren Überlegungen über die Rolle von Zentralbanken; für umfassende Rückblicke inklusive der Evolution des Wissensstandes, vgl. Goodhart (1999), S. 340-342; Humphrey (2010), S. 334-352.
[96] Freixas et al. (2000), S. 73.
[97] Die ersten Diskussionen gehen zurück auf Merton (1977). Für eine jüngere Analyse der Marktdisziplinhypothese vgl. Flannery (1998) und Gropp/Vesala/Vulpes (2006).

2.4 Vier-Stufen-Modell zum Umgang mit systemrelevanten Finanzinstituten

des versichernden Staates auf die Bank übergeht. Folglich bekommt sie leichteren und preiswerteren Zugang zu Kapital. An zweiter Stelle haben Garantien einen positiven Effekt auf der Systemrisikoebene, wie im Falle Deutschlands im September 2008 beobachtet werden konnte.[98] Auch wenn der Schutz der Einlagen nicht mit einem Bestandsschutz für Banken gleichzusetzen ist, begünstigt er ihn maßgeblich. Der Wert der staatlichen Garantie hängt demnach signifikant vom *Vertrauen der Marktteilnehmer* ab. Die Bemessung des Wertes der staatlichen Garantien für seine Empfänger ist Gegenstand des dritten Kapitels. Eine implizite oder explizite staatliche Bailout-Versicherung kann auch als eine Subvention, also als wirtschaftspolitischer Markteingriff zur Incentivierung bestimmten Verhaltens bestimmter Marktteilnehmer, verstanden werden. Weit gefasst, kann der staatliche Transfer an das begünstigte Unternehmen dabei auch in Form von geldwerten Vorteilen, wie zum Beispiel *(Quasi-)Bürgschaften bzw. Garantien* erfolgen. Letztlich soll die Garantie den Fortbestand des begünstigten Unternehmens und die „Produktion" ihrer (im weitesten Sinne kritischen Güter) stützen, d.h. sie ist eine „*government intervention in support of failing banks*"[99]. Gerade weil Entscheidungen über staatliche Eingriffe in Bezug auf SIFIs bisher stets in Krisensituationen (meist interessengetrieben) getroffen wurden und damit eher ad hoc als wissenschaftlich fundiert bezeichnet werden können, ist es bei der Bearbeitung des Themenkomplexes der Arbeit wichtig, eine langfristige, die Grundsätze bisheriger SIFI-„Politik" hinterfragende Vorgehensweise zu verfolgen. Hierfür bietet sich ein im folgenden Abschnitt vorgestelltes, vierstufiges Konzept an.

2.4 Vier-Stufen-Modell zum Umgang mit systemrelevanten Finanzinstituten

Bisher läuft die wissenschaftliche und regulatorische Behandlung von systemrelevanten Finanzinstituten sehr diskretionär ab. In dieser Arbeit wird versucht, dem bisherigen Erkenntnissammelsurium zur SIFI-, Systemrelevanz- bzw. Systemrisikothematik mit einer deduktiven Vorgehensweise zu entgegnen. Eine logisch, konsequente Abfolge soll dabei die Langfristigkeit und Validität der getroffenen Aussagen bekräftigen. Aus diesem Grund wird in den nächsten Kapiteln folgendes *Vier-Stufen-Modell* zum Umgang mit systemrelevanten Finanzinstituten durchlaufen:

---

[98] Vgl. stellvertretend Dougherty (2008). Die deutsche Regierung hatte sich damals entschlossen, entscheidend gegen sich ankündigende Einlagenabzüge vorzugehen. Kanzlerin Merkel und Finanzminister Steinbrück verkündeten gemeinsam den expliziten Schutz aller Einlagen. Obwohl es mehr als fragwürdig ist, dass die deutsche Regierung zu Hilfen von über 500 Milliarden EUR in der Lage gewesen wäre, stellte diese Garantie das Vertrauen wieder her und die Einlagenabzüge sanken.

[99] Dell'Ariccia/Ratnovski (2013), S. 5.

(1) *Einfluss* der Systemrelevanz;

(2) *Ausmaß* der Systemrelevanz;

(3) *Ursachen* der Systemrelevanz;

(4) *Regulierung* der Systemrelevanz.

Zunächst stellt sich die grundsätzliche Frage nach dem (1) Einfluss der Systemrelevanz. Dazu muss beantwortet werden, ob Marktteilnehmer die systemische Relevanz eines Finanzinstituts in ihrem Handeln berücksichtigen. Konkret wird daher in der Arbeit geklärt, ob Finanzinstitute durch Systemrelevanz an Wert gewinnen (*Kapitel 3*) und ob sich ihr Risikoverhalten (*Kapitel 4*) ändert. Erst im darauffolgenden Schritt kann und sollte versucht werden, Systemrelevanz zu messen, d.h. zu quantifizieren. Nachdem dafür alternative Messmethoden ermittelt worden sind (denn die Messbarkeit der – nicht-pysikalischen Größe – Systemrelevanz kann grundsätzlich in Frage gestellt werden[100]), lassen sich Aussagen zum (2) Ausmaß von Systemrelevanz treffen. Diese Schritte werden in *Kapitel 5* gegangen. Liegen Indizien zur Systemrelevanz vor, ermöglicht dies erst die (3) Analyse der Ursachen von Systemrelevanz (*Kapitel 6*). Wenn Erkenntnisse über die Ursachen und Transmissionskanäle von Systemrisiken vorliegen, kann im letzten Schritt eine Analyse der Effektivität und Effizienz von alternativen Ansätzen zur (4) Regulierung der Systemrelevanz erfolgen (*Kapitel 7*). Nach diesem vierstufigen Modell verfahren die folgenden Kapitel. Am Anfang steht daher im Folgenden der Einfluss von Systemrelevanz im Mittelpunkt der Untersuchung.

---

[100] Vgl. Hansen (2014), auch mit dem KNIGHT-Zitat auf S. 28: „If you cannot measure a thing, go ahead and measure it anyway ".

3 Einfluss von Systemrelevanz auf den Wert von Finanzinstituten

Es wird angenommen, dass die Vergabe eines „*Systemrelevanz*"-*Siegels* durch einen Regulierer einen positiven Effekt auf den Eigenkapitalwert seines Empfängers hat.[101] Mittels einer *Eventstudienanalyse* wird im Folgenden eine Reihe regulatorischer Ankündigungen der letzten Jahre untersucht. Wie sich herausstellt, reagieren Marktteilnehmer auf Ankündigungen, die im Grunde Feststellungen dahingehend sind, ob eine bestimmte Institution systemrelevant ist.[102] Allerdings sind die ermittelten anormalen Aktienrenditen nicht ausschließlich positiv. Neben einer Klärung dieses Phänomens zeigt die Analyse, dass die *Marktreaktionen* auf das letzte Ankündigungsereignis am schwächsten sind, woraus zu schließen ist, dass der Informationswert der Ankündigung für Marktteilnehmer im Zeitverlauf abgenommen hat.

3.1 Einführung

3.1.1 Regulatorische SIFI-Ankündigungen und Kapitalmarktreaktionen: Theorie und Hypothesen

In der empirischen Forschung wird auf verschiedenen Wegen versucht, die Bedeutung eines Finanzinstitutes für das Finanzsystem zu bemessen. Während dahingehend keinesfalls Einigkeit herrscht[103], meinen Regulierer systemrelevante Finanzinstitute, insbesondere *global systemrelevante Banken* (*G-SIBs*), bereits identifizieren zu können. Oft bezeichnen Politiker ein Finanzinstitut erst dann als systemrelevant, wenn die staatliche Rettung gerechtfertigt werden muss. Dem betreffenden Finanzinstitut wird dadurch von staatlicher Seite ein *SIFI-Siegel* verliehen. Nachdem es lange Zeit eher weniger direkte Aussagen gab, ist das SIFI-Siegel in jüngster Zeit durch veröffentlichte SIFI-Listen oder vergleichbare Ankündigungen von Regulierern

---

[101] Teile von Vorarbeiten für dieses Kapitel in Zusammenarbeit mit Andreas Horsch, Tobias Nell und Silvia Rogler sind bereits publiziert als Kleinow et al. (2014): The value of being systemically important: event study on regulatory announcements for banks, in: Applied Financial Economics 24 (24), S. 1585-1604.

[102] Die im Folgenden angewandte Theorie zu Informationen in Preisen (oder *preiszentrierte Informationstheorie*) geht im Grunde auf die Österreichische Schule und dabei speziell auf VON WIESER und VON MISES zurück; vgl. Mises (1949), S. vi; für weitere Belege von Wiesers und von Mises vgl. Fußnoten 131f. Zur Preisbildung auf dem Markt und deren Grenzen vgl. Mises (1940), S. 283-301. VON HAYEK, als deren Schüler, arbeitete die Konsequenz der Idee der preiszentrierten Information voll heraus; Hayek (1945), S. 525f: „We must look at the price system as [...] a mechanism for communication information if we want to understand its real function" und „There is hardly anything that happens anywhere in the world that might not have an effect on the decision he ought to make". Vgl. Greenspan (2008), S. 526: „If market participants came generally to view a firm as ‚too big to fail', then, in anticipation of government support in the event of financial trouble, the firm would be able to sell its obligations at interest costs lower than it could were it being judged solely on its own credit merits".

[103] Für empirische Verfahren zur Identifizierung systemrelevanter Finanzinstitute siehe Kap. 5.

zur Bedeutung einzelner Finanzintermediäre implizit vergeben worden. Es wird erwartet, dass die Verleihung eines SIFI-Siegels *sowohl* auf Seiten der (potentiellen) Kreditgeber bzw. Aktionäre einer Bank als auch dem Management Erwartungen für eine staatliche Rettung im Falle einer Insolvenz weckt oder bestätigt. Mit diesem neuen Bewusstsein einer staatlichen Insolvenzversicherung akzeptieren *gewinnmaximierende Gläubiger* und *Eigentümer* auch mehr Risiken im Geschäft des betreffenden Finanzinstituts. Das Management geht diese Risiken aufgrund fehlender marktlicher Disziplinierung auch über Gebühr ein. Im Falle schlagend werdender Risiken würde eine Insolvenz ohnehin mit fremden Mitteln abgewendet. Diese „*Insolvenzversicherung*" hat wahrscheinlich einen (staatlich-)ökonomischen Wert für den Versicherten. Mit *Bekanntgabe* des SIFI-Siegels (neue Information für Kapitalmarktteilnehmer) findet daher theoretisch ein Vermögenstransfer von Nicht-SIFI-Banken auf SIFI-Banken statt[104]. Allerdings vermag die existierende Literatur (3.2) diese oben getroffenen Annahmen zur Änderung der Handlung der beteiligten Akteure und dem Vermögentransfer nicht eindeutig zu bestätigen. Infolge der vergangenen Krisen seit dem Jahr 2007, ist die Vergabe des SIFI-Siegels in letzter Zeit mehrfach mit Ankündigungen für strengere Regulierung verbunden gewesen. Bestehende Studien zu einer ähnlichen Fragestellung und ähnlicher Methodik haben allerdings noch nicht diese Events analysiert welche auf strengere Regulierung von SIFIs hindeuteten. Es wird daher die Hypothese aufgestellt, dass strengere Auflagen für Banken zu geringeren Ertragserwartungen für die Zukunft führen und damit einen negativen Effekt auf Aktienpreise haben. Auch wenn das Vorzeichen noch herauszufinden ist, kann davon ausgegangen werden, dass ein Vermögenstransfer (wealth transfer) zwischen Nicht-SIFIs und SIFIs infolge der Ankündigung stattfindet. Unter Verwendung der Eventstudienmethode werden im Folgenden die Effekte von drei Ankündigungsereignissen auf marktbasierte Eigenkapitalwerte, d.h. Aktienpreise, von Banken untersucht.

Die Studie trägt hauptsächlich auf zwei verschiedenen Wegen zu einem Erkenntnisgewinn in diesem Forschungsgebiet bei. Zum einen fokussiert die Mehrzahl bisheriger Forschung nationale Regulierungsankündigungen auf Aktienmarktpreise, z.B. in den USA. Im Folgenden wird aber ein *internationales Bankensample* analysiert, was dadurch allgemeinere Aussagen zulässt. Zum anderen schließen die untersuchten Events erhebliche *Regulierungsverschärfungen* ein, die bisher noch nicht analysiert worden sind. Das Kapitel ist folgendermaßen strukturiert: Im folgenden Abschnitt werden die Regulierungsevents beschrieben. Abschnitt 3.2 setzt sich aus

---

[104] Vgl. O'Hara/Shaw (1990), S. 1588; vgl. früher ähnlich Sprague (1986).

3.1 Einführung 39

einer Analyse zum Stand der Forschung und der Ableitung von Hypothesen zusammen. In Abschnitt 3.3 wird die Untersuchungsmethode vorgestellt. Abschnitt 3.4 stellt die Ergebnisse dar und Abschnitt 3.5 fasst die Ergebnisse zusammen.

3.1.2 SIFI-Siegel in der Regulierungspraxis: Empirie

Die erste öffentliche Äußerung zur Systemrelevanz einer Gruppe von Finanzinstituten geht auf das Jahr 1984 zurück (ausführlich 2.1.2). In einer Stellungnahme[105] gegenüber dem US-Kongress der Comptroller of the Currency der USA bekannt, dass die zuvor gerettete *Continental Illinois* zu einer Gruppe von elf „*multinational banks*" gehöre. Am darauffolgenden Tag erschien im Wall Street Journal ein Artikel mit dem Titel „U.S. Won't Let 11 Biggest Banks in Nation Fail" und einer *Liste der nach Bilanzsumme elf größten US-Banken* (Jahresabschluss 1983)[106], die in weiten Teilen mit der unveröffentlichten Liste des Regulierers übereinstimmte[107] (Tab. 4). Die Entwicklung der Geschehnisse um Rettungen großer Banken in den darauffolgenden zwei Jahrzehnten fasst 2.2 zusammen.

Tab. 4: TBTF-Banken laut Wall Street Journal[108]
Diese Tabelle zeigt jene Banken die laut Meinung des Wall Street Journals vom 20.10.1984 Too big to fail seien.

Bank of America*	First Chicago*
Bankers Trust	J. P. Morgan
Chase Manhattan*	Manufacturers Hanover Trust
Chemical Bank	Security Pacific*
Citibank*	Wells Fargo*
Continental Illinois*	(* auf TBTF-Liste der Bankaufsicht)

Dann kam es zuletzt wieder während der Finanzkrise ab 2007 zu mehreren Rettungen (vermeintlich) systemrelevanter Finanzinstitute (mit der bekannten Ausnahme der US-Bank *Lehman Brothers*). Seither neu ausgearbeitete Regulierungsvorschläge als Antwort auf die Krise enthalten daher explizit SIFI-gerichtete Vorschläge.

---

[105] Vgl. U.S. Congress-House of Representatives-Committee on Banking (1984), S. 194-276
[106] Vgl. Carrington (1984).
[107] Diese Liste war größtenteils deckungsgleich mit der internen Liste des Aufsehers, vgl. O'Hara/Shaw (1990), S. 1598. Positiv zu Diskrepanzen, die willkommene Ungewissheit verursachen vgl. Morgan/Stiroh (2005), S. 5.
[108] Vgl. Carrington (1984)

Im Verlauf der verketteten Subprime-/Finanz-/Staatsschuldenkrise ab 2007 wurden erstmals wieder seit 1984 konkrete SIFI-Listen von einer einflussreichen, internationalen Regulierungsinstitution veröffentlicht. Die drei getesteten Events sind die Veröffentlichungstermine dieser *SIFI-Listen*:

(1) Am *30. November 2009* machte die Financial Times England eine interne Liste des *Finanzstabilitätsrates* (Financial Stability Board, FSB) mit 30 „systemically important cross-border financial institutions" publik. Die genannten Institutionen auf der „Watchlist" – darunter sechs Versicherungsunternehmen – sollten aus Sicht des FSB in naher Zukunft zu bildenden, internationalen Bankaufsichtsgremien untergeordnet sein und Bankentestamente erstellen.[109]

(2) Zwei knappe Jahre darauf, am *4. November 2011*, veröffentlicht der FSB als erste Regulierungsinstitution direkt und per Pressemitteilung eine Liste von 29 weltweit systemrelevanten Finanzinstituten – "Global Systemically Important Financial Institutions" (*G-SIFIs*) "for which [...] resolution-related requirements will need to be met by end-2012"[110]. Mit dieser Bekanntgabe wurde erstmals eine *konkrete Regulierungsintention* für die genannten systemrelevanten Finanzinstitute in Form höherer Anforderungen an die Verlustabsorptionsfähigkeit, intensiverer Aufsicht und eines automatisierten Mechanismus für eine geordnete Abwicklung bekanntgegeben.[111] Die für Systemrelevanz zu Grunde gelegte Bewertungsmethodik sowie die genannten Regulierungsmaßnahmen waren in weiten Teilen bereits vier Monate zuvor (Juli 2011) in einem Konsultationspapier des Basler Ausschusses veröffentlicht worden.[112] Die FSB-Veröffentlichung der endgültigen Liste im November 2011 dürfte dennoch wegen des offiziellen Charakters und in Verbindung mit den konkreten Regulierungsmaßnahmen aus Sicht der Kapitalmarktteilnehmer einen *Informations-* und mithin einen *Überraschungseffekt* gehabt haben. Die Aktualisierung der Liste des FSB erfolgt seitdem jährlich[113].

---

[109] Vgl. Jenkins (2009).
[110] Finanzstabilitätsrat (2011), Anhang S. 4.
[111] Vgl. ebd., S. 1.
[112] Vgl. Basler Ausschuss für Bankenaufsicht (2011). Die Ratingagentur Moody's hatte kurz darauf in einem Weekly Credit Outlook vom 25.07.2011 versucht, mit einer angelehnten Bewertungsmethodik 28 Banken zu benennen, vgl. Moody's (2011), S. 18f.
[113] Vgl. Basler Ausschuss für Bankenaufsicht (2011), S. 15; vgl. ferner Finanzstabilitätsrat (2011), Fn. S. 4.

3.1 Einführung

(3) Am *1. November 2012* veröffentlichte der FSB daher auch ein „Update of group of global systemically important banks (G-SIBs)" [114]. Neben der konkretisierenden (, kommentarlosen) Änderung der Bezeichnung zu „global systemrelevante Banken" (*G-SIBs*) wurden die jetzt 28 Banken in dieser Liste erstmals nach dem *Grad der Systemrelevanz* in vier Gruppen (*buckets*) eingeteilt, die ab 2016 erhöhten Anforderungen an das harte Kernkapital gerecht werden müssen.

Seit 2012 kommt es jährlich im November zu einer Aktualisierung der G-SIB-Liste durch den Finanzstabilitätsrat. Mit der Veröffentlichung vom 11. November 2013 gingen keine Ankündigungen für weitere regulatorische Schritte einher. Die Änderung gegenüber der Liste vom Vorjahr war geringfügig (vier Verschiebungen von Banken in andere Buckets und die Industrial and Commercial Bank of China als Neuzugang) obwohl eine eine Änderung der Methodik stattfand.[115] Letztere dürfte daher zwar gering gewesen sein, stellt aber die Vergleichbarkeit der 2013er Veröffentlichung mit denen der Vorjahre in Frage. Mit der Aktualisierung vom November 2014 dürfte der Neuigkeitswert der Information ein weiteres Mal gesunken sein, weil die Änderungen noch geringer ausfielen (zwei Verschiebungen von Banken in andere Buckets und die Agricultural Bank of China als Neuzugang).[116] Im Fokus der Anayse sollen daher die drei ersten Ankündigungen mit hohem Neuigkeitswert stehen.

---

[114] Vgl. Finanzstabilitätsrat (2012).
[115] Vgl. Finanzstabilitätsrat (2013a).
[116] Vgl. Finanzstabilitätsrat (2014a).

Tab. 5: G-SIBs per 03.11.2012[117]

Diese Tabelle enthält die 28 global systemrelevanten Banken (G-SIBs) laut Ankündigung des FINANZSTABILITÄTSRATs (2012), S. 3; eingeteilt nach Gruppen zusätzlich geforderter Verlustabsorptionsfähigkeit. Finanzinstitutionen die zum Event (1), (2) und (3) gleichzeitig erwähnt werden, sind mit * gekennzeichnet. An den Events (1) und (2) wurden folgende Finanzinstitutionen zusätzlich mit einem SIFI-Siegel ausgezeichnet: Aegon (1), Allianz (1), Aviva (1), Axa (1), Banca Intesa (1), Commerzbank (2), Dexia (2), Lloyds Banking Group (2), Nomura (1), Royal Bank of Canada (1), SwissRe (1), und Zurich Ins. (1). Die verbleibenden Spalten basieren auf Daten aus Geschäftsberichten für das Geschäftsjahr 2012. Alle Werte sind in € angegeben und zu Wechselkursen vom 21.7.2013 umgerechnet. Die Marktkapitalisierung bezieht sich auf den Stichtag 31.12.2012.

		G-SIBs (alphabetische Reihenfolge innerhalb der Gruppe)	Bilanzsumme (Mrd. €)	Markt kapitalisierung (Mrd. €)	Tier 1 Quote (%)	Rechnungs- legung nach	Hauptsitz
Mindestanforderung an die zusätzliche Verlustabsorptionsfähigkeit CET1[118]	2,5%	Citigroup*	1,435	92	12.7	US-GAAP	US
		Deutsche Bank*	2,012	31	11.4	US-GAAP	DE
		HSBC*	2,072	149	12.3	IFRS	UK
		JP Morgan Chase*	1,815	129	11.0	US-GAAP	US
	2%	Barclays*	1,761	45	10.9	IFRS	UK
		BNP Paribas*	1,907	53	9.9	IFRS	FR
		Bank of America*	1,700	96	11.1	US-GAAP	US
		Bank of NY Mellon	276	23	9.8	US-GAAP	US
		Credit Suisse*	743	24	15.5	US-GAAP	CH
	1,5%	Goldman Sachs*	722	54	14.5	US-GAAP	US
		Mitsubishi UFJ FG*	1,629	71	11.7	US-GAAP	JP
		Morgan Stanley*	601	36	14.6	US-GAAP	US
		Royal Bank of Scotland*	1,550	43	10.3	IFRS	UK
		UBS*	1,012	54	9.8	IFRS	CH
		Bank of China	1,567	32	10.54	CAS/IFRS	CN
		BBVA	638	29	11.40	IFRS	ES
		Groupe BPCE	1,147	-	10.70	IFRS	FR
		Group Crédit Agricole	1,842	15	9.20	IFRS	FR
		ING Bank	1,170	27	11.90	IFRS	NL
		Mizuho FG*	1,259	40	8.16	US-GAAP	JP
	1%	Nordea	677	29	18.00	IFRS	SE
		Santander*	1,270	63	12.20	IFRS	ES
		Société Générale*	1,251	22	10.70	IFRS	FR
		Standard Chartered	490	45	11,70	IFRS	UK
		State Street	170	23	19.10	US-GAAP	US
		Sumitomo Mitsui FG*	1,051	51	9.38	JGAAP	JP
		Unicredit Group*	926	24	10.84	IFRS	IT
		Wells Fargo	1,102	180	11.75	US-GAAP	US

Die Ereignisse 1 bis 3 werden in dieser Studie untersucht. Zunächst wird dazu allerdings ein Überblick über den Stand der Forschung gegeben und die Untersuchungsmethodik vorgestellt.

---

[117] G-SIBs aus Finanzstabilitätsrat (2012), S. 3; restliche Spalten aus den Jahresabschlussberichten der Unternehmen für das Jahr 2012. Bei den Ereignissen (1) † und (3) # wurden zusätzlich folgende Finanzinstitute mit einem SIFI-Siegel versehen: Aegon†, Allianz†, Aviva†, Axa†, Banca Intensa†, Commerzbank#, Dexia#, Lloyds Banking Group#, Nomura†, Royal Bank of Canada†, SwissRe†, Zurich Ins. †.

[118] $\frac{hartes\ Kernkapital}{risikogewichtete\ Aktiva}$

3.2 Stand der Forschung

Bei allen empirischen Untersuchungen zu Werteffekten durch die *Vergabe* eines SIFI-Siegels handelt es sich um Ereignisstudien, da diese das Momentum der Aktienkursbewegung um den Zeitpunkt der Verlautbarung „festhalten". Die zusammengefassten Aufsätze, die zwischen 1986 und 2009 rund alle vier Jahre und zuletzt häufiger veröffentlicht wurden, haben daher gemein, dass die Ereignisstudienmethode verwendet wird und dass die Identifizierung von G-SIBs oder eine regulatorische Maßnahme mit (vermuteter) Auswirkung auf G-SIBs das Ereignis bildet.

Die SIFI-Ereignisstudien wurden stets nur für Banken eines Landes (meist USA) durchgeführt. Abweichend von den Studien mit US-Bezug analysieren POP/POP (2009) ein japanisches Bankensample und SCHÄFER/SCHNABEL/WEDER DI MAURO (2012) neben dem US-, ein Schweizer, ein UK- und ein deutsches Bankensample. Fünf Studien analysieren die *Wirkung der Rettung einer Großbank* (i.w.S.) auf andere Großbanken, fünf definieren die *Verlautbarung von Gesetzen mit Einfluss auf Großbanken* als Ereignis und zwei verwenden die *SIFI-Liste des Wall Street Journals* aus dem Jahr 1984[119] als Ereignis. Das letztgenannte Ereignis ist am ehesten vergleichbar mit den in dieser Arbeit verwendeten. Die größten Parallelen der SIFI-Studie in dieser Arbeit bestehen zum Aufsatz von O'HARA/SHAW (1990), die den Effekt der besagten SIFI-Liste des Wall Street Journals von 1984 in ihrer Studie untersuchen. Die untersuchten Samples in den anderen Studien setzen sich i.d.R. aus den nach Bilanzsumme x-größten Banken zusammen. Bei den älteren Studien werden alle Bankaktien, zu denen Zeitreihen verfügbar waren, verwendet. Das Schätzfenster umfasst pro Bank mindestens 50, i.d.R. aber über 100 Beobachtungswerte und erstreckt sich in einigen Fällen über das Eventfenster hinweg. Zur Präzisierung der Untersuchungsergebnisse werden in allen Studien *Subsamples* gebildet und/oder Robustheitstests (*robustness checks*) durchgeführt. Fast alle Autoren verwenden das Marktmodell zur Bestimmung der abnormalen Renditen und nutzen den t-Test zur Bestimmung von Signifikanzen.

Die Resultate der Ereignisstudien sind heterogen, wobei die ältesten Studien mit den signifikantesten Ergebnissen und damit prägnantesten Schlüssen aufwarten können. Tab. 6 gibt einen vergleichenden Überblick über alle Eventstudien zum Einfluss des SIFI-Siegels nach 1986.

---

[119] Vgl. Carrington (1984). Am 20.09.1984 veröffentlichte das WSJ mit dem Titel „U.S. Won't Let 11 Biggest Banks in Nation Fail" eine Liste von elf US-Banken, nachdem am Vortag ein hoher Bankenaufseher vor dem US-Congress bekanntgab, dass einige *multinational*(e) Banken *too big to fail* seien (m.w.N. 3.1.2).

SWARY (1986) erkennt an Aktienkursbewegungen und Handelsumsätzen, dass gerade bei Banken mit *fragwürdiger Bonität* nach dem Bailout einer anderen eine Insolvenzversicherung eingepreist wird.[120] O'HARA/SHAW (1990) stellen *signifikant positive Aktienkursreaktionen* für die genannten elf *multinational banks* auf die Verlautbarung des Wall Street Journal-Samples fest[121] und BLACK ET AL. (1997) erweitern deren Erkenntnis, indem sie mit Ihrer Untersuchung eine ähnliche Entwicklung auch bei den übrigen US-Banken zu erkennen glauben [122].

ZHANG/KARIM (2004) erkennen *keine (signifikante) Aktienkursreaktion* auf eine Quasi-Insolvenzversicherung von SIFI-Banken durch den IWF, begründen das aber damit, dass die untersuchten US-Institute über eine bereits im Aktienkurs eingepreiste Insolvenzversicherung seitens der US-Regierung verfügen[123]. POP/POP (2009) stellen nach der Rettung der fünftgrößten japanischen Bank *signifikant positiv abnormale Renditen* für die übrigen Großbanken des Landes fest[124]. Die neueren Studien von JOINES (2010), TURK/SWICEGOOD (2012) als auch die von SCHÄFER/SCHNABEL/WEDER DI MAURO (2015) können hingegen nur bei wenigen regulatorischen Verlautbarungen als Ereignis signifikante Kursreaktionen belegen.[125] Dies könnte damit erklärt werden, dass die untersuchten Aktienmärkte durch die jüngsten Krisen und die steigende Menge an Informationen jeglicher Art viel volatiler sind und andere, verzerrende Ereignisse (*Confounding Events*) häufiger vorkommen und einen höheren Einfluss haben als in den 1990er Jahren. Die Studie von BONGINI/NIERI/PELAGATTI (2015) zeigt die größten Parallelen zur vorliegenden Studie. Betrachtet werden die Aktienpreise der nach Bilanzsumme 70 größten Banken um vier Eventtage von 2010 bis 2012. Auch sie können keine eindeutigen Reaktionen erkennen, stellen aber fest, dass Finanzmärkte bzw. ihre Akteure zwischen Banken mit niedriger und hoher Kapitalausstattung unterscheiden sowie die Effekte von zusätzlichen Eigenkapitalanforderungen antizipieren.

---

[120] Vgl. Swary (1986), S. 471.
[121] Vgl. O'Hara/Shaw (1990), S. 1594f.
[122] Vgl. Black et al. (1997), S. 401 und 405.
[123] Vgl. Zhang/Karim (2004), S. 324 und 329.
[124] Vgl. Pop/Pop (2009), S. 1457.
[125] Vgl. Joines (2010), S. 17-21; vgl. ferner Turk/Swicegood (2012), S. 575f.

3.2 Stand der Forschung

Autor(en)/ Jahr (aufsteigend)	regulatorische Events/ Verlautbarungen	Anzahl Events	Zeitpunkte/ -raum der Events	Sample	Schätzfenster	Eventfenster	Subsamples/ Test auf Robustheit	Besonderheit	Untersuchungsergebnis
SWARY (1986)	Bailout der Continental Illinois National Bank and Trust Company	2	18.05. u. 26.08. 1984	67 US-Banken (alle faktisch aktiv gehandelten Aktien)	$t_{-2\,Jahre}$ vor Event 1 bis $t_{-2\,Jahre}$ nach	$t_{-8\,Wochen}$ bis $t_{-12\,Wochen}$	3 „Solvenz"-Klassen (solvent, insolvent, insolvent und Schuldenmanagement)	weitere Untersuchung zu abnormalen Handels-volumina, weitere 8 Events zum Krisenverlauf der Bank	Einpreisung der Insolvenzversicherung vor allem bei den Banken mit fragwürdiger Bonität erkennbar
O'HARA/ SHAW (1990)	nationaler Bankenaufseher gibt in Anhörung vor US-Congress bekannt, dass einige Banken „too big to fail" sind und unbegrenzte Einlagensicherung ge-	1	20.09. 1984	63 US-Banken	$t_{-55\,Tage}$ bis $t_{-6\,Tage}$	$t_{-5\,Tage}$ bis $t_{-5\,Tage}$	11 größte Banken nach Bilanzsumme, 22 „insolvent", 41 „solvent"	Moderatorenanalyse (unter anderem firm size, sovency ratio, residual returns)	positive Aktienkursreaktionen (wealth effects) auf die Verlautbarung der TBTF-Politik bei den größten US-Banken
ANGBAZO/ SAUNDERS (1996)	Federal Deposit Insurance Improvement Act (FDICIA), National Depositor Preference Law, Omnibus Budget	8	20.12. 1990-20.12. 1991	9 größte US-Banken (laut Wall-Street-Journal 1990)	$t_{-120\,Tage}$ bis E_1 und E_8 bis $t_{-120\,Tage}$	keine Angabe	40 Banken mit Bilanzsu.>10 Mrd. US$, 15 Banken mit Bilanzsu.<1 Mrd. US$	GLS-Regression, F-Test, Vergleich der Finanzierungskosten vor erstem und nach letztem Event	Systemrisikoschätzer und Kosten der (nicht) einlagengestützten Finanzierung von großen Banken sind nach der FDICIA signifikant niedriger
BLACK/ COLLINS/ ROBINSON/ SCHWEITZER (1997)	Einfluss des „O'HARA/ SHAW"-Events i.V.m. Dividendenkürzungen/-aussetzungen bei Banken	94	1974-1991	48 NASDAQ- und 46 NYSE-Banken	$t_{-201\,Tage}$ bis $t_{-21\,Tage}$	$t_{-2\,Tage}$ bis $t_{-2\,Tage}$	50 Nonfinan. mit Dividendenkürzungen/-aussetzungen aus S&P 500	zusätzlich Langfristuntersuchung zur Änderung der Eigentümerstruktur der Banken durch das Event	Marktteilnehmer erwarten staatliche Rettung nicht nur bei der offiziellen TBTF-Banken, institutionelle Anleger weiten nach Vergabe des TBTF-Siegels ihre EK-Engagements aus

Tab. 6: Ereignisstudien zum Einfluss des SIFI-Siegels

Autor(en)/ Jahr (aufsteigend)	regulatorische Verlautbarungen	Anzahl Events	Zeitpunkte/ -raum der Events	Sample	Schätz- fenster	Event- fenster	Subsamples/ Test auf Robustheit	Besonderheit	Untersuchungsergebnis
CAROW/ KANE (2001)	Gramm-Leach-Bliley Act (GLBA) weicht US-Trennbankensystem auf	2	06.04. 1998, 22.10. 1999	75 größte US-Banken (laut American Bankers Association 1996)	$t_{-202\,Tage}$ bis $t_{-2\,Tage}$	bis $t_{-2\,Tage}$	unter anderem Nonfinancials, Investment-Grade-Emittenten, EK-Volumen	z-Test	Manager einer Großbank könnten ihre Stellung zur Schwächung der „Regulatory Discipline" ausnutzen und ihren Zugang zu Staatshilfen ausbauen
ZHANG/ KARIM (2004)	IWF vergibt Darlehen an Südkorea (stark in Südkorea engagierte US-Großbanken werden dadurch entlastet)	1 bzw. 2	01.12.1997, 04.12.1997	230 größte US-Bankgruppen nach Bilanzsumme	erstes Halbjahr 1997	$t_{-11\,Tage}$ bis $t_{-21\,Tage}$	7 TBTF- und 8 Non-TBTF-Banken	erweitertes Marktmodell zur Regression	TBTF-Banken genießen zu viel staatlichen Schutz; Quasi-Garantie der Forderungen durch den IWF ändert die Aktienkurse der TBTF-Banken kaum, da diese schon über eine Insolvenzversicherung verfügen
POP/POP (2009)	Japanische Regierung rettet fünftgrößte Bankengruppe Japans (Resona Holdings)	1	17.05. 2003	alle 93 Banken mit Listing an der Tokioter Börse	$t_{-260\,Tage}$ bis $t_{-11\,Tage}$	$t_{-10\,Tage}$ bis $t_{-10\,Tage}$	5 TBTF- und 88 Non-TBTF-Banken	Test auf abnormale Handelsumsätze u. abnormale CDS-Prämien; Corrado-/Cowan-Test; Moderatorenanalyse	Signifikant abnormal positive Renditen der größten japanischen Banken in den Tagen nach Bail-out der Resona-Gruppe
JACOBS (2009)	Internationale Bankenrettungen und Krisenmaßnahmen der US-Regierung	10	27.07.-17.09. 2008	42 große Finanzinstitute	meist $t_{-100\,Tage}$ bis t_0 Tage	zwischen 9 u. 21 Tagen ab t_0	7 klassische Banken, 5 Broker/ Händler, 9 Schaden- Unfall-Versicherer, 6 staatsnahe Banken, 6 Rest	erweitertes Fama-French-3-Faktoren- Modell (FAMA/FRENCH (1992), Test auf abnormale FK-Zins-Spreads	TBTF-Prämie nicht nachweisbar u.a. weil Informationen von Marktteilnehmern unterschiedlich wahrgenommen werden und antizipiert werden

3.2 Stand der Forschung

Tab. 6: Ereignisstudien zum Einfluss des SIFI-Siegels

Autor(en)/ Jahr (aufsteigend)	regulatorische Events/ Verlautbarungen	Anzahl Events	Zeitpunkte/ -raum der Events	Sample	Schätzfenster	Eventfenster	Subsamples/ Test auf Robustheit	Besonderheit	Untersuchungsergebnis
JOINES (2010)	Bailout der AIG, Inc. und Bekanntgabe des TARP-Programms zur Stabilisierung des US-Finanzsektors	2	16.09. 2008, 19.09. 2008	626 US-Banken aus CRSP-Datenbank	t_{-428} Tage bis t_{-1} Tage	t_0 Tage bis t_{-8} Tage	drei alternative TBTF-Bankengruppen	ein weiteres Event zur Lehman-Brothers-Insolvenz	Marktteilnehmer erwarten nur bei den größten Banken staatlichen Schutz vor Insolvenz
TURK/ SWICEGOOD (2012)	Bekanntmachungen im Rahmen des Dodd-Frank-Acts	12	17.06. 2009 - 21.07. 2010	366 US-Banken (6 verschiedene SICs)	t_{-100} Tage vor bis t_{-100} Tage nach E_{12}	t_0 Tage E_1 bis t_{-1} Tag	144/222 Banken mit Bilanzsumme unter/ über 1 Mrd. US$	-	Aktienkurse „großer" Banken zeigen bei 5 von 12 Events signifikante Reaktionen
BONGINI/ NIERI/ PELAGATTI (2015)	Empfehlungen und Konsultationspapiere des FSB/BCBS, SIFI/G-SIB-Listen	4	20.10. 2010, 19.7. 2011, 4.11. 2011, 1.11. 2012	73 gelistete Banken weltweit (Bilanzsumme > 200 Mio. US$)	t_{-241} Tage bis t_{-41} Tage	t_2 Tage bis t_{-2} Tage	SIFIs, Non-SIFIs, Europe, USA, rest of the World	Adustierter BOEHMER/MASUMECI/ POULSEN (1991)-Test nach KOLARI/ PYNNONEN (2010) zur Berücksichtigung eines Eventinduzierten Varianzanstieges	Finanzmärkte unterscheiden zwischen Banken mit niedriger und hoher Kapitalausstattung, Effekte von verschärften Eigenkapitalanforderungen für SIFIs werden antizipiert
SCHÄFER/ SCHNABEL/ WEDER DI MAURO (2015)	Bekanntmachung nationaler SIFI-Regulierungsinitiativen in einflussreichen Zeitungen in CH, D, UK, US	4 mit Sub-Events	Jan. 2009 - Okt. 2011	5 und mehr Banken	t_{-140} Tage bis t_{-1} Tage	t_{-1} Tag bis t_{-8} Tage	zweites Schätzfenster für Robustheit: t_{-80} Tage bis t_{-1} Tage	Test auf abnormale CDS-Prämien, 5 weitere Bekanntmachung (inter)nationaler Regulierungsinitiativen (ohne TBTF-Charakter)	insg. geringer Einfluss von TBTF-Reformen im Bankensektor (nur falls strukturell und fundamentaler Natur), signifikanteste Marktreaktionen für Events nationaler Regulierer

Frühere Studien analysierten keine Events, die *strengere Regulierung* von SIFIs implizierten. Alle drei getesteten Events der folgenden Studie enthielten demgegenüber Verlautbarungen des Regulierers, dass künftig speziell SIFIs *höhere Kapital-* und *andere regulatorische Anforderungen zu erfüllen* haben.[126] Aus diesem Grund mögen Marktteilnehmer erwarte(t habe)n, dass das SIFI-Siegel in gewisser Weise auch mit langfristig negativen Effekten für die Ertragsentwicklung für die jeweilige Institution verbunden ist. In der Gesamtschau ist daher unklar ob ein positiver oder negativer Werteffekt durch die Ankündigung überwiegt. Die zu testenden Hypothesen enthalten daher keine Aussage über das Vorzeichen der abnormalen Aktienentwicklung (undirected hypotheses). Um die Werteffekte zu analysieren, werden folgende Hypothesen aufgestellt:

- H_1: *Die Vergabe des SIFI-Siegels durch einen internationalen Regulierer hat einen signifikanten Einfluss auf den Marktwert des Eigenkapitals einer betroffenen Bank.*

- H_2: *Die Vergabe des SIFI-Siegels durch einen internationalen Regulierer hat einen stärkeren Einfluss auf den Marktwert einer betroffenen Bank als auf den einer Bank, die nicht auf der SIFI-Liste ist.*

3.3 Forschungsdesign und Daten

3.3.1 Informationen und Aktienpreise

Eventstudien analysieren die Auswirkungen singulärer Ereignisse auf Beobachtungsgrößen im Allgemeinen und die Effekte neuer Informationen bzw. von Ankündigungen solcher Informationen auf Kapitalmärkten im Besonderen. Die Methodik der Eventstudie geht auf den Aufsatz *The Adjustment of Stock Prices to New Information* von FAMA ET AL. (1969)[127] zurück, in welchem analysiert wird, ob (und warum) Aktien „ungewöhnliche"[128] Preisentwicklungen in den Monaten vor und im Anschluss an Aktiensplits/-zusammenlegungen aufweisen. Nicht zuletzt wegen der hohen *Plausibilität* erfreut sich die Ereignisstudien-Methodik seither ungebrochener Beliebtheit für empirische Studien – insbesondere in der Kapitalmarktforschung.[129] Obwohl die

---

[126] Vgl. für Event (1): Jenkins (2009), (2): Finanzstabilitätsrat (2011), Anhang S. 4; (3): Basler Ausschuss für Bankenaufsicht (2011), S. 15 in Verbindung mit Finanzstabilitätsrat (2012), S. 2-4.
[127] Zur Verbindung von FAMA mit VON HAYEK über die gemeinsame Zeit an der *Chicagoer Schule*, vgl. Streissler (2000), S. 75.
[128] Vgl. Fama et al. (1969), S. 1: „unusual' behavior of security returns". Später setzte sich der Begriff „*abnormal*" durch.
[129] Vgl. Boehmer/Masumeci/Poulsen (1991), S. 253.

3.3 Forschungsdesign und Daten 49

angewandten Methoden zum Testen der Aktienkursreaktionen seither umfänglich weiterentwickelt wurden, ist die Methodik bis heute im Grunde unverändert.[130]

In dieser Ereignisstudie wird untersucht, inwiefern ein staatlich vergebenes SIFI-Siegel einen Informationsgehalt für dessen (potentielle) Eigentümer bzw. Aktionäre hat. Der Informationsgehalt des Ereignisses (*Event*) wird anhand der Veränderungen der Marktpreise der Aktien (Aktienrenditen) des betreffenden Instituts um den Termin der Veröffentlichung analysiert. Marktpreise sind „*ideale Indikatoren*" für den Informationsgehalt eines Ereignisses, denn sie sind das auf eine Messgröße konzentrierte Ergebnis menschlicher Erwartungen, Wissens und Handelns, wie insbesondere VON WIESER[131], VON MISES[132] und VON HAYEK grundlegend herausgearbeitet haben[133]: „Die Summe der in den Preisen angezeigten oder in sie eingegangenen Information ist ganz und gar das Ergebnis des Wettbewerbs, oder zumindest der Offenheit des Marktes [...] Der Wettbewerb funktioniert als Entdeckungsverfahren nicht nur, indem er jedem, der die Gelegenheit hat, besondere Umstände zu nützen, die Möglichkeit eröffnet, das gewinnbringend zu tun, sondern auch, indem er den anderen Beteiligten die Information vermittelt, daß es solch eine Gelegenheit gibt. Durch diese Vermittlung von Information in verschlüsselter Form stellen die Wettbewerbsanstrengungen im Marktspiel die Nutzung weit verstreuten Wissens sicher"[134].

---

[130] Kritisch, bezüglich einiger fragwürdiger, aber *populärer Modifikationen* der ursprünglichen Eventstudienmethode nach Fama et al. (1969), vgl. Brown/Warner (1980), S. 249. Aktueller vgl. Kothari/Warner (2007), S. 5-8.

[131] Vgl. Wieser (1914), S. 275f.: „Mit Recht heben die Verteidiger der Spekulation hervor, daß diese eine der wichtigsten Unternehmerarbeiten vollziehen helfe. Der Spekulant verwendet seinen ganzen Schafsinn und eine oft außerordentliche Bemühung auf die Kalkulation der Preise der börsengängigen Werte, und in zahlreichen Fällen berichtigt und verfeinert er die Kalkulation des Produzenten und des Kaufmannes [...] Die genaue Preisermittlung besitzt ein überaus großes volkswirtschaftliches Interesse, und man darf daher nicht leugnen, daß der Spekulant dort, wo er zur genauen Preisermittlung beiträgt, durch die spezielle Unternehmertätigkeit, der er sich widmet, dem volkswirtschaftlichen Interesse erheblich dient" und Wieser (1884), S. 169: „Der Werth wird von den Producenten [...] nicht vorausbestimmt, sondern nur vorausgewusst [...] Die Producenten wissen, in Folge ihrer auf den Artikel vereinigten Aufmerksamkeit und Erfahrung, wie ihrer besseren Nachrichten über die wahrscheinliche Größe des Bedarfes und des Vorrathes, meistens früher und sicherer als die Consumenten im Voraus zu bestimmen, wie der Güterwerth sich in nächster Zeit stellen werde".

[132] Vgl. Mises (1940), S. 245f: „Lassen wir diese Annahme der Starrheit der Daten fallen, dann erkennen wird (sic), dass jedes Handeln durch die Veränderung der Daten und durch die durch sie bewirkten Preisveränderungen berührt wird ", sowie S. 284f: „In einem Wirtschaftsgefüge, in dem alle [Marktteilnehmer] die Marktlage mit dem gleichen Ausmaß von Einsicht überblicken würden, würde die Anpassung der Preise an jede auftretende Datenänderung mit einem Schlage vor sich gehen". Die Arbeiten von Fama gelten wiederum als fundamental für die Integration dieser Sichtweise in die moderne Finanzierungstheorie, vgl. Streissler (2000), S. 75f.

[133] Vgl. von seinen einflussreichen Beträgen, maßgebend Hayek (1937), S. 48: „People will change their decisions as they gain experience about the external facts and other people's action, there is no reason why these processes of successive changes should ever come to an end".

[134] Hayek (2003), S. 268.

Die Vergabe des SIFI-Siegels ist eine *Information*[135]. Sie kann die Wahrnehmung der Marktteilnehmer (z.b. der Investoren) über den Wert eines Gutes (z.b. ein Wertpapier) ändern. Mit geänderter Informationslage werden Markthandlungen ausgelöst, die dann Marktpreise ändern. Je mehr Marktteilnehmer die Information erreicht und je mehr Bedeutung sie der Information beimessen, umso größer dürfte deren Auswirkung auf Preise sein.[136] Eine neue Information wird allerdings nie die gleiche Handlung unter allen Marktteilnehmern auslösen: Der „Mensch verfügt nur über unzureichende Einsicht und nur über beschränktes Wissen, er irrt, er kann leicht getäuscht werden, er weiß nicht immer, was ihm frommen würde, er ist ungeduldig, nervös, eitel, launenhaft, wetterwendisch. Doch dieser Mensch wertet, seine Wertungen entscheiden auf dem Markte, und aus seinen Handlungen gehen die Marktpreise hervor"[137]. Wie oben erklärt, ist davon auszugehen, dass Kapitalmarktteilnehmer einer Bank und deren Aktien mit SIFI-Siegel einen höheren Wert beimessen als einer identischen Bank ohne Siegel. Ein SIFI-Siegel kann den beigemessenen Wert im Falle der gleichzeitigen Ankündigung von stärkerer Regulierung und strengerer Aufsicht allerdings auch als Nachteil erweisen.

Das Ausmaß einer neuen Information auf Marktpreise hängt nicht zuletzt davon ab, wie effizient der betreffende Kapitalmarkt ist, das heißt inwiefern „security prices at any time ‚fully reflect' all available information"[138]. Auf einem mittelstreng (informations-)effizienten Kapitalmarkt spiegelt der Preis einer Aktie $P_{j,t}$ eines Unternehmens j sämtliche zum Zeitpunkt t öffentlich verfügbaren Informationen wider. Sobald neue Informationen publik werden, werden diese über die Handlungen der nun umfassender informierten Marktteilnehmer in die Aktienkurse des Unternehmens $P_{j,t}$ eingepreist.[139] Der Wert einer Aktie reflektiert die zukünftig erwarteten Erträge des Unternehmens und die damit verbundenen Cashflows an ihre Eigentümer. Formell kann diese Annahme wie folgt dargestellt werden:

$$E(P_{j,t+1}|\Phi_t) = P_{j,t} \cdot [1 + E(R_{j,t+1}|\Phi_t)]$$

---

[135] Wendt (1991) setzt „Information" mit „Wissbarem" gleich, S. 16: „ Information wird [...] gleichgesetzt mit Wißbarem; Information ist also etwas, das man wissen kann. Information [...] kann man *speichern, transportieren* und *verarbeiten*".
[136] Vgl. m.w.N Hundt/Horsch (2012), S. 142.
[137] Mises (1940), S. 291.
[138] Fama (1970), S. 383. Im vorliegenden Fall, in welchem davon ausgegangen wird, dass öffentlich zugängliche Information (neben historischen Daten) zur Allokationsentscheidung über Investitionsmitteln herangezogen wird, spricht FAMA von *mittelstrenger Informationseffizienz des Kapitalmarktes*.
[139] Vgl. Fama (1965), S. 39, 96 und mehr als ein viertel Jahrhundert später rückblickend Fama (1991), S. 1601: "The typical result in event studies on daily data is that, on average, stock prices seem to adjust within a day to event announcements. The result is so common that this work now devotes little space to market efficiency".

3.3 Forschungsdesign und Daten   51

wobei

E = erwarteter Wert,

$P_{j,t}$ = Preis einer Aktie des Unternehmens j zum Zeitpunkt t,

Φ_t = öffentlicher Informationsstand zum Zeitpunkt t und

$R_{i,t}$ = Rendite der Aktien des Unternehmens j zum Zeitpunkt t.

Der *zu erwartende Aktienkurs* (t+1) ergibt sich also aus dem Kurs der Vorperiode (t) und einer Rendite, die durch den neuen Informationsstand ausgelöst wird.

Wobei die Rendite[140] $R_{i,t}$ der Aktie des Unternehmens j zum Zeitpunkt t aus aktuellen und zurückliegenden Aktienpreisen P und aktuellen Dividenden D berechnet wird:

$$R_{j,t} = \frac{P_{j,t} + D_{j,t} - P_{j,t-1}}{P_{j,t}}$$

Alternativ kann auch die *logarithmierte Rendite* $R_{i,t,log}$ herangezogen werden, da sie „bessere" asymptotische Eigenschaften für extreme Renditen aufweist: Log-Renditen sind, anders als „normale" Renditen, die links durch einen Verlust von 100 % begrenzt sind, auf der gesamten Menge der reellen Zahlen definiert. Die Verteilung der logarithmierten Renditen $R_{i,t,log}$ ist damit immer symmetrischer. Sie kann deswegen besser durch eine Normalverteilung approximiert werden. Auch sind dadurch die Fehlerterme einer anschließenden OLS-Regression über eine lineare Funktion geringer.[141]

$$R_{j,t,log} = ln\left(\frac{P_{j,t}}{P_{j,t-1}}\right) = \log(P_{j,t}) - \log(P_{j,t-1})$$

3.3.2 Abnormale Renditen

Mit der Ereignisstudie soll festgestellt werden, ob der Aktienkurs der SIFI-Banken an den Tagen des Events „*reagiert*". Die unerwartete Reaktion der Aktienkurse einer SIFI-Bank wird als

---

[140] Bei der Berechnung der tatsächlichen unbereinigten Aktienrendite (*total shareholder return*) als prozentuale Änderung des Aktienkurses wird eine Reinvestition der Dividendenzahlungen in exakt diese Aktien angenommen.
[141] Vgl. dazu bereits Fama et al. (1969), Fn. 8: „[T]he logarithmic form of the model appears to be well specified from a statistical point of view and has a natural economic interpretation (i.e., in terms of [...] rates of return with continuous compounding). Nevertheless, to check that our results do not depend critically on using logs, all tests have also been carried out using the simple regression of $R_{j,t}$ on L_t. These results are in complete agreement with those presented in the text".

abnormale Rendite $AR_{j,t}$ bezeichnet. Sie ist eine Messgröße für den Einfluss des Ereignisses auf den Wert der beobachteten Bank (oder ihr Eigenkapital) und folgendermaßen berechnet: [142]

$$AR_{j,t} = R_{j,t} - E(R_{j,t}) = \varepsilon_{j,t}$$

mit $\varepsilon_{j,t}$ = Residualgröße/Störterm. Für die Betrachtung der Reaktion aller N SIFI-Bankaktien kann die durchschnittliche abnormale Rendite $\overline{AR}_t$ ermittelt werden:

$$\overline{AR}_t = \frac{1}{N}\sum_{j=1}^{N} AR_{j,t}$$

Darüber hinaus lässt sich die Reaktion in Verbindung mit einem Event auch über eine längere Periode bemessen, indem die abnormalen Renditen $AR_{j,t}$ über mehrere Tage zu *kumulierten abnormalen Renditen* ($CAR_{[t_1;t_2]}$) bzw. durchschnittlichen kumulierten abnormalen Renditen ($\overline{CAR}_{[t_1;t_2]}$) verdichtet werden:

$$CAR_{[t_1;t_2]} = \sum_{t=t_1}^{t_2} AR_t,$$

$$\overline{CAR}_{[t_1;t_2]} = \sum_{t=t_1}^{t_2} \overline{AR}_t$$

mit t_1 und t_2 als ersten bzw. letzten Handelstag.[143] Der Median der kumulierten abnormalen Renditen im Zeitraum $[t_1;t_2]$ wird entsprechend als $\widetilde{CAR}_{[t_1;t_2]}$ gekennzeichnet.

Welche Rendite „abnormal" ist, hängt von der Definition von „normal" als *Benchmark* für Renditen ab. Die Rendite einer Aktie $R_{j,t}$ ist als Marktdatum abrufbar. Für die Ermittlung der „normalen Rendite" – besser: erwarteten Rendite $E(R_{j,t})$ – können unterschiedliche Schätzverfahren eingesetzt werden von denen sich drei in der empirischen Forschung durchgesetzt haben[144]:

(1) *Modell der durchschnittsbereinigten Rendite* (mean adjusted return oder constant mean return model): Das Modell basiert auf der Annahme, dass die ex ante erwartete Aktienrendite einer Unternehmung konstant μ_j beträgt:

$$R_{j,t} = \mu_j + \varepsilon_{j,t}$$

---

[142] Vgl. hier und im Folgenden Campbell/Lo/MacKinlay (1997), S. 157 und 161.
[143] Das Intervall $[t_a; t_b] = [t_{-2}; t_2]$ würde bedeuten, dass in diesem Fall alle Renditen vom Handelstag $t=-2$ bis zum Handelstag $t=2$ addiert werden.
[144] Vgl. hier und im Folgenden Brown/Warner (1980), S. 207-211.

3.3 Forschungsdesign und Daten

mit $\mu_j = \overline{R_{j,t}}$ als arithmetischer Mittelwert der Aktienrendite und $\varepsilon_{j,t}$ = Residualgröße/Störterm mit $E(\varepsilon_{j,t}) = 0$, Var $(\varepsilon_{j,t}) = \sigma_{\varepsilon_j}^2$.. Die ex post erwartete mittelwertadjustierte Rendite der Aktie j zum Zeitpunkt t beträgt daher μ_j:

$$E(R_{j,t}) = \mu_j.$$

(2) *Modell der marktbereinigte Rendite* (market adjustet return): In diesem Modell wird davon ausgegangen, dass die ex ante erwartete marktadjustierte Rendite bei allen Aktien gleich ist und der Rendite des Marktportfolios M bzw. alternativ eines geeigneten Aktienindex zum Zeitpunkt t entspricht:

$$R_{j,t} = R_{M,t} + \varepsilon_{j,t}.$$

(3) *Marktmodell*: Dieses Regressionsmodell geht, basierend auf dem Capital-Asset-Pricing-Model (CAPM)[145], von einem linearen Zusammenhang zwischen der Rendite des Marktportfolios $R_{M,t}$ und der Rendite einer Aktie $R_{j,t}$ aus:

$$R_{j,t} = \alpha_j + \beta_j R_{M,t} + \varepsilon_{j,t} \text{ bzw.}$$

$$E(R_{j,t}) = \alpha_j + \beta_j R_{M,t} \text{ bzw.}$$

$$AR_{j,t} = R_{j,t} - (\alpha_j + \beta_j R_{M,t}).$$

mit α_j und β_j als Regressionsparameter.

Die *Regressionsparameter* α_j und β_j werden üblicherweise mittels der Methode der kleinsten Quadrate (OLS)[146] über einen vor dem Event liegenden Zeitraum (*Schätzfenster*) regressiert (Abb. 4). α_j kann als autonome d.h. *unsystematische Rendite* der Aktie j verstanden werden und β_j als ein Gradmesser, der angibt, wie stark die Aktie mit dem Marktportfolio (Gesamtmarkt) schwankt (*systematische Rendite*).[147] Anstelle des nur theoretisch existenten Marktportfolios wird üblicherweise ein breiter branchenspezifischer Aktienindex zur Berechnung verwendet. Dadurch dass das Modell einen Teil der Aktienrendite mit der Variation der Rendite des Marktportfolios erklärt, reduziert sich die Varianz der abnormalen Rendite, insbesondere dann, wenn das Bestimmtheitsmaß R^2 sehr hoch ist.[148] Das kann dazu führen, dass Effekte um das Ereignis

---

[145] Vgl. fundamental Markowitz (1952) und darauf aufbauend Sharpe (1964), Lintner (1965b), Mossin (1966).
[146] Für ein Vergleich der OLS-Regression mit anderen Schätzverfahren, vgl. Brown/Warner (1985).
[147] Vgl. Goerke (2009), S. 472.
[148] Vgl. Campbell/Lo/MacKinlay (1997), S. 154f.

besser als mit den Verfahren (1) und (2) identifiziert werden[149]. Das Marktmodell hat sich, nicht zuletzt aufgrund seiner *Einfachheit* und *statistischer Robustheit*[150], als Standardmodell in Ereignisstudien etabliert. Die vorliegende Analyse bedient sich daher des Marktmodells als eines der etablierten.[151] Neben den gezeigten statistischen Methoden gibt es eine Vielzahl weiterer ökonomischer Ansätze zur Bemessung der erwarteten Rendite, wie z.b. das Arbitrage-Pricing-Theory-Modell[152].

Abb. 4: Zeitstrahl einer Ereignisstudie[153]

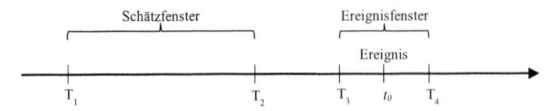

```
              Schätzfenster        Ereignisfenster
         ┌──────────┴──────────┐  ┌──────┴──────┐
                                       Ereignis
    ─────┼──────────┼──────────┼──────┼──────┼──────▶
         T₁         T₂         T₃     t₀     T₄
```

Diese Abbildung zeigt den zeitlichen Aufbau der Untersuchung. Das Schätzfenster dient der Parameterschätzung und der Berechnung des „Soll"-Falles. Im Ereignisfenster wird dieser dann mit dem „Ist"-Fall verglichen.

In der empirischen Forschung variiert die Länge und Position des *Schätzfensters* [$T_1;T_2$] erheblich. Die Länge liegt, abhängig vom Rendite-Intervall (Tages-, Wochen-, Monatsrenditen), in der Regel zwischen zwei Monaten und zwei Jahren. Wenn Tagesrenditen zur Untersuchung vorliegen, wird oft ein Schätzfenster mit 200 oder 50 Handelstagen verwendet,[154] das 20 Tage vor dem Ereignistag (t_0) endet: [-220; -21] oder [-70; -21]. Der *SIFI-Ankündigungstag* wird als $t=0$ (*t_0 Ereignistag*) bezeichnet. In wenigen Ereignisstudien erstreckt sich das Schätzfenster über das *Eventfenster* hinweg oder setzt sich aus zwei Zeitintervallen vor und nach dem Eventfenster zusammen[155].

Die Wahl des richtigen Ereignisfensters ist wesentlich bestimmender für die Relevanz und Glaubhaftigkeit der Eventstudie als die des Schätzfensters. Üblicherweise schließt das Eventfenster das Ereignis ein, es kann aber auch erst direkt nach dem Ereignis

---

[149] Vgl. Dyckman/Philbrick/Stephan (1984), S. 28f.
[150] Vgl. Brown/Weinstein (1985).
[151] Vgl. Brown/Warner (1980), S. 207-211.
[152] Vgl. grundlegend Ross (1976).
[153] Eigene Darstellung, ähnlich aber Campbell/Lo/MacKinlay (1997), S. 157; Goerke (2009), S. 475.
[154] Vgl. zur Wahl des Schätzfensters und den damit verbundenen Herausforderungen Aktas/Bodt/Cousin (2007), S. 129-131.
[155] Diese zwei Alternativen sind allerdings zweifelhaft, denn schließlich können sich durch das Ereignis fundamentale Einflussgrößen für die Entwicklung der Aktienrendite signifikant ändern, weshalb das Schätzfenster nicht bis in den Zeitraum nach dem Event (t>0) reichen sollte. Andernfalls hätten die Renditen um das Ereignis einen hohen Einfluss auf die Schätzparameter der erwarteten Rendite, was die Logik der Ereignisstudie verkehren würde. Nur im Falle fehlender Marktdaten vor dem Event (z.B. Ereignisstudien von Aktienemissionen) wäre dies vertretbar; vgl. für Beispiele Swary (1986), Angbazo/Saunders (1996), Turk/Swicegood (2012).

3.3 Forschungsdesign und Daten

($T_3 = t_0$) beginnen. Allerdings wird dadurch nicht untersucht, ob möglicherweise *Insiderinformationen* im Vorfeld des Events bereits zu einer Reaktion geführt haben. Ist das Eventfenster zu klein, werden eventuell nur kurzfristige und nicht eine später einsetzende (evtl. entgegengesetzte) Aktienkursveränderung erkannt. In der Forschungspraxis allgemein akzeptiert und üblich sind folgende Ereigniszeiträume[156]:

Tab. 7: Typische Ereigniszeiträume
Diese Tabelle zeigt in Eventstudien üblicherweise zur Analyse herangezogene Beobachtungs- bzw. Eventzeiträume.

symmetrisch	-20; 20	-10; 10	-5; 5	-3; 3	-2; 2	-1; 1
unsymmetrisch	0; 20	0; 10	0; 5	0; 3	0; 2	0; 1

Für (durchschnittliche kumulierte) abnormale Renditen im Eventfenster gilt theoretisch immer $AR_{j,t} \neq 0$, da die Wahrscheinlichkeit eines Null-Schätzfehlers selbst gegen null geht. Allerdings gelten erst signifikant von Null unterschiedliche abnormale Renditen als ein Indiz für einen Werteffekt durch das Ereignis.

3.3.3 Untersuchungsparameter und Bankensample

In diesem Abschnitt werden die gewählten Schätzparameter der Studie aus den Erkenntnissen bisheriger Forschung abgeleitet. Bezüglich der Frage der *Ereignisdefinition*:

- fünf Studien analysieren den Einfluss eines Bailout (im weiteren Sinne) einer größeren Bank auf andere Großbanken[157]

- fünf weitere Studien definieren die Ankündigung von Gesetzen mit Einfluss auf Großbanken als ein Event[158]

- zwei andere Studien verwenden die TBTF-Liste des Wall Street Journal von 1984 als ein Event.[159]

Das zuletzt genannte Ereignis ist am besten mit den Ereignissen in dieser Eventstudie vergleichbar. Der Aufsatz von O'HARA/SHAW (1990) hat daher die größten Ähnlichkeiten mit dieser Eventstudie. Aus diesem Grund werden hier auch regulatorische Ankündigungen (wie in 3.1.2 vorgestellt) als Events untersucht.

---

[156] Vgl. Goerke (2009), S. 475. Vgl. für eine frühe Untersuchung der Zeiträume für Aktienpreisanpassungen Hillmer/Yu Po-Lung (1979). Vgl. für Methoden zur Bestimmung der optimalen Ereignisfensterlänge Krivin et al. (2000).
[157] Vgl. Swary (1986), Zhang/Karim (2004), Pop/Pop (2009), Jacobs (2009) und Joines (2010).
[158] Vgl. Angbazo/Saunders (1996), Carow/Kane (2001), Joines (2010), Turk/Swicegood (2012) und Schäfer/Schnabel/Weder di Mauro (2015).
[159] Vgl. O'Hara/Shaw (1990) und Black et al. (1997).

Zwei wichtige, qualitätsbestimmende Eigenschaften von Eventstudien sind zum einen ein *theoretisches Fundament*, das auf den vorangegangenen Seiten dieses Kapitels bereits ausgearbeitet wurde, und der verhältnismäßige Ausschluss von „*ablenkenden*" Ereignissen. Neben den primär zu untersuchenden Ereignissen, kann es um den Zeitpunkt des Events auch zu anderen „irritierenden" Parallelereignissen (sogenannte *Confounding Events*) kommen.[160] Dies können z.B. Ad-hoc-Mitteilungen zum betreffenden Unternehmen oder der Branche sein, aber auch die Veröffentlichung eines wichtigen Makro-Indikators (z.b. die Zahl der Arbeitslosen), Analysteneinschätzungen oder politische Entscheidungen.[161] Letztere könnten besonders mit Blick auf die vier vorgestellten Ereignisse, die allesamt zu Zeiten der *EU-Staatsschuldenkrise* stattfinden, zu großen Verzerrungen in den Ergebnissen führen. Da Regulierung oft krisengetrieben ist, erfolgen Verlautbarungen naturgemäß oft in Krisenphasen, weshalb Confounding Events häufiger, als z.b. bei M&A-Events üblich, ein Problem darstellen dürften. Eine detaillierte Suche nach gleichzeitig auftretenden politischen Ereignissen innerhalb der Ereignisfenster ist daher unverzichtbar, weil Ereignisse wie beispielsweise (teilweise) Schuldenerlasse/Rettungspakete für Griechenland[162] höchstwahrscheinlich einen Einfluss auf die Aktienpreise von Banken haben. Wenn das Eventfenster zu groß ist, erhöht sich die Wahrscheinlichkeit, dass Confounding Events übersehen werden und eine signifikante Reaktion „verwischen"[163]. Confounding Events können auch im Schätzfenster auftreten. Es ist allerdings nicht zu empfehlen, jegliche Art von Confounding Events im Schätzfenster zu neutralisieren[164], denn die Regressionsparameter zur Schätzung der normalen Rendite sollen gerade auch „Marktrauschen" (*noise*) mit berücksichtigen.[165] Für diese Studie konnten keine Confounding Events in den kurzen Ereignisfenstern festgestellt werden.

Stark verbunden mit dem Ereignis „Verleihung des SIFI-Siegels" durch einen internationalen Regelsetzer ist die Frage nach der Gruppe der untersuchten Banken (*sample selection*). Die meisten SIFI-Ereignisstudien wurden für Banken eines Landes durchgeführt. In einem ersten Schritt umfassen die Samples für die drei Ereignisse, jeweils die Unternehmen, die Gegenstand

---

[160] Vgl. McWilliams/Siegel (1997), S. 634.
[161] Vgl. Goerke (2009), S. 470f.
[162] Für eine Übersicht der historischen Ereignisse in Griechenland, vgl. bspw. Sauernheimer (2011).
[163] Vgl. McWilliams/Siegel (1997), S. 634; für den Umgang mit Confounding Events im Eventfenster vgl. ausführlich Foster (1980), S. 52-57.
[164] Für eine kurze Erklärung zur Neutralisierung von Confounding Events vgl. m.w.N McWilliams/Siegel (1997), S. 637.
[165] Zudem könnte eine Elimination sämtlicher denkbarer verzerrender Ereignisse im Schätzfenster in einer hohen Zahl identifizierter Confounding Events resultieren und das Schätzverfahren ad absurdum führen.

3.3 Forschungsdesign und Daten

der regulatorischen Ankündigungen waren. Das waren 30 Institute im Jahr 2009, 29 im Jahr 2011 und 28 im Jahr 2012 (ausführlich für die zum letzten Event genannten Banken Tab. 5). Im zweiten Schritt muss die Groupe BPCE Bank aus den Untersuchungsgruppen für 2011/2012 entnommen werden, weil diese Bank nicht börsennotiert ist, wodurch die Marktdaten für diese Bank fehlen, welche für die Eventstudie notwendig sind.[166] Außerdem werden alle sechs Versicherungsunternehmen[167] aus der Untersuchungsgruppe zum ersten Ereignis genommen um die Validität der Studie zu gewährleisten, denn deren Geschäftsmodell unterscheidet sich von dem der Banken. Zuletzt werden, in Übereinstimmung mit früheren Studien, *Robustheitstests* (robustness checks) durchgeführt, indem eine Kontrollgruppe von Banken, die nicht von den regulatorischen Ankündigungen betroffen waren, verwendet wird. Dafür werden per Zufallsprinzip 50 Banken aus dem *STOXX Global 3000 Banks Index* entnommen, der 231 Großbanken weltweit enthält.[168] Aufgrund der Tatsache, dass bisherige Studien keine klaren Selektionskriterien für optimale Schätzfenster hervorgebracht haben, werden abnormale Renditen auf Basis eines Schätzfensters von 100 Handelstagen berechnet, d.h. mehr als O'HARA/SHAW (1990) aber weniger als andere Studien. Auch wird O'HARA/SHAW (1990) bei der Verwendung eines Ereignisfensters von symmetrisch 5 Tagen vor und nach dem Ereignistag [-5;+5] gefolgt, was zu einer Gesamtlänge von 11 Tagen führt.

Mit Blick auf die in der Literatur vorgeschlagenen Methoden zur Schätzung abnormaler Renditen wird das Marktmodell mit dem *t-Test* zur Bestimmung von Signifikanzen verwendet. Zur Gegenprüfung (Rücksicherung) der parametrischen Resultate (und nicht für alleinstehende Interpretationen) werden die im folgenden Abschnitt erklärten nichtparametrischen Tests verwendet. Als Marktportfolio wird der S&P Global 1200 verwendet, weil er die Wertentwicklung von circa 70% der weltweiten Marktkapitalisierung widerspiegelt und, daher ein guter Stellvertreter (*proxy*) für das Marktportfolio laut Annahme des CAPM ist.[169] Die statistischen Testverfahren zur Bestimmung der Signifikanz abnormaler Renditen sind Thema des folgenden Abschnitts.

---

[166] Damit verringert sich die Population der beobachteten Gruppe auf 28 Banken im Jahr 2011 und 27 im Jahr 2012.
[167] Aegon, Allianz, Aviva, Axa, SwissRe und Zurich Ins. Damit verringert sich die Population der beobachteten Gruppe auf 24 Banken im Jahr 2009.
[168] Zuvor wurden die SIFI-Banken aus der Auswahl exkludiert. Für weitere Informationen zum Index, vgl. Stoxx (2015).
[169] Der S&P Global 1200 ist ein Verbund aus sieben Hauptindizes unterschiedlicher Regionen (S&P 500 [USA], S&P Europe, S&P Topix 150 [Japan], S&P/TSX 60 [Kanada], S&P/ASX All Australian 50, S&P Asia 50 und S&P Latin America 40). Für weitere Informationen zum Index vgl. S&P Dow Jones Indices (2015).

3.3.4 Statistische Testverfahren

Statistische Testverfahren vermögen zwar nicht, die in 3.2 aufgestellten *Hypothesen* direkt zu bestätigen, sie ermöglichen aber, deren *Gegenhypothesen* zu falsifizieren. Um also Indizien dafür zu erhalten, dass die Hypothesen H_1 und H_2 zum signifikanten Einfluss des SIFI-Siegels bestätigt werden können, wird getestet, ob der Durchschnitt bzw. Median der (kumulativen) abnormalen Aktienrenditen der jeweiligen Bankensamples gleich null ist:

$$H_0: \overline{AR}_t = 0 \text{ bzw. } \widetilde{AR}_t = 0$$

und

$$H_0: \overline{CAR}_{[t_1;t_2]} = 0 \text{ bzw. } \widetilde{CAR}_{[t_1;t_2]} = 0$$

Ob die ermittelten abnormalen Renditen sich signifikant von Null unterscheiden, kann bei Ereignisstudien grundsätzlich über zwei statistische Testarten ermittelt werden.

3.3.4.1 Parametrische Testverfahren

Parametrische Testverfahren basieren auf der Annahme einer bestimmten *Verteilung* von täglichen Aktienrenditen; meist der *Normal*verteilung. Letztere kann zwar regelmäßig nicht idealtypisch bei Aktienrenditen festgestellt werden[170], ist aber eine weitgehend akzeptierte und sehr geläufige Vereinfachung[171], die zu relativ robusten Ergebnissen führt.[172] Die Ergebnisse werden durch diese vereinfachende Annahme also nicht verzerrt. Dem üblicherweise verwendeten, t-Test liegt die Annahme einer Student-t-verteilten Teststatistik und damit auch die von normalverteilten Aktienrenditen zugrunde.[173] Ungeachtet der Existenz von Verfahren, die nicht auf die Normalverteilungsannahme zurückgreifen, folgt diese Ereignisstudie der Mehrheit anderer, die sie für ihr Sample akzeptieren. Die Testgröße t_{AR} errechnet sich aus dem Quotienten der abnormalen Rendite $AR_{j,t}$ an einem zu beobachtenden Tag t und ihrer über das Schätzfenster geschätzten Standardabweichung/dem Standardfehler $\hat{\sigma}(AR_j)$:

---

[170] Vgl. früh Brown/Warner (1985), S. 4. Vgl. m.w.N. Hampel (2000), S. 1: „Statistical goodness-of-fit tests can never (statistically) prove, only disprove normality, and when there are enough data, they usually do disprove it".

[171] Vgl. m.w.N. Kolari/Pynnonen (2011), S. 953: „Because stock prices are not normally distributed, the power of nonparametric rank tests dominate parametric tests in event study analyses of abnormal returns on a single day. However, problems arise in the application of nonparametric tests to multiple day analyses of cumulative abnormal returns (CARs) that have caused researchers to normally rely upon parametric tests".

[172] Vgl. Sheskin (2011), S. 473f.; vgl. Lumley et al. (2002), S. 151 und 166; vgl. ferner Edgell/Noon (1984) sowie Snijders (2011), S. 10: „the t-test is robust against non-normality; this test is in doubt only when there can be serious outliers; or when sample sizes are small and distributions are far from normal".

[173] Vgl. Brown/Warner (1980), S. 217f.

3.3 Forschungsdesign und Daten

$$t_{AR_{j,t}} = \frac{AR_{j,t}}{\hat{\sigma}(AR_j)},$$

mit $\hat{\sigma}(AR_j) = \sqrt{\frac{1}{T_2-T_1+1}\sum_{t=T_1}^{T_2}(AR_{j,t} - \overline{AR_j})^2}$ und $f = T_2 - T_1 - 1$ Freiheitsgraden.

Die Testgröße $t_{\overline{AR_t}}$ lässt sich in diesem Fall analog ermitteln als:

$$t_{\overline{AR_t}} = \frac{\overline{AR_t}}{\hat{\sigma}(\overline{AR})}$$

mit $\hat{\sigma}(\overline{AR}) = \frac{1}{N}\sqrt{\sum_{j=1}^{N}\frac{1}{100}\sum_{t=T_1}^{T_2}(AR_{j,t} - \overline{AR_j})^2}$ und $f = T_2 - T_1 - 1$ Freiheitsgraden.

Die Testgröße für die kumulierte durchschnittliche abnormale Rendite $t_{\overline{CAR}_{[t_1;t_2]}}$ lautet analog[174]:

$$t_{\overline{CAR}_{j,[t_1;t_2]}} = \frac{CAR_{j,[t_1;t_2]}}{\hat{\sigma}(\overline{CAR_j})}$$

mit $\hat{\sigma}(\overline{CAR_j}) = \sqrt{\frac{1}{T_2-T_1+1}\sum_{t=T_1}^{T_2}(\overline{CAR_{j,[t_1;t_2]}} - \overline{CAR_j})^2}$ und $f = T_2 - T_1 - 1$ Freiheitsgraden.[175] Nicht zuletzt aufgrund der Robustheit des t-Tests – d.h., dass seine Ergebnisse nicht sensibel auf Ausreißer reagieren, die sich außerhalb des Wertebereichs der Normalverteilung befinden[176] – kann auch der BOEHMER/MASUMECI/POULSEN (1991)-Test (auch *BMP-Test* oder standardisierter Querschnittstest) als Erweiterung des t-Tests verwendet werden.[177]

3.3.4.2 Nichtparametrische Testverfahren

Nichtparametrische Testverfahren als Alternative legen keine (angreifbare) Verteilungsannahme zugrunde (*verteilungsfreie Tests*). Sie sind daher insbesondere bei schiefen und endlastigen Verteilungen von Aktienrenditen[178] vorzuziehen. Darüber hinaus sind nichtparametrische Testverfahren weniger anfällig gegenüber *Verzerrungen durch Ausreißer* und *ereignisinduzierten Varianzanstiegen*.[179] Allerdings sollten sie nicht substituierend, sondern nur zusätzlich zur

---

[174] Vgl. Campbell/Lo/MacKinlay (1997), S. 160.
[175] Aufgrund der t-Verteilung der Testgrößen t_{AR} und t_{CAR} kann die Signifikanz abnormaler Renditen der t-Tabelle entnommen werden.
[176] Vgl. Sheskin (2011), S. 473f.
[177] Dieser Test verhindert eine Verzerrung der Ergebnisse durch einen eventinduzierten Varianzanstieg (Heteroskedastizität) der Aktienrenditen bei Samples mit Aktienkursen mehrerer Unternehmen, indem abnormale Renditen von solchen Unternehmen mit hohen Aktienkursvarianzen geringer gewichtet werden.
[178] Vgl. Cowan (1992), S. 343.
[179] Vgl. Boehmer/Masumeci/Poulsen (1991), passim, besonders S. 286. Lehmann (2006), S. v: „Rank tests are a class of statistical procedures that combine great simplicity with surprising power".

Bestätigung der Ergebnisse aus parametrischen Testverfahren herangezogen werden[180], da ihre Aussagekraft aufgrund eines Verzichts auf Informationen (Abstände zwischen Werten) geringer ist.[181] Trotz der Robustheit des t-Tests[182] werden nichtparametrische Tests zur Validierung unserer Ergebnisse genutzt. Ein gängiger nichtparametrischer Test ist der Rangtest nach Corrado, der auch deswegen Verwendung findet, weil er für Eventstudien entwickelt wurde und ein zum t-Test vergleichbares Konzept verfolgt.[183]

Für diesen Corrado-Test sei $K_{j,t}$ der Rang der abnormalen Rendite $AR_{j,t}$ der Aktie j zum Zeitpunkt t im Schätz- und Ereignisfenster vereinenden Zeitraum $[T_1;T_4]$:[184]

$$K_{j,t} = rank(AR_{j,t}) \text{ für } t=T_1, \ldots, T_4$$

wobei $AR_{j,t} > AR_{j,i}$ impliziert, dass $K_{j,t} > K_{j,i}$ und $T_4-T_1+1 \geq K_{j,t} \geq 1$. Der erwartete Rang ist dann $K_E = \frac{T_4-T_1+1}{2}$ und die Student-t-verteilte Corrado-Teststatistik ist:

$$T_{Corrado,t} = \frac{1}{N}\sum_{j=1}^{N} \frac{(K_{j,t}-K_E)}{S(K)}$$

$$\text{mit } S(K) = \sqrt{\frac{1}{T_4-T_1+1}\sum_{t=T_1}^{T_4}(\frac{1}{N}\sum_{j=1}^{N}(K_{j,t}-K_E))^2}$$

Aufgrund der t-Verteilung der Testgröße kann die Signifikanz auch hier der t-Tabelle entnommen werden.

Für den nichtparametrischen Test auf kumulierte durchschnittliche abnormale Renditen ($\overline{CAR}_{[t_1;t_2]}$) kann man sich des Tests von COWAN (1992) bedienen. Die COWAN-Teststatistik für über den Zeitraum $[t_1;t_2]$ kumulierte durchschnittliche abnormale Renditen im Ereignisfenster lautet:[185]

$$T_{Cowan,[t_1;t_2]} = \sqrt{t_2-t_1}\frac{\overline{K}_{[t_1;t_2]}-K_E}{\sqrt{\frac{\sum_{t=T_1}^{T_4}(\overline{K}_t-K_E)^2}{T_4-T_1+1}}}$$

---

[180] Vgl. Campbell/Lo/MacKinlay (1997), S. 173: „Typically, these nonparametric tests are not used in isolation but in conjunction with their parametric counterparts. The nonparametric tests enable one to check the robustness of conclusions based on parametric tests". Vgl. für Eventstudien mit gleicher Vorgehensweise stellvertretend Porter/Roenfeldt/Sicherman (1999), D'Souza/Jacob (2000) und Fidrmuc/Goergen/Renneboog (2006).
[181] Vgl. Storm (2001), S. 173f.; Sheskin (2011), S. 109.
[182] Vgl. Fußnoten 170 und 172.
[183] Vgl. Corrado (1989), S. 386f.
[184] Vgl. hier und im Folgenden ebd., S. 387f.
[185] Vgl. Cowan (1992), S. 346.

3.3 Forschungsdesign und Daten

Mit $\overline{K}_{[t_1;t_2]}$ als durchschnittlicher Rang über die N Bankaktien in der Periode $[t_1;t_2]$ innerhalb des Ereignisfensters, d.h. $\overline{K}_{[t_1;t_2]} = \frac{1}{t_2-t_1+1}(\sum_{t=t_1}^{t_2} \overline{K}_t)$. $\overline{K}_t$ ist der durchschnittliche Rang aller N Bankaktien zum Tag t, d.h. $\overline{K}_t = \frac{1}{N}\sum_{j=1}^{N}(K_{j,t})$.

Mit H2 wird, im Vergleich zu den Banken, die nicht auf der Liste stehen (Kontrollgruppe), getestet, ob die Vergabe des SIFI-Siegels durch einen internationalen Regulierer einen stärkeren Einfluss auf dem Marktwert des Eigenkapitals der Banken auf der SIFI-Liste hat. Dies erfolgt über den Vergleich der jeweiligen durchschnittlichen (kumulierten) abnormalen Renditen mittels doppelten T-Tests:

- $H_{0,a}$: $\overline{AR}_{t,SIFIs} = \overline{AR}_{t,Kontrollgruppe\ (Nicht-SIFIs)}$
- $H_{0,b}$: $(\overline{CAR}_{t,SIFIs} = \overline{CAR}_{t,Kontrollgruppe\ (Nicht-SIFIs)})$.

$\overline{AR}_{t,SIFIs}$ bzw. $\overline{AR}_{t,Kontrollgruppe\ (Nicht-SIFIs)}$ stehen für die durchschnittliche abnormale Rendite der Banken auf der SIFI-Liste bzw. einer Kontrollgruppe von 50 anderen Banken weltweit. Die Teststatistik des doppelten t-Tests mit unbekannten und ungleichen Varianzen wird berechnet[186]

$$t = \frac{\overline{AR}_{t,SIFIs} - \overline{AR}_{t,Kontrollgruppe\ (Nicht-SIFIs)}}{\sqrt{s^2_{SIFIs} + s^2_{Kontrollgruppe\ (Nicht-SIFIs)}}}$$

wobei die Teststatistik Student-t-verteilt ist mit f Freiheitsgraden gegeben durch die SATTERTHWAITE (1946) bzw. WELCH (1947)-Formel.

Der WELCH (1947)-t-Test ist eine Erweiterung des Student-t-Tests zur Überprüfung der Hypothese, dass zwei Beobachtungsgruppen gleiche Mittelwerte aufweisen und liefert bessere Ergebnisse, wenn die beiden Beobachtungsgruppen ungleiche Varianzen und ungleiche Populationsgröße aufweisen. Bei den beiden hier analysierten Gruppen $SIFIs$ und $Kontrollgruppe$ ($Nicht-SIFIs$) ist (vor allem beim ersten Kriterium) das der Fall[187]. Ausgehend von der theoretischen Herleitung des Werteffektes eines SIFI-Siegels, einer Zusammenfassung vergleichbarer

---

[186] Varianzhomogenitätstests mittels Levene-Statistik haben signifikante Unterschiede in den Varianzen ausgewiesen (vgl. Anhang Tab. 3).
[187] Vgl. für den Test auf Varianzhomogenität Anhang Tab. 3.

empirischer Studien und der im Anschluss vorgestellten Untersuchungskonzeption dafür – mitsamt Hypothese, Messgrößen und statistischen Tests – werden im Folgenden die Ergebnisse der eigenen Ereignisstudie vorgestellt und analysiert.

3.4 Empirische Ergebnisse

Eine grafische Analyse der abnormalen Renditen wird der statistischen vorgeschaltet. Sie liefert erste Indizien zur Beantwortung der aufgestellten Hypothesen. Die Entwicklung der Aktienpreise im Umfeld der drei Ereignisse (Veröffentlichung einer SIFI-Liste durch den Finanzstabilitätsrat am 30. November 2009, 4. November 2011 und 1. November 2012) wird in den Abb. 5 veranschaulicht. Die Grafiken zeigen mehrdeutige Preisentwicklungen der gleichgewichteten[188] (Nicht-)SIFI-Bankengruppen- und Marktindizes. Bei Event (1) und (2) sind die Preise von SIFI-Aktien scheinbar stärker negativ beeinflusst worden als die Aktien der Nicht-SIFI-Kontrollgruppe und des *S&P Global 1200-Index*. Allgemein erkennt man, dass die Entwicklung des größeren Samples der Nicht-SIFIs und des Marktindex enger verbunden sind, wogegen die Entwicklung der SIFIs substantiell von beiden abweicht, besonders bei Event (2). Auch im Umfeld des Event (3) übertrifft der Preisanstieg des S&P Global 1200 den der Kontrollgruppe. Anders als (1) und (2) hat Event (3) zu Beginn des Ereignisfensters einen positiven Einfluss auf die Aktienkurse von SIFIs. Allerdings wird der Anstieg der SIFI-Aktien durch negative Renditen an den Eventtagen t_{+4} und t_{+5} ausgeglichen. Eine fundierte Analyse inklusive der Identifikation von abnormalen Renditen kann indes nur anhand der statistischen Ergebnisse vollzogen werden. Wie Tab. 8 aufzeigt, können signifikante abnormale Renditen im Umfeld jedes Events festgestellt werden. Die wechselnden Vorzeichen der Renditen deuten auf sowohl positive als auch negative Erwartungen seitens der Marktteilnehmer hin. Insgesamt zeigen die parametrischen und die nichtparametrischen Tests *vergleichbare Resultate*. Es zeigt, dass bei jedem Event die abnormalen Renditen an unterschiedlichen Tagen auftreten. Darüber hinaus scheinen negative Erwartungen bei Event (1) und (2) zu überwiegen. Dieses Ergebnis deckt sich mit der Vermutung, dass Marktteilnehmer *geschmälerte Ertragsaussichten* durch zunehme Regulierung und strengere Beaufsichtigung erwarten, was *ceteris paribus* zu sinkenden Eigenkapitalpreisen führt (H_1).

---

[188] *Equally weighted index*: Der Aktienkurs jeder Bank fließt in die Berechnung des Index mit dem gleichen Gewicht ein.

3.4 Empirische Ergebnisse

Abb. 5: Reaktion der Aktienpreise auf die SIFI-Ankündigungsereignisse

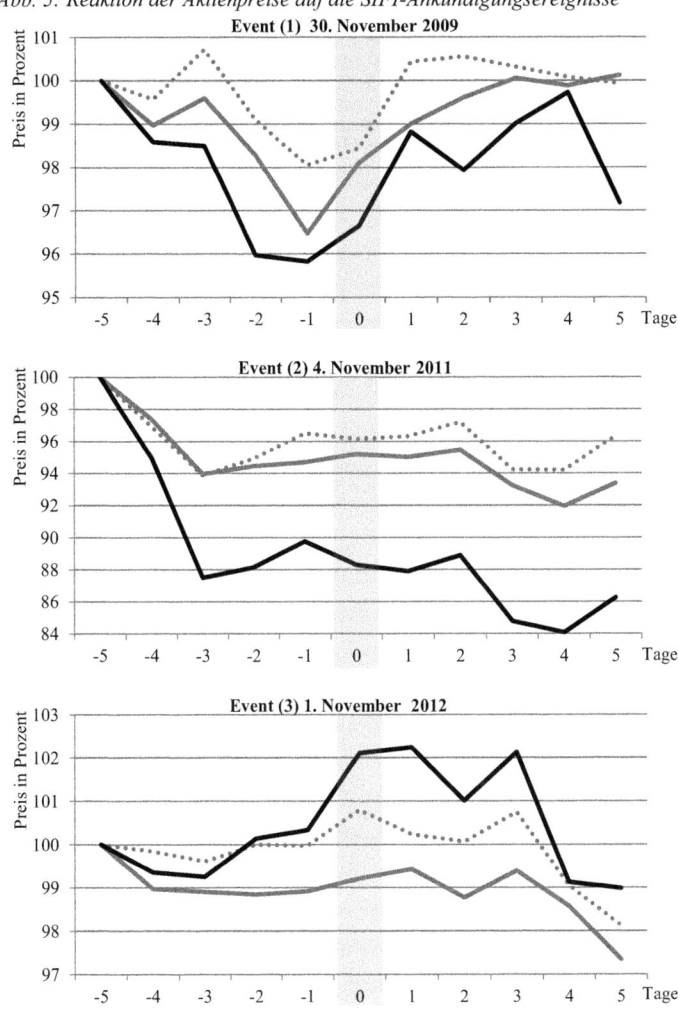

Event (1) 30. November 2009

Event (2) 4. November 2011

Event (3) 1. November 2012

⋯⋯ Index S&P Global 1200 ——— Nicht-SIFIs ——— SIFIs

Diese Abbildungen zeigen die Reaktion der Aktienpreise auf die drei SIFI-Ankündigungsereignisse. Die Graphen zeigen gleich stark gewichtete Indizes (Fußnote 188) für Aktienpreise der SIFI-Bankengruppe (*SIFIs*), der Kontrollgruppe (*Nicht-SIFIs*) und des gewählten Marktportfolioproxys S&P Global 1200.

Tab. 8: Abnormale Renditen der SIFIs

Diese Tabelle zeigt abnormale Renditen der SIFI-Bankengruppen von Bankaktien für die Tage -5 bis +5 um den Ereignistag. Mittelwerte und Mediane der abnormalen Renditen sind über das jeweilige Bankensample aggregiert und in % angegeben mit dazugehörigen t- und CORRADO (1989)-Teststatistiken in Klammern. Die Teststatistiken testen die Hypothese, dass der Mittelwert/Median der täglichen abnormalen Renditen zum und um den Eventtag gleich null ist. Das Schätzfenster besteht aus 100 Tagen [-105; -6]. */**/*** kennzeichnen Signifikanz auf 90%/95%/99%-Niveau.

	SIFI-Bankengruppe H_0: $\overline{AR}_t = 0$ und $\widetilde{AR}_t = 0$					
	Event (1) 30 Nov 2009 (t_0) (N = 24)		Event (2) 4 Nov 2011 (t_0) (N = 28)		Event (3) 1 Nov 2012 (t_0) (N = 27)	
t	Mittelwert (t-Stat.)	Median (Corrado)	Mittelwert (t-Stat.)	Median (Corrado)	Mittelwert (t-Stat.)	Median (Corrado)
-5	-0.2602 (0.3235)	-0.4214 (0.3080)	-0.3274 (0.2674)	-0.1670 (0.0663)	-0.8115 (1.0784)	-0.6409 (1.0648)
-4	-0.8194 (1.0187)	-0.6272 (0.9547)	-0.2776 (0.2267)	-0.3659 (0.3788)	-0.4525 (0.6014)	-0.5565 (1.0366)
-3	**-1.4995*** **(1.8643)**	**-1.4366**** **(2.0665)**	**-3.0171**** **(2.4641)**	**-2.0510**** **(2.2347)**	0.1932 (0.2568)	0.1721 (0.1803)
-2	-0.4834 (0.6010)	-1.1076 (0.7083)	-0.8347 (0.6817)	-0.2552 (0.3906)	0.1545 (0.2053)	-0.3511 (0.3042)
-1	1.2528 (1.5575)	1.6176 (1.2165)	-0.6372 (0.5204)	-0.5522 (0.7244)	0.1536 (0.2042)	0.4769 (0.6056)
0	0.4078 (0.5070)	-0.8680 (0.4065)	-0.9825 (0.8024)	-0.5978 (0.6060)	0.2854 (0.3792)	0.2706 (0.4676)
+1	-0.2722 (0.3384)	-0.1482 (0.3480)	-0.6345 (0.5182)	-0.3652 (0.4711)	0.9905 (1.3162)	1.1833 (1.5408)
+2	-1.0016 (1.2452)	-0.8052 (1.2688)	-0.1941 (0.1585)	-0.2228 (0.0947)	-0.9957 (1.3231)	**-1.0110*** **(1.6450)**
+3	**1.4589*** **(1.8137)**	**1.2835*** **(1.8447)**	0.0736 (0.0601)	0.1273 (0.1752)	-0.1352 (0.1797)	0.1345 (0.0338)
+4	1.0628 (1.3213)	1.3234 (1.5337)	-0.6790 (0.5545)	-0.6000 (0.4569)	-0.1562 (0.2076)	0.4809 (0.1380)
+5	**-2.3135**** **(2.8762)**	**-2.1743**** **(3.0520)**	-0.7565 (0.6178)	-0.9345 (1.1055)	**1.3480*** **(1.7912)**	**1.2884*** **(1.9183)**

Die Ergebnisse von Ereignis (3) liefern keine erkennbar deutlichen Indizien für negative Erwartungen. Es ist interessant, dass sich am Tag t_{-3} negative abnormale Renditen für Ereignis (1) und (2), aber nicht für (3) abzeichnen. Außerdem treten signifikante abnormale Renditen nur in bestimmtem Abstand vor und nach dem Eventtag t_0 auf. Dies kann einerseits auf *Insiderinformationen* (Insider erhalten die Liste vorab und können daraufhin reagieren) oder eine gewisse *Informationsineffizienz* (die Dispersion der Informationen zu den neuen SIFI-Listen, z.B. über die Presse, oder die Informationsverarbeitung seitens der Marktteilnehmer findet zeitverzögert

3.4 Empirische Ergebnisse

statt) hindeuten. Betrachtet man die abnormalen Renditen nach t_0, können keine klaren Schlüsse für die Events gezogen werden. Dennoch könnte der signifikante Preisanstieg nach Ereignis (1) ein Indiz für eine Korrektur des entsprechenden Preisverfalls am Tag t_{-3} sein. Die negative Preisentwicklung nur zwei Tage nach Tag t_{-3} deutet wahrscheinlich auf Marktrauschen (market noise). Zumindest bei den nichtparametrischen Testergebnissen zeichnet sich eine vergleichbare negative Entwicklung um Event (3) ab, wenn auch nur nach dem Ereignis. Im Gegensatz dazu sind bei Ereignis (2) keine abnormalen Renditen nach dem Ereignis t_0 erkennbar. Die Analyse der kumulierten abnormalen Renditen (Tab. 9) liefert signifikante Aktienpreisentwicklungen für Event (2), wenn auch nur im Falle der nichtparametrischen Tests.

Tab. 9: Kumulierte abnormale Renditen der SIFIs

Diese Tabelle zeigt abnormale Renditen der Gruppen von Bankaktien für die Tage -5 bis +5 um den Ereignistag. Mittelwerte und Mediane der kumulierten abnormalen Renditen sind über das jeweilige Bankensample aggregiert und in % angegeben mit dazugehörigen t- und COWAN (1992)-Teststatistiken in Klammern. Die Teststatistiken testen die Hypothese dass der Mittelwert bzw. Median der kumulierten täglichen abnormalen Renditen um den Eventtag gleich null ist. Das Schätzfenster besteht aus 100 Tagen [-105; -6]. * kennzeichnet Signifikanz auf 90%-Niveau.

	SIFIs $H_0: \overline{CAR}_{[-5;5]} = 0 \; und \; \widetilde{CAR}_{[-5;5]} = 0$					
	Event (1) 30 Nov 2009 (t_0) (N = 24)		Event (2) 4 Nov 2011 (t_0) (N = 28)		Event (3) 1 Nov 2012 (t_0) (N = 27)	
t	Mittelwert (t-Stat.)	Median (Cowan)	Mittelwert (t-Stat.)	Median (Cowan)	Mittelwert (t-Stat.)	Median (Cowan)
[-5; 5]	-2.4676 (0.2789)	-3.3641 (1.2988)	-8.2670 (0.6138)	**-5.9845*** **(1.8265)**	0.5740 (0.0693)	1.4473 (0.2203)

Die Ergebnisse des Tests auf unterschiedliche abnormale Renditen der SIFI- und Nicht-SIFI-Bankengruppen präsentiert Tab. 10. Analog zu den obigen Tests sind auch hier die Ergebnisse der parametrischen und nichtparametrischen Tests vergleichbar. Entgegen den Erwartungen können für das Nicht-SIFI-Sample aus 50 per Zufallsprinzip ausgewählten Banken an einigen Tagen signifikant abnormale Renditen festgestellt werden. Allerdings zeigt sich, dass diese Signifikanzen an anderen Tagen als bei den SIFI-Banken auftreten.

Tab. 10: Test auf signifikante Unterschiede der (kumulierten) abnormalen Renditen von SIFIs und Nicht-SIFIs

Diese Tabelle zeigt die Ergebnisse des Zweistichproben-t-Tests auf signifikante Unterschiede der (kumulierten) abnormalen Renditen der SIFI- und Nicht-SIFI-Bankensamples. Zur Bekräftigung der Hypothese$_2$ werden die Mittelwerte der (kumulierten) abnormalen Renditen aller SIFI-Banken mit den Nicht-SIFIs verglichen. Im Vorfeld wurden die Bankensamples auf Homoskedastizität (Gleichheit der Varianzen) überprüft. Die Ergebnisse der Levene-Statistik (Anhang Tab. 3) zeigen in den meisten Fällen signifikant unterschiedliche Varianzen zwischen den gegenübergestellten Bankengruppen. Aus diesem Grund wurden die Freiheitsgrade nach WELCH (1947) an ungleiche Varianz der abnormalen Renditen angepasst. Das Schätzfenster besteht aus 100 Tagen [-105; -6]. ** kennzeichnen Signifikanz auf 95%-Niveau.

Vergleich der SIFIs und Nicht-SIFIs

$H_0: \overline{AR}_{t,SIFIs} = \overline{AR}_{t,Kontrollgruppe\ (Nicht-SIFIs)}$ und

$\overline{CAR}_{[-5;5],SIFIs} = \overline{CAR}_{[-5;5],Kontrollgruppe\ (Nicht-SIFIs)}$

	Event (1) 30 Nov 2009 (t_0) ($N_a = 24$, $N_c = 50$)	Event (2) 4 Nov 2011 (t_0) ($N_a = 28$, $N_c = 50$)	Event (3) 1 Nov 2012 (t_0) ($N_a = 27$, $N_c = 50$)
t	Mittelwertdifferenz in % (t-Stat.)	Mittelwertdifferenz in % (t-Stat.)	Mittelwertdifferenz in % (t-Stat.)
-5	0.0616 (0.0594)	-0.9508 (0.6934)	-0.9853 (1.0778)
-4	-0.1061 (0.1025)	-0.3925 (0.2863)	0.4959 (0.5424)
-3	-1.2147 (1.1728)	-2.2585 (1.6471)	0.1243 (0.1360)
-2	-0.3948 (0.3812)	-0.4540 (0.3311)	0.6054 (0.6622)
-1	**2.2888**** **(2.2099)**	0.5311 (0.3873)	0.1142 (0.1249)
0	-0.9556 (0.9227)	-1.8836 (1.3737)	0.7510 (0.8215)
+1	0.4011 (0.3872)	-0.3217 (0.2346)	0.3488 (0.3815)
+2	-1.4983 (1.4467)	0.0961 (0.0701)	-0.4238 (0.4636)
+3	0.8399 (0.8110)	-0.3112 (0.2270)	-0.1173 (0.1283)
+4	1.0733 (1.0363)	0.6283 (0.4582)	-0.7241 (0.7920)
+5	**-2.6518**** **(2.5603)**	-0.3888 (0.2836)	**1.8514**** **(2.0252)**
[-5; 5]	-2.1566 (0.1893)	-5.7059 (0.3783)	2.0405 (0.2029)

3.4 Empirische Ergebnisse 67

Für einige Tage in den Eventfenstern bestätigen die Ergebnisse im Test auf unterschiedliche (kumulierte) abnormale Renditen (Tab. 10) die Erwartungen. Trotzdem führt der Test auf Unterschiede der abnormalen Renditen beider Bankengruppen insgesamt nur zu wenigen signifikanten Ergebnissen im Umfeld von Event (1) und (3).[189] Bei Event sind keine Signifikanzen (2) feststellbar. In der Gesamtschau zeigen die Ergebnisse, dass systemische Relevanz einen Unterschied bedeutet. Allerdings muss die Verkündung des SIFI-Status für eine Bank nicht gezwungenermaßen für ihre Wahrnehmung seitens der Marktteilnehmer relevant sein, wie die Ergebnisse zeigen. Ein weiteres Phänomen ist, dass – anders als erwartet – nur eine schwach positive durchschnittliche Aktienrendite zu den Ereignistagen vorliegt und eine stark negative signifikante durchschnittliche Aktienrendite vor den Ereignissen ermittelt wird. Die Gründe für diese Phänomene bleiben offen, wobei es drei denkbare Erklärungen gibt:

(1) Die Information (SIFI-Siegel) hatte keinen hohen Neuigkeitswert, d.h. die offizielle Vergabe des SIFI-Siegels durch den FSB ist bereits antizipiert worden bzw. ist im Grunde überflüssig, weil das Gros der Marktteilnehmer bereits vorher angenommen hatte, dass diese Banken systemrelevant seien.[190]

(2) Die Information (stärkere Aufsicht und strengere Regulierung) hatte einen Neuigkeitswert – allerdings waren die Marktteilnehmer überwiegend der Auffassung, dass der SIFI-Status mit negativen Folgen für die langfristige Ertragsentwicklung verbunden ist: Im Zuge aller drei Events wurde zusätzlich bekanntgegeben, dass die genannten SIFIs künftig besonders hohe Kapital- und weitere Regulierungsanforderungen erfüllen müssten.[191]

(3) Die Information (stärkere Aufsicht und strengere Regulierung) hatte keinen hohen Neuigkeitswert. Marktteilnehmer zweifeln an der Glaubwürdigkeit/Relevanz solcher regulatorischer Ankündigungen eines internationalen Regelsetzers für national umzusetzende SIFI-Maßnahmen.

---

[189] Anhang Tab. 1 und Anhang Tab. 2 enthalten die Testergebnisse auf abnormale Renditen der Nicht-SIFI-Kontrollgruppe.
[190] Nicht zuletzt die unzähligen Bankrettungen im Verlauf der Subprime- und später Finanzkrise dürften die SIFI-Wahrnehmung von Marktteilnehmern verändert haben.
[191] Vgl. für Event (1): Jenkins (2009); (2): Finanzstabilitätsrat (2011), Anhang S. 4; (3): Basler Ausschuss für Bankenaufsicht (2011), S. 15 i.V.m. Finanzstabilitätsrat (2012), S. 2-4. Mit sinkenden Ertragschancen (durch steigende implizite und explizite Aufwendungen einer SIFI-gerichteten Regulierung und Aufsicht) sinken ceteris paribus die Aktienkurse der betroffenen Banken.

3.5 Zusammenfassung

In diesem Kapitel wurden die Reaktionen der Aktienpreise von Banken analysiert, die von einem Regulierer als systemrelevant eingestuft werden. Es werden im Umfeld der Verleihungen des SIFI-Siegels – mit wechselnden Vorzeichen – signifikant abnormale Renditen identifiziert. Allerdings scheinen die *negativen Erwartungen* der Marktteilnehmer um Event (1) und (2) zu überwiegen. Dies bestätigt die Haltung von Marktteilnehmern, welche von zurückgehenden Ertragsaussichten und damit sinkenden Eigenkapitalwerten ausgehen. Außerdem zeigen die Aktienpreisänderungen vor dem Ereignistag t_0, dass die *Information zum Teil von Marktteilnehmern antizipiert* worden ist. Auch diese Antizipation erscheint mit Blick auf die weitreichende und weitläufige politische Debatte über systemrelevante Finanzinstitute alles andere als abwegig. Bei Event (3) tritt eine signifikante Aktienkursreaktion indes nicht vor dem Eventtag auf. In Anbetracht der Tatsache, dass dies das jüngste der analysierten Events ist, gibt es gute Gründe davon auszugehen, dass die offizielle Vergabe des SIFI-Siegels durch den Finanzstabilitätsrat aus Sicht der Marktteilnehmer überflüssig war, weil die Mehrheit der Marktteilnehmer bereits der Annahme war, dass diese Banken systemrelevant seien.[192] Diese Annahme wird auch dadurch gestützt, dass die veröffentlichten SIFI-Listen sich nur geringfügig von Event (1) zu (3) änderten. Außerdem können jeweils nur in bestimmten Abständen vor und nach dem Eventtag t_0 signifikante Preisänderungen ausgemacht werden. Die Einschränkung der Eventstudie auf den Eventtag würde daher keine aussagekräftigen Resultate liefern.

Insgesamt können nur wenige signifikante Aktienkursreaktionen festgestellt werden. Auch unterscheiden sich die abnormalen Renditen zwischen SIFIs und Nicht-SIFIs nicht im erwarteten Ausmaß. Strengere Regulierung (z.B. höhere Anforderungen an die Verlustabsorptionsfähigkeit) für SIFIs – wie sie seither vom Basler Komitee für Bankenaufsicht ausgearbeitet worden sind – könnten bedeutende negative Einflüsse auf Ertragsaussichten von systemrelevanten Banken haben. Aus diesem Grund könnte eine mögliche Erklärung sein, dass die positiven und negativen Erwartungen von Marktteilnehmern zu einem Gleichgewicht von abnormalen Renditen führen, die zusammengenommen statistisch nicht von null zu unterscheiden sind. Und nicht zuletzt unterliegen Eventstudien generell und die vorliegende Analyse speziell verschiedenen Einschränkungen. Es wird argumentiert, dass Eventstudien zu Regulierungsankündigungen oft an geringer statistischer Teststärke (*power*) leiden. Zum Beispiel kann ein ungenauer

---

[192] Nicht zuletzt die unzähligen Bankrettungen im Verlauf der Subprime- und später der Finanzkrisen dürften die SIFI-Wahrnehmungen von Marktteilnehmern verändert haben.

3.5 Zusammenfassung

Eventtag die Aussagekraft von Signifikanztests verringern, wenn der Fehler zweiter Art (β-Fehler: Nullhypothese wird fälschlicherweise nicht abgelehnt, obwohl in Wirklichkeit die Alternativhypothese gilt) steigt, obwohl die beobachteten abnormalen Renditen allesamt nicht null sind.[193] Die Gültigkeit und Aussagekraft der hier vorgenommenen Eventstudie könnte überdies dadurch beeinträchtigt worden sein, dass wie bei SCHÄFER/SCHNABEL/WEDER DI MAURO (2015) die Schätzfenster in einer Zeit besonderer ökonomischer und politischer Unsicherheit (2009-2012) liegen, in der Marktvolatilitäten eher die Regel als die Ausnahme darstellten. Und nicht zuletzt kann ein und dieselbe Information auch unterschiedlich von Marktteilnehmern interpretiert werden: "Certainly the market [...] is filled with people who are to different degrees aware of the changes in data and who, even if they have the same information, appraise it differently."[194]

Aus diesem Grund sollte für künftige Forschungsvorhaben dazu angeregt werden, die kommenden SIFI-Ankündigungen zu analysieren und langfristige Effekte, eventuell auf Aktien- oder CDS-Volatilität zu überprüfen. Neben strengeren Kapitalanforderungen sind SIFIs seit 2014 dazu verpflichtet, Informationen zu ihrer systemischen Relevanz (z.B. zu grenzüberschreitenden Aktivitäten, Vernetzung, Ersetzbarkeit und Komplexität) zu veröffentlichen und jährlich an den Basler Ausschuss für Bankenaufsicht zu melden.[195] Dies lässt eine profunde Querschnittsanalyse zu und dürfte weitere Erkenntnisse zu Determinanten der Marktreaktionen auf SIFI-Siegel liefern.

---

[193] Vgl. Schäfer/Schnabel/Weder di Mauro (2015), S. 16. Vgl. ausführlich zur Reliabilität der Ergebnissen aus Ereignisstudien Kothari/Warner (2007), S. 12f.
[194] Mises (1949), S. 325. Für empirischen Untersuchungen zu diesem Thema, vgl. z.B. Hirshleifer/Lim/Teoh (2009).
[195] Vgl. Finanzstabilitätsrat (2013b), S. 11 und Finanzstabilitätsrat (2013c).

4 Einfluss von Systemrelevanz auf Ratings und Risikonahme von Finanzinstituten

Es wird angenommen, dass staatliche Garantien aufgrund der Systemrelevanz einer Bank einen positiven Einfluss auf *Bankratings* haben könnten, weil sie ein zusätzliches Sicherheitsnetz für Einleger bieten, indem die Kreditwürdigkeit vom garantierenden Staat verliehen wird.[196] Dies könnte für Banken Anreize erzeugen, noch größer und komplexer zu werden. Es wäre aus diesem Grund wünschenswert, diese *implizite Subvention*[197] zu vermeiden. Das Entstehen systemrelevanter Finanzinstitute könnte so zum Teil verhindert werden. Indirekt könnten dadurch letztlich die Wahrscheinlichkeit und das Ausmaß künftiger Krisen sinken. Potentiell profitierende Marktteilnehmer neigen dazu, die Existenz solcher Subventionen von der Hand zu weisen. Andere Profiteure meinen beweisen zu können, dass sie nur theoretisch oder in sehr geringem Umfang existieren.[198] Aufbauend darauf, wird in diesem Kapitel untersucht, ob und in welchem Ausmaß staatliche Rettungsgarantien wahrnehmbar Marktpreise von Anleihen beeinflussen, die von Banken emittiert werden.[199] Zur Bemessung werden die in Credit Ratings *eingebetteten Erwartungen einer staatlichen Rettung* analysiert. Die Ergebnisse deuten darauf hin, dass Banken, abhängig von der Region, staatliche Ratingsubventionen von bis zu sieben Ratingstufen (Notches) erhalten. Zusätzlich sind in der Literatur Hinweise zu finden, dass Garantien und damit verbundene Bailout-Erwartungen den Risikoappetit von Banken erhöhen bzw. Banken aufgrund fehlender Marktdisziplinierung dazu angereizt werden höhere Risiken einzugehen, wenn sie in den Genuss dieser Privilegien kommen. Dieser Zusammenhang wird im zweiten Teil dieses Kapitels auf umgekehrte Kausalität untersucht: Korreliert die Wahrscheinlichkeit einer Rettung mit der Risikoneigung einer Bank? Eine Analyse der Treiber für staatliche Garantien für unterschiedliche Typen von Banken zeigt, dass besonders für traditionelle Geschäftsbanken mit niedriger Kapitalrentabilität oder niedriger Aktienperformance und einem

---

[196] Teile von Vorarbeiten für dieses Kapitel in Zusammenarbeit mit Andreas Horsch sind bereits publiziert als Kleinow/Horsch (2014): The impact of state guarantees on banks' ratings and risk behaviour, in: Journal of Governance and Regulation 3 (2), S. 42-57.
[197] Vgl. für eine Legaldefinition des Begriffs Subvention Fn. 19.
[198] Vgl. Ueda/Weder di Mauro (2013), S. 3830.
[199] Vgl. Bernanke (2013): „On the benefits of being too big to fail, no, we don't have an estimate. It's pretty difficult to control for all the factors that go into determining the size of the subsidy. I think there is some evidence that financial markets are, at least to some extent, taking into account the possibility that large financial institutions will fail.[...] You see some discrimination among different insti-tutions according to the bond market – interest rates that they get charged, and so on. So there is some evidence of market discrimination".

hohen Risikoexposure die Wahrscheinlichkeit und damit auch der Wert einer staatlichen Rettung, abgeleitet aus einer Analyse verschiedener Ratingkategorien für Banken, steigt.

4.1 Einführung

Während der Finanzkrise ab dem Jahr 2007 griffen Regulierer in den Finanzmarkt ein, um die Insolvenz systemrelevanter Banken zu verhindern und nahmen dabei hohe staatliche Neuverschuldung in Kauf.[200] Im weiteren Verlauf der Krise zeigte sich, dass auch „kleinere" Banken Finanzierungshilfe erhalten sollten. Die Vermutung, dass Banken (besonders in Zeiten wirtschaftlicher Instabilität) in den Genuss von Rating- und Finanzierungssubventionen kommen, liegt nahe. Die treibende Kraft hinter diesen impliziten Subventionen ist die Erwartung staatlicher Hilfe im Notfall auf Seiten der Marktteilnehmer. Es scheint aus diesem Grund möglich, dass einige Finanzinstitutionen und insbesondere Banken subventionsähnliche Unterstützungen von ihren Regierungen erhalten. Wie aber kann der Wert der staatlichen Unterstützung für Banken bemessen werden?

In diesem Kapitel wird ein Verfahren für die (1) Identifikation und (2) Bemessung staatlicher Unterstützung vorgestellt, das auf der Analyse von unterschiedlichen Ratings für Banken basiert. Neben dem Gesamt- bzw. Emittentenrating (*Long Term Issuer Rating*) erstellt die Ratingagentur Fitch Ratings ein *Viability Rating* zur Messung der intrinsischen Kreditwürdigkeit und ein *Support Rating Floor* zur Messung der Wahrscheinlichkeit für die Unterstützung des Emittenten bei drohender Insolvenz von Seiten des Staates. Diese Arten von Ratings ermöglichen die Ermittlung des Elements „Staatshilfe" als Teil des *Long Term Issuer Ratings* einer Bank. In einem letzten Schritt kann davon der Wert der Subvention in Form von niedrigeren Finanzierungskosten abgeleitet werden.

Die Verwendung von Credit Ratings für eine wissenschaftliche Analyse von Kreditwürdigkeiten und letztlich staatliche Bestandsgarantien für Banken kann als problematisch angesehen werden, weil Ratingagenturen vor allem in den Jahren vor und während Finanzkrise ab 2007 Fehler begingen: Credit Rating Agencies (CRAs) gehören seither zu den Institutionen, die maßgeblich für Entstehung und Verlauf der Krisenprozesse auf den Finanzmärkten seit 2007 verantwortlich gemacht werden. Der erste Vorwurf richtete sich an zu optimistische Bonitätsurteile

---

[200] Vgl. für einen vergleichenden Überblick (zur Kompatibilität) europäischer und US-amerikanischer Interventionen seit der Finanzkrise 2007 Goldstein/Véron (2012).

4.1 Einführung

für bestimmte Finanzkontrakte.[201] Rückblickend wurden tatsächlich produktspezifische Fehlbewertungen dieser Art offenbar: In den Jahren 2007 und 2008 wurden etwa von Moody's als einer der drei marktführenden CRAs über 36000 Tranchen strukturierter Wertpapiere, von denen ein Drittel das bestmögliche Rating „AAA" trug, erst spät und dann in kürzester Zeit drastisch um durchschnittlich 5.6 Bonitätsstufen herabgesetzt. Durch ratingbasierte Bankenregulierung, d.h. speziell die gesetzlich vorgeschriebene Verwendung von Ratings zur Bemessung von notwendigen Eigenkapitalrisikopuffern in den bedeutendsten Industriestaaten verstärkte sich so der wirtschaftliche Abwärtstrend.[202] Die bisweilen konservativere Bewertungspolitik, zu der die CRAs durch die marktlichen und politischen Entwicklungsprozesse der Finanzmarktkrise angehalten waren, erwies sich indes als Ausgangspunkt für einen zweiten Vorwurf: Den „US-amerikanischen" CRAs wurde ab 2009 vorgeworfen, EU-Staat(sanleih)en (zur falschen Zeit) zu negativ bewertet[203] und damit eine europäische Staatsschuldenkrise provoziert zu haben. Gefolgert wurde hieraus der dringend notwendige Aufbau einer *„Europäischen Ratingagentur"*, die mit Struktur und Akteuren der europäischen Finanzmärkte naturgemäß besser vertraut und den bisherigen CRAs daher überlegen sein sollte.[204] Ob Ratingagenturen Kapitaldienstwahrscheinlichkeit korrekt ermitteln, ist allerdings nicht entscheidend für die hier gestellte

---

[201] Vgl. National Commission on the Causes of the Financial and Economic Crisis in the United States (2011), S. 25: „We conclude the failures of credit rating agencies were essential cogs in the wheel of financial destruction. The three credit rating agencies were key enablers of the financial meltdown. The mortgage-related securities at the heart of the crisis could not have been marketed and sold without their seal of approval. Investors relied on them, often blindly. In some cases, they were obligated to use them, or regulatory capital standards were hinged on them. This crisis could not have happened without the rating agencies. Their ratings helped the market soar and their downgrades through 2007 and 2008 wreaked havoc across markets and firms". Vgl. auch Sachverständigenrat zur Begutachtung der gesamtwirtschaftlichen Entwicklung (2008), Rn. 263: „Durch ihre zu unkritische und insgesamt viel zu positive Beurteilung riskanter Finanzprodukte haben sie [Ratingagenturen] wesentlich zum Zustandekommen der aktuellen Krise beigetragen". Vgl. exemplarisch ferner García Alcubilla/Ruiz del Pozo (2012), S. 7 sowie Harbrecht/Wieland (2010), S. 3.
[202] Vgl. Benmelech/Dlugosz (2010), S. 169ff.
[203] Vgl. stellvertretend Arntz (2013), S. 318; sowie Gärtner/Griesbach/Jung (2011), besonders S. 298; Arezki/Candelon/Sy (2011). Gleichzeitig sehen sich die CRAs dem Vorwurf ausgesetzt, die ökonomischen und administrativen Missstände und Unterschiede in der Euro-Zone lange Zeit ignoriert zu haben. Beispielsweise sind die bekannten Unzulänglichkeiten der griechischen Datenerfassung nicht ausreichend bei der Anleihebewertung gewürdigt worden, woraus sich insgesamt eine zu positive Bewertung entwickelt habe, vgl. House of Lords (2011b), S. 26; House of Lords (2011a), S. 16. Vgl. analog zur krisenverstärkenden Rolle der CRAs im Falle der Asienkrise Ferri/Liu/Stiglitz (1999), besonders S. 353.
[204] Vgl. stellvertretend Stuwe/Weiß/Philipper (2012), S. 26. Kritisch auch bereits Geys et al. (1987), S. 12: „Thus, the [European] rating agency will provide a counterbalancing force against the unilateral flow of information on European companies to the U.S". Unterstützt von politischen Akteuren verschiedenster Parteien, wurde das Konzept einer Europäischen Ratingagentur besonders von Vertretern europäischer Institutionen forciert, vgl. m.w.N. Pukropski (2013), S. 257. So zitiert die Tageszeitung „Die Welt" EU-Justiz-Kommissarin Reding dahingehend, ein „Kartell" aus Standard & Poor's, Moody's und Fitch mache den Euro „kaputt", weswegen neben dem Zerschlagen dieser „großen Drei" eigenständige europäische und asiatische Agenturen notwendig seien, vgl. Schiltz (2011). Für eine ausführliche Analyse von *Konzepten einer Europäischen Ratingagentur* vgl. Horsch/Kleinow/Traun (2013).

74 4 Einfluss von Systemrelevanz auf Ratings und Risikonahme von Finanzinstituten

Frage. Es kommt allein darauf an, dass Marktteilnehmer Ratings für die Bewertung von Fremdkapitaltiteln heranziehen und die Ratings damit Finanzierungskosten beeinflussen. Dies war vor der Finanzkrise so und ist auch noch jetzt der Fall.[205]

4.2 Stand der Forschung

Untersuchungen zu diesem Thema – wenn auch über abweichende Ansätze – gibt es von SOUSSA (2000), MORGAN/STIROH (2005), RIME (2005) und SCHICH/LINDH (2012). Nur UEDA/WEDER DI MAURO (2013) verwenden einen vergleichbaren Ansatz um Rating- und Finanzierungsvorteile von Banken zu ermitteln. Die Resultate der im Folgenden vorgestellten Untersuchung deuten darauf hin, dass weltweit eine kleine Gruppe systemrelevanter Finanzinstitute Finanzierungsvorteile von bis zu 590 Basispunkten (BP) erhält. Die Ergebnisse der anderen geprüften Samples zeigen darüber hinaus, dass die impliziten Rating- und Finanzierungsvorteile für Banken nicht vernachlässigbar sind: Europäische Banken haben einen *Finanzierungskostenvorteil* von 3.3 Rating-Stufen (*Notches*) oder 134 BP. Die Gruppe aller öffentlich gelisteten Banken (inklusive der europäischen) erhält 1.7 Notches (oder 67 BP) Unterstützung.

Dieses Kapitel ist folgendermaßen strukturiert: In Abschnitt 4.3 wird die Art der verwendeten Ratings definiert, gefolgt von einer Beschreibung der Finanzinstitutionen-(Sub-)Samples. Eine neue (auf Marktpreisen fußende) Approximation von Finanzierungsvorteilen anhand von Ratingspreads wird in 4.4 vorgestellt. In einem zweiten Schritt (4.5) ist dann eine Analyse der Treiber für staatliche Garantien möglich. Abschnitt 4.4 und Abschnitt 4.5 beginnen mit einer kurzen Darlegung der angewandten empirischen Regression und schließen mit den Untersuchungsergebnissen ab. Abschnitt 4.6 fasst zusammen und enthält wirtschaftspolitische Implikationen.

4.3 Daten

Ratingagenturen schätzen die *Kreditwürdigkeit von Unternehmen* allgemein und von Banken im Besonderen. Da für Ratings auch die Möglichkeit einer staatlichen Bankenrettung einbezogen wird, tragen sie eine implizite Schätzung des Wertes staatlicher Bankgarantien. Am besten bekannt und weitesten verbreitet für Finanzinstitutionen sind die langfristigen Emittenten-

---

[205] Vgl. für Studien zum Einfluss von Ratings auf Zinsspreads europäischer und US-amerikanischer Banken z.B. Morgan/Stiroh (2005) und Resti/Sironi (2005).

4.3 Daten 75

ratings, welche „*opine on an entity's relative vulnerability to default on financial obligations*"[206]. Das Emittentenrating (und die Finanzierungskosten) von Banken setzen sich aus zwei Teilen zusammen: die eigene finanzielle Stärke (*intrinsic financial strength*) und die erwartete externe Unterstützung, sollte eine Bank ins Straucheln geraten. *Externe Unterstützung* kann beispielsweise von der Muttergesellschaft, einem Verbund (wie im Falle von Genossenschaftsbanken), dem Sitzstaat oder einer anderen Gebietskörperschaft (wie im Falle von Gewährträgerhaftung für Landesbanken und Sparkassen) gewährt werden. Daher veröffentlicht *Fitch Ratings*[207] (Fitch) für Finanzinstitutionen zusätzlich ein (1) *Viability Rating*, ein (2) *Support Rating* sowie ein (3) *Support Rating Floor* welche dazu verwendet werden können, um die staatliche Unterstützungskomponente zu isolieren bzw. schätzen und folgendermaßen definiert sind:[208]

(1) "*Viability ratings* [...] represent Fitch's view as to the intrinsic creditworthiness of an issuer. [...] The [viability rating] excludes any extraordinary support that may be derived from outside of the entity as well as excluding potential benefits to a bank's financial position from other extraordinary measures, including a distressed restructuring of liabilities."

(2) "*Support ratings* [...] are Fitch Ratings' assessment of a potential supporter's propensity to support a bank and of its ability to support it. [...] Support Ratings do not assess the intrinsic credit quality of a bank. Rather they communicate the [...] judgment on whether a bank would receive support should this become necessary."

(3) "*Support rating floors* [...] reflect the agency's view about the likelihood that the rated entity will receive extraordinary support, in case of need, specifically from government authorities [national authorities, international government institutions]" und "*Support rating floors* are assigned to commercial and policy banks where Fitch believes the most likely source of potential extraordinary support is government authorities, rather than the bank's shareholders."

---

[206] Fitch Ratings (2014b), S. 9. Mit einer vergleichbaren deutschen Formulierung S&P's vgl. Hinrichs (2012), S. 3: „Ratings drücken unsere Meinung zur Fähigkeit oder Bereitschaft eines Schuldners aus, seinen Zahlungsverpflichtungen vollständig und pünktlich nachzukommen".
[207] Fitch, drittgrößte Ratingagentur nach S&P's und Moody's hat ungefähr 325000 Ratings veröffentlicht, vgl. Securities Exchange Commission (2014), S. 6.
[208] Hier und im Folgenden Fitch Ratings (2014b), S. 23-26.

Viability (deutsch: Lebens- oder Existenzfähigkeit) Ratings bewerten die *intrinsische Kapitaldienstfähigkeit* eines Emittenten. Externe Unterstützung wird bei diesen Ratings explizit ausgeklammert. Ebendiese externe Unterstützung wird jedoch über *Support Ratings* angegeben, welche die Wahrscheinlichkeit einer Unterstützung (durch den Mutterkonzern oder den Souverän) bemessen. Anders als die üblichen Ratings (von beispielsweise S&P's, Moody's und Fitch) mit 20 Abstufungen zwischen dem besten und schlechtesten Rating hat die Ratingskala für Support Ratings nur 5, wie Tab. 11 verdeutlicht.

Tab. 11: Kategorien des Support Ratings[209]
Diese Tabelle gibt einen Überblick zur Bedeutung und Definition der fünf Kategorien eines Support Ratings von Fitch.

Rating	Bedeutung
1	A bank for which there is an extremely high probability of external support. The potential provider of support is very highly rated in its own right and has a very high propensity to support the bank in question. This probability of support indicates a minimum Long-Term Rating floor of "A-".
2	A bank for which there is a high probability of external support. The potential provider of support is highly rated in its own right and has a high propensity to provide support to the bank in question. This probability of support indicates a minimum Long-Term Rating floor of "BBB-".
3	A bank for which there is a moderate probability of support because of uncertainties about the ability or propensity of the potential provider of support to do so. This probability of support indicates a minimum Long-Term Rating floor of 'BB".
4	A bank for which there is a limited probability of support because of significant uncertainties about the ability or propensity of any possible provider of support to do so. This probability of support indicates a minimum Long-Term Rating floor of 'B'.
5	A bank for which there is a possibility of external support, but it cannot be relied upon. This may be due to a lack of propensity to provide support or to very weak financial ability to do so. This probability of support indicates a Long-Term Rating floor no higher than 'B-' and in many cases, no floor at all.[210]

Der Support Rating Floor hat ein noch weiter einschränkendes Verständnis von externer Hilfe: Die Schlüsselfaktoren dieses Ratings setzten sich aus der *Fähigkeit des Sitzstaates zu Unterstützungsleistungen,* sowie der Wahrscheinlichkeit von seiner Unterstützung des Bankensektors allgemein und der betreffenden Bank im Besonderen zusammen. Es wird demnach allein die *Wahrscheinlichkeit einer hinreichend effektiven staatlichen Rettung* bewertet. Die folgende Tab. 12 verdeutlicht die Unterschiede der Ratingarten zusammenfassend.

---

[209] Vgl. ebd., S. 23f.
[210] Bemerkenswert ist insbesondere, dass auch die zur schlechtesten Ratingstufe 5 gehörige Definition staatliche Unterstützung nicht ausschließt.

4.3 Daten

Tab. 12: Vergleich der Ratingarten von Fitch
Diese Tabelle zeigt die unterschiedlichen Ausgestaltungen der veröffentlichten Ratings von Fitch.

	Long Term Issuer Rating	Viability Rating	Support Rating	Support Rating Floor
Intrinsische Stärke	✓	✓		
Unterstützung durch Mutterkonzern	✓		✓	
Staatliche Unterstützung	✓		✓	✓

Vergleichbar zum Viability Rating bzw. zum Long Term Issuer Rating veröffentlichen auch Moody's und Standard & Poor's ein „stand-alone assessment" und ein „all-in rating".[211]

Für die Analyse wurden alle verfügbaren Bank-Ratings aus der Datenbank von Fitch bezogen. Das jüngste Rating in der Datenbank ist am Tag der Datenerhebung (27.03.2014) erstellt worden. Das älteste Rating ist vom 09.04.2013. Mit Bezug auf verschiedene Gesichtspunkte mussten die Daten zu den insgesamt 849 Banken bereinigt werden: Zuerst mussten die Institutionen mit zurückgezogenem Emittentenrating aussortiert werden. Darüber hinaus musste mit 444 fast die Hälfte der Banken aus dem Sample wegen fehlendem Support Rating Floor entnommen werden. Eine Verzerrung der Ergebnisse kann im vorliegenden Fall aufgrund der Nichtbeachtung vieler Daten (*selection bias*) nicht ausgeschlossen werden. Eine andere Handhabe ist aus statistischer Sicht allerdings nicht möglich und es besteht kein Grund zur Annahme, dass nur eine bestimmte Art von Banken kein Support Rating Floor erhalten hat. Im zweiten Schritt wurde für Banken, die ihren Hauptsitz in einem Land haben, das nicht von Fitch geratet ist (Vereinigte Arabische Emirate, Südkorea, Weißrussland, Oman, Katar und Jordanien) alternativ das von S&P's oder Moody's veröffentlichte Landesrating (sovereign rating) ermittelt zugeordnet.[212]

---

[211] Vgl. für einen Vergleich der Ratingarten und -methoden Packer/Tarashev (2011), S. 44-46. Das Viability Rating heißt bei Moody's baseline credit assessment und ist eine "opinion of issuers' standalone intrinsic strength, absent any extraordinary support from an affiliate or a government", Moody's (2015), S. 6f. Standard & Poor's führt ein *Standard & Poor's Underlying Rating*: "SPUR rating is an opinion about the stand-alone capacity of an obligor to pay debt service on a credit-enhanced debt issue, without giving effect to the enhancement that applies to it", Standard & Poor's (2015), S. 16f. Ein dem Support Rating (Floor) ähnelndes Rating wird von den beiden Ratingproduzenten nicht angeboten.
[212] Vier geratete Banken aus Usbekistan mussten aus dem Sample wegen eines fehlenden Landesratings entnommen werden.

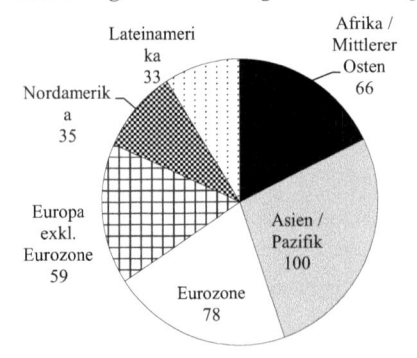

78   4 Einfluss von Systemrelevanz auf Ratings und Risikonahme von Finanzinstituten

Abb. 6: Regionale Verteilung des Bankensamples

Nordamerika 35
Lateinamerika 33
Afrika / Mittlerer Osten 66
Asien / Pazifik 100
Eurozone 78
Europa exkl. Eurozone 59

Diese Abbildung zeigt die regionale Verteilung der Banken (N=371) deren Emittentenrating, Viability Rating, Support Rating und Support Rating Floor zum Beobachtungszeitraum Q1/2014 vorlag.

Das gesamte Sample zählt 371 Banken. Fast 37 % dieser Banken haben ihren Sitz in Europa[213] (Abb. 6). Außerdem sind Daten zu 100 Banken aus der Region Asien/Pazifik vorhanden, 66 zu Afrika/Mittlerer Osten und die amerikanischen Banken (Nord- und Südamerika) summieren sich auf 68.

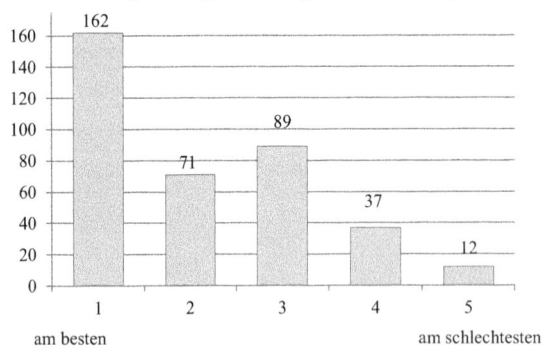

Abb. 7: Verteilung der Support Ratings im Bankensample

Rating	Anzahl
1 (am besten)	162
2	71
3	89
4	37
5 (am schlechtesten)	12

Diese Abbildung zeigt die Verteilung des Support Ratings im untersuchten Bankensample (N=371). Fitch Ratings bewertet mit dem Support Rating die Kreditwürdigkeit einer Finanzinstitution unter Berücksichtigung der Unterstützung durch den Mutterkonzern und den Sitzstaat.

Interessante Schlüsse lassen sich auch aus der Verteilung der Support Ratings (Abb. 8) im Vergleich zum Support Rating Floor im Bankensample (Abb. 9) ziehen: Sehr viele (~40%) der

---

[213] 27 Mitgliedstaaten und abhängige oder assoziierte Gebiete.

4.3 Daten

analysierten Banken haben das bestmögliche Support Rating, d.h. eine Unterstützung seitens des Sitzstaates oder des Mutterkonzerns wird von Fitch als sehr wahrscheinlich eingestuft. Beim Support Rating Floor stellt sich dagegen heraus, dass die meisten Banken selten die bestmöglichen Noten erhalten. Die Wahrscheinlichkeit dafür, dass sie „will receive extraordinary support, in case of need"[214] ist demnach geringer. Dies dürfte nicht zuletzt an mangelnder Kreditwürdigkeit der jeweiligen Sitzstaaten selbst liegen. Im weiteren Verlauf wird das Support Rating nicht weiter in die Analyse einbezogen, weil es anders als der Support Rating Floor eine Unterstützung von nicht staatlicher Seite berücksichtigt.

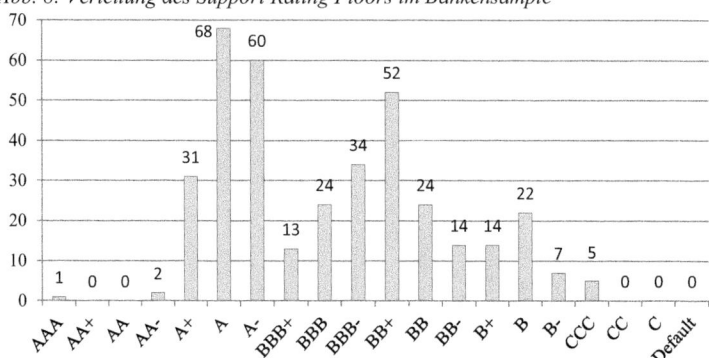

Abb. 8: Verteilung des Support Rating Floors im Bankensample

Rating	AAA	AA+	AA	AA-	A+	A	A-	BBB+	BBB	BBB-	BB+	BB	BB-	B+	B	B-	CCC	CC	C	Default
Anzahl	1	0	0	2	31	68	60	13	24	34	24	52	14	14	22	7	5	0	0	0

Diese Abbildung zeigt die Verteilung des *Support Rating Floors* im untersuchten Bankensample (N=371). Fitch Ratings bewertet mit dem Support Rating die Kreditwürdigkeit einer Finanzinstitution unter Berücksichtigung der Unterstützung allein durch den Sitzstaat.

Die Skalierungen unterschiedlicher Ratingarten von Fitch werden aufeinander abgestimmt und numerisch transformiert: Fitch verwendet die AAA-Ratingskala für das Long Term Issuer Rating. Aus numerischen Gründen werden den Buchstaben Nummern von 1 bis 20 zugewiesen, wobei 20 für das höchste Rating (AAA) und 1 für den Ausfall (Default) steht.[215] Das gleiche gilt auch für Viability Ratings, Support Rating Floors und Sovereign Ratings der Länder, in denen die betreffenden Banken des Samples ihren Hauptsitz haben und welche als eine weitere erklärende Variable in der folgenden empirischen Analyse verwendet werden.[216] Das Support Rating hat eine Skalierung von 1 (am besten) bis 5 (am schlechtesten). Es überrascht wenig,

---

[214] Fitch Ratings (2014b), S. 24.
[215] Üblicherweise wird mit "+" oder "–" die relative Einordnung innerhalb der Ratingstufen ausgewiesen. Diese Suffixe werden aber weder für die "AAA" Kategorie noch für die Kategorien unter "B" vergeben, vgl. ebd., S. 10.
[216] Für eine Übersicht zur Ratingtransformation, vgl. Anhang Tab. 4.

dass die Long Term Issuer Ratings – durchschnittlich – höher sind (~1.3 Ratingstufen, wie aus Abb. 9 und Tab. 13 ersichtlich wird) als die Viability Ratings. Vermutlich liegt das daran, dass sie sowohl die individuelle Kreditwürdigkeit als auch die Wahrscheinlichkeit eines Bailouts (Support Rating Floor) berücksichtigen. Das Histogramm in Abb. 8 zeigt die Verteilung des Support Rating Floors. Erkennbar ist eine große Zahl (102) an Finanzinstituten mit einem Rating von „A". Das sind diejenigen für welche "the potential provider of support is very highly rated in its own right and has a very high propensity to support the bank in question"[217]. Auch die Verteilung des Long Term Issuer Ratings im Vergleich zum Viability Rating (Abb. 9) lässt erkennen, dass erstere üblicherweise höher sind, mithin staatliche Hilfe in einer Notlage dem betreffenden Institut nützt.

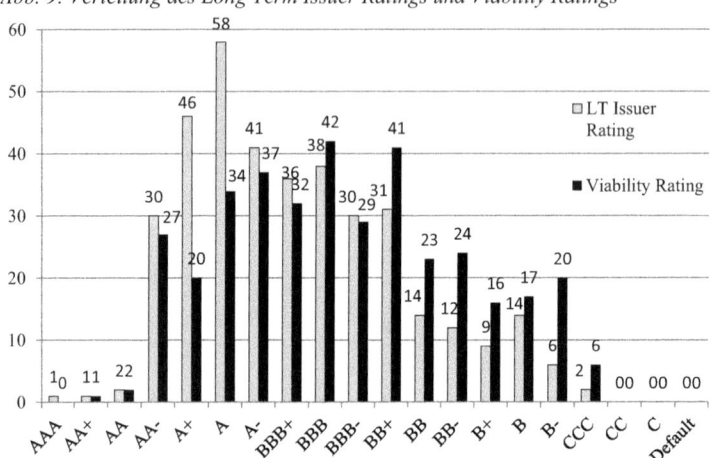

Abb. 9: Verteilung des Long Term Issuer Ratings und Viability Ratings

Diese Abbildung zeigt die Verteilung des Long Term Issuer Ratings und des Viability Ratings im untersuchten Bankensample (N=371). Fitch Ratings bewertet mit dem Long Term Issuer Rating die intrinsische Kreditwürdigkeit einer Finanzinstitution unter zusätzlicher Berücksichtigung der Unterstützung durch Mutterkonzerns und dem Sitzstaat. Das Viability Rating bezieht sich dagegen allein auf die intrinsische Kreditwürdigkeit einer Finanzinstitution.

Um einen Überblick über die verwendeten Daten zu geben zeigt Tab. 13 deskriptive Statistiken zur Verteilung des Long Term Issuer Ratings, des Viability Ratings und des Support Rating Floors im gesamten Sample und in sieben Subsamples, namentlich:

---

[217] Fitch Ratings (2014b), S. 24.

4.3 Daten

(1) *G-SIBs*: Am 11 November 2013 veröffentlichte dar Finanzstabilitätsrat (FSB) ein "update of group of global systemically important banks (G-SIBs)"[218]. Die aktualisierte Liste dieses internationalen Regelsetzers besteht aus 29 global systemrelevanten Banken (G-SIBs)[219]. Im Verlauf der letzten Finanzkrise jagten diese Institutionen "shocks through the financial system which, in turn, can harm the real economy"[220]. Weil diese Institutionen aus Sicht der Regulierer und Marktteilnehmer mutmaßlich als systemrelevant gelten, dürften sie besonders hohe staatliche Subventionen, d.h. geldwerte Vorteile[221] erhalten. Ein vergleichsweise hoher Support Rating Floor von 14.59 (Tab. 13) ist ein erstes Indiz dafür.

Um regionalen Unterschieden Rechnung zu tragen, werden folgende Subsamples hinzugefügt:

(2) *Eurozone*: Dieses Sample enthält Daten von 78 Banken aus insgesamt 18 Mitgliedsstaaten der Währungsunion.

(3) *Europa exkl. Eurozone*: Dieses Sample besteht aus 59 Banken von 9 Staaten auf dem europäischen Kontinent exklusive der Eurozone.

(4) *Nordamerika*: Dieses Subsample vereint die Daten von 35 US-amerikanischen und kanadischen Banken. Die Länderratings sind für beide Länder gleich hoch.[222]

(5) *Lateinamerika*: Ein kleines Lateinamerika-Sample (33 Banken) wird zu Vergleichszwecken verwendet.

(6) *Afrika* und *Mittlerer Osten*: Auch eine Gruppe von 66 Banken aus Afrika und dem Mittleren Osten wird der Analyse unterzogen.

(7) *Asien* und *Pazifik*: Dieses Subsample aus 100 Banken deckt Asien ab (inkl. Ozeanien).

Die Ratingverteilung ermöglicht erste Rückschlüsse auf das Ausmaß der staatlichen Garantien in den einzelnen Regionen. Auffallend ist beispielsweise dass in Europa und Afrika/Mittlerer Osten sowie unter den G-SIBs die Support Rating Floors im Durchschnitt besser als die Viability Ratings sind. Das deutet auf die subventionsähnlichen staatlichen Versicherungen hin.

---

[218] Finanzstabilitätsrat (2013a).
[219] Für die Liste der G-SIBs per November 2013, vgl. ebd.
[220] Basler Ausschuss für Bankenaufsicht (2012), S. 1.
[221] Für eine Legaldefinition und weitere Erklärungen zu Subventionen vgl. Fn. 19.
[222] Aus diesem Grund ist die Standardabweichung des Sovereign Ratings Null (Tab. 13). In der folgenden Regression kann das Sovereign Rating auch keinen Einfluss auf das Long Term Issuer Rating des Nordamerika-Samples haben.

Tab. 13: Verteilungsstatistiken der Ratings im Sample

Diese Tabelle zeigt verschiedene deskriptive Kennzahlen zur Verteilung der Ratings im Bankensample (N=371). [223]

	N	Long Term Rating			Viability Rating			Support Rat. Floor			Sovereign Rating		
		Median	Mittel-wert	St. Abw.	Median	Mittel-wert	St. Abw.	Median	Mittel-wert	St. Abw.	Median	Mittel-wert	St. Abw.
komplettes Sample	371	13.00	12.77	3.20	12.00	11.45	3.55	12.00	11.79	3.27	16.00	15.18	4.17
G-SIB	29	15.00	15.24	1.15	15.00	14.48	2.01	15.00	14.59	1.02	19.00	18.24	2.50
Eurozone	78	13.00	12.87	2.76	10.00	10.99	3.74	12.00	12.22	2.79	13.00	15.71	3.82
Europa ex. Euroz.	59	12.00	12.00	3.95	12.00	11.39	4.11	11.00	10.73	3.80	17.00	14.73	4.98
Nordamerika	35	16.00	16.03	0.92	16.00	15.54	1.82	15.00	14.86	0.43	20.00	20.00	0.00
Lateinamerika	33	12.00	11.45	2.53	12.00	11.24	2.51	11.00	9.94	2.55	12.00	11.85	2.27
Afrika/ Mittl.Osten	66	14.00	12.82	3.65	10.00	10.12	2.95	14.00	12.59	3.86	18.00	14.85	4.41
Asien/ Pazifik	100	13.00	12.39	2.72	11.50	11.36	3.17	11.00	11.09	2.67	16.00	14.68	3.46

Den höchsten Support Rating Floor sowie das höchste Sovereign Rating haben die Banken aus Nordamerika gefolgt von den G-SIBs. Interessant ist auch das relativ schwache Viability Rating und für Afrika/Mittlerer Osten. Andererseits genießen die Banken dieser Region relativ hohe Unterstützung durch den Staat (Support Rating Floor). Das führt letztlich zu einem relativ hohen Long Term Issuer Rating. Auch sticht heraus, dass der Support Rating Floor des Lateinamerika-Samples am niedrigsten ist. Einerseits dürfte das an der ohnehin geringen Kreditwürdigkeit der lateinamerikanischen Länder liegen. Andererseits ist von einer geringen Bereitschaft staatlicher sowie privater Institutionen zur Bankenrettung auszugehen.

Im folgenden Abschnitt wird die Methode zur Schätzung der staatlichen Garantien für die einzelnen Bankengruppen anhand ihrer intrinsischen Kreditwürdigkeit (Viability Rating) und der Wahrscheinlichkeit einer staatlichen Rettung (Support Rating Floor) vorgestellt.

---

[223] Anhang Tab. 5 fasst weitere Daten zur Struktur des Bankensamples zusammen.

4.4 Ausmaß der Rating- und Finanzierungsvorteile

4.4.1 Forschungsdesign

Es wird mittels einer Regressionsanalyse der Einfluss der staatlichen Unterstützung auf das Long Term Issuer Rating der Bank i ermittelt. Der Gegenwert der staatlichen Quasi-Finanzierungssubvention wird später von diesem Effekt abgeleitet, weil die verfügbaren Daten zu Kapitalkosten bei diesem Rating am umfangreichsten sind und angenommen werden kann, dass diese Ratingklasse aufgrund ihrer Bekanntheit und Verbreitung *vorrangig kapitalkostenrelevant* ist. Die abhängige Variable ist das *Long Term Issuer Rating$_i$* der Bank i. Dieses Gesamtrating einer Bank i soll mit ihrem Viability Rating$_i$, ihrem Support Rating Floor$_i$ und dem Rating des Haupt-Sitzstaates (Sovereign Rating$_i$) als unabhängige Variablen erklärt werden. Das führt zu folgender Regressionsgleichung (mit α_i als Koeffizienten, ε_i als Fehlerterm):

$$\text{Long Term Issuer Rating}_i = \alpha_{0i} + \alpha_1 \cdot \text{Viability Rating}_i + \alpha_2 \cdot \text{Support Rating Floor}_i + \alpha_3 \cdot \text{Sovereign Rating}_i + \varepsilon_i$$

Weil alle unabhängigen, erklärenden Variablen ausschließlich diskrete Werte auf einer Ordinalskala annehmen (1 bis 20, oder 1 bis 5) wird eine lineare Ordered-Probit-Regression mittels des Statistikprogramms STATA durchgeführt.[224] Multikollinearität (Variablen haben eine hohe Korrelation und die Aussagen der Regressionsergebnisse werden damit ungenau) liegt trotz Korrelation der erklärenden Variablen (Anhang Tab. 6) nicht zwangsläufig vor, wie die Varianzinflationsfaktoren (Anhang Tab. 7) unter vier zeigen.[225]

4.4.2 Ergebnisse

Tab. 14 zeigt die Regressionsergebnisse für das komplette Bankensample (N=371) und für die sieben Subsamples dargestellt. Alle Koeffizienten sind signifikant auf einem 99%-Konfidenzniveau. Spalte 1 (kompl. Sample) lässt sich als Erwartung interpretieren, dass eine Verbesserung des Support Rating Floors um einen Notch mit einer Wahrscheinlichkeit von 0.618

---

[224] Für weitere Informationen zum Nutzen und den Vorteilen der Ordered-Probit-Regression für diese Fragestellung vgl. Boes/Winkelmann (2006).
[225] Eine eindeutige Methode zum Erkennen von Multikollinearität gibt es nicht. Der Varianzinflationsfaktor (VIF) i.H.v. maximal 3.6 im vorliegenden Fall liegt glücklicherweise unter den in der Literatur vorgeschlagenen Schwellwerten: Chatterjee/Hadi (2012), S. 288 stellen fest, dass ein VIF von über 10.0 auf Multikollinearität hindeutet. Marquardt (1970) spricht in diesem Fall schon von signifikanten Multikollinearitätsproblemen. Menard (1995), S. 66 vertritt eine besonders konservative Ansicht und erkennt bereits bei VIFs über 5.0 Multikollinearität. O'Brien (2007) weist in diesem Zusammenhang auf die Gefahren von Daumenregeln hin.

Odds[226] ($=\alpha_2$) bzw. 38.21 % ($=\frac{0.618}{1+0.618}$) das Long Term Issuer Rating einer Bank um einen Notch ceteris paribus[227] erhöht. Je höher der Koeffizient einer Ratingklasse ist, desto höher ist damit auch die Wahrscheinlichkeit, dass mit der Verbesserung dieses Ratings sich auch das Long Term Issuer Rating des Emittenten verbessert. Die Regressionskoeffizienten α_1 und α_3 für das komplette Sample haben vergleichsweise niedrige Werte, was heißt, dass es wesentlich weniger wahrscheinlich ist, dass eine Verbesserung des Viability oder Sovereign Ratings um einen Notch das Long Term Issuer Rating um einen Notch erhöht (0.429 Odds, d.h. 30.02 %, bzw. 0.307 Odds, d.h. 23.49 %), als dass dies durch die Verbesserung des Support Rating Floors erfolgt.

Die Subsamples zeigen sogar noch interessantere Ergebnisse. Der hohe Koeffizient für Banken in Asien/Mittlerer Osten – 4.843 – sagt aus, dass die Wahrscheinlichkeit für eine Verbesserung des Long Term Issuer Ratings durch eine Verbesserung des Support Ratings um einen Notch bei 82.89 % ($=\frac{4.843}{1+4.843}$) liegt. Die Ergebnisse vom Nordamerika-Sample weichen aber aus zweierlei Hinsicht ab: Zum einen leidet das Modell aufgrund von vergleichsweise ähnlichen Long Term Issuer und Support Rating Floor Ratings sowie einer geringen Beobachtungsgröße an der geringsten Erklärungskraft (Pseudo R^2=0.209). Zum anderen deuten die Ergebnisse (anders als bei den restlichen Samples) darauf hin, dass die Verbesserung des Support Rating Floors um eine Stufe zu einer Verringerung des Issuer-Ratings einer Nordamerikanischen Bank führt. Die Regressionsergebnisse liefern also Indizien dafür geben, dass Banken mit höheren staatlichen Rettungsgarantien schlechtere Gesamtratings erhalten. Eine Begründung für dieses Ergebnis könnte sein, dass Fitch der Auffassung ist, dass US-Aufseher eher dazu neigen, Banken mit niedriger Kreditwürdigkeit und eventuell auch riskanteren Geschäftstätigkeiten zu retten. Dies ist auch nicht abwegig, denn solvente Banken mit hoher Kreditwürdigkeit dürften wesentlich seltener in eine Situation akuter Hilfsbedürftigkeit geraten. Das lateinamerikanische Bankensample führt ebenfalls zu interessanten Ergebnissen: Die Verbesserung des Viability Ratings bzw. des Sovereign Ratings haben mit 61.82 % bzw. 63.85 % Rating-Uplift-Wahrscheinlichkeit einen größeren Einfluss in dieser Region auf das Gesamtrating als der Support Rating Floor (53.03 %). Diese Auffassung teilt auch Fitch (2014a): "the evolving dynamics of

---

[226] Odds oder auch Quotenverhältnis bzw. 0Kreuzproduktverhältnis ist eine statistische Messgröße, die die Stärke des Zusammenhangs von zwei Merkmalen, hier den Ratings mit dem LT Issuer Rating misst.
[227] D.h. für den Fall, dass die anderen Variablen im Regressionsmodell konstant bleiben.

4.4 Ausmaß der Rating- und Finanzierungsvorteile

sovereign support for senior creditors of banks are not likely to affect Long-term Issuer [...] Ratings [...] of Latin American banks".

Tab. 14: Regression des Long Term Issuer Ratings (Ordered-Probit-Regression)
Diese Tabelle fasst die Ergebnisse der Regressionen (Ordered Probit) auf das Long Term Issuer Rating (abhängige Variable) zusammen. Die unabhängigen Variablen sind das jeweilige Viability Rating und der Support Rating Floor der Bank sowie das Sovereign Rating des jeweiligen Sitzstaates. *** bedeutet Signifikanz auf dem 99%-Konfidenzniveau. † zwei statt drei Freiheitsgrade (f). Interpretationsbeispiel: Die Verbesserung des Support Rating Floors um einen Notch erhöht mit einer Wahrscheinlichkeit von 0.618 Odds $= \alpha_2$) bzw. 38.21 % $\left(= \frac{0.618}{1+0.618}\right)$ das Long Term Issuer Rating einer Bank im kompletten Sample um einen Notch. LR chi² ist die Teststatistik des Chi-Quadrats-Tests (mit drei Freiheitsgraden). Es wird getestet ob zumindest einer der drei Koeffizienten α_1- α_3 ungleich Null ist. Der Likelihood-Ratio-Chi²-Test (Prob>LR chi²) gibt die Wahrscheinlichkeit dafür an, den angegebenen Wahrscheinlichkeitskoeffizienten des Chi-Quadrat-Tests (LR chi²) zu erhalten, obwohl die unabhängigen Variablen Viability Rating, Support Rating Floor und Sovereign Rating tatsächlich keinen Einfluss auf die abhängige Variable Long Term Issuer Rating haben. Pseudo R² ist der Determinationskoeffizient bzw. das Bestimmtheitsmaß nach MCFADDEN (1977). Pseudo R² ist kein Äquivalent zum bekannten R² der linearen Regression und sollte mit Vorsicht interpretiert werden.[228]

	komplettes Sample	G-SIB	Eurozone	Europa exkl. Eurozone	Nordamerika	Lateinamerika	Afrika/ Mittlerer Osten	Asien/ Pazifik
Viability Rating (α_1)	0.429***	0.524***	0.452***	0.968***	0.447***	1.619***	0.879***	0.521***
Support R. Floor (α_2)	0.618***	0.853***	0.860***	0.758***	-0.167***	1.129***	4.843***	0.552***
Sovereign Rating (α_3)	0.307***	0.442***	0.2011***	0.307***		1.766***	1.949***	0.443***
cut 1	5.43	23.97	9.91	9.10	3.95	24.26	27.55	9.96
cut 2	7.14	25.32	11.51	11.49	4.94	39.24	50.68	11.41
cut 3	8.96	29.56	13.19	13.18	6.96	42.24	55.92	12.90
cut 4	9.95	30.39	15.18	14.22		47.60	71.71	14.33
cut 5	11.11		15.71	16.58		49.56	79.06	15.90
cut 6	12.22		17.38	18.28		53.95	81.58	17.37
cut 7	13.69		19.66	22.34		58.05	95.99	18.65
cut 8	14.72		21.31	25.63		65.67	107.36	19.92
cut 9	16.09		23.12	27.96			114.40	21.47
cut 10	17.57		25.22	31.89			118.64	23.41
cut 11	19.17		25.69	32.62			128.10	23.94
cut 12	20.69		26.02	35.63				
cut 13	22.31							
cut 14	24.07							
cut 15	24.50							
cut 16	25.13							
N	371	29	78	59	35	33	66	100
LR chi² (3f)	993	34	196	192	17†	107	249	248
Prob>LR chi²	0.000	0.000	0.000	0.000	0.000	0.000	0.000	0.000
Pseudo R²	0.542	0.422	0.555	0.700	0.209	0.828	0.878	0.552

---

[228] McFadden (1977), S. 307: "Values tend to be considerably lower than those of the R² index and should not be judged by the Standards for a 'good fit' in ordinary regression analysis. For example, values of 0.2 to 0.4 [...] represent an excellent fit". Anders als beim normalen Bestimmtheitsmaß stellen Pseudo R²s nach MCFADDEN (1977) ab 0.2 bereits einen guten Fit des Modells dar. Die mit den Regressionen hier erzielten R²s deuten daher auf sehr hohe Erklärungsgehalte der Regressionsmodelle hin.

Cut 1 bis Cut 16 stehen für die geschätzten Trennpunkte (*cut points*) auf Long Term Issuer Rating, wenn Viability, Support und Sovereign mit Null gewichtet werden. Für das *komplette Sample* kann folgende Aussage getroffen werden: Weil Cut 1 gleich 5.43 und Cut 16 gleich 25.12 sind, bedarf eine Verbesserung des Long Term Issuer Ratings um einen Notch einer Gesamtwertverbesserung (Score) von etwa 1.31 $\left(=\frac{25.12-5.43}{15}\right)$, die potentiell von einer Viability, Support und bzw. oder Sovereign Rating-Verbesserung stammen könnte. Das bedeutet, wenn sich einzig Support als unabhängige Variable änderte, würde eine Verbesserung des Support Ratings um einen Notch Long Term Issuer Rating im kompletten Sample um durchschnittlich 0.472 $\left(=\frac{\alpha_2}{1.31}=\frac{0.618}{1.31}\right)$ erhöhen (Tab. 15).

Der Wert 0.472 ist ein Durchschnittswert für das komplette Sample. Der Effekt einer Verbesserung des Support Ratings um einen Notch variiert markant – abhängig vom ursprünglichen Ratingniveau des Emittenten. Der Übergang von Cut 5 zu Cut 6 (von BB- nach BB) verlangt einen Schritt von 1.11(= 12.22 − 11.11), um das Long Term Issuer Rating um einen Notch zu verbessern. Wogegen der Übergang von Cut 13 auf Cut 14 (von AA- nach AA) einen Schritt von 1.76 (= 24.07 − 22.31) erfordert. Das bedeutet, dass im Falle des kompletten Samples die Ratingsubvention gerade bei niedrigeren Ratingniveaus wertvoll ist. Aus diesem Grund kann analog ermittelt werden, dass die Verbesserung des Support Ratings um einen Notch das Long Term Issuer Rating einer Bank mit B-Rating um 0.557 Notches $\left(=\frac{0.618}{1.11}\right)$ erhöht. Der erwartete Effekt einer Erhöhung des Support Ratings um einen Notch für eine Bank mit A+- Rating wäre nur noch ein Anstieg des Long Term Issuer Ratings um 0.351 Notches $\left(=\frac{0.618}{1.76}\right)$.

Tab. 15: Erwarteter Ratinguplift des Long Term Issuer Ratings bei einer Verbesserung des Support Rating Floors um einen Notch

Diese Tabelle zeigt die Ergebnisse für die durchschnittlich geschätzte Verbesserung des Long Term Issuer Ratings einer Bank im Sample (N=371) im Falle einer Erhöhung des Support Rating Floors, d.h. im Falle einer gestiegenen Wahrscheinlichkeit einer Rettung der Bank durch den Sitzstaat im Insolvenzfall.

komplettes Sample	G-SIB	Eurozone	Europa exkl. Eurozone	Nord- amerika	Latein- amerika	Afrika/ Mittlerer Osten	Asien/ Pazifik
0.47	0.40	0.59	0.31	-0.11	0.19	0.48	0.40

Tab. 15 verdeutlicht, dass die für die Banken der Samples Eurozone, Afrika/Mittlerer Osten und G-SIBs die höchsten *Ratinguplifts* erwartet werden können. Erneut zeigen die Ergebnisse, dass Banken in den beiden nordamerikanischen Ländern USA und Kanada die geringsten bzw. keine Subventionen in Form von Ratinguplifts durch staatliche Garantien erhalten dürften, weil

4.4 Ausmaß der Rating- und Finanzierungsvorteile

erwartet wird, dass ein Anstieg der Wahrscheinlichkeit eines Bailouts sogar zur Verringerung des Long Term Issuer Ratings führt. Banken in lateinamerikanischen Ländern erhalten ebenfalls geringe Subventionen, eventuell weil ihre Regierungen weder Willens noch fähig für eine Unterstützung sind.[229]

Durch Kombination des durchschnittlichen Support Rating Floors für jedes Sample (Tab. 13) und des durchschnittlichen Effekts einer Verbesserung des Support Rating Floors um einen Notch im jeweiligen Sample (Tab. 15), kann der Gesamteffekt des Support Ratings auf das Long Term Issuer Rating (in Notches) geschätzt werden (Tab. 16). Für das komplette Sample ergibt sich beispielsweise folgende Rechnung: $11.79 \cdot 0.47 = 5.56$.

Tab. 16: Gesamteffekt des Support Rating Floors auf das Long Term Issuer Rating

Diese Tabelle zeigt die Ergebnisse für den durchschnittlich geschätzten Einfluss des Support Ratings (Schätzung der Wahrscheinlichkeit der Rettung der Bank durch den Sitzstaat im Insolvenzfall) auf das Long Term Issuer Rating einer Bank im Sample (N=371).

komplettes Sample	G-SIB	Eurozone	Europa exkl. Eurozone	Nordamerika	Lateinamerika	Afrika/ Mittlerer Osten	Asien/ Pazifik
5.56	5.81	7.17	3.37	-1.65	1.90	6.06	4.39

Es bedeutet, dass Banken aus Asien und dem Mittleren Osten im Durchschnitt mitunter durch die erwartete staatliche Unterstützung ein 6 Notches höheres Long Term Issuer Rating (z.B. A statt BB) erhalten, als sie ohne diese Unterstützung erhalten. Die Banken der Eurozone erfahren mit sieben Notches die größte Unterstützung (!) aber Asien/Pazifik (4.39) und G-SIBs (5.81) gewähren ebenfalls einen vergleichsweise hohen Long Term Issuer Rating-Uplift. Obwohl für einige Subsamples die Niveaus der Subventionen sehr beachtlich sind, bleiben sie nachvollziehbar (z.B. eine negative Subvention – vergleichbar mit einer Steuer – wird für Nordamerika ermittelt; Banken in der Eurozone erhalten höhere Subventionen als solche, außerhalb der Eurozone). Zieht man vom durchschnittlichen Long Term Issuer Rating (i.H.v. 12.77) aus Tab. 13 den in Tab. 16 ermittelten Ratinguplift (i.H.v. 5.56) ab, erhält man im Falle des kompletten Samples ein Long Term Issuer Rating ohne staatlichen Bailout i.H.v. 7.21(=12.77-5.56). Ohne die staatlich getriebenen Uplifts müssten Long Term Issuer Ratings also folgende Höhe (Tab. 17) haben.

---

[229] Vgl. Fitch Ratings (2014a): „Bank Resolution Not a Priority in Latin America".

Tab. 17: Approximation des Long Term Issuer Ratings ohne staatlichen Bailout

Diese Tabelle zeigt die Ergebnisse für durchschnittlich geschätzten Long Term Issuer Ratings der Banken im Sample (N=371) im Falle einer ausbleibenden staatlichen Insolvenzhilfe.

komplettes Sample	G-SIB	Eurozone	Europa exkl. Eurozone	Nord- amerika	Latein- amerika	Afrika/ Mittlerer Osten	Asien/ Pazifik
7.21	9.43	5.70	8.63	17.68	9.55	6.76	8.00

Ein höheres Long Term Issuer Rating aufgrund von staatlicher Unterstützung hat direkten Einfluss auf die *Finanzierungskosten* einer Bank. Welchen Einfluss Ratings auf Finanzierungskosten genau haben, ist allerdings fraglich. Obwohl Ratings relative Aussagen über die Kreditwürdigkeit eines Schuldners sind und mit Ratings *keine explizite Ausfallwahrscheinlichkeit* verbunden ist, veröffentlichen Ratingagenturen empirisch ermittelte kumulative Ausfallraten für unterschiedliche Ratingkategorien, die für die Bemessung des impliziten Preises von Anleihen (und die Finanzierungskosten) verwendet werden können. WIEMANN (2013) schätzt den Einfluss einer Ratingänderung auf Finanzierungskosten über Daten zu (zwischen Banken und Unternehmen geschlossenen) Kreditverträgen bei denen die Verzinsung vom Rating des Schuldners abhängt (*performance pricing provisions*). SOUSSA (2000) schlägt – abgeleitet vom erwarteten Barwert einer Anleihe – eine theoretische Methode für die Berechnung von strukturellen jährlichen Zinssatzdifferenzen vor. Das Modell ist allerdings sehr annahmenabhängig; beispielsweise werden zur Berechung der risikolose Zinssatz und dei Verwertungsrate (*recovery rate*) ausgefallener Anleihen benötigt.

Um den nicht undiskutablen Annahmen solcher Modelle zu entgehen, werden im Folgenden Marktpreise von Anleiheindizes verwendet und daraus Zinssatzdifferenzen für Anleihen unterschiedlicher Ratingklassen abgeleitet. Marktpreise sind „ideale Indikatoren" für den Informationsgehalt von Ratings, weil sie das konzentrierte Resultat von menschlichen Erwartungen, Wissen und Handeln darstellen.[230]

Die effektiven Zinssätze für unterschiedliche Ratingklassen von US-amerikanischen Firmen, welche die Fed St. Louis zur Verfügung stellt (Abb. 10) werden für die folgenden Berechnun-

---

[230] Insbesondere hat MISES ausgearbeitet: „Preise entstehen als das Ergebnis der Wertung aller am Marktverkehr teilnehmenden Wirte. Jeder Einzelne wirkt an der Bildung aller Preise mit, doch sein Einfluss auf die Gestaltung jedes einzelnen Preises ist in der Regel außerordentlich gering. So erscheinen die Marktpreise dem Einzelnen als eine Tatsache der Außenwelt, die er als gegeben hinzunehmen und der er sein eigenes Handeln anzupassen hat", Mises (1940), S. 289.

4.4 Ausmaß der Rating- und Finanzierungsvorteile

gen verwendet. Eine Einschränkung der Daten ist die Begrenzung auf die USA und die Vermengung sämtlicher Industriesektoren. Zu einem globalen Bankanleihenindex, könnten daher Unterschiede bestehen und Ergebnisse leicht variieren. Solche Daten sind aber nicht verfügbar.

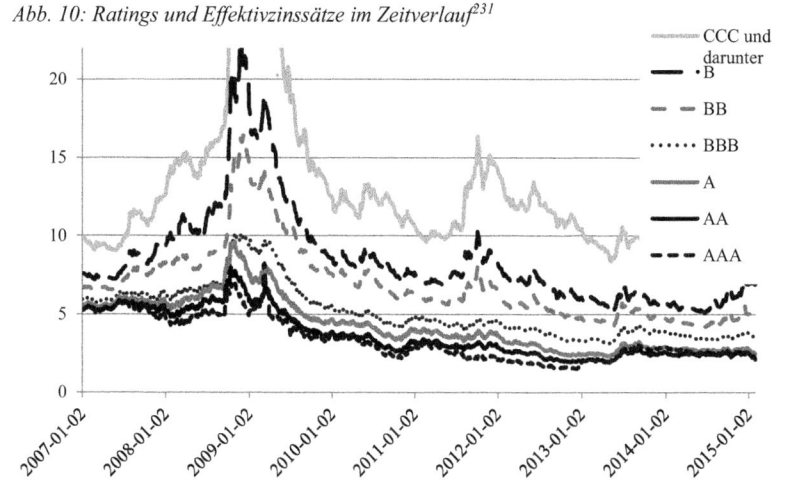

Abb. 10: Ratings und Effektivzinssätze im Zeitverlauf[231]

Diese Abbildung zeigt die Effektivverzinsung von Unternehmensanleihen unterschiedlicher Ratingklassen in den USA für einen Zeitraum von acht Jahren. Damit soll verdeutlicht werden, dass unterschiedliche Risikoklassifikationen (abhängig vom Beobachtungszeitpunkt) zu unterschiedlichen Kapitalkosten führen.

Wie Abb. 10 zeigt, hängen der Effektivzinssatz für Anleihen bzw. aus anderer Sicht die Finanzierungskosten nicht nur von der Ratingklasse ab, sondern sie variieren auch im Zeitverlauf. Aus diesem Grund wird der durchschnittliche Spread für unterschiedliche Ratingkategorien über acht Jahre (01/2007 bis 01/2015) ermittelt und durch die Anzahl der einbezogenen Notches geteilt (Tab. 18). Problematisch ist bei dieser Berechnung, dass Veränderungen von Spreads für Ratingklassen Alt- und Neuemissionen nicht gleichermaßen betreffen. Für Investoren, die während der Laufzeit Anleihen erwerben, dürfte die vorgeschlagene Berechnung dennoch plausibel sein. Emittenten hingegen zahlen auf durchgeführte Emissionen nachträglich ja nicht mehr oder weniger. Die Berechnung ermöglicht aus langfristiger Perspektive trotzdem eine akzeptable Approximation.

---

[231] Daten: Federal Reserve St. Louis (2015): US Corporate Ratings Effective Yield for Debt.

Tab. 18: Durchschnittlicher Effektivzinsspread für Anleihen zwischen Ratings (2007-2015)
Diese Tabelle zeigt die von der Ratingklasse abhängigen, unterschiedlichen Effektivzinsspreads für Unternehmensanleihen in den USA in einem Zeitraum von acht Jahren und berechnet davon ausgehend den Zinsspread in Basispunkten pro Ratingnotch (es wird von einem linearen Zusammenhang ausgegangen).

Fitch Rating	AAA-AA	AA-A	A-BBB	BBB-BB	BB-B	B-CCC
Ratingstufen (Notches)	2	3	3	3	3	2
Effektivzinsspread in BPS	24.65	53.68	75.62	170.41	143.41	447.49
Effektivzinsspread pro Notch in BPS	12.32	17.89	25.21	56.80	47.80	223.74

Um den durchschnittlichen Spread (für den Effektivzins von Anleihen) für einen Notch im Sample zu definieren, sollte nicht der gesamte Durchschnitt ermittelt werden, weil Zinsspreads stark zwischen hohen und niedrigen Ratingkategorien schwanken. Vielmehr sollte die Verteilung der Ratings des jeweiligen Samples berücksichtigt werden: Das durchschnittliche Long Term Issuer Rating für das komplette Sample inklusive Rating-uplift ist BBB+ (12.77 in der angewandten numerischen Skala, Tab. 13) und B+ (7.21 Tab. 17) exklusive der Bailout-Garantien. Der erwartete Gesamtzinsspread in Basispunkten zwischen BBB+ und B+ kann, basierend auf US-Daten, daher approximiert werden als 291.21 (= 1 · 25.21 + 3 · 56.80 + 2 · 47.80). Der Gesamteffekt der staatlichen Unterstützung auf das Long Term Issuer Rating (Tab. 16) als marktbasierter Spreadeffekt ist in der folgenden Tab. 19 zusammengefasst.

Tab. 19: Gesamtwert der staatlichen Unterstützung auf Finanzierungskosten von Banken (in Basispunkten)
Diese Tabelle zeigt das Ergebnis für die geschätzten, durchschnittlichen Abschläge der Effektivverzinsung für die Banken im Sample (N=371) durch (implizite) staatliche Rettungsgarantien, die von der Ratingunternehmung Fitch antizipiert wird.

komplettes Sample	G-SIB	Eurozone	Europa exkl. Eurozone	Nordamerika	Lateinamerika	Afrika/ Mittlerer Osten	Asien/ Pazifik
291.21	246.03	339.01	170.41	-35.78	113.60	291.22	218.21

Die Ergebnisse zeigen beispielsweise, dass bei der Gruppe der G-SIBs Fremdkapital im Durchschnitt durch staatliche Unterstützung um *246 Basispunkte geringer verzinst* wird und dass asiatische Banken in den Genuss von einer Finanzierungssubvention i.H.v. 218 Basispunkten kommen. Diese Niveaus der Subvention sind beachtlich, bleiben aber dem Grunde nach nachvollziehbar (z.B. wird eine negative Subvention für Nordamerika festgestellt und europäische Banken innerhalb der Eurozone erhalten höhere Subventionen als solche außerhalb). In Phasen ökonomischer Rezession, d.h. wenn staatliche Rettungsgarantien besonders interessant werden, unterscheiden sich die Renditen von Anleihen unterschiedlicher Ratingklassen wesentlich mehr als in „ruhigen Zeiten"; die staatliche Unterstützung ist dann wesentlich werthaltiger. In der Abb. 10 ist beispielsweise erkennbar, dass Spreads zwischen 2007 und 2011 sehr stark gestiegen sind, Banken also besonders dann von Ratinguplifts profitieren dürften, wenn es darauf ankommt. Im nächsten Schritt stellt sich daher die Frage, welche Banken warum höhere Ratinguplifts erhalten als andere. Dem Zusammenhang wird in 4.5 nachgegangen.

4.5 Treiber der Rating- und Finanzierungsvorteile

4.5.1 Forschungsdesign

Wenn Banken von staatlicher Seite als systemrelevant erachtet werden und davon auszugehen ist, dass die staatliche Seite sie in der Folge erhalten kann und will, kommt dies einer impliziten Versicherung gegen Insolvenz gleich. Es stellt sich in diesem Fall die Frage, ob diese staatlich vor Bankrott geschützten Banken ihr Risikoverhalten ändern. Die Theorie besagt, dass eine staatliche Bailout-Versicherung[232] die Risikonahme von Banken in zwei *gegenläufige* Richtungen beeinflussen kann:

(1) Die *Fortführungshypothese* postuliert eine geringere Risikonahme, staatlich versicherter Banken.[233] Dies wird damit begründet, dass die Unternehmensfortführung für systemrelevante Banken staatlich gewährleistet, ihr Ausfallrisiko mithin geringer ist. Daher werden diese Banken vom Kapitalmarkt einem geringeren Rendite- bzw. Wettbewerbsdruck ausgesetzt. Das Management der Bank kann sich in der Folge „zurücklehnen" und eine weniger Steuerung verlangende, konservativere mithin risikoärmere Strategie verfolgen.

Die *Marktdisziplinhypothese* dagegen besagt, dass Banken mit staatlicher Insolvenzversicherung risikoreicher agieren, weil die Risikodisziplinierung durch Kapitalgeber schwindet. Eigenkapitalgeber und Gläubiger antizipieren demnach die staatliche Rettung und akzeptieren mit dem Ziel höherer Renditen, eine höhere Risikonahme der Bank. In diesen Banken herrschen daher Anreize, besonders rentable, zugleich aber risikoreiche Maßnahmen durchzuführen, die im positiven Fall Nutzen stiften, aber im negativen Fall schlagend werdender Risiken in einer Insolvenz und damit (hier) Rettung enden können und daher weitreichende negative Folgen für

---

[232] Damit ist jede staatliche Intervention zur Unterstützung fallierender Banken gemeint. Vergleichbar sprechen Dell'Ariccia/Ratnovski (2013) von einer *„systemic insurance"*.
[233] Vgl. erstmals Keeley (1990), S. 1198.

Externe haben.[234] Gerade Manager sind dadurch vor privaten Verlusten geschützt und brauchen keine Angst um ihren Arbeitsplatz haben. Da die Kosten der Insolvenz nur zu einem geringen Maß von (Stakeholdern) der fallierenden Bank selbst getragen werden, spricht man von negativen externen Effekten für das Finanzsystem.

Die bestehende Literatur zum Risikoverhalten von Banken (besser Bankmanagern) unter Einfluss von staatlicher Unterstützung verwendet verschiedene Proxies für den Umfang des staatlichen Eingriffs bei fallierenden Banken: Zur Messung der expliziten staatlichen Subvention nutzen DEMIRGÜÇ-KUNT/DETRAGIACHE (2002) die Einlagensicherung und NICOLÓ/LOUKOIANOVA (2007) den Eigentumsanteil des Staates an Banken als Proxy. Die Bankgröße, als eine eher indirekte Messgröße für etwaige staatliche Unterstützung, wird von BOYD/RUNKLE (1993) und O'HARA/SHAW (1990) verwendet. Die Ergebnisse dieser Studien sind mit Blick auf die beiden aufgestellten Hypothesen teilweise uneindeutig und teilweise konträr, was darauf hindeutet, dass der Nettoeffekt einer staatlichen Unterstützung für Banken nicht eindeutig geklärt werden kann und eventuell von dem Ausmaß der Effekte der beiden oben beschriebenen Hypothesen (Fortführungs- und Marktdisziplinhypothese) abhängt. Jüngere Studien, bei denen die staatliche Unterstützungsleistung ebenfalls über Credit Ratings ermittelt wurde, konnten allerdings nachweisen, dass Banken die Risikonahme erhöhen, wenn sie staatliche Quasi-Garantien erhalten.[235] Die folgende Methodik ist mit den jüngsten Studien verbunden, weil in Ratings eingebettete Informationen über Bailout-Wahrscheinlichkeiten verwendet werden. Allerdings steht im Folgenden, anders als bei ähnlichen Studien, eine umgekehrte Kausalität im Mittelpunkt: Es werden die Determinanten für Bailout-Wahrscheinlichkeiten analysiert. Mit anderen Worten wird gefragt, welche Faktoren die Rettungsbereitschaft einer Regierung für eine Bank erhöhen, für den Fall dass sie in eine wirtschaftliche Notlage gerät. Im Grunde dürften risikoreicher agierende Banken (und diejenigen mit den schwächsten Ertragsaussichten) am wahrscheinlichsten einen Bailout erfahren und darum den höchsten Anteil an staatlichen Garantien erhalten. Um diese Argumente zu testen, werden Regressionen aufgestellt, mit denen unterschiedliche implizit von Ratings abgeleitete Messgrößen zur staatlichen Unterstützung einer

---

[234] Vgl. Dell'Ariccia/Ratnovski (2013), S. 3: „When there are risks beyond the control of individual banks, such as the risk of contagion, the expectation of government support, while creating moral hazard, also entails a virtuous ‚systemic insurance' effect on bank risk taking. The reason is that bailouts protect banks against contagion, removing an exogenous source of risk, and this may increase bank incentives to monitor loans." Vgl. auch Sironi (2003), Gropp/Vesala/Vulpes (2006), Forssbæck (2011) und Dam/Koetter (2012).
[235] Vgl. bspw. Brandao-Marques/Correa/Sapriza (2013). Gropp/Hakenes/Schnabel (2011) finden zusätzlich heraus, dass auch die nicht explizit unterstützten Wettbewerber von Banken mit staatlichen Bailout-Garantien ihre Risikonahme erhöhen.

4.5 Treiber der Rating- und Finanzierungsvorteile

Bank anhand von mehreren beschreibenden Bankvariablen (jeweils im Fünfjahresmittel) erklärt werden:

- Kapitalrentabilität als Messgröße für die *Kapitalallokationseffizienz* einer Bank $\left(\frac{\text{Reingewinn}-\text{Dividenden}}{\text{Gesamtkapital}}\right)$.

- Verhältnis der Zins- zu den Provisionserträgen (Zinsertragsquote) zur Bestimmung des *Geschäftsmodells* der Bank. Hohe Zinserträge deuten auf traditionelles Bankengeschäft hin $\left(\frac{\text{Zinserträge}}{\text{Provisionserträge}}\right)$.

- Aktienrendite als eine Messgröße für *künftige Ertragsaussichten* einer Bank aus Sicht der Marktteilnehmer $\left(\frac{\text{Aktienkurs}+\text{Dividenden}}{\text{Aktienkurs im vorhergehenden Berichtsjahr}}\right)$.

- Eigenkapitalquote als Proxy für die *Verlustabsorptionsfähigkeit* einer Bank $\left(\frac{\text{Eigenkapital}}{\text{Gesamtkapital}}\right)$.

Weitere Determinanten wie zum Beispiel die *Risikonahme* oder *Bankgröße* wären wünschenswert gewesen, können aber aufgrund von Multikollinearitäts- und Datenverfügbarkeitsproblemen nicht berücksichtigt werden. Nachdem alle Institutionen aus dem 371 Banken-Sample entfernt werden, für welche Worldscope keine (ausreichenden) Daten zu den vier beschreibenden Variablen bereitstellt, verbleibt ein Sample von 165 Banken.

Tab. 20: Beschreibende Statistiken zu den Bankvariablen

Diese Tabelle zeigt Statistiken (Fünfjahresdurchschnitte 2008-2012 pro Bank, N=165) zur Verteilung der Kapital- und Zinserträge, sowie der Aktienrendite und Eigenkapitalquote des Bankensamples. Das ursprüngliche Sample (N=371) reduziert sich aufgrund fehlender Daten und umfasst noch 165 Banken. Die Daten stammen von Thomson Reuters Worldscope.

	Mittelwert	Median	Min	Max	St.Abw.
Kapitalrentabilität	5.75%	4.75%	-3.26%	24.35%	4.45%
Zinsertragsquote	3.85	3.18	0.39	18.29	2.77
Aktienrendite	-5.54%	-4.88%	-67.27%	26.82%	15.66%
Eigenkapitalquote	54.86%	56.58%	2.33%	100.00%	26.29%

Wie die deskriptiven Statistiken (Tab. 20) verdeutlichen, erwirtschafteten die 165 Banken im Beobachtungszeitraum 2008-2012 durchschnittlich eine Kapitalrendite von 5.75% pro Jahr. Es ist daher überraschend, dass die Aktienrendite diese Entwicklung nicht widerspiegelt und im Durchschnitt bei -5.54% (inkl. Dividenden) liegt. Eine Erklärung dafür könnte der allgemein negative Aktientrend zwischen 2008 und 2012 sein. Das hohe Vielfache der Zinserträge – gegenüber den Provisionserträgen (Median 3.18) – verdeutlicht, dass es sich bei den meisten Instituten des Samples um klassische Commercial Banks handelt. Allerdings ist die Standardabweichung (2.77) derart hoch und der Minimalwert (0.39) derart gering, dass man von einer Spaltung des Samples in zwei Bankenklassen ausgehen kann: „traditionelle" Commercial Banks mit Fokus auf Kredit- und Depositengeschäft einerseits sowie „nicht-traditionelle" (Investment-)Banken mit Fokus auf Kapitalmarktinvestition und -finanzierung andererseits.

Folgende Regressionen werden durchgeführt, um die Determinanten für eine staatliche Unterstützung von Banken zu bestimmen[236]:

$$\text{Long Term Issuer Rating}_i - \text{Viability Rating}_i = \alpha_{0_i} + \alpha_1 \cdot \text{Kapitalertrag}_i + \alpha_2 \cdot \text{Zinsertrag}_i + \alpha_3 \cdot \text{Aktienrendite}_i + \alpha_3 \cdot \text{Eigenkaptialquote}_i + \varepsilon_i$$

$$\text{Support Rating}_i = \alpha_{0_i} + \alpha_1 \cdot \text{Kapitalertrag}_i + \alpha_2 \cdot \text{Zinsertrag}_i + \alpha_3 \cdot \text{Aktienrendite}_i + \alpha_3 \cdot \text{Eigenkaptialquote}_i + \varepsilon_i$$

$$\text{Support Rating Floor}_i = \alpha_{0_i} + \alpha_1 \cdot \text{Kapitalertrag}_i + \alpha_2 \cdot \text{Zinsertrag}_i + \alpha_3 \cdot \text{Aktienrendite}_i + \alpha_3 \cdot \text{Eigenkaptialquote}_i + \varepsilon_i$$

Dabei soll die Ratingdifferenz aus Long Term Issuer Rating und Viability Rating als Proxy für den Ratinguplift dienen. Die Ergebnisse der Regressionsanalysen werden im Folgenden dargestellt.

4.5.2 Ergebnisse

Die Regressionsergebnisse in Tab. 21 geben deutliche Hinweise darauf, dass sinkende Kapitalrentabilität bei Banken zu einer staatlichen Unterstützung führt. Umgekehrt sinkt die Wahrscheinlichkeit eines staatlichen Bailouts bei steigenden Kapitalerträgen. Eine Bank, die über einen längeren Zeitraum positive Kapitalerträge erwirtschaftet, dürfte regelmäßig in einem gesunden Zustand und damit weniger nah an einem staatlichen Bailout sein als andere.[237] Alle

---

[236] Für das Support Rating, Definition Tab. 10, werden umgekehrte Werte verwendet, d.h. es gilt, analog zu den andren Ratings, je besser das Rating desto höher der zugeordnete Zahlenwert.
[237] Es kann allerdings auch nicht ausgeschlossen werden, dass eine Bank hochriskant-hochrentierlich investiert und im Betrachtungszeitraum die Risiken nicht schlagend wurden.

4.5 Treiber der Rating- und Finanzierungsvorteile

drei Messgrößen für die Unterstützung weisen einen negativen (gegenläufigen) Einfluss von Kapitalerträgen aus.

Die Zinsertragsquote, als eine Messgröße für den Anteil des traditionellen Einlage-/Kreditgeschäfts, hat ebenfalls einen signifikanten Einfluss auf die Wahrscheinlichkeit einer staatlichen Rettung. Der positive Effekt des traditionellen Bankgeschäftes auf die erwartete staatliche Rettungsgarantie (gemessen als Differenz aus Long Term Issuer Rating und Viability Rating) ist plausibel, weil traditionelle Geschäftsbanken über eine breit gestreutes Portfolion und viele schützenswerte Einleger verfügen. Daher ist ein Bailout wahrscheinlicher. Allerdings haben die die Resultate für den Einfluss der Zinserträge auf das Support Rating und den Support Rating Floor umgekehrte Vorzeichen. Mit steigenden anteiligen Provisionserträgen steigt insgesamt auch die Wahrscheinlichkeit einer staatlichen Hilfeleistung, was eine Aussage bezüglich der vermuteten Kausalität erschwert.

Tab. 21: Regressionen der staatlichen Unterstützung für Banken
Diese Tabelle fasst die Resultate von vier Regressionen der staatlichen Unterstützung bei Banken (N=165) zusammen. Zur Schätzung des linearen Regressionsmodells wurde die OLS-Methode mit heteroskedastie-robusten HUBER-WHITE (1980)-Standardfehlern verwendet. Die beschreibenden Variablen wurden auf Multikollinearität getestet (Anhang Tab. 8 und Anhang Tab. 9, S. 247) Als Datenquelle dient die Fitch Datenbank und Thomson Reuters Bankscope. Die p-Werte sind in Klammern angegeben. **/*** kennzeichnen Signifikanz auf 95%/99%-Niveau.

Beschreibende Variable (Fünfjahresdurchschnitte)	LT Issuer Rating - Viability Rating	Support Rating Floor	Support Rating
Kapitalrentabilität	-6.920	-20.359**	-8.219***
	(0.133)	(0.011)	(0.004)
Zinsertragsquote	0.231***	-0.172***	-0.082***
	(0.004)	(0.004)	(0.004)
Aktienrendite	-5.388***	-2.246	-0.413
	(0.000)	(0.192)	(0.487)
Eigenkapitalquote	2.809***	2.131**	0.777**
	(0.000)	(0.041)	(0.031)
Beobachtungen (N)	165	165	165
R^2	0.296	0.1314	0.149

Alle Korrelationskoeffizienten für die Aktienrendite (inkl. Dividenden) sind negativ und weisen damit (ein weiteres Mal) darauf hin, dass für Banken mit besonders stark fallenden Aktienkursen (und eventuell auch problembehafteten Geschäftsmodellen) staatliche Hilfe wahrscheinlicher ist.[238]

---

[238] Rettungsaktionen dürften ohnehin kaum bei steigenden Aktienkursen nötig sein.

Die Erklärung der signifikanten positiven Korrelation der Eigenkapitalquote einer Bank mit ihrer Bailout-Wahrscheinlichkeit, wie im Regressionsmodell ersichtlich, ist erst auf den zweiten Blick möglich. Eine Begründung für dieses Ergebnis liefert die Fortführungshypothese (2.2), welche besagt, dass staatlich versicherte Banken am Kapitalmarkt einem geringeren Rendite- bzw. Wettbewerbsdruck ausgesetzt sind. Auch könnte argumentiert werden, dass hoch bewertete Banken viel zu verlieren haben. Eine andere Erklärung könnte sein, dass Banken mit (vergleichsweise) hoher Eigenkapitalquote eher gerettet werden, weil damit ein Signal für künftige Überlebenswahrscheinlichkeit ausgesendet wird. Insgesamt bestätigen die Ergebnisse der Regression die Argumentation zu staatlichem Hilfswillens- und -könnens.

4.6 Zusammenfassung

Im ersten Teil dieses Kapitels wird eine auf Rating- und Marktdaten basierende Methode zur *Bestimmung staatlicher Bailout-Subventionen* für Banken hergeleitet. Die Ergebnisse weisen darauf hin, dass Banken implizite *Rating-* und *Finanzierungsvorteile in nicht unbeträchtlichem Umfang* erhalten. Im zweiten Teil dieses Kapitels werden die Determinanten für die Bailout-Bereitschaft einer Regierung analysiert. Abhängig von der Messgröße für die erwartete staatliche Unterstützung wird gezeigt, dass Regierungen besonders bei Banken mit *hohen Eigenkapitalquoten zu einem Bailout bereit* sind. Außerdem erhalten Banken mit niedrigen Kapitalerträgen und/oder schlechter Aktienperformance vergleichsweise hohe Subventionen.

Marktversagen könnte wirtschaftspolitische Eingriffe, wie Subventionen, rechtfertigen, wenn diese effektiv und effizient erfolgen. Allerdings gibt es im vorliegenden Fall wenig Argumente für *staatlichen Bestandschutz* für ausgewählte Banken. Im Gegenteil sollten Regulierer bzw. Staaten alles versuchen, ihre implizite Unterstützung für Banken zu verringern, weil dies zu Wettbewerbsverzerrung und Adversen Effekten, wie einem Moral Hazard führt. Unter diesen Umständen erhalten gewinnorientierte Entscheidungsträger von systemrelevanten Finanzintermediären den Anreiz, eine riskante(re) Geschäftsstrategie zu wählen, denn eine Marktdisziplinierung (über z.B. risikoadäquate Verzinsung) wird so geschwächt.[239] Weil dieser Prozess die Selektionsfunktion des (Finanz-)Marktes behindert oder unterdrückt, könnten insbesondere global systemrelevante Banken über eine denkbare (transaktionskostenbedingte) optimale Unternehmensgröße wachsen und dadurch negative externe Effekte verursachen. Langfristig kann

---

[239] Vgl. O'Hara/Shaw (1990), S. 1588f. Vgl. zur Existenz des Moral Hazard und der Effektivität der Marktdisziplinierung Nier/Baumann (2006).

4.6 Zusammenfassung

das zu Marktversagen (z.b. in Form von Überleben von ineffizienten Akteuren oder Nachfrageüberschuss), der Möglichkeit hoher Verschuldung öffentlicher Haushalte und auf diesem Weg zu Wohlfahrtsverlusten führen.[240] Im schlimmsten Fall könnten die gesamtwirtschaftlichen Verluste einer TBTF-Politik höher sein, als solche, die man damit vermeiden möchte.

Als Reaktion auf die vergangene Finanzkrise haben einige Länder Bankabgaben eingeführt, z.b. Deutschland (2-6 Basispunkte auf Gesamtverbindlichkeiten und 0.03 Basispunkte auf Derivate[241]) und Großbritannien (8.8 Basispunkte auf die konsolidierten Verbindlichkeiten[242]).

Wie die Ergebnisse im ersten Abschnitt der vorliegenden Untersuchung zeigen, kompensieren diese Bankenabgaben die impliziten staatlichen Subventionen nicht, da diese signifikant höher ausfallen. Anstatt zu versuchen, einen verzerrenden Markteingriff (Subvention) durch einen anderen verzerrenden Markteingriff (Abgabe) zu heilen, sollten Regulierer sich darauf konzentrieren, glaubwürdig Marktteilnehmer (z.b. durch umsetzungsfähige Restrukturierungs- und Abwicklungsgesetze) zu überzeugen, dass keine Bank too big to fail und ein Bail-in möglich sei.

---

[240] Vgl. Kellermann (2010), S. 18.
[241] Vgl. Göbel/Henkel/Lantzius-Beninga (2012), S. 29-31.
[242] Für einen Überblick über die Gesetzgebung in den EU-Mitgliedsstaaten und neue Schritte in Richtung einer höheren Besteuerung des Finanzsektors, vgl. Europäische Kommission (2012).

5 Methoden zur Messung von Systemrisiko

Was unter Systemrisiko zu verstehen ist, wurde bereits erläutert.[243] Es stellt sich allerdings die Frage nach der Bemessung von Systemrisiko.[244] Anders als beispielsweise bei Inflation, für welche Zentralbanken ein klares Preisstabilitätsziel formulieren und dessen Einhaltung sie messen können, ist Systemrisiko ein *endogenes Risiko* das von vielfältigen, zeitlich variablen Einflussfaktoren abhängt.[245] Seit dem Beginn der Krisen im Jahr 2007 wird der Wissenschaft vorgeworfen, dass sich ihre (makro)ökonomischen Modelle nicht ausreichend (Preis-)Informationen, die Finanzmärkte bieten, zunutze mach(t)en. Bestehende Messsysteme offenbarten nicht früh genug die *Fragilität im Finanzsektor* und Modelle bildeten nicht den Einfluss von systemischen Risiken ab.[246] Systemrisiken haben aufgrund der unvorhergesehenen Marktgeschehnisse und ihrer Folgen allerdings sehr schnell an Bedeutung in der Wissenschaft und Praxis gewonnen und sind als Begriff mittlerweile ein geläufiger Grund für eine „*umsichtige*"[247] Regulierung. Grundsätzlich sollte beachtet werden, dass Risiko bis zu einem gewissen Grade

---

[243] Teile von Vorarbeiten für dieses Kapitel in Zusammenarbeit mit Andreas Horsch, Tobias Nell und Mario Garcia-Molina sind bereits publiziert bzw. zur Publikation angenommen als Kleinow/Horsch/Garcia-Molina (2015a): Factors driving systemic risk of banks in Latin America, in: Journal of Economics and Finance, forthcoming; Kleinow/Nell (2015): Determinants of systemically important banks: the case of Europe, in: Journal of Financial Economic Policy, forthcoming.

[244] Vgl. zur Herausforderung der Messung Lord Kelvin (1883): „I often say that when you can measure what you are speaking about, and express it in numbers, you know something about it; but when you cannot measure it, when you cannot express it in numbers, your knowledge is of a meagre and unsatisfactory kind; it may be the beginning of knowledge, but you have scarcely in your thoughts advanced to the state of science, whatever the matter may be".

[245] Vgl. Freixas/Laeven/Peydró (2015), S. 163.

[246] Interessanterweise besteht in der Notwendigkeit neuer Messmethoden eine frappierende Analogie zu früheren Krisen, wie Froyen (2013), S. 13 zeigt: „One reads with dismay of Presidents Hoover and then Roosevelt designing policies to combat the Great Depression of the 1930s on the basis of such sketchy data as stock prices indices, freight car loadings, and incomplete indices of industrial production. The fact was that comprehensive measures of national income and output did not exist at the time. The Depression, and with it the growing role of government in the economy emphasized the need for such measures and led to the development of a comprehensive set of national income accounts". Nach den 1930er Jahren (Great Depression) entstanden daher viele, heute sehr geläufige Messgrößen zur Messung der gesamtwirtschaftlichen Aktivität bzw. Konjunkturzyklen, wie bspw. Simon S. Kuznets' Modell zur Erklärung des Zusammenhangs zwischen Wirtschaftswachstum und Ungleichheit in der Einkommensverteilung (Kuznets-Kurve) oder das Burns-Mitchell-Diagramm zur Erklärung des Verhaltens makroökonomischer Variablen über den Konjunkturzyklus hinweg, vgl. Burns/Mitchell (1946).

[247] Die Begriffe *prudential* bzw. *micro-/macroprudential regulation* haben in den vergangenen Jahren an großer Beliebtheit gewonnen, wobei nicht selten vorgeworfen wird, dass es sich bei den Modewörtern um alten Wein in neuen Schläuchen handele. Vgl. Brunnermeier et al. (2009), S. viii mit einem konkreten Verständnis: „Micro prudential regulation concerns itself with factors that affect the *stability of individual institutions*. Macro-prudential regulation concerns itself with factors that affect the *stability of the financial system as a whole*. As we will attempt to show, the nature of the regulation applied to an individual financial institution depends crucially on how systemic its activities are. This in turn is related, inter alia, to its size, degree of leverage and interconnectedness with the rest of the system". Für eine weiterführende inhaltliche Abgrenzung der Begriffe vgl. Alexander (2012).

quantifizierbar ist, während sich (fundamentale) Unsicherheit bzw. Ungewissheit der Messbarkeit per definitionem entzieht.[248]

Der Begriff Systemrisiko wurde in Abschnitt 2.1 hergeleitet. Aussagen zur Umsetzung der Messung von Systemrisiko wurden bisher noch nicht getroffen. Auch wenn Systemrisiko mittlerweile in aller Munde ist und viele Facetten trägt, soll es im Folgenden als eine (potentiell) *messbare Größe* verstanden werden, die *fundierte, regulatorische Entscheidungen* ermöglicht. Dem Ruf nach einer neuen bzw. verschärften Regulierung, wird mit der Messung von Systemrisiko zu entgegnen versucht. Die Messung von Systemrisiken wird als Voraussetzung für Regulierung verstanden.

Zuerst wurden dazu seit 2007 im Schnellverfahren oberflächliche Messmethoden entwickelt bzw. man musste erfahrenen Regulierern vertrauen, dass sie Systemrisiko zumindest erkennen und eingreifen, wenn es schlagend wird („*I know it when I see it.*"). Langfristig sind aber durchdachtere Konzepte unter Nutzung neuer Datenquellen notwendig, denn regulatorisches Gutdünken (*regulatory discretion*), sollte nur die Ausnahme darstellen; nicht zuletzt weil es gegenüber politischen Interessenlagen anfällig ist, wie unter anderen GROCHULSKI/SLIVINSKI (2009) argumentieren.[249] Umso mehr erleichtern gut konstruierte, formelle Modelle zur Messung von Systemrisiken den Umgang mit ihnen.

Ausgangspunkt für die Messung von systemischen Risiken und die Identifikation systemrelevanter Finanzinstitute ist die Frage, in welchem voraussichtlichen Ausmaß die Insolvenz eines Finanzinstituts aus heutiger Sicht das Finanzsystem und in der Folge die Realwirtschaft zu beeinträchtigen vermag. Diese Frage ist ebenso grundlegend wie das *Dilemma*, in das sie führt: Zweifelsfrei ließe sich Systemrelevanz nur im Falle a) einer *Insolvenz*, die b) tatsächlich *systemdestabilisierend* wirkt, nachweisen. Auch aus der Historie heraus fällt eine Antwort nicht

---

[248] Vgl. grundlegend zur *Unterscheidung von Risiko und Unsicherheit* Knight (1921), S. 19f: „Uncertainty must be taken in a sense radically distinct from the familiar notion of risk, from which it has never been properly separated. The term 'risk', as loosely used in everyday speech and in economic discussion, really covers two things which, functionally at least, in their causal relations to the phenomena of economic organization, are categorically different. [...] The essential fact is that 'risk' means in some cases a quantity susceptible of measurement, while at other times it is something distinctly not of this character; and there are far-reaching and crucial differences in the bearings of the phenomenon depending on which of the two is really present and operating. It will appear that a measurable uncertainty, or 'risk' proper, as we shall use the term, is so far different from an unmeasurable one that it is not in effect an uncertainty at all. We shall accordingly restrict the term 'uncertainty' to cases of the non-quantitive type. It is this ‚true' uncertainty, and not risk".

[249] Vgl. für eine Erklärung des Aufkommens von und ein entschiedenes *Votum gegen regulatorisches Gutdünken* Haldane (2013).

einfach, da große Finanzinstitute bisher nur in Ausnahmefällen nicht gerettet worden sind. Moderne Ansätze greifen daher regelmäßig auf mehr als einen Indikator oder eine Messgröße zurück, um Systemrelevanz zumindest im Ansatz erfassen zu können.

5.1 Indikatorbasierte Ansätze

Es überrascht nicht, dass Regulierer meinen, systemrelevante Finanzinstitute problemlos identifizieren zu können. Entsprechende Lösungen waren im Zuge der letzten Krise allzu schnell parat. Dies ist nicht zuletzt der Tatsache geschuldet, dass neue Regulierungskonzepte bzw. neu eingeführte Regeln oft auf Basis unbestimmter (Rechts-)Begriffe entstehen, sich aber eigentlich an messbaren Größen orientieren sollten. Anders als in der Wissenschaft werden hierfür indikatorbasierte Messansätze verwendet. Die fundamentale Kritik besteht in diesem Zusammenhang an der *Theorielosigkeit* jüngster regulatorischer Messkonzepte.[250] Neben dem Ansatz zur Bestimmung global systemrelevanter Banken (Global Systemically Important Banks, *G-SIBs*) durch den Standardsetzer Finanzstabilitätsrat, gibt es auch Vorschläge zur Bestimmung von global systemrelevanten Versicherern (Global Systemically Important Insurers, *G-SII*) und von global systemrelevanten Nichtbank-Nichtversicherung-Finanzinstituten (Non-Bank Non-Insurer Global Systemically Important Financial Institutions, *NBNI G-SIFIs*). Sie sind jeweils in Abstimmung mit den relevanten internationalen Dachorganisationen (wie z.B. der Internationalen Organisation der Wertpapieraufsichtsbehörden IOSCO) gemeinsam im Sinne einer Selbstregulierung erstellt worden. Eine vollständige Trennung zwischen den im Folgenden vorgestellten Ansätzen zur Identifikation von SIFIs und deren Regulierung ist, davon abgesehen, nicht möglich. Denn bereits die Identifikationsmethoden bergen *regulierungsähnliche Anreize* für Banken.[251] Der Schwerpunkt der Analyse soll im Folgenden auf der Bestimmung von Systemrisiko von Banken bzw. der Identifikation von systemrelevanten Banken liegen, da die dazugehörigen Ansätze am *elaboriertesten* und zeitlich den Ansätzen für Nichtbank-Finanzinstitute *vorgeschaltet* worden sind.

5.1.1 Globale Systemrisiken – Bestimmung von global systemrelevanten Instituten

Auf internationaler Ebene hat sich für die Identifikation von systemrelevanten Banken (Global Systemically Important Banks, G-SIB) Stand heute der Ansatz des Finanzstabilitätsrates bzw.

---

[250] Vgl. zu „*measurement without theory*" Hansen (2014), besonders S. 17f.
[251] So käme beispielsweise die Identifikation von SIFIs ausschließlich anhand von Bilanzgrößenlimits (und mit deren Überschreitung verbundenen Regulierungsmaßnahmen) einer Größenregulierung de facto gleich.

des Basler Ausschusses für Bankenaufsicht durchgesetzt. Er findet Anwendung unter Basel III und wurde damit über die CRD IV, die Basel III umgesetzt hat, auch für die Europäische Bankenregulierung relevant. Über § 10 KWG (neu) hat diese Methodik Eingang in das *deutsche Bankaufsichtsrecht* gefunden.[252] Der Ansatz basiert auf *zwölf Indikatoren*, mit denen grenzüberschreitende Aktivitäten, Größe, Verflechtung, Ersetzbarkeit und Komplexität einer Bank erfasst werden (Tab. 22). Jeder Indikator setzt sich wiederum aus mehreren Sub-Indikatoren zusammen (im Falle des Größenindikators müssen beispielsweise die teilnehmenden Banken über 30 Sub-Indikatoren berichten[253]).

Tab. 22: Identifikation von systemrelevanten Finanzinstituten[254]
Diese Tabelle zeigt die Gewichtung der von FINANZSTABILITÄTSRAT, INTERNATIONALER WÄHRUNGSFONDS UND BANK FÜR INTERNATIONALEN ZAHLUNGSAUSGLEICH (2009) vorgeschlagenen und vom BASLER AUSSCHUSS FÜR BANKENAUFSICHT (2013) verwendeten Indikatoren zur Identifikation von systemrelevanten Finanzinstituten. *Für diese Aktiva gibt es keine Marktbewertung. Die Bewertung erfolgt durch bankinterne Modelle und ist daher wesentlich von den zugrunde liegenden Annahmen abhängig.

Kategorie	Einzelindikator	Indikatorgewicht in %
Grenzüberschreitende Aktivitäten	Grenzüberschreitende Forderungen	10.00
	Grenzüberschreitende Verbindlichkeiten	10.00
Größe	Gesamtengagement (entsprechend Def. Basel III)	20.00
Verflechtung	Vermögenswerte innerhalb des Finanzsystems	6.67
	Verbindlichkeiten innerhalb des Finanzsystems	6.67
	Ausstehende Wertpapiere	6.67
Ersetzbarkeit/ Infrastruktur	Verwahrte Vermögenswerte	6.67
	Zahlungsverkehrsaktivitäten	6.67
	Emissionen an Anleihe- und Aktienmärkten	6.67
Komplexität	Nominalwert außerbörslicher Derivate	6.67
	Aktiva der Stufe 3*	6.67
	Zu Handelszwecken gehaltene bzw. zur Veräußerung verfügbare Wertpapiere	6.67

Die nach Bilanzsumme weltweit 75 größten Banken werden hiernach jährlich auf Basis dieses Gewichtungsschemas gerankt. Für jede Bank i wird dazu der *Score* über alle zwölf Indikatoren j berechnet, indem der bankspezifische Wert (in EUR) durch die Summe über alle 75 Banken geteilt wird: $Score_{ij} = \frac{Indikatorwert_{ij}}{\sum_{i=1}^{75} Indikatorwert_{ij}}$.

Anschließend werden die *Score*-Werte mit den zugehörigen Faktorgewichten multipliziert und dann über alle 12 Faktoren aufsummiert, um den Total Score der Bank für Systemrelevanz zu ergeben. Die zugehörigen Daten der weltweit 30 größten Banken sind seit Ende 2014 öffentlich

---

[252] Vgl. Bundesanstalt für Finanzdienstleistungsaufsicht (2013), S. 30ff und für Nicht-Banken/-Versicherer-Finanzunternehmen Bundesanstalt für Finanzdienstleistungsaufsicht (2015), S. 24ff.
[253] Vgl. Europäische Bankenaufsichtsbehörde (2014b) mit einer Datenmaske.
[254] In Anlehnung an Basler Ausschuss für Bankenaufsicht (2013), S. 7.

5.1 Indikatorbasierte Ansätze

zugänglich. Zuvor waren dagegen nur die Endresultate der Scorings für die rund 30 ersten Banken im Ranking erhältlich, die entsprechend der nachfolgenden Tab. 23 bekanntgegeben wurden. Dabei werden die Banken, abhängig von ihrem Score-Rang vier (System-)Relevanzstufen (Buckets) zugeteilt. Je nach Relevanzstufe sind die Banken dann verpflichtet, zwischen einem und zweieinhalb Prozent zusätzliches hartes Kernkapital vorzuhalten. Eine höhere, fünfte Relevanzstufe ist zu Anreizzwecken angelegt, aber derzeit nicht belegt.[255]

Tab. 23: Ranking von systemrelevanten Finanzinstituten[256]
Diese Tabelle enthält die global systemrelevanten Banken (G-SIBs) laut Ankündigung des Finanzstabilitätsrates Ende November 2014.

Relevanz-stufe	G-SIBs (alphabetische Reihenfolge innerhalb einer Relevanzstufe)	
5	-	
4	HSBC	JP Morgan Chase
3	Barclays	Citigroup
	BNP Paribas	Deutsche Bank
2	Bank of America	Mitsubishi UFJ FG
	Credit Suisse	Morgan Stanley
	Goldman Sachs	Royal Bank of Scotland
	Crédit Agricole	UBS
1	Bank of China	Santander
	Bank of New York Mellon	Société Générale
	BBVA	Standard Chartered
	BPCE	State Street
	ICBC Limited	Sumitomo Mitsui
	ING Bank	UniCredit Group
	Mizuho FG	Wells Fargo
	Nordea	

Neben der *Intransparenz* (die Daten werden erst nach Veröffentlichung des Rankings und nur für die rund 30 G-SIBs publiziert) sind für die Kritik an diesem Ansatz hauptsächlich die *fehlende wissenschaftliche Fundierung der Indikatoren* und ihrer *Gewichtung* sowie deren *mangelnde weltweite Vergleichbarkeit* (aufgrund von abweichenden Rechnungslegungsstandards) verantwortlich. Auch könnten Manager von Banken gezielt versuchen, die Indikatoren für den Score-Wert zu niedrig auszuweisen. Positiv ist hervorzuheben, dass es sich um ein *erstes international anerkanntes* und *angewandtes Verfahren* handelt, Regulierer nationale Institute hier also nicht bevorzugen können (sofern davon ausgegangen werden kann, dass die Gremien der standardsetzenden Institutionen tatsächlich international besetzt sind). Trotzdem muss letztlich

---
[255] Vgl. ebd., S. 8-13.
[256] Eigene Berechnungen mit Daten aus Worldscope, Geschäftsberichten und Finanzstabilitätsrat (2013a).

betont werden, dass die Indikatorgewichtung – weil gekoppelt an eine konkrete Regulierung – indirekt die unternehmerischen Gestaltungsmöglichkeiten von Banken beschränkt.

Unabhängig von der aus betriebswirtschaftlicher Sicht geübten Kritik hat die vorgenannte Differenzierung von *SIFIs* und *Nicht-SIFIs* faktisch erhebliche Auswirkungen, da hieran Regulierungen ebenso festmachen wie Erwartungshaltungen und Handlungen von Marktteilnehmern, wie in den vorhergehenden Kapiteln thematisiert.

Für die als systemrelevant eingestuften Banken auf der Liste der Baseler Bankenaufseher dürfte die Nennung einerseits vorteilhaft sein, schließlich ähnelt dies einem offiziellen *Avis* gegenüber der Bank oder zumindest ihren schützenswerten Gläubigern, im Fall der Fälle staatlich gerettet zu werden.[257] Andererseits ist die Veröffentlichung der Liste global systemrelevanter Banken im Jahr 2011 und 2012 mit Entwürfen für eine *strengere Regulierung* von SIFIs verbunden gewesen. Die damit einhergehenden verschärften Eigenkapitalanforderungen sowie Berichtspflichten bedeuten aber regulierungsbedingt steigende Aufwendungen für die betroffenen Banken. Ob das Siegel der Systemrelevanz für Banken im Endeffekt von Vorteil ist, kann daher nicht eindeutig gesagt werden.[258]

5.1.2 Nationale Systemrisiken – Bestimmung von national systemrelevanten Instituten

Anders als der internationale Ansatz sind viele *nationale Methoden* zur Bestimmung von Systemrisiko bzw. systemrelevanten Finanzinstituten nicht primär quantitativ, sondern gleichsam *qualitativ* ausgerichtet. Auch hüten sich nationale Aufseher – anders als internationale Standardsetzer – in einigen Fällen davor, heimische Institute *öffentlich* als systemrelevant zu bezeichnen.[259] Die Gründe dafür wurden in Kapitel 3 und 4 analysiert. Zum einen reagieren Marktteilnehmer auf solche Ankündigungen mitunter entgegen der Intention des Regulierers mit einer *Aufwertung* und *laxerer Überwachung*. Zum anderen könnten Bankmanager ebenfalls zur *Ausweitung der Risikonahme* angereizt werden. Die Bestimmung nationaler SIFIs seitens der nationalen Regulierer hat einen praktischen Hintergrund. Sie dient als Instrumentarium zur

---

[257] Eine andere, realistische Reaktion wäre die Verstaatlichung der fallierenden Bank. Auch in diesem Fall dürfte die Mehrzahl der Gläubiger vor Verlusten geschützt sein.
[258] Vgl. Kleinow et al. (2014), S. 1587f.
[259] Vgl. am Beispiel Deutschlands o. V. (2012). In den USA ist von „bank holding companies" die Rede. Auf europäischer Ebene wird von „significant supervised entities" gesprochen.

5.1 Indikatorbasierte Ansätze 105

Identifikation derjenigen Institute, an die dann erhöhte Anforderungen an das Kapital, die Abwicklungspläne oder auch Stresstests gestellt werden können.

Für die Bankenregulierung in den USA ist primär nur ein Indikator, die *konsolidierte Bilanzsumme*, ausschlaggebend, damit eine Bank in die stärker regulierte Kategorie „*Bank Holding Company*" (BHC) fällt: "An entity that, (A) was a bank holding company having total consolidated assets equal to or greater than $50,000,000,000 [...]; and (B) received financial assistance under [...] the Troubled Asset Relief Program".[260] Unter diese Kategorie fallen per Ende 2014 in den USA 38 von insgesamt circa 6500 Banken.[261] Der US-Regulierer vermeidet an dieser Stelle die Bezeichnung „systemrelevant". Für diese Banken gelten verschärfte als auch zusätzliche Vorschriften, wie z.B. die Einhaltung der *Liquidity Coverage Ratio* und der *Net Stable Funding Ratio* (nach Basel III-Vorgaben) von der Nicht-BHCs in den USA bislang in dieser Form befreit sind[262], Erstellung eines *Abwicklungsplans* und erweiterte *Publizitätspflichten* (ausführlich Kapitel 7).[263]

Auch auf *europäischer Ebene* wird das *Attribut* systemrelevant vermieden. Trotzdem ist gleichsam eine mehr oder weniger formelle Methode zur Identifikation derjenigen Banken gesetzlich formuliert, die dann unter anderem dem Einheitlichen Bankenaufsichtsmechanismus (Single Supervisory Mechanism: SSM) unterstehen und z.B. am Stresstest der Europäischen Bankenaufsichtsbehörde teilnehmen müssen (ausführlich 7), namentlich „*Significant Supervised Entities*". Ein solches Institut kann „auf Grundlage der folgenden Kriterien als bedeutendes beaufsichtigtes Unternehmen eingestuft werden:

a) seiner Größe [falls die Bilanzsumme 30 Mrd. EUR übersteigt], oder

b) seiner Relevanz für die Wirtschaft der Union oder eines teilnehmenden Mitgliedstaats [falls die Bilanzsumme 20% des jeweiligen BIP übersteigt, gemessen auch an Ersetzbarkeit, Verflechtung], oder

c) seiner Bedeutung in Bezug auf die grenzüberschreitenden Tätigkeiten [unter anderem grenzüberschreitende Aktiva und Passiva], oder

---

[260] Sec. 117 Dodd-Frank Wall Street Reform and Consumer Protection Act.
[261] Eigene Berechnungen aus Daten von US Federal Deposit Insurance Corporation (FDIC) und Federal Financial Institutions Examination Council (FFIEC) (2015).
[262] Vgl. zur US-LCR-Einführung Deloitte (2014), vgl. zur US-NSFR-Einführung PriceWaterhouseCoopers (2014b).
[263] Vgl. Polk (2014), S. 1.

d) eines Antrags auf oder der Entgegennahme von direkter öffentlicher finanzieller Unterstützung durch den Europäischen Stabilitätsmechanismus (ESM), oder

e) der Tatsache, dass das beaufsichtigte Unternehmen, eines der drei bedeutendsten Kreditinstitute in einem teilnehmenden Mitgliedstaat ist".[264]

Auch wenn auf europäischer Ebene quantitative Kriterien überwiegen, ist der qualitative Charakter beim letzten Kriterium erkennbar. Unter diese Kategorie fielen z.b. im Rahmen des *Comprehensive Assesments* der EZB per Januar 2015 insgesamt 123 der über 5.500 Banken in Europa[265]. Unter diesen 123 Banken sind 21 deutsche Institute (Tab. 24).

Tab. 24: "Bedeutende beaufsichtigte Banken" laut Europäischer Zentralbank in Deutschland[266]

Diese Tabelle zeigt die 21 systemrelevanten Banken mit Sitz in Deutschland laut Ermittlung der EZB. Europaweit sind 123 Institute systemrelevant.

Aareal Bank	Landesbank Baden-Württemberg
Bayerische Landesbank	Landesbank Hessen-Thüringen Girozentrale
Commerzbank	Landeskreditbank Baden-Württemberg
DekaBank Deutsche Girozentrale	Landwirtschaftliche Rentenbank
Deutsche Apotheker- und Ärztebank	Münchener Hypothekenbank
Deutsche Bank	Norddeutsche Landesbank-Girozentrale
DZ Bank Deutsche Zentral-Geno.-Bank	NRW.Bank
Erwerbsgesellschaft der S-Finanzgruppe	SEB
HASPA Finanzholding	Volkswagen Financial Services
HSH Nordbank	WGZ Bank Westdeutsche Geno-Zentralb.
Hypo Real Estate Holding	

Die zuständigen *deutschen Institutionen Bundesbank* und *BaFin* ihrerseits umgehen eine eindeutige (quantifizierbare) Definition und Bestimmung von systemrelevanten Banken. Allein die Zahl der national systemrelevanten Institute wurde per Ende 2012 mit 36 angegeben.[267] Formal hat die *BaFin* in Art. 6 ihrer AufsichtsRL Folgendes festgelegt: „Systemrelevante Institute sind Institute, deren Bestandsgefährdung aufgrund ihrer Größe, der Intensität ihrer Interbankenbeziehungen und ihrer engen Verflechtung mit dem Ausland erhebliche negative Folgeeffekte bei andere Kreditinstituten auslösen und zu einer Instabilität des Finanzsystem führen könnte".

Einem Antwortschreiben des deutschen *Bundesfinanzministeriums* auf Fragen eines Bundestagsabgeordneten ist zu entnehmen, dass als Kriterien für national systemrelevante Institute

---

[264] Europäische Zentralbank (2014d), Teil IV, Titel 1 Art. 39 i.V.m. Titel 4 Art. 55-63.
[265] Daten vgl. Europäische Zentralbank (2015a) und Europäische Zentralbank (2015b).
[266] Vgl. Europäische Zentralbank (2015a).
[267] Vgl. o. V. (2012) und Deutscher Bundestag (2012), S. 5.

5.1 Indikatorbasierte Ansätze

Größe, Risikoeinschätzung und *Stimmigkeit von Geschäftsmodell* und *Risikostrategie* herangezogen werden.[268] Die Bestimmung der Systemrelevanz führen die Bundesbank und die BaFin gemeinsam durch. Dabei erfolgt eine Einteilung in *drei Relevanzstufen* (Stufe 1: niedrige, Stufe 2: mittlere, Stufe 3: hohe Auswirkung auf die Finanzstabilität): „Die Abgrenzung von Instituten mit niedriger Auswirkung (Stufe 1) und mittlerer Auswirkung (Stufe 2) auf die Finanzstabilität erfolgt über die Bilanzsumme, wobei die Grenzwerte für die Verbünde und Sektoren der Kreditwirtschaft differenziert werden. Institute sind in die Stufe 1 einzuordnen, wenn für die Bilanzsumme gilt:

- Genossenschaftssektor ≤ 2 Mrd. Euro
- Sparkassensektor, Kreditbanken und sonstige Institute ≤ 4 Mrd. Euro.

Neben der Bilanzsumme spielen bei der Abgrenzung zwischen den Stufen 2 und 3 insbesondere die Intensität der Interbankbeziehungen und die enge Verflechtung mit dem Ausland eine Rolle. Die Einstufung stellt auf die Institutsgruppe ab, wobei sie anschließend auf alle Institute der Gruppe angewandt wird. Die Entscheidung über die Einordnung einer Institutsgruppe in die Auswirkungsstufe 3 (systemrelevante Kreditinstitute im Sinne der Aufsichtsrichtlinie) treffen BaFin und Deutsche Bundesbank gemeinsam. Die Einstufung als global systemrelevantes Institut (G-SIFI) gemäß des Financial Stability Board (FSB)-Kriterienkatalogs begründet stets eine Einordnung in die Stufe 3".[269]

Der Standardsetzer auf internationaler Ebene, der Finanzstabilitätsrat, ist – nicht zuletzt getrieben von den Forderungen der *G 20*-Regierungschefs – auch darin bestrebt, eine Konvergenz der Konzepte für die Ermittlung von national systemrelevanten Banken (*Domestic Systemically Important Banks, D-SIB*), auf nationaler Ebene zu initiieren. Die in Zusammenarbeit mit dem Basler Ausschuss für Bankenaufsicht entworfene *D-SIB-Rahmenregelung*[270] ist daher am ehesten als *Ergänzung zur rechtskräftigen G-SIB-Rahmenregelung* zu verstehen, wobei der Fokus auf potentiellen, nationalen negativen Auswirkungen einer Bank in Notfall- bzw. Defaultsituation liegt. Grundsätzlich stützt sich die Beurteilung daher auf nationale Instanzen. Weil nationale SIFIs aber auch zum Problem für eine größere Gruppe von Ländern werden können, wird

---

[268] Vgl. ebd., S. 10f.
[269] Ebd., S. 5 und weiter heißt es darin: „Die Einstufung als global systemrelevantes Institut (G-SIFI) gemäß des Financial Stability Board (FSB)-Kriterienkatalogs begründet stets eine Einordnung in die Stufe systemrelevanter Kreditinstitute".
[270] Vgl. Basler Ausschuss für Bankenaufsicht (2012).

ein Mindestkatalog von Grundsätzen empfohlen, der grenzüberschreitende negative Externalitäten berücksichtigt und für ein „*level playing field*" in der Feststellung von Systemrelevanz sorgen soll. Die Grundsätze können folgendermaßen zusammengefasst werden: Nationale Aufseher

- legen eine Methodik fest, um zu bestimmen inwieweit Banken auf nationaler Ebene systemrelevant sind; dafür ist zu berücksichtigen:

    - das Bezugssystem: nationale Wirtschaft, konsolidierte Bankkonzernebene (keine Einzelfilialen oder Tochterunternehmen);
    - die potentielle Auswirkung bzw. Externalität eines Bankausfalls anhand von Größe, Verflechtung, Ersetzbarkeit/Infrastruktur, Komplexität;

- führen regelmäßige Bewertungen der Systemrelevanz von Banken durch;
- veröffentlichen einen Überblick über ihre Ermittlungsmethodik.

Die Bemessung von Systemrelevanz mittels der Indikatorverfahren (qualitativ/quantitativ) ist letztendlich *regulatorisch getrieben* und eher auf *Praktikabilität denn auf Vollständigkeit* angelegt. Dass gerade nach Ausbruch der Finanzkrise 2007 schnell der krisengetriebenen großen politischen bzw. regulatorischen Nachfrage nach „*etwas Messbarem*" für Systemrisiken entgegnet wurde, ist verständlich und, aufgrund der damit geschaffenen Nachvollziehbarkeit und Vergleichbarkeit diskretionärer Eingriffe, vorteilhaft. *Verlässliche Regeln* z.B. zur SIFI-Identifikation werden von Marktteilnehmern geschätzt und verringern Informationsasymmetrien sowie Friktionen. Eine allzu simpel gestaltete Systemrisikomessung täuscht allerdings Gewissheit vor und könnte letztlich kontraproduktiv wirken, wenn daraus *falsche Implikationen* abgeleitet werden. Würde man beispielsweise nur die Unternehmensgröße (Bilanzsumme) als Systemrisikoproxy verwenden, fiel die Relevanz kleiner, hoch vernetzter Marktteilnehmer womöglich nicht auf. Auch könnten die zu bewertenden Institutionen gezielt versuchen, die relevanten Systemrisikoindikatoren zu „schönigen" (*window dressing*). Aus diesem Grund sollten auf diesen ersten Formalisierungsschritt im nächsten Schritt solche Systemrisikomesszahlen eine verbindliche Verwendung finden, die sich im wissenschaftlichen Diskurs durchsetzen. Einen Überblick über den wissenschaftlichen Diskurs bietet daher der folgende Abschnitt zu den modellbasierten Ansätzen.

5.2 Modellbasierte Ansätze

5.2.1 Überblick

In der Wirtschaftswissenschaft haben sich verschiedene modellbasierte Messansätze etabliert, um systemische Risiken zu messen.[271] Die *erste Welle* der Veröffentlichungen (2009-2012) hat viele Vorschläge theoriebasierter Risikomessgrößen hervorgebracht. In der *zweiten Welle* (ungefähr seit 2013) werden die vorgeschlagen Messgrößen empirisch angewandt und in den meisten Fällen verfeinert. Es hat sich noch kein bestimmter Messstandard herausgebildet. Möglicherweise aus Grund: weil a) *verstreutes, asymmetrisches Wissen* zwangsläufig zu unterschiedlichen Verfahren führt und b) weil die *Diversifikation von Ansätzen* für einen wünschenswerten „*Wettbewerb*" sorgt.

Die Literatur zur Messung von Systemrisiko wird daher zunächst strukturiert dargestellt. Neben der strukturierten Darstellung von vorgeschlagenen Risikomessgrößen wird besonders auf Stärken und Schwächen, sowie Überlegungen zur Anwendung eingegangen. Die grundlegende Herausforderung stellt dabei die *Datenverfügbarkeit* dar. Beispielsweise wären Daten zur *Vernetzung (exposures, cash flows)* von Finanzinstitutionen hochinteressant. Die Verfügbarkeit einheitlicher Bankdaten ist allerdings beschränkt und die Messungen stützen sich zumeist auf *Marktpreisdaten* börsennotierter Wertpapiere (Aktien-/Anleihekurse, *credit spreads/credit derivatives*) der jeweiligen Banken. In seltenen Fällen werden (zusätzlich) *Bilanz- und GuV-Daten* zur Bemessung von Systemrelevanz herangezogen.[272] Zuletzt hat die Literatur auch den analytischen Wert (Reichhaltigkeit der Informationen) von Daten zu *Interbanknetzwerken* erkannt und erste Systemrisikokennzahlen unter Verwendung von Interbankenexposures bzw. Interbankenzahlungsströmen vorgeschlagen.[273]

---

[271] Vgl. Weistroffer (2011), S. 15 und Freixas/Laeven/Peydró (2015), besonders S. 163f. und 168.
[272] Vgl. bspw. Tabak/Fazio/Cajueiro (2013).
[273] Vgl. für aktuelle Beispiele empirisch orientierter Netzwerkmodelle m.w.N. Craig/Fecht/Tümer-Alkan (2015), Paltalidis et al. (2015), Lee (2013), Lenzu/Tedeschi (2012), Souza et al. (2015), Craig/Peter (2014).

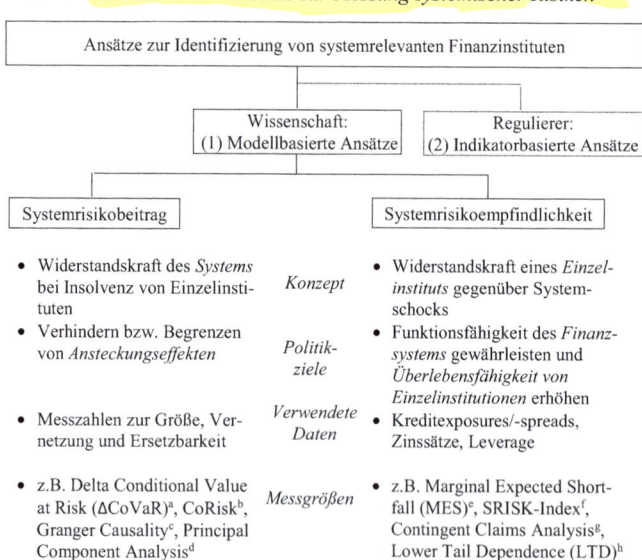

*Abb. 11: **Modellbasierte Ansätze zur Messung systemischer Risiken***

```
┌─────────────────────────────────────────────────────────────┐
│  Ansätze zur Identifizierung von systemrelevanten Finanzinstituten │
└─────────────────────────────────────────────────────────────┘
                │                              │
    ┌───────────────────────┐      ┌───────────────────────┐
    │     Wissenschaft:     │      │      Regulierer:      │
    │ (1) Modellbasierte    │      │ (2) Indikatorbasierte │
    │      Ansätze          │      │       Ansätze         │
    └───────────────────────┘      └───────────────────────┘
```

	Konzept	
Systemrisikobeitrag		Systemrisikoempfindlichkeit
• Widerstandskraft des *Systems* bei Insolvenz von Einzelinstituten		• Widerstandskraft eines *Einzelinstituts* gegenüber Systemschocks
• Verhindern bzw. Begrenzen von *Ansteckungseffekten*	Politikziele	• Funktionsfähigkeit des *Finanzsystems* gewährleisten und Überlebensfähigkeit von Einzelinstitutionen erhöhen
• Messzahlen zur Größe, Vernetzung und Ersetzbarkeit	Verwendete Daten	• Kreditexposures/-spreads, Zinssätze, Leverage
• z.B. Delta Conditional Value at Risk (ΔCoVaR)[a], CoRisk[b], Granger Causality[c], Principal Component Analysis[d]	Messgrößen	• z.B. Marginal Expected Shortfall (MES)[e], SRISK-Index[f], Contingent Claims Analysis[g], Lower Tail Dependence (LTD)[h]

Diese Abbildung gibt einen Überblick über die Methoden zur Identifikation von SIFIs mit besonderem Blick auf die Modellbasierten Ansätze aus der Wissenschaft. Im Detail für die Risikomessgrößen, vgl. [a]ADRIAN/BRUNNERMEIER (2014), [b]INTERNATIONALER WÄHRUNGSFONDS (2009), [c,d]BILLIO/GETMANSKY/LO/PELIZZON (2012), [e]ACHARYA/PEDERSEN/PHILIPPON/RICHARDSON (2011), [f]BROWNLEES/ENGLE (2012), [g]JOBST/GRAY (2013) [h]WEIß/BOSTANDZIC/NEUMANN (2014). Für eine umfassende Synopse vgl. BISIAS/FLOOD/LO/VALAVANIS (2012).

Die Vielfalt und Anzahl der Systemrisikomessgrößen ist in den letzten Jahren gestiegen[274]. Angelehnt an das in 2.1.1 erarbeitete Begriffsverständnis von Systemrisiko kann die Literatur in die beiden Strömungen (1) *Systemrisikobeitrag* und (2) *Systemrisikoempfindlichkeit* eingeteilt werden (zur graphischen Veranschaulichung auch Abb. 2).

(1) Der Systemrisikobeitrag erfasst den Einfluss einer Bank in einer finanziellen Notlage auf das gesamte (Finanz-)System. Beispielsweise kann dazu die Preisentwicklung eines (Finanz-)Index an den Tagen der schlechtesten Entwicklung einer bestimmten Bankaktie betrachtet werden. Eine Messgröße dafür ist der von ADRIAN/BRUNNERMEIER (2014) vorgeschlagene CoVaR (*Conditional Value at Risk*).

---

[274] Bisias et al. (2012) liefern eine Studie zu 31 Systemrisikomessgrößen inklusive Matlab-Programmcodes.

5.2 Modellbasierte Ansätze

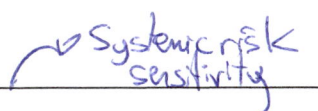

[handwritten annotation: Systemic risk / Sensitivity]

(2) Bei der Systemrisikoempfindlichkeit wird umgekehrt gemessen, wie stark eine Bank von einem negativen Schock im (Finanz-)System voraussichtlich beeinträchtigt wird. Analog könnte dafür die Preisentwicklung einer bestimmten Bankaktie an den Tagen der schlechtesten Entwicklung eines (Finanz-)Index betrachtet werden. Eine Messgröße dafür ist der von ACHARYA/PEDERSEN/PHILIPPON/RICHARDSON (2011) vorgeschlagene MES (*Marginal Expected Shortfall*).

Die Abb. 11 unterscheidet beide Herangehensweisen anhand zentraler Charakteristika.

In der Wissenschaft besteht insbesondere deshalb noch kein Konsens über die beste Messmethode[275], weil externe Analysten, die weder einer SIFI- noch einer Regulierungsinstitution angehören, naturgemäß an Informationsdefizite haben während „the most useful measures for systemic risk may be *ones that have yet to be tried* because they require proprietary data only regulators can obtain"[276]. Weitere Systemrisikomessgrößen sind aufgrund von zunehmenden Berichtspflichten für Finanzinstitutionen gegenüber nationalen Regulierern und Fortschritte in der Datenverarbeitung zu erwarten. Im Folgenden werden unterschiedliche bestehende Ansätze zur Messung von Systemrisiko bewertet.

5.2.2 Systemrisikobeitrag

Im Falle der Messung des Systemrisiko*beitrags* wird grundsätzlich davon ausgegangen, dass ein individueller Schock, der eine *einzelne Bank* trifft, der *Auslöser* für systemische Ansteckungseffekte ist (*Bottom-up-Ansatz*).[277] Wie eine einzelne Finanzinstitution zu Systemrisiko beiträgt, steht im Mittelpunkt der Untersuchung. Ein bankindividueller Schock kann dabei beispielsweise der (unzureichend durch Risikovorsorge gedeckte) Ausfall eines bedeutenden

---

[275] Vgl. Freixas/Laeven/Peydró (2015), S. 166: „A challenge to comparing different empirical measures of systemic risk is that their definitions vary considerably. Several competing definitions of systemic risk have been put forward in the literature and no universal consensus has emerged yet. The common feature shared by most systemic risk definitions is the risk that can put in jeopardy the functioning of the entire financial system and that generates substantial negative externalities to the real economy".
[276] Bisias et al. (2012), S. 257.
[277] Vgl. Kaufman (2000), S. 14: „Systemic risk refers to the risk or probability of breakdowns (losses) in an entire system as opposed to breakdowns in individual parts or components and is evidenced by comovements (correlation) among most or all the parts".

Schuldners oder ein hoher Verlust im Eigenhandel sein.[278] Im Zentrum des Ansatzes vom Systemrisikobeitrag steht nun der (potentielle) Einfluss einer bestimmten, vermeintlich oder wahrhaftig in einer Notlage befindlichen Bank. Die Systemrisikokennzahlen versuchen daher den *Grad und die Wahrscheinlichkeit einer Ansteckung weiterer Banken*, d.h. für die *Risikoübertragung durch die Bank*, zu messen. In den meisten Fällen stehen dafür keine *Strömungs- (Cashflows etc.)* sondern lediglich *Bestandsgrößen (Exposures, Wertpapierpreise)* zur Verfügung. Populäre Anwendungen des Systemrisikobeitrag-Ansatzes finden sich beispielsweise in folgenden Kennzahlen:

a) Der *Conditional-Value-at-Risk* (CoVar) von ADRIAN/BRUNNERMEIER (2014) misst den *marginalen Beitrag* einer bestimmten Institution (nicht im kausalem Zusammenhang) zum gesamten Systemrisiko über *Quantilregressionen* und liefert gute Schätzwerte für korrelierte Verluste.

b) *CoRisk* von CHAN-LAU (2010b) analysiert die *Extremwertverteilung* für die Ausfälle von Paaren von Institutionen, oder – mit anderen Worten – analysiert wie das Ausfallrisiko einer Institution von dem einer anderen beeinflusst wird. *CoRisk* ist sehr gut anzuwenden. Es mangelt bei der Kennzahl allerdings an einem theoretischen Fundament.[279]

c) Der Anstaz der *Granger-Kausalität* misst die *Art* und *Richtung von Kausalitätsbeziehungen* von Preisentwicklungen von Wertpapieren, die von Finanzinstitutionen emittiert werden. Diese Messgröße für Interbankennetzwerke stammt aus der Graphentheorie, ein Teil der diskreten Mathematik in welchem immer zwei abstrakte Knotenpunkte über eine Kante verbunden sind, die eine bestimmte Art von Beziehung zwischen den beiden Knoten darstellt.[280]

d) Die *Hauptkomponentenanalyse* (Principal Component Analysis, PCA) ist eine Technik mit der *asset returns* von einem Sample von Finanzinstitutionen in Verbindungen untereinander dechiffriert werden können. Bei dieser Messgröße zur Verbundenheit (*connectedness*) fehlt zwar auch größtenteils ein theoretisches Fundament, dafür gibt sie aber ein

---

[278] Insbesondere für hohe Verluste im Eigenhandel, die – ausgelöst von einzelnen, kriminell agierenden Händlern – Großbanken in Notlagen bringen können, gibt es viele (un)rühmliche, öffentlich bekannte Beispiele, wie z.B. zuletzt Kweku Adoboli (UBS, 2.3 Mrd. USD), Jérôme Kerviel (Société Générale, 5 Mrd. EUR) und in den 1990ern Nick Leeson (Barings Bank, 0.825 Mrd. GBP), vgl. für weitere Details mit besonderem Blick auf bankinterne Anreizsysteme ("Yes, I did it – but all I wanted was a bonus.") Pikulina et al. (2014).
[279] Vgl. Internationaler Währungsfonds (2009) und Chan-Lau (2010a).
[280] Vgl. Bisias et al. (2012), S. 277.

gutes Bild von den Verbindungen zwischen Firmen und aggregiert diese Informationen gut.[281]

Umgekehrt wird in wissenschaftlichen Aufsätzen zur Systemrisikoempfindlichkeit versucht, Systemrisiko als Ausmaß zu bestimmen, in welchem eine einzelne Institution von einem systemischen Schock erfasst wird.

5.2.3 Systemrisikoempfindlichkeit

Im Falle der Messung der Systemrisiko*empfindlichkei*t wird grundsätzlich davon ausgegangen, dass ein makroökonomischer Schock, der das *gesamte Bankensystem* trifft, der *Auslöser* für systemische Ansteckungseffekte ist (*Top-down-Ansatz*). Inwiefern eine einzelne Finanzinstitution von Systemrisiko betroffen ist, steht im Mittelpunkt der Untersuchung. Ein makroökonomischer, systemischer Schock kann dabei beispielsweise die Änderung eines Leitzinses, von Wechselkursen oder eine Naturkatastrophe sein.[282] Im Zentrum des Ansatzes der Systemrisikoempfindlichkeit steht dann der (potentielle) Einfluss dieses Schocks auf die einzelnen Institutionen des Finanzsystems. Die Systemrisikokennzahlen versuchen daher den *Grad der Empfindlichkeit* einer Bank und die Wahrscheinlichkeit einer Reaktion auf diesen negativen externen Effekt, d.h. für die Risikoübertragung auf die Bank, zu messen. Die dafür verwendeten Daten umfassen unter anderem *Kredit-Exposures/Spreads, Zinssätze, Verschuldungsgrade* und *Liquiditätspuffer*. Das Verständnis dieses Ansatzes basiert auf der Gewährleistung der Funktionstüchtigkeit des (Finanz-)Systems in seiner Gesamtheit und dem Fortbestehen aller Institutionen. Geläufige Anwendungen des Systemrisikoempfindlichkeit-Ansatzes sind folgende Kennzahlen:

e) Der *Marginal Expected Shortfall* (MES) von ACHARYA/PEDERSEN/PHILIPPON/RICHARDSON (2011) bestimmt das Systemrisikoniveau durch die Messung der Wertverluste eines Unternehmens dessen Aktien börslich gehandelt werden (ausgedrückt als negative Aktienrenditen), an den *x-% Tagen* (x-Quantil), an denen sich das (Finanz-)System in seiner Gesamtheit am schlechtesten entwickelt.[283]

---

[281] Vgl. Billio et al. (2012).
[282] Vgl. Wewel (2014), S. 112 „der in diesem Zusammenhang der Frage nachgeht: „Are earthquakes less contagious than bank failures?". Vgl. zur Rolle von geldpolitischen Entscheidungen bei Systemrisiken die Reden von Taylor (2009) und Rosengren (2010).
[283] Acharya et al. (2011), S. 1f.

f) *SRISK*, vorgeschlagen von BROWNLEES/ENGLE (2012), ist ein Systemrisiko-Index und umfasst den Leverage, die Größe und den MES einer Institution. Der Index soll Aussagen über den Refinanzierungsbedarf einer Finanzinstitution im Falle einer Finanzkrise ermöglichen.[284]

g) Die *Contingent Claims Analysis* misst systemisches Solvenzrisiko basierend auf marktimplizierten Expected Losses von Finanzinstitutionen. Dafür werden bedingte Wahrscheinlichkeiten des gleichzeitigen Ausfalls mehrerer Unternehmen geschätzt. Für diese Messgröße sind zusätzliche Informationen zur Vermögens- und Schuldenseite der analysierten Unternehmen notwendig.[285]

h) Die *Lower Tail Dependence* (LTD) misst für eine einzelne Finanzinstitution die Neigung, dass sie mit dem Gesamtmarkt gemeinsame extreme negative Effekte (gemessen als Renditen) verzeichnet.[286]

Die Aussagekraft und Vergleichbarkeit der Systemrisikomessgrößen ist bisher kaum in der Literatur zu Systemrisiken thematisiert worden. KLEINOW/MOREIRA/STROBL/VÄHÄMAA (2015) messen und vergleichen die Systemrisikomessgrößen (CoVaR, CoRisk, MES, LTD) für mehrere Finanzsubsektoren in den USA von 2005 bis 2014. Die Aussagen der Ergebnisse für die Messgrößen sind oft nicht miteinander vereinbar. Ähnliches stellen in einer empirischen Arbeit auch BOUCHER/LUBACHINSKY/MAILLET (2015) fest, wenn sie resümieren, dass "the empirical comparison of systemic risk measures shows that the *information they included is quite heterogeneous*"[287]. In den folgenden beiden Abschnitten 5.3 und 5.4 werden zwei neue Systemrisikomessgrößen ausgearbeitet und empirisch getestet.

---

[284] Kritisch zur Anwendung der SRISK-Messgröße vgl. Tavolaro/Visnovsky (2014), S. 1: "First, the SRISK is based on market return data: consequently, it applies only to listed institutions and is exposed to criticisms as to which extent it can mirror fundamentals. Second, the SRISK seems to lack sound foundations for policy analysis: with a reduced-form approach, conclusions regarding causality are not obvious from an economic point of view. Moreover the SRISK is a conditional measure to an event whose likelihood is not integrated in the framework. Third, empirical analyses of SRISK as a supervisory tool, used for instance to identify systemic financial institutions (SIFIs) or as an early-warning indicator, have shown some limited perspectives".
[285] Vgl. Jobst/Gray (2013).
[286] Vgl. Weiß/Bostandzic/Neumann (2014), S. 81f.
[287] Boucher/Lubachinsky/Maillet (2015), S. 14 (Hervorhebung hinzugefügt).

5.3 Entwicklung eines Systemic Risk Index

5.3.1 Theoretische Grundlagen

In diesem Abschnitt wird eine neue Systemrisikomessgröße vorgestellt, die die in Abschnitt 5.2 beschriebenen Risikomessansätze (Systemrisikobeitrag und -empfindlichkeit[288]) aufgreift. Die vorgeschlagene Systemrisikomessgröße, S*ystemic Risk Index (SRI)*, erfasst beides gleichermaßen. Dazu werden die Korrelationen von Bankaktien in Extremsituationen (*co-tail dependence*) analysiert. Die größte Verwandtschaft – aus methodischer Sicht – hat die im Folgenden vorgeschlagene Systemrisikomessgröße zu den Ansätzen von ADRIAN/BRUNNERMEIER (2014) und ACHARYA/PEDERSEN/PHILIPPON/ RICHARDSON (2011). Wenn das Bankensystem in eine Schieflage gerät, breiten sich *Verluste* und *Liquiditätsengpässe* von einer Bank auf andere aus und schädigen letztlich das Bankensystem als Ganzes.[289] Um die Rolle einer einzelnen Bank in einem engmaschigen und damit *kontagiösen Netzwerk* zu analysieren, schlagen ADRIAN/BRUNNERMEIER (2014) den *CoVaR* vor, welcher den Value at Risk (VaR) des Bankensystems im Falle der Notlage einer einzelnen Bank misst. Der *CoVaR* folgt damit dem *Systemrisikobeitrag-Ansatz*: Er soll das bankspezifische Potential für die Ausbreitung einer finanziellen Notlage von einer Institution i auf das gesamte Bankensystem *Sys* über die *Co-Abhängigkeit* des Finanzsystems und den Aktien der Institution messen. Der *CoVaR* erfasst Co-Abhängigkeiten in Extremsituationen allerdings nicht zufriedenstellend, weil er die Beobachtungswerte am Rand der Verteilung ignoriert.[290]

5.3.1.1 Messung des Systemrisikobeitrags

Konzeptionell wird mit der im Folgenden hergeleiteten Messgröße für den Systemrisikobeitrag *(Systemic Risk Contribution, SRC)* dem *CoVaR*-Ansatz weitgehend gefolgt. Allerdings werden die Schwächen des *CoVaR* (Nichtberücksichtigung der Daten in den „Tails") umgangen, indem die Co-Abhängigkeit von Renditen des Bankensystems und Renditen individueller Banken innerhalb der Extrembereiche von Verteilungen umfangreicher berücksichtigt werden.

---

[288] Vgl. Guerra et al. (2013) und Bongini/Nieri, (2014). Die Vielfalt von Systemrisikomessgrößen wächst schnell: Bisias et al. (2012) und Billio et al. (2012) geben einen Überblick über die Systemrisikomessgrößen in der Literatur.
[289] Vgl. Hauptmann/Zagst (2011).
[290] Diese Kritik ähnelt der grundsätzlichen Kritik am *VaR* (*Orientierung an Vergangenheitswerten*; Ausblenden von dem, was in den „Tails" geschieht; *Empfindlichkeit* gegenüber Modellspezifikationen). Als Antwort auf die Kritik und die schlechten Erfahrungen mit dem VaR wurden viele Erweiterungen vorgeschlagen.

Der VaR_q^i – der Value at Risk der Aktien einer Institution mit der Rendite r^i – wird implizit als das q-Quantil definiert: $P(r^i \leq VaR_q^i) = q$. Es misst die niedrigste Rendite r^i für die Aktien einer Institution im 1-q%-Konfidenzintervall für einen bestimmten Zeitraum (üblicherweise ein Jahr). Der Systemrisikobeitrag – SRC_q^i – ergibt sich daher als die durchschnittliche Rendite des Bankensystems *Sys* im Verhältnis zur Rendite *i* unter der Bedingung, dass die Rendite r^i der Institution ihren Value at Risk (VaR_q^i) unterschreitet:

$$SRC_q^i := E\left[\frac{r^{Sys}}{r^i}\bigg| r^i \leq VaR_q^i\right] = E\left[\frac{r^{Sys}}{r^i}\bigg| r^i_q\right].$$

mit r^{Sys} als der Rendite des Bankensystems.

Allgemein definiert, misst der SRC_q^i die *Reaktion des Bankensystems an den q% „schlimmsten" Tagen für die Aktien einer Bank* innerhalb eines Jahres. Mit anderen Worten bedeutet beispielsweise ein $SRC_{5\%}^i$ in Höhe von 0.5, dass die durchschnittliche Rendite des Bankensystems r^{Sys} in einer positiven Abhängigkeit (Koeffizient 0.5) zu den Renditen der Aktie einer Bank r^i steht, wenn die Verluste der entsprechenden Institution ihre *VaR*-Grenze überschreiten. Einfach gesprochen: Wenn der Wert der Aktien einer Institution beispielsweise durchschnittlich um 6% während ihrer 5% schlimmsten Tage fällt, beträgt der geschätzte Wertverlust der Aktien an diesen Tagen im Bankensystem 3%. Da mit der Messgröße *extreme Negativsituationen* betrachtet werden, nehmen r^i und insbesondere r^{Sys} in der Regel negative Werte an. Für den (theoretisch möglichen, empirisch seltenen) Fall unterschiedlicher Vorzeichen in Zähler und Nenner behält die Messgröße ihre Berechtigung. Negative Werte für SRC_q^i sind ein Indikator für *systemrisikomindernde Effekte* einer Bank i. Theoretisch denkbar ist zudem, dass der Nenner bei $\frac{r^{Sys}}{r^i}$ Werte von Null annimmt, wodurch der Quotient nicht lösbar wäre. Empirisch dürfte das untere 5%-Quantil der Renditen der Aktien einer untersuchten Bank innerhalb eines Jahres kaum genau diesen Wert annehmen.

5.3.1.2 Messung der Systemrisikoempfindlichkeit

Die Messgröße für die Systemrisikoempfindlichkeit (*Systemic Risk Sensitivity, SRS*) folgt dem *Systemrisikoempfindlichkeit-Ansatz*: Es erfasst die Rendite einer einzelnen Institution *i*, wenn sich das gesamte Bankensystem *Sys* in einer Notlage befindet. Die vorgeschlagene SRS ist sehr eng mit dem Marginal Expected Shortfall (*MES*) verwandt, der in ACHARYA/PEDERSEN/PHILIPPON/RICHARDSON (2011) angewandt wird. Anstelle absolute Werte zu erfassen, setzt die *SRS*

5.3 Entwicklung eines Systemic Risk Index

Verluste einer Institution ins Verhältnis zu den Verlusten bzw. negativen Aktienrenditen im gesamten Bankensystem. Außerdem übertrifft dadurch die *SRS* letztlich die Aussagekraft des *MES*, weil die Co-Abhängigkeit einer einzelnen Institution und dem gesamten Bankensystem in Extremsituationen besser abgebildet wird. Analog zum SRC_q^i, wird mit der SRS_q^i die durchschnittliche Rendite einer Bank i im Verhältnis zum Bankensystem *Sys* gemessen, unter der Bedingung dass die Rendite des Bankensystems r^{Sys} die Value at Risk-Schwelle VaR_q^{Sys} unterschreitet.

$$SRS_q^i := E\left[\frac{r^i}{r^{Sys}}\middle| r^{Sys} \leq VaR_q^{Sys}\right] = E\left[\frac{r^i}{r^{Sys}}\middle| r^{Sys}{}_q\right].$$

Ein $SRS_{5\%}^i$ von 0.5 würde bedeuten, dass die durchschnittliche Rendite einer entsprechenden Institution r^i positiv (entsprechend dem Koeffizienten 0.5) mit der Rendite des Bankensystems r^{Sys} verbunden wäre, wenn die Verluste im Bankensystem ihren *VaR*-Grenzwert überschreiten. Anders ausgedrückt, wäre bei einem durchschnittlich Preisverfall der beobachteten Aktien eines Bankensystems an den schlimmsten 5% Tagen eines Jahres um beispielsweise 6% zu erwarten, dass die Aktien der einzelnen Institution sich an ebendiesen Tagen um 3% verbilligten.

5.3.2 Design der Systemrisiko-Kennzahl

Im letzten Schritt werden der SRC_q^i und SRS_q^i gemittelt, um den *Systemrisikoindex* SRI_q^i (*Systemic Risk Index*) für Finanzinstitutionen zu erhalten, welcher beide Richtungen von Risikoübertragung und Ansteckung gleichermaßen berücksichtigt[291]:

$$SRI_q^i := \frac{SRC_q^i + SRS_q^i}{2}. \qquad (3)$$

Im restlichen Verlauf dieser Arbeit wird für q das 5%-Quantil verwendet[292] und die Bezeichnung zu SRI^i vereinfacht. Der *Systemrisikoindex* SRI^i vereint die praktischen Anforderungen von Regulierern und die theoretischen Modelle zur systemischen Relevanz von Finanzinstitutionen. Der Index drückt zum einen aus, wie eine einzelne Institution das Finanzsystem beeinflussen kann und zum anderen, wie diese Institution von ihm in Extremsituationen beeinträchtig

---

[291] Weil der *SRI* als ein *Index* verstanden wird, werden *SRC* und *SRS* gleich gewichtet. Anstelle des arithmetischen könnten allerdings auch andere Gewichtungen, wie z.B. ein *geometrischer Mittelwert* angewendet werden. In diesen Fällen dürfte allerdings die *ökonomische Interpretationsmöglichkeit* des SRI nicht verbessert werden.

[292] Auch andere, insbesondere kleinere Quantile wurden in Robustheitstests angewendet. Die Resultate werden davon allerdings nur unwesentlich beeinflusst. Auch Adrian/Brunnermeier (2014), S. 19 „largely find results to be qualitatively similar for the 99% and the 95% quantiles".

wird. Nicht zuletzt basiert der *SRI* auf der bekannten, statistischen Risikomessgröße VaR und seine Ergebnisse lassen eine Interpretation aus ökonomischer Sicht zu.

5.3.3 Daten und Empirische Ergebnisse

Am Anfang der Bemessung von Systemrisiken steht die Auswahl eines repräsentativen Samples europäischer Banken. Als eine prüffähige Gruppe potentiell systemrelevanter Banken in der Europäischen Union werden diejenigen Banken in Betracht gezogen, die von der *Europäischen Bankenaufsichtsbehörde* (EBA) im Ende 2014 einem *Stresstest*[293] unterzogen wurden. Die Auswahl seitens der EBA erfolgte auf Basis quantitativer und qualitativer Kriterien die für die seitens der EZB überwachten „significant supervised entities" (5.1.2) gelten, was für die Annahme spricht, dass es sich bei der Auswahl um systemrelevante Banken handelt. Dazu gehört unter anderem das *Bilanzvolumen*, die *Bedeutung für die Wirtschaft des Mitgliedslandes* in dem die jeweilige Bankgruppe ihren Sitz hat, ihr *Maß an grenzüberschreitenden Aktivitäten* und die Frage, ob die jeweilige Bank *öffentliche finanzielle Hilfe* beantragt oder erhalten hat[294]. Diese Ausgangsgruppe umfasst 123 Bank(grupp)en aus 22 Ländern.[295] Um das Systemrisiko jeder Bank zu ermitteln, werden Aktienkurszeitreihen der öffentlich gelisteten Banken aus dem EBA-Sample über *Thomson Reuters Financial Datastream* für die Jahre 2007-2012[296] bezogen. Aufgrund unterschiedlicher Gründe sind viele der Banken allerdings nicht öffentlich gelistet oder es besteht im Grunde kein Handel für die Aktien. Die Aktienpreise letzterer Banken liegen oft über längere Zeit konstant und Handlungsvolumina sind nur geringfügig über Null. Nach zusätzlicher Herausnahme der Bankaktien mit Nullrenditen an über 25% der Handelstage in einem der betrachteten Jahre verbleiben rund 60 Banken für jedes Beobachtungsjahr.

---

[293] Für eine Eventstudie zum EBA-Stresstest 2014 vgl. 7.3.3.
[294] Die geringfügig neuere, kürzere Liste der von der EZB überwachten, "*signifikanten*" Banken vom September 2014 gleicht der EBA-Liste bis auf wenige Ausnahmen, vgl. Europäische Zentralbank (2014f). Diese Liste wird nicht verwendet, weil sie keine britischen Banken enthält.
[295] Namentlich Belgien, Dänemark, Deutschland, Finnland, Frankreich, Griechenland, Irland, Italien, Lettland, Luxemburg, Malta, die Niederlande, Norwegen, Österreich, Polen, Portugal, Slowenien, Spanien, Schweden, Ungarn, Vereinigtes Königreich, Zypern.
[296] Die Verwendung (noch) aktuellerer Kurszeitreihen (2013, 2014) war zum Zeitpunkt der Datensammlung (Q2/2014) noch nicht möglich, weil die dazugehörigen Makrovariablen in den meisten Fällen nur bis 2012 zur Verfügung standen.

5.3 Entwicklung eines Systemic Risk Index

Tab. 25: Untersuchte europäische Banken im Zeitverlauf
Diese Tabelle zeigt die Anzahl der untersuchten europäischen Banken im Zeitverlauf. Die leichte Variation entsteht durch unterschiedliche Datenverfügbarkeit und mit (Quasi-)Verstaatlichungen einiger Institute im Verlauf der Finanzkrise ab 2007.

Jahr	2007	2008	2009	2010	2011	2012	Total
Banken	56	58	56	57	54	53	334

Fehlende oder *inkonsistente Daten zum Rechnungswesen* machen die Herausnahme weiterer Banken notwendig,[297] sodass letztlich ein Gesamtsample (als *unbalanced* Panel, d.h. es gibt fehlende Werte für mindestens eine Untersuchungseinheit zu mindestens einem Zeitpunkt) von *334 Bankbeobachtungen* für die Periode von 2007 bis 2012 zur Verfügung steht (Tab. 25). Im dem Sample sind 14 der 25 europäischen Banken enthalten, die im Oktober 2014 durch den Stresstest der EBA gefallen sind.[298] Das Gesamtsample als *balanced* Panel (d.h. Daten sind für alle Untersuchungseinheiten zu allen Zeitpunkten verfügbar) mit *294 beobachteten Banken* wird für den Test auf *Robustheit der Ergebnisse* verwendet. In der Gruppe der analysierten Banken (Tab. 26) sind auffällig viele italienische Banken enthalten. Dies deckt sich mit den Samples anderer Studien zum europäischen Bankensektor.[299]

---

[297] Es wird versucht, auffällige Lücken (z.B. Rückstellungen fehlen für eine bestimmte Bank nur für ein bestimmtes Jahr) in den Rechnungslegungsdaten durch eine individuelle *Suche im jeweiligen Jahresabschlussbericht* der Bank zu füllen. In einigen Fällen gelingt dies allerdings nicht, weshalb die Resultate verzerrt sein könnten, vgl. Flannery/Kwan/Nimalendran (2013). In einer Studie zu Bankundurchsichtigkeit (*bank opaqueness*) finden Mendonça/Galvão/Loures (2013) heraus, dass zunehmende Informations- und Publizitätsbereitschaft von Banken zu einem gesunden Bankensystem und weniger Finanzkrisen führen.
[298] Vgl. Europäische Bankenaufsichtsbehörde (2014e) und für eine ausführliche Analyse der Marktreaktionen auf die Testergebnisse Horsch/Kleinow (2015).
[299] Für aktuelle Beispiele vgl. Flannery/Giacomini (2015), S. 240; Beccalli/Anolli/Borello (2015), S. 236; Chan-Lau/Liu/Schmittmann (2015), S. 169.

Tab. 26: Europäisches Bankensample im Detail
Diese Tabelle gibt einen Überblick über die Banken im Sample, inklusive der Länder in welchen die jeweilige Bank ihren Sitz hat. Diejenigen Banken, die Ende 2014 den Stresstest der Europäischen Bankenaufsichtsbehörde nicht bestanden haben, sind mit *gekennzeichnet.

Sitzstaat	Bank	Sitzstaat	Bank
Belgien	Dexia*	Italien	Banco Popolare*
Belgien	KBC Group	Italien	Banca Popolare di Sondrio*
Dänemark	Danske Bank	Italien	Credito Emiliano
Dänemark	Jyske Bank	Italien	Intesa Sanpaolo
Dänemark	Sydbank	Italien	Mediobanca
Deutschland	Aareal Bank	Italien	UniCredit
Deutschland	Commerzbank	Italien	Unione Di Banche Italiane
Deutschland	Deutsche Bank	Malta	Bank of Valletta
Deutschland	Hypo Real Estate Hold.	Niederlande	ABN AMRO Bank
Deutschland	IKB Deutsche Industrieb.	Niederlande	ING Bank
Deutschland	Landesbank Berlin Hold.	Österreich	Erste Group Bank
Finnland	OP-Pohjola Group	Polen	BANK BPH
Frankreich	BNP Paribas	Polen	Bank Handlowy w Warszawie
Frankreich	Groupe Crédit Agricole	Polen	Getin Boble Bank
Frankreich	Société Générale	Polen	PKO Bank Polski
Griechenland	Alpha Bank	Portugal	Banco BPI
Griechenland	Eurobank Ergasias*	Portugal	Banco Comercial Português*
Griechenland	National Bank of Greece*	Portugal	Espírito Santo Financial Group
Griechenland	Piraeus Bank*	Schweden	Nordea Bank
Großbrit.	Barclays	Schweden	Skandinav. Enskilda B. (SEB)
Großbrit.	HSBC Holdings	Schweden	Svenska Handelsbanken
Großbrit.	Lloyds Banking Group	Schweden	Swedbank
Großbrit.	Royal Bank of Scotland Group	Spanien	BBVA
Irland	Allied Irish Bank	Spanien	Banco de Sabadell
Irland	Bank of Ireland	Spanien	Banco Popular Español
Irland	Permanent TSB*	Spanien	Banco Santander
Italien	Banca Carige*	Spanien	Bankinter
Italien	B. Monte dei Paschi di Siena*	Ungarn	OTP Bank
Italien	B. Piccolo Cred. Valtellinese*	Zypern	Bank of Cyprus
Italien	B. Pop. Dell'Emilia Romagna*	Zypern	Hellenic Bank Public*
Italien	Banca Popolare Di Milano*		

Zunächst wird der *SRI* für alle Banken des Samples berechnet. Die Verteilungsergebnisse (Tab. 27) zeigen, dass der Median des Systemrisikobeitrags *SRC* am höchsten im Jahr 2008 war, aber dann bis 2012 sank (mit der Ausnahme von 2010). Der *SRC* zeigt damit, dass europäische Banken weniger „einflussreich" geworden sind. Die Kehrseite sind allerdings steigende Werte für die Systemrisikoempfindlichkeit *SRS*, welche zwischen 2007 und 2012 steigt (mit Ausnahme von 2009 und 2011). Das zeigt, dass die *Kontagiosität* (Ansteckungsgefahr) zwischen Banken steigt. Die Gesamtkennzahl Systemrisikoindex (*SRI*) verdeutlicht, dass die höchsten Systemrisikoniveaus für die Jahre 2010 bis 2012 und somit während der *europäischen Staatsschuldenkrise* beobachtet werden können.

5.3 Entwicklung eines Systemic Risk Index

Tab. 27: Systemrisiko europäischer Banken

Diese Tabelle zeigt deskriptive Statistiken zur Verteilung des Systemrisikobeitrags (*SRC*), der Systemrisikoempfindlichkeit (*SRS*) und dem Systemrisikoindex (*SRI*) einer Bank, welche im weiteren Verlauf (Kap. 6) als abhängige Variable in den Panelregressionen verwendet werden.

Jahr	Banken	Systemrisikobeitrag (SRC)				Systemrisikoempfindlichkeit (SRS)				Systemrisikoindex (SRI)			
		Med.	Std. Abw.	Min	Max	Med.	Std. Abw.	Min	Max	Med.	Std. Abw.	Min	Max
2007	56	0.528	0.213	0.015	0.949	0.853	0.341	0.001	2.074	0.743	0.196	0.054	1.104
2008	58	0.580	0.228	0.134	1.265	0.914	0.345	0.120	1.830	0.755	0.160	0.127	1.049
2009	56	0.482	0.271	0.096	1.033	0.838	0.457	0.251	2.194	0.765	0.222	0.242	1.207
2010	57	0.542	0.219	-0.259	0.924	1.086	0.364	0.069	1.670	0.804	0.236	-0.076	1.072
2011	54	0.450	0.243	-0.017	0.877	1.004	0.386	0.119	2.009	0.775	0.230	0.156	1.223
2012	53	0.352	0.174	-0.028	0.737	1.280	0.710	-0.951	2.215	0.820	0.393	-0.480	1.286

Mit Blick auf die Standardabweichung (*St.Abw.*) und die oberen und unteren *Grenzwerte* können auch Hinweise auf eine in Bezug auf Systemrisiko zunehmende Ungleichheit unter den Banken gefunden werden. Ein Anstieg der Standardabweichung des SRI und seines Wertebereichs deutet darauf hin, dass im Zeitverlauf die Systemrelevanz einiger Banken zunimmt, während eine andere Gruppe von Banken zunehmend an Systemrelevanz verliert.

Um zu zeigen, dass die Ergebnisse des – methodisch auf den ersten Blick sehr verwandten – *Value at Risk* nicht mit dem *Systemrisikoindex* zu vergleichen sind, wird der VaR^i (mit umgekehrten Vorzeichen, damit hohe Werte wie beim SRI^i mit hohem Systemrisiko korrespondieren) dem SRI^i für die oben beschriebene Gruppe europäischer Banken in Abb. 12 gegenübergestellt. Dabei wird deutlich, dass bei den analysierten Institutionen nur eine *sehr schwache Verbindung* zwischen dem individuellen (*idiosynkratischen*) Risiko, gemessen mittels des VaR^i (Abszisse), und dem Systemrisiko, gemessen mittels des SRI^i (Ordinate) feststellbar ist. Es kann auch nur eine schwache (statistisch nicht signifikante) Korrelation zwischen dem VaR^i und dem SRI^i in Höhe von -0.0322 (p-Wert <0.583) festgestellt werden. Der beobachtete SRI^i ist auch stabiler, weil sein durchschnittlicher Variationskoeffizient (0.201) kleiner als der des VaR^i (0.380) ist.

Die Auswahl des Vergleichsaktienindex für das untersuchte System *Sys* zur Berechnung der Systemrisiken ist nicht trivial.[300] Da im Folgenden die Ermittlung von Systemrisiken im europäischen Finanzsektor im Fokus steht, wird der *MSCI Europe Financials Index* verwendet. Dieser marktwertgewichtete Aktienindex erfasst rund 100 große und mittlere Emittenten aus den

---

[300] Vgl. Benoit (2014).

Sektoren Banken, Finanzdienstleistungen, Versicherungen und Immobilien in 15 europäischen Ländern.[301] Zusätzlich werden zur Überprüfung der Robustheit der Ergebnisse die gleichen Berechnungen mit dem *EU Datastream Banks Index* durchgeführt (Anhang Tab. 15).

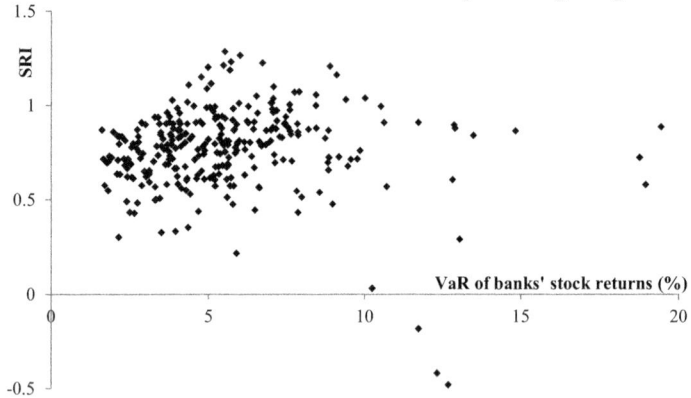

Abb. 12: VaR der Aktienrenditen der Banken im Sample und zugehörige SRIs

Die Abbildung zeigt einen Vergleich des Value at Risk (*VaR*) und des Systemrisikoindex (*SRI*) der Banken im Untersuchungssample für den Zeitraum 2007-2012 (jährliches Beobachtungsintervall).

Im nächsten Schritt wird gezeigt, warum das Systemrisiko der betrachteten Banken genauer analysiert werden muss: Bei der Gegenüberstellung des Systemrisikobeitrages und der -empfindlichkeit ist eine *negative Korrelation* grafisch erkennbar (Abb. 13). Nicht für die Mehrheit, aber für einzelne Banken zeigt sich ein Trade-off zwischen Systemrisikobeitrag und -empfindlichkeit. Dies bedeutet, dass es zum einen Banken gibt, *die besonders zu systemischen Risiken beitragen* und wiederum andere, die *besonders sensibel auf systemische Risiken reagieren*. Die Top 5 Banken des Samples in Bezug auf ihr Systemrisikoranking sind in Anhang Tab. 10 aufgelistet.

Diese Erkenntnis führt im nächsten Schritt zu der Frage nach den Gründen für die *abweichenden Systemrisikomuster*. Warum tragen manche Banken nicht unerheblich zu Systemrisiken bei, obwohl sie sehr widerstandsfähig gegenüber systemischen Schocks sind (und umgekehrt)? Dieser Fragestellung widmet sich Kapitel 6.

---

[301] Der *MSCI Europe Financials Index* (Datastream-Schlüssel: M1URFNE) bietet die beste verfügbare Abdeckung des europäischen Finanzsektors. Wie bspw. von Weiß et al. 2014 vorgeschlagen, wurde im Rahmen der Untersuchung ein eigener wertgewichteter, alle Banken im Sample vereinender, Index erstellt. Dieser führte im Kern zu den gleichen Ergebnissen.

5.3 Entwicklung eines Systemic Risk Index

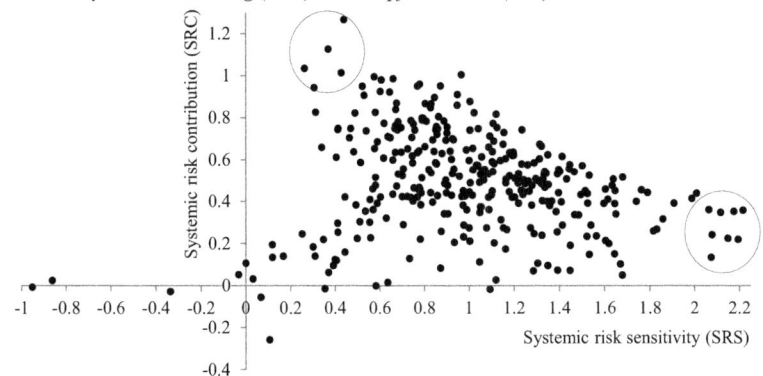

Abb. 13: Systemrisikobeitrag (SRC) und -empfindlichkeit (SRS) der Banken

Die Abbildung zeigt einen Vergleich des Systemrisikobeitrags (SRC) und -empfindlichkeit (SRS) der Banken im Untersuchungssample für den Zeitraum 2007-2012 (jährliches Beobachtungsintervall).

Im Folgenden, letzten Abschnitt dieses Kapitels wird allerdings zunächst ein weiterer, auf *Credit Default Swap* (CDS)-Preisen basierender Systemrisikomessansatz vorgestellt. Die Verwendung von CDS- statt von Aktienpreisen zur Bemessung systemischer Risiken hat einen Vorteil: Im Gegensatz zur Bewertung von Aktien, bei welcher neben der Ausfallwahrscheinlichkeit des Emittenten auch dessen *derzeitige* und *künftige ökonomische Aktivität* berücksichtigt wird, konzentriert sich die Bewertung von CDS in erster Linie auf die *Ausfallwahrscheinlichkeit*. Da gerade der für weitere Ansteckung sorgende Bankausfall ein zentraler Bestandteil von Systemrisiken ist, wird im Folgenden eine Systemrisikomessgröße entwickelt, die sich die *impliziten* Informationen zur Ausfallwahrscheinlichkeit von CDS zunutze macht. Anders als bei CDS, spielt bei der Bewertung von Aktien nicht (fast ausschließlich) nur die Ausfallwahrscheinlichkeit des Emittenten eine Rolle, sondern auch dessen derzeitige und künftige ökonomische Aktivität.

5.4 Entwicklung von Conditional-Default-Copulas

5.4.1 Theoretische Grundlagen

In diesem Abschnitt wird eine Systemrisikomessgröße vorgestellt, die den *Grad der Vernetzung* und *Ansteckung in Bankensystemen* misst.[302] Es wird auf Basis von *Copula*-Funktionen und *Kreditausfall-Swaps* (CDS)[303] eine neue Systemrisikomessgröße herausgearbeitet, die den Einfluss der Ausfallwahrscheinlichkeit einer Bank auf das Bankensystem erfasst, et vice versa. Copulas ermöglichen die Modellierung von Abhängigkeiten verschiedener Variablen. Der Begriff Copula wurde erstmals von SKLAR (1959) verwendet und ist vom lateinischen copulare (verbinden, paaren) abgeleitet. Hauptsächlich werden Copulas zur Beschreibung von den Wechselbeziehungen bzw. dem Zusammenhang von Zufallsvariablen verwendet, d.h. um *Rückschlüsse auf die Art der stochastischen Abhängigkeit verschiedener Zufallsvariablen* zu erzielen oder um Abhängigkeiten gezielt zu modellieren.[304] Nachfolgend werden die Ergebnisse vorgestellt, welche vergangene Systemrisiko-Studien unter Verwendung von Copulas hervor gebracht haben. Copulas (werden daher auf unterschiedliche Art und Weise zunehmend im Kontext von Systemrisiko angewandt werden. Beispielsweise verwenden ENGLE/JONDEAU/ROCKINGER (2014)[305] in ihrer Studie „Systemic Risk in Europe" eine bestimmte Copula-Verteilung, um die Abhängigkeit von Aktienrenditen verschiedener Firmen in verschiedenen Regionen darzustellen. Letztlich geht es bei Systemrisiken um die Risiken der Ansteckung von Bankausfällen (*defaults*). CDS werden in diesem Zusammenhang zunehmend als Indikator für die Ausfallwahrscheinlichkeiten von Emittenten eingesetzt. OH/PATTON (2013) schlagen die Verwendung von *multivariaten* Copulas zur Modellierung der Beziehung von CDS-Spreads und zur Schätzung der Wahrscheinlichkeit einer gemeinsamen Notsituation beider CDS-Emittenten als Proxy für Systemrisiko vor.

---

[302] Teile von Vorarbeiten für diesen Abschnitt in Zusammenarbeit mit Fernando Moreira sind in der zweiten Runde des Begutachtungsverfahrens (*revise and resubmit*) im Journal of International Financial Markets, Institutions & Money als Kleinow/Moreira (2015): Systemic Risk, Contagion and Joint Default Probability: A Copula Approach, Working Paper, Freiberg/Edingburgh.
[303] CDS sind *Kreditderivate* und vergleichbar mit dem Kauf einer *Versicherung für den Ausfall eines Schuldners* oder ein *spezielles Kreditevent*. Anhand von CDS werden Ausfallrisiken von Emittenten, Anleihen oder Krediten handelbar. CDS ermöglichen dem Sicherungsnehmer (Risikoverkäufer) nur das *isolierte Kreditausfallrisiko* auf den Sicherungsgeber (Risikokäufer) zu *übertragen*. Eine gute, praxisnahe Einführung in CDS-Arten/-Bewertung und -Märkte bietet Barclays Capital (2010).
[304] Vgl. Jensen et al. (2009), S. 122.
[305] Engle/Jondeau/Rockinger (2014) zeigen, dass *Banken für ungefähr 80% des Systemrisikos in Europa verantwortlich* sind, wobei von britischen und französischen Institutionen das größte Risiko ausgeht.

5.4 Entwicklung von Conditional-Default-Copulas

MARTÍNEZ-JARAMILLO/PÉREZ/EMBRIZ/DEY, FABRIZIO L. (2010) verbinden die *Verlust-Verteilungen* einzelner Banken anhand von Copulas und generieren eine Verlust-Verteilung für das gesamte Finanzsystem. Basierend auf dieser Verteilung verwenden die Autoren Risikomessgrößen um das Systemrisiko zu messen. PHILIPPAS/SIRIOPOULOS (2013) untersuchen die *Ansteckung zwischen sechs europäischen Anleihemärkten* und verwenden Copulas zur Analyse der Verbindung zwischen Anleiherenditen. BÜHLER/PROKOPCZUK (2010) verwenden Copulas zur Modellierung der Abhängigkeit von Aktienrenditen verschiedener Industriesektoren vom Bankensektor. Zusammengefasst kann gesagt werden, dass die existierende Literatur zur Anwendung von Copulas für Systemrisiko die Verbindung von Finanzvariablen (z.B. Aktienrenditen und CDS-Spreads) analysiert. Die folgende Untersuchung hebt sich dadurch ab, dass die Ausfallwahrscheinlichkeiten von Finanzinstitutionen im Mittelpunkt stehen und eine neue Verbindung zwischen ihnen mit Copula-Funktionen erforscht wird.

Obwohl einige Aufsätze eine *Annahme für die zu verwendende Copula* treffen[306], wird im Folgenden die für die Daten *jeweils passendste Copula* verwendet. Dieses Vorgehen ist für die Untersuchung vorteilhaft, weil unter einigen möglichen Verteilungsfunktionen, diejenige Copula-Funktion herausgesucht wird, welche am besten zu den jeweils analysierten Daten passt[307], während die Copulas in den anderen Studien die betrachteten Daten nicht unbedingt *optimal darstellen* mögen.

5.4.1.1 Copulas

Zur Messung von Systemrisiko im Bankensystem werden im Folgenden zwei Risikomessgrößen vorgeschlagen, die die Interpretation von *Kreditausfall bei strukturellen Kreditrisikomodellen* und Copula-Funktionen kombinieren. Die erste Systemrisikogröße misst den Einfluss des Bankensystems in seiner Gesamtheit auf eine einzelne Institution und die zweite Größe bewertet den potentiellen Einfluss eines Ausfalls einer Institution auf das Bankensystem (analog SRS, SRC). Copulas sind Funktionen, die univariate Verteilungen mit der multivariaten Verteilung ihrer zugehörigen Variablen verbinden:

$$H(x,y) = C(F_X(x), F_Y(y))$$

---

[306] Vgl. bspw. Engle/Jondeau/Rockinger (2014), Philippas/Siriopoulos (2013) und Bühler/Prokopczuk (2010).
[307] Dieses Vorgehen „*Auswahl der Verteilung passend zu den Daten*" erfolgt nach einem standardisierten statistischen Verfahren; sogenannte Tests auf Anpassungsgüte (*goodness-of-fit-Tests*). Vgl. für eine Einführung in goodness-of-fit-Tests Genest/Rémillard/Beaudoin (2009).

wobei C für die Copula steht, $H(.)$ eine bivariate Funktion darstellt und $F_X(.)$ sowie $F_Y(.)$ die kumulativen Verteilungsfunktionen von X bzw. Y darstellen.

Aufgrund der Wahrscheinlichkeitsintegral-Transformation sind $F_X(x)$ und $F_Y(y)$ gleichmäßig verteilt über (0,1). Das bedeutet, dass immer dann wenn eine Zufallsvariable in ihrer eigenen kontinuierlichen kumulativen Verteilung (F) bemessen wird, alle Ergebniswerte gleichmäßig im Intervall zwischen 0 und 1 verteilt sind.[308] Damit verbindet die Copula C die uniformen Variablen $F_X(x)$ und $F_Y(y)$ zu einer multivariaten Verteilung, welche, in diesem Beispiel, die Wahrscheinlichkeit $Pr[X<x, Y<y]$ dafür ergibt, dass X und Y gleichzeitig kleiner als x und y sind. Solche uniformen Variablen entsprechen den Quantilen der der zu x und y bewerteten Verteilungen von F_X und F_Y. Die anhand von Copulas gemessene Abhängigkeit ist für jede Art von Verteilung möglich.[309]

Die Wahrscheinlichkeit (genauer *Likelihood*) dafür, dass eine Variable unter einem bestimmten Schwellenwert liegt, wenn gleichzeitig eine andere Variable ebenfalls unter einem anderen bestimmten Schwellenwert liegt, kann anhand von Copulas ermittelt werden. Die Wahrscheinlichkeit, dass X kleiner als x ist, unter der Voraussetzung, dass Y kleiner als y ist, kann über folgenden Ausdruck formuliert werden:

$$\Pr[X < x \mid Y < y] = \frac{\Pr[X < x, Y < y]}{\Pr[Y < y]} = \frac{C(F_X(x), F_Y(y))}{F_Y(y)}$$

wobei C für die Copula steht, $F_X(.)$ sowie $F_Y(.)$ die kumulativen Verteilungsfunktionen von X bzw. Y darstellen und das Zeichen „|" für „abhängig von" bedeutet.

5.4.1.2 Copula-Ansatz zur Schätzung von Ansteckung im Interbankenmarkt

Das hier vorgestellte Modell zur Verwendung von Copulas für die Schätzung von gleichzeitigen Zahlungsausfällen bei Banken gründet, wie bereits angedeutet, auf den Annahmen von strukturellen Kreditrisikomodellen. Bei diesen auf MERTON (1974) zurückgehenden Modellen geht man davon aus, dass ein Schuldner ausfällt, wenn eine latente Variable (üblicherweise wird hier *logarithmierte Rendite der Aktiva* des Schuldners verwendet) unter einen Grenzwert fällt (i.d.R. die für die Tilgung der Restschulden notwendige Summe).[310] Das bedeutet, wenn die latente Variable als Y dargestellt wird, und ihr Grenzwert (ab welchem ein Zahlungsausfall

---

[308] Vgl. Casella/Berger (2008).
[309] Für eine Einführung und weitere Details über Copulas vgl. Nelsen (2006) und Joe (2014).
[310] Für eine detaillierte Beschreibung; vgl. bspw. Imerman (2012).

5.4 Entwicklung von Conditional-Default-Copulas

erfolgt) y_c ist, dann stellt die in Abb. 14 grau hervorgehobene Fläche die Ausfallwahrscheinlichkeit (PD) dar.

Abb. 14: Ausfallwahrscheinlichkeit nach dem Verständnis von strukturellen Kreditrisikomodellen

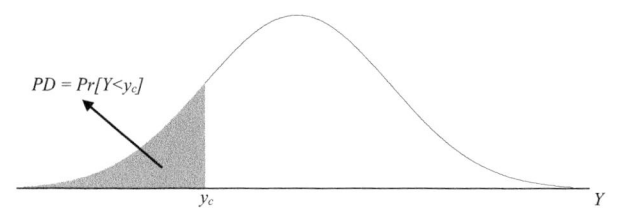

$PD = Pr[Y<y_c]$

y_c Y

Diese Abbildung bildet die Ausfallwahrscheinlichkeit (PD) als eine Dichtefunktion der latenten Variable ab, von der man annimmt, dass sie den Ausfall determiniert. Es kommt dann zu einem Ausfall, wenn die zugrunde liegende Variable (Y) unter einen Grenzwert (y_c) fällt. Die Wahrscheinlichkeit des Ausfalls entspricht der Fläche linksseitig des Grenzwertes im Verhältnis zur Gesamtfläche unter der Kurve.

Um Systemrisiko zu messen, wird mit der Schätzung der Wahrscheinlichkeit, dass zwei Schuldner i und j zur gleichen Zeit ausfallen, begonnen: In den flächendeckend im Finanzsektor angewandten Kreditrisikomodellen[311] wird diese Wahrscheinlichkeit (Likelihood) in Kombination mit *Faktormodellen* geschätzt, die von der Annahme ausgehen, dass die Korrelation von Ausfällen durch die latenten Variablen der Schuldner getrieben wird.[312] Der Nachteil dieser Modelle besteht zum einen in der Annahme *normalverteilter Variablen* – eine Annahme die im Allgemeinen nicht mit der Realität auf Finanzmärkten vereinbar ist[313] – und zum anderen in der Verwendung *linearer Korrelationen* – was keine hinreichende Messgröße für Abhängigkeiten ist, wenn Variablen von der Normalverteilungsannahme abweichen.[314] Aufgrund der Tatsache, dass die Ausfallwahrscheinlichkeit anhand Verteilungsfunktion (latenter Variablen) dargestellt werden kann, ist es in diesem Kontext möglich, Copulas zur Modellierung der Abhängigkeit der latenten Variablen (ungeachtet ihrer Verteilung) zu verwenden, sodass die Verteilungen F_X

---

[311] Bekannte Beispiele für Modelle zur quantitativen Kreditanalyse sind JP Morgan's CreditMetrics; JP Morgan (1997) und Moody's KMV-Modell; vgl. KMV Inc. (1987).
[312] Vgl. Bluhm/Overbeck/Wagner (2010), S. 99-117 und Crouhy/Galai/Mark (2005), S. 257-289.
[313] Seit der Arbeit von Fama (1965) sind unzählige Studien zur Schiefe, Wölbung (Kurtosis), Endlastigkeit (fat-tailedness) der Verteilung von finanical returns erschienen, die die Normalverteilungsannahme widerlegen. Populäre Beispiele sind Dufour/Khalaf/Beaulieu (2003), Affleck-Graves/McDonald (1989), Jondeau/Rockinger (2003), Szegö (2002) und Tokat/Rachev/Schwartz (2003).
[314] Vgl. Embrechts/McNeil/Straumann (2002).

und F_Y in der Formel $\Pr[X < x \mid Y < y] = \frac{C(F_X(x), F_Y(y))}{F_Y(y)}$ die Ausfallwahrscheinlichkeiten ergeben. Im Folgenden wird die Methodik zur Modellierung der gemeinsamen Ausfallwahrscheinlichkeit erklärt.

5.4.2 Design der Systemrisiko-Kennzahl

Strukturellen Kreditrisikomodellen liegt die Überlegung zugrunde, dass die beobachtete Ausfallwahrscheinlichkeit (*PD*) einer bestimmten Finanzinstitution (im Folgenden *bank*) der Wahrscheinlichkeit gleicht, dass eine zugrunde liegende Variable (z.b. ihre liquiden Aktiva) ein bestimmtes Niveau (z.B. das der kurzfristigen Verbindlichkeiten) *unterschreitet*. Es ist in diesem Fall nicht möglich zu unterscheiden, welcher Anteil des potentiellen Ausfalls dem Ausfall anderer Finanzinstitutionen (d.h. ein Systemrisikoevent, ein Systemschock) zuzuschreiben ist und welcher Teil durch die *individuellen Eigenschaften* der Bank verursacht worden ist. Um dies aber zu ermöglichen, muss zunächst die Ausfallwahrscheinlichkeit einer individuellen *Bank* zum Zeitpunkt *t* im Falle einer Krise im *Bankensystem* zum Zeitpunkt *t* ermittelt werden. Das kann durch eine Schätzung der Wahrscheinlichkeit eines gemeinsamen Ausfalls (*joint PD*) der *Bank* und des *Bankensystems* erreicht werden. Diese *joint PD* kann über Copulas ermittelt werden. Die Wahrscheinlichkeit des Ausfalls einer einzelnen Bank zum Zeitpunkt t ($PD_{bank,t}$)[315] unter der Bedingung einer Systemkrise ($PD_{system,t}$)[316] wird durch die Copula bewertet, welche die beiden Variablen verbindet, geteilt durch die Wahrscheinlichkeit einer Systemkrise:

$$\Pr(Y_{bank,t} < y_{bank,c,t} \mid Y_{system,t} < y_{system,c,t})$$

$$= \frac{\Pr[Y_{bank,t} < y_{bank,c,t}, Y_{system,t} < y_{system,c,t}]}{\Pr[Y_{system,t} < y_{system,c,t}]}$$

$$= \frac{C\left(F_{Y,bank}(y_{bank,c,t}), F_{Y,system}(y_{system,c,t})\right)}{F_{Y,system}(y_{system,c,t})}.$$

Weil für jede Bank $PD = \Pr[Y < y_c] = F(y_c)$ gilt, wird der obige Ausdruck zu:

$$PD_{bank \mid system, t}$$

$$= \Pr[Y_{bank,t} < y_{bank,c,t} \mid Y_{system,t} < y_{system,c,t}]$$

$$= \frac{\Pr[Y_{bank,t} < y_{bank,c,t}, Y_{system,t} < y_{system,c,t}]}{F(y_{system,c,t})}.$$

---

[315] Wahrscheinlichkeit für $Y_{bank,t} < y_{bank,c,t}$ zum Zeitpunkt *t*.
[316] Wahrscheinlichkeit für $Y_{system,t} < y_{system,c,t}$ zum Zeitpunkt *t*.

5.4 Entwicklung von Conditional-Default-Copulas

Man kann dies daher zu folgendem Ausdruck umformen:

$$PD_{bank|system,t} = \frac{C(PD_{bank,t}, PD_{system,t})}{PD_{system,t}}.$$

Das bedeutet, dass die Wahrscheinlichkeit des Ausfalls einer *Bank* im Falle eines Zusammenbruchs des *Bankensystems* ($PD_{bank|system,t}$) durch die Copula definiert ist, die die Wahrscheinlichkeit eines Ausfalls der *Bank* mit der Wahrscheinlichkeit eines Zusammenbruchs des *Bankensystems* zum Zeitpunkt *t* verbindet, geteilt durch die Ausfallwahrscheinlichkeit des *Bankensystems* zum Zeitpunkt t. Alternativ könnten nachlaufende Daten (*lagged data*) zum Bankensystem ($PD_{system,t-1}$) verwendet werden, die den Ausfall auslösen.

Anhand der Herleitung ist zu erkennen, dass wenn $PD_{bank,t}$ steigt und $PD_{system,t}$ konstant bleibt, $PD_{bank|system,t}$ entweder steigt (wahrscheinlich) oder unverändert bleibt (da die Copula C bei kleinen Erhöhungen von $PD_{bank,t}$ gleich bleiben dürfte). Wenn auf der anderen Seite $PD_{system,t}$ steigt und $PD_{bank,t}$ konstant bleibt, hängt die Veränderung von $PD_{bank|system,t}$ davon ab, wie sehr $C(PD_{bank,t}, PD_{system,t})$ und $PD_{system,t}$ sich verändern. Dasselbe gilt für Situationen in denen sowohl $PD_{bank,t}$ als auch $PD_{system,t}$ steigen.

Die Wahrscheinlichkeit des Ausfalls einer *Bank* im Falle eines Zusammenbruchs des *Bankensystems* ($PD_{bank|system,t}$) wird über folgende vier Schritte ermittelt:

(1) Auswahl einer Reihe von Copulas die eventuell tauglich sind (*Copula-Kandidaten*), die Abhängigkeit zwischen PD_{bank} und PD_{system} darzustellen.

(2) Anwendung der *Maximum-Likelihood-Methode* zur Schätzung der am besten passenden Parameter (θ) für alle Copula-Kandidaten.[317]

(3) Verwendung der gefundenen Parameter (θ) in einem Test auf Anpassungsgüte (*goodness-of-fit-Test*) um zu bestimmen, welche Copula die Abhängigkeitsstruktur der untersuchten Daten am besten darstellt.[318]

(4) Nachdem die passendste Copula-Familie (z.B. vom *Gauß*- oder vom *Gumbel*-Typ) und die jeweiligen Parameter (θ) bestimmt sind, sind die Variablen zur Bestimmung der bedingten Wahrscheinlichkeiten für die jeweilige Periode in $PD_{bank|system,t} = \frac{C(PD_{bank,t}, PD_{system,t})}{PD_{system,t}}$ einzusetzen.

---

[317] Vgl. Joe (2014), S. 223-258.
[318] Vgl. Berg (2009) und Genest/Rémillard/Beaudoin (2009).

Auf die gleiche Weise ist es auch möglich, die Wahrscheinlichkeit des Ausfalls des *Bankensystems* im Falle des Ausfalls einer einzelnen *Bank* zum Zeitpunkt t ($PD_{system|bank,t}$) zu bestimmen:

$$PD_{system|bank,t} = \frac{C(PD_{system,t}, PD_{bank,t})}{PD_{bank,t}}.$$

5.4.3 Daten und Empirische Ergebnisse

Zur Veranschaulichung wird die vorgestellte, erarbeitete Messgröße auf ein Sample großer europäischer Banken für den Zeitraum 2005-2014 angewandt.[319] Dafür wurden CDS-Preishistorien für vorrangig unbesicherte Forderungen (senior unsecured debt) mit einer fünfjährigen Laufzeit aus der Datenbank *S&P Capital IQ* (Bloomberg) von allen Banken entnommen, die von der Europäischen Bankenaufsichtsbehörde regelmäßigen Stresstests unterzogen werden[320]. Aufgrund von fehlenden oder inkonsistenten Daten verbleiben im Sample letztlich 36 Banken. Dies führt zur größten verfügbaren CDS-Stichprobe von europäischen Finanzinstitutionen mit *stabilen* (2005-2007) und *turbulenten* (2008-2014) Jahren auf dem europäischen Markt. Zur Bestimmung der Ausfallwahrscheinlichkeit werden tägliche CDS-Preise im Zeitraum von Januar 2005 bis Dezember 2014[321] verwendet. Angenommen es existiere ein CDS-Kontrakt, der den Halter der Anleihe einem erwarteten Verlust (*expected loss*, EL) in folgender Höhe aussetzt: $EL = PD(1 - RR)$, wobei *PD* die *Ausfallwahrscheinlichkeit* und *RR* die *Verwertungsrate* (*recovery rate*[322]) für den Fall eines Zahlungsausfalls widerspiegelt.[323] Unter *Nicht*berücksichtigung von Marktfriktionen, sowie der Annahme fairer Preise und Risikoneutralität führt dies dazu, dass der Credit Default Swap (CDS) *spread, s,* also die Prämie für die Verlustausfallversicherung dem Zeitwert des erwarteten Verlustes entsprechen muss:

$$s = \frac{PD(1-RR)}{1+r_f}$$

---

[319] In großen Teilen ähnelt dieses dem Sample aus Abschnitt 5.3.
[320] Zur Auswahl der Banken für den Stresstest der EBA vgl. Europäische Bankenaufsichtsbehörde (2014c).
[321] Obwohl die Preisdaten von CDS ab 2004 verfügbar sind, sind die Daten zum *risikofreien Zins* zur Berechnung der Ausfallwahrscheinlichkeit (PD) erst ab August 2005 verfügbar. Aus diesem Grund beginnt die betrachtete Periode erst im August 2005. Da die Daten seither täglich bereitgestellt werden (Tagesendkurse), sind bereits für 2005 mehr als 100 Beobachtungswerte vorhanden. Diese wurden zur Schätzung der Abhängigkeitsstrukturen für 2005 herangezogen.
[322] Prozentualer Anteil an einer Forderung, den der Gläubiger nach Zahlungsausfall aus der Verwertung von Sicherheiten und anderen Rechten erhält. Für die *recovery rate* (*RR*) muss gelten: $RR \leq -s(1+rf)+1$, weil $0 \leq PD \leq 1$.
[323] Die Annahme ist in diesem Fall, dass die Ausfallwahrscheinlichkeit und die Verwertungsrate statistisch unabhängig voneinander sind.

5.4 Entwicklung von Conditional-Default-Copulas

Die Ausfallwahrscheinlichkeit wird, umgestellt, anhand folgender Formel berechnet[324]:

$$PD = \frac{s(1+r_f)}{1-RR}$$

wobei s die CDS-Preise (in Basispunkten des versicherten Nominalwertes) und r_f den *risikofreien Zins*[325] darstellen. Empirische Studien finden üblicherweise historische Recovery Rates von 40-60% für Finanzinstitutionen.[326] Als Proxy für den risikofreien Zins wird der *Overnight Index Swap* (OIS)[327] verwendet.[328] Die CDS-Prämie vom *Europe Banks Sector 5-Year CDS Index* (EUBANCD) wird für die Berechnung der impliziten Wahrscheinlichkeit eines negativen Schocks im europäischen Bankensystem anhand der letztgenannten Formel verwendet. Der Europe Banks Sector 5-Year CDS Index bildet als Preiskorb alle (über 50) verfügbaren Banken-CDS Europas ab.

Copula-Auswahl: Um die Verbindung von Ausfallwahrscheinlichkeiten der analysierten Finanzinstitutionen abzubilden, werden vier potentielle Copula-Arten in Betracht gezogen:

(1) Clayton-Copulas (Zusammenhänge im *unteren* Extrembereich),

(2) Gauß-Copulas (symmetrischer Zusammenhang *ohne* Abhängigkeiten im Extrembereich),

(3) Gumbel-Copulas (Zusammenhänge im *oberen* Extrembereich) und

(4) Student-*t*-Copulas (symmetrischer Zusammenhangmit Abhängigkeiten im *unteren* und *oberen* Extrembereich)

wie Abb. 15 verdeutlicht.

---

[324] Vgl. Chan-Lau (2013), S. 64. Für frühere Studien zur impliziten Ausfallwahrscheinlichkeit aus CDS-Preisen vgl. Duffie (1999) und Hull/White (2000).
[325] Vgl. Chan-Lau (2006), S. 4.
[326] So bspw. auch Acharya/Bharath/Srinivasan (2004), Conrad/Dittmar/Hameed (2013) und Black et al. (2015). Sarbu/Schmitt/Uhrig-Homburg (2013) ermitteln eine Recovery Rate von durchschnittlich 0.495 für vorrangig unbesicherte Forderungen von Finanzinstitutionen in einem US/EU sample und Jankowitsch/Nagler/Subrahmanyam (2014) ermitteln eine durchschnittliche Recovery Rate in Höhe von 0.493 für US-Banken.
[327] Zinsswap, bei dem ein fixer Zins gegen einen variablen getauscht wird, wobei sich der variable Zins auf einen Overnight Index (z.B. den *Euro OverNight Index Average* EONIA) bezieht.
[328] Vgl. Brousseau/Chailloux/Durre (2013). Im Gegensatz zu LIBOR- (*London Interbank Offered Rate*) *Swap Rates*, die in Paris üblicherweise verwendete Benchmark, beeinflusst das Kreditrisiko der Gegenparteien den OIS nur geringfügig. Der OIS kann daher als ein *risikofreier Zins* bezeichnet werden, vgl. Hull/White (2013). Außerdem haben *unerlaubte Praktiken* von Banken zur Beeinflussung des LIBORs dazu geführt, dass dieser alternative risikofreie Zinsproxy schnell Anwendung fand, vgl. Hou/Skeie (2014).

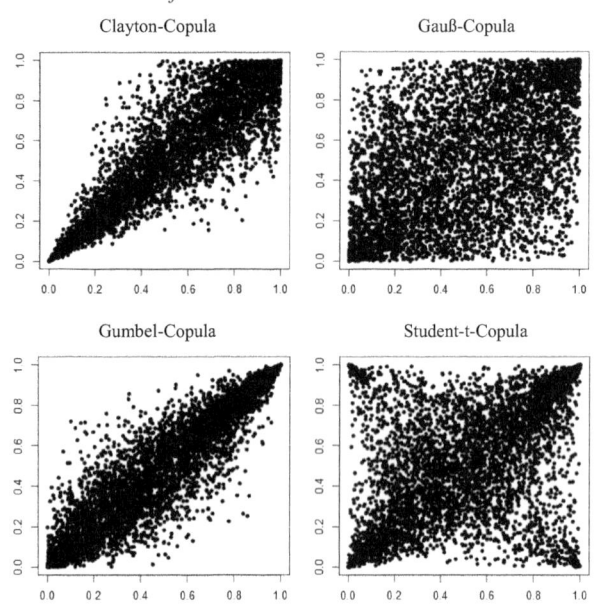

Abb. 15: Copula-Modelle zur Darstellung der Abhängigkeiten zwischen Bankausfällen[329]

Clayton-Copula

Gauß-Copula

Gumbel-Copula

Student-t-Copula

Diese Abbildungen zeigen die Streudiagramme (Joint-Distributions) populärer bivariater Copulas.

Diese Copulas decken die meisten notwendigen Kombinationen (in Bezug auf Symmetrie und Verbindungen in Extrembereichen) ab, um mögliche Verbindungen zwischen Ausfallwahrscheinlichkeiten zu erfassen.[330] Für die Tests auf Anpassungsgüte werden die robusten Methoden nach BERG (2009) und GENEST/RÉMILLARD/BEAUDOIN (2009) verwendet. Tab. 28 zeigt die Ergebnisse zur Häufigkeit der passendsten Copulas für die Abbildung der gemeinsamen Ausfallwahrscheinlichkeit einer einzelnen Bank und dem Bankensystem in Europa.

Im Falle von 30 Institutionen passt die *Clayton*-Copula (stärkere Verbindung bei niedrigen *PD*-Werten, wie im Beispiel der Credit Agricole Abb. 16) zur Beschreibung der Ausfallabhängigkeit einer Institutionen und Bankensystem am besten. Eine besonders hohe Ansteckungsgefahr bei diesen 30 Instituten ist also in eher *ruhigen* Marktphasen zu beobachten. Dieses Ergebnis

---

[329] Quelle: commons.wikimedia.org/wiki/File:Four_Correlations.png.
[330] Für weitere Infos zu den am häufigsten in der Finanzforschung verwendeten Copulas vgl. Czado (2010).

5.4 Entwicklung von Conditional-Default-Copulas

deutet darauf hin, dass die Ansteckungsgefahr in *Krisensituationen* im europäischen Bankensektor bei vielen Banken sinkt, was zum Teil durch sinkenden Interbankenhandel möglich sein dürfte.

Tab. 28: Anzahl der best-fit Copulas
Diese Tabelle zeigt die Anzahl der Fälle in denen die Abhängigkeit zwischen der Ausfallwahrscheinlichkeit einer Bank und der Ausfallwahrscheinlichkeit des Bankensystems durch die jeweilige getestete Copula dargestellt werden kann.

Copula	Anzahl Banken
Clayton	30
Gauß	0
Gumbel	4
Student-t	13
Total	47

Die *Gauß*-Copula (keine Verbindung in Extrembereichen) kann für *keine* Bank im Sample zur Beschreibung der Abhängigkeiten herangezogen werden. Dieses Ergebnis überrascht nicht zu sehr, da ein symmetrischer Zusammenhang *ohne* Abhängigkeiten im Extrembereich nur selten vorliegen dürfte. Bei 4 der 36 Finanzinstitutionen im Sample bildet die *Gumbel*-Copula die Wahrscheinlichkeit des Ausfalls der jeweiligen Einzelinstitution im Falle einer Bankensystemkrise am besten ab. Diese festgestellte Verteilungsform deutet auf eine *Abhängigkeit bei hohen Extremwerten* hin und besagt, dass relativ *hohe PDs* der Einzelbank und des Bankensystems stärker miteinander verbunden sind als solche im mittleren Bereich. Beispielsweise ist eine solche Abhängigkeit auch in der Graphik zur Ausfallwahrscheinlichkeit der *Bayerischen Landesbank* und dem europäischen Bankensystem in der Abb. 16 (Mitte) zu erkennen. Mit anderen Worten deutet die Gumbel-Copula darauf hin, dass einige Institute besonders in Krisen für das Bankensystem gefährlich werden können, weil sie die ungewollten Effekte der Krise und die Ansteckung verschärften.

Die Abhängigkeit von weiteren 13 Institutionen kann am besten mit der *Student-t*-Copula abgebildet werden, was bedeutet, dass *PD-Extremwerte (sowohl hohe als auch niedrige) mehr miteinander koinzidieren als dazwischenliegende,* wie in der Graphik *zur Credit Agricole* in Abb. 16 exemplarisch dargestellt. Anders formuliert geht besonders in sehr ruhigen und in sehr turbulenten Marktphasen eine hohe Ansteckungsgefahr von diesen Banken auf das Bankensystem und *vice versa* aus. Zwar dürfte die Risikoübertragung in Perioden von hoher Stabilität im Bankensystem keine Besorgnis erregen. Trotzdem dürften diese Banken in Krisenperioden nicht unbeträchtliche Systemrisiken tragen und einen relevanten Einfluss haben.

134 5 Methoden zur Messung von Systemrisiko

Abb. 16: Unterschiedliche Abhängigkeitsstrukturen einer einzelnen Bank und dem Bankensystem

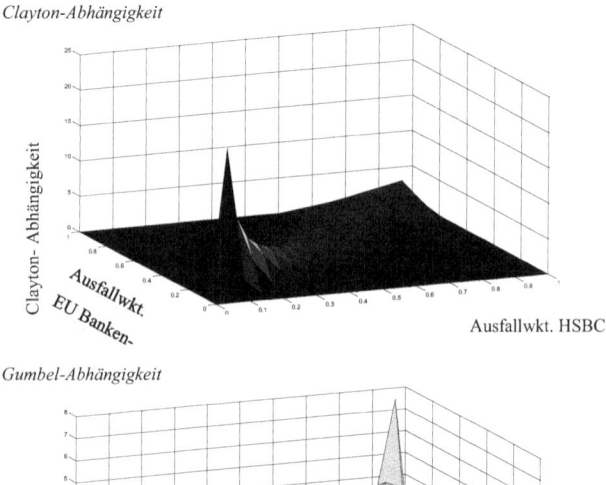

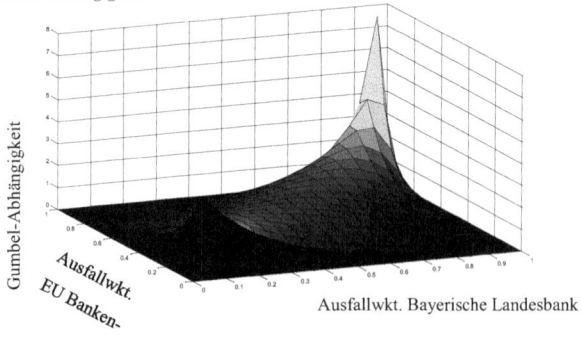

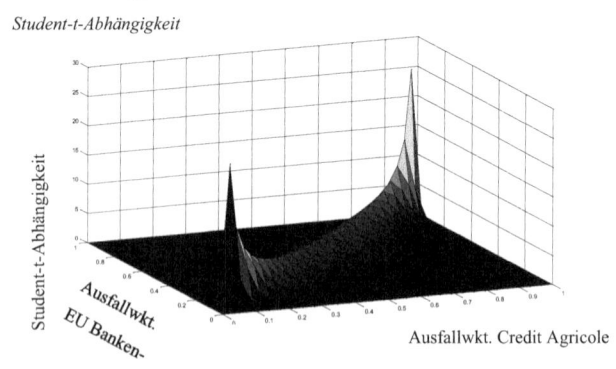

Clayton-Abhängigkeit

Ausfallwkt. HSBC

Gumbel-Abhängigkeit

Ausfallwkt. Bayerische Landesbank

Student-t-Abhängigkeit

Ausfallwkt. Credit Agricole

Diese Abbildungen zeigen die Abhängigkeit zwischen dem Risiko des Ausfalls des gesamten Bankensystems und dem Risiko des Ausfalls von jeweils einer Bank aus dem Sample: HSBC (Clayton-Abhängigkeit), Bayerische Landesbank (Gumbel-Abhängigkeit) und Credit Agricole (Student-t-Abhängigkeit).

5.4 Entwicklung von Conditional-Default-Copulas

Wie zu erwarten war, weisen alle betrachteten Institutionen eine *tail dependence* auf und 17 von ihnen (diejenigen, deren Abhängigkeit vom Bankensystem am besten durch die Gumbel- oder Student-t-Copula abgebildet werden kann) zeigen eine stärkere Verbindung mit systemischen Schocks, wenn die Ausfallwahrscheinlichkeiten der Einzelinstitution und des Gesamtsystems hoch sind. Dem stehen 30 Institutionen (diejenigen, deren Bezug zum Bankensystem durch die Clayton-Copula dargestellt wird) gegenüber, welche stärkere Verbindungen mit dem Bankensystem aufweisen, wenn die Ausfallwahrscheinlichkeiten der Einzelinstitution und des Gesamtsystems niedrig sind. Folgende Diagramme veranschaulichen die Abhängigkeiten der Ausfallwahrscheinlichkeiten grafisch.

Die Ergebnisse zeigen insgesamt, dass das höchste Risiko eines Zusammenbruchs des gesamten Banksystems als eine Folge des Scheiterns einer Institution ($PD_{system|bank}$) im Jahr 2008 (Tab. 29) festgestellt werden kann, während die Empfindlichkeit der Banken gegenüber einer möglichen Finanzkrise ($PD_{bank|system}$) im Jahr 2006 kulminierte (Tab. 30). Beide Messgrößen entwickeln sich unterschiedlich; $PD_{bank|system}$ (das Maß für die Systemrisikoempfindlichkeit) steigt von 2005 bis 2006 und fällt dann bis zu einem Mindestniveau im Jahr 2009. Danach ändern sich die Werte bis zum Ende der Beobachtungsperiode im Jahr 2014 ohne Muster. Auf der anderen Seite sinken die Werte für $PD_{system|bank}$ (d.h. Einzelbeiträge der Banken zum Systemrisiko) zwischen 2005 und 2006, um dann wieder bis zum Jahr 2008 zu steigen. Zuletzt sinken die Werte bis zum Jahr 2014 mit der Ausnahme 2011.

Diese Ergebnisse verdeutlichen auch, dass die gemessenen systemischen Risiken seit dem Beginn der Finanzkrise 2007 kontinuierlich zurückgegangen sind. Die unterschiedlichen Entwicklungen von $PD_{system|bank}$ und $PD_{bank|system}$ zeigen, dass Systemrisiko *vielfältige Facetten* trägt. Die Systemrisikoempfindlichkeit der einzelnen Finanzinstitute auf Makroschocks allerdings entwickelt sich unbestimmt seit dem Jahr 2009 und weist in den letzten Jahren des Betrachtungszeitraums wieder einen Aufwärtstrend aus. Das bedeutet, dass, selbst wenn sich die Wahrscheinlichkeit einer Finanzkrise durch den Ausfall einer einzelnen Bank verringert hat, die möglichen Auswirkungen auf jede einzelne Bank im Krisenfall doch durchschnittlich höher wären als etwa fünf Jahre davor.

Tab. 29: Systemrisikobeitrag: $PD_{system|bank}$

Diese Tabelle zeigt den durchschnittlichen Systemrisikobeitrag der Banken des Samples für jedes betrachtete Jahr und weitere damit verbundene deskriptive Statistiken im Betrachtungszeitraum. Die *Recovery Rate* bezeichnet die zur Schätzung der Ausfallwahrscheinlichkeiten verwendeten Werte gemäß der Formel $PD = \frac{s(1+r f)}{1-RR}$. Die Tabelle fasst die Daten für jedes Jahr und für den gesamten Betrachtungszeitraum zusammen.

Recovery rate	2005	2006	2007	2008	2009	2010	2011	2012	2013	2014	2005 bis 2014				
											Mean	Median	Std.Abw	Min.	Max.
10%	0.795	0.779	0.803	0.824	0.737	0.696	0.703	0.695	0.669	0.653	0.722	0.765	0.226	0.166	0.999
40%	0.798	0.782	0.806	0.829	0.742	0.702	0.71	0.703	0.678	0.663	0.728	0.771	0.221	0.199	0.999
50%	0.799	0.783	0.807	0.832	0.745	0.705	0.713	0.707	0.682	0.668	0.731	0.774	0.219	0.202	0.999
60%	0.801	0.785	0.809	0.835	0.747	0.707	0.715	0.71	0.685	0.672	0.734	0.783	0.22	0.166	0.999
90%	0.811	0.796	0.822	0.862	0.783	0.744	0.758	0.76	0.742	0.744	0.774	0.808	0.198	0.202	0.999

Tab. 30: Systemrisikoempfindlichkeit: $PD_{bank|system}$

Diese Tabelle zeigt die durchschnittliche Systemrisikoempfindlichkeit der Banken des Samples für jedes betrachtete Jahr und weitere damit verbundene deskriptive Statistiken im Betrachtungszeitraum. Die *Recovery Rate* bezeichnet die zur Schätzung der Ausfallwahrscheinlichkeiten verwendeten Werte gemäß der Formel $PD = \frac{s(1+r f)}{1-RR}$. Die Tabelle fasst die Daten für jedes Jahr und für den gesamten Betrachtungszeitraum zusammen.

Recovery rate	2005	2006	2007	2008	2009	2010	2011	2012	2013	2014	2005 bis 2014				
											Mean	Median	Std.Abw	Min.	Max.
10%	0.735	0.754	0.737	0.624	0.584	0.627	0.602	0.589	0.62	0.627	0.637	0.638	0.253	0.088	1.000
40%	0.737	0.756	0.74	0.628	0.588	0.631	0.606	0.594	0.626	0.634	0.641	0.643	0.250	0.106	1.000
50%	0.738	0.757	0.741	0.63	0.590	0.634	0.609	0.597	0.629	0.638	0.644	0.647	0.248	0.115	1.000
60%	0.740	0.759	0.742	0.632	0.593	0.636	0.612	0.600	0.633	0.643	0.647	0.648	0.246	0.127	1.000
90%	0.749	0.769	0.754	0.652	0.617	0.662	0.639	0.633	0.668	0.643	0.668	0.667	0.235	0.203	1.000

5.4 Entwicklung von Conditional-Default-Copulas

Nicht zuletzt ist bemerkenswert, dass, obwohl die beiden Messgrößen $PD_{system|bank}$ und $PD_{bank|system}$ unterschiedliche Muster im Zeitverlauf aufweisen, der *Absolutwert* letzterer Messgröße in allen Jahren der Stichprobe größer ist, d.h. die Einzelbeiträge der Banken zum Systemrisiko mehr ausmachen als die Empfindlichkeit der Banken auf Ansteckungsgefahren aus dem Bankensystem.[331]

In diesem Kapitel stand die *Messung* systemischer Risiken im Vordergrund. Neben den dargestellten Messgrößen aus der Literatur wurden zwei eigene Konzepte vorgestellt und deren Anwendungsergebnisse ausgewertet. Die Messung von Systemrisiko ermöglicht die *Identifikation* von systemrelevanten Finanzinstituten, wenn bestimmte Schwellwerte für Systemrisiken festgelegt werden, die eine Bank mit hohen Systemrisiken zu einer systemrelevanten Bank machen. Allerdings wird dabei die *Analyse der Ursache* von Systemrelevanz ausgeklammert. Das nächste Kapitel beschäftigt sich daher umfassend mit der Bestimmung der Determinanten von Systemrelevanz. Mit anderen Worten steht fortan also nicht mehr die Frage *ob*, sondern *warum* ein Finanzinstitut systemrelevant ist, im Zentrum der Analyse.

---

[331] Für ein Systemrisiko-Ranking der Banken im Sample, vgl. Anhang Tab. 11.

6 Ursachen für Systemrisiko im europäischen Bankensektor

In diesem Kapitel werden die *Ursachen* für Systemrisiko und Ansteckung unter europäischen Banken im Zeitraum von 2007 bis 2012 analysiert.[332] Der im vorherigen Kapitel vorgestellte *Systemrisikoindex* analysiert den *Gleichlauf von täglichen Bankrenditen in Extremsituationen* (tail co-movements). Im *ersten* Schritt wird das Systemrisiko europäischer Banken anhand des Systemrisikoindex gemessen. Im *zweiten* Schritt werden für die ermittelten Systemrisikos der Banken *Panelregressionen* mit einer Reihe von idiosynkratischen *Bankeigenschaften* und einer Auswahl von *Makrovariablen* durchgeführt.[333] Dadurch werden *hochsignifikante Treiber* für das Systemrisiko im europäischen Bankensektor ausgemacht und wichtige Implikationen für die Regulierung von Banken herausgestellt.

6.1 Einführung

Welche Faktoren bestimmen die systemische Bedeutung europäischer Banken? Das Interesse an Konzepten zum Thema Systemrisiko ist im Zuge der letzten Finanzkrisen gestiegen. Zu diesem Zweck wird der im Abschnitt 5.3 vorgestellte Systemrisikoindex (*SRI*) auf eine Gruppe ausgewählter europäischer Banken angewandt, um den Einfluss einer einzelnen Institution auf den Finanzsektor und umgekehrt zu erfassen. Das Thema dieses Kapitels ist von wesentlichem Interesse für *Regulierer* und *Ökonomen*, weil die Ergebnisse einen neuen Einblick in die Determinanten für Finanzstabilität geben und *Implikationen* für die makroprudentielle Bankenregulierung liefern.

Die Identifikation von Treibern für systemrelevante Banken ist weder trivial, noch irrelevant, sondern von zentraler Bedeutung. Aktuelle Aufsätze zu Systemrisiko im Bankensektor haben bereits zu substantiellen Erkenntnissen geführt. Die vorliegende Literatur in diesem Forschungsfeld ist allerdings noch sehr jung und lässt einige Fragen bisher unbeantwortet. Insbesondere stellt sich die Frage, wie die Regulierung von systemrelevanten Banken gestaltet werden sollte, ohne dabei die Kräfte des freien Marktes zu behindern. Dieses Kapitel trägt auch durch die Verwendung von neuen Messgrößen für Systemrisiko dazu bei, dass Forschungslü-

---

[332] Teile von Vorarbeiten für dieses Kapitel in Zusammenarbeit mit Tobias Nell sind bereits publiziert als Kleinow/Nell (2015): Determinants of systemically important banks: the case of Europe, in: Journal of Financial Economic Policy, forthcoming.
[333] Diese Vorgehensweise wird u.a. von Acharya/Steffen (2014) und Weiß/Bostandzic/Neumann (2014) vorgeschlagen.

cken geschlossen werden können. Der Rest dieses Kapitels ist folgendermaßen gegliedert: Abschnitt 6.2 gibt eine Übersicht zur themenverwandten Literatur über Systemrisiko (*europäischer* Banken) als Hintergrund und Startpunkt. Der darauf folgende Abschnitt 6.3 beschreibt das Forschungsdesign. Die Darstellung der Ergebnisse erfolgt in Abschnitt 6.4 und Abschnitt 6.5 fasst die gewonnenen Erkenntnisse zusammen.

6.2 Stand der Forschung

In diesem Abschnitt wird die theoretische und empirische Literatur zu Treibern von Systemrisiko im *europäischen Bankensektor* kurz zusammengefasst.

Unter Verwendung des *ΔCoVar* zeigen BORRI/CACCAVAIO/GIORGIO/SORRENTINO (2012), dass marktbasierte Bankvariablen starke Indikatoren für Systemrisiko in Europa sind. Ihre Resultate zeigen, dass institutsspezifische Faktoren wie *Größe* und *Leverage* signifikant zum Systemrisiko von Banken beitragen. Außerdem steigt das Systemrisiko mit einer zunehmenden *Konzentration* auf nationalen Bankenmärkten. Ebenfalls einen *ΔCoVaR*-nahen Ansatz verfolgend, zeigen HAUTSCH/SCHAUMBURG/SCHIENLE (2014), dass die *Größe* einer Bank – anders als *Verschuldung* und *Finanzierungsrisiko* (gemessen anhand von Laufzeiteninkongruenzen bzw. hoher Fristentransformation) – kein dominanter Faktor für Systemrisiko unter europäischen Banken ist. Basierend auf einer Messgröße, die dem Systemrisikoempfindlichkeitsverständnis folgt, berechnen ENGLE/JONDEAU/ROCKINGER (2012), dass *Banken* für ungefähr 80% des Systemrisikos in Europa verantwortlich sind, wobei von *britischen* und *französischen* Institutionen die größten Systemrisiken ausgehen. In einer weiteren themennahen Publikation mit gesammelten Daten zu *Impairments* (über eine planmäßige Abschreibung hinausgehende Wertminderungsaufwendungen) sowie Investitionsvolumina für *ausländische Staatstitel* europäischer Banken kommen ACHARYA/STEFFEN (2014) zu der Erkenntnis, dass hohe ausländische Schuldpositionen den größten Einfluss auf Systemrisiko bei einer Bank haben. Basierend auf einer Kombination der *Contingent Claims Analysis* mit dem *Default-to-Distance-Modell* von MERTON (1974) ermitteln VALLASCAS/KEASEY (2012) mehrere Schlüsseltreiber für das von europäischen Banken ausgehende Systemrisiko, wie den Verschuldungsgrad, niedrige Liquidität, Größe und Erträge aus Provisionsgeschäften. Die folgende Tab. 31 fasst die angewendete Methodik der erwähnten Systemrisiko-Aufsätze zum europäischen Bankensektor zusammen und gibt einen Überblick über die Untersuchungsergebnisse.

6.2 Stand der Forschung

Tab. 31: Literatur zu Treibern des Systemrisikos im europäischen Bankensektor
Diese Tabelle gibt einen chronologischen Überblick über den Stand der empirischen Forschung über Systemrisikotreiber europäischer Banken. Neben der Untersuchungsmethodik werden die Ergebnisse der jeweiligen Studie skizziert.

Autor(en)/ Jahr	Methodik	Untersuchungsergebnis zu Treibern des Systemrisikos
BORRI/ CACCAVAIO/ GIORGIO/ SORRENTINO (2012)	Anwendung des CoVaR-Ansatzes nach ADRIAN/BRUNNERMEIER (2014) auf ein Sample europäischer Kreditinstitute, wobei der Beitrag einer Bank zum Value-at-Risk des Gesamtsystems in Zeiten einer finanziellen Notlage und dem Normalzustand, d.h. dem Median, in Relation gesetzt wird. Der Untersuchungszeitraum erstreckt sich von 1999 bis 2010.	Für Regulierer lassen sich relevante Informationen über Faktoren gewinnen, die wesentlich zum Risiko einer Bank beitragen. Neben der *Größe* (*Bilanzsumme*) einer Bank, stellen sich die *Verschuldung* sowie die *Konzentration* des jeweiligen Bankensystems als Indikatoren für den Beitrag einer Bank zum Systemrisiko heraus. Demnach kann dieses Risiko mit einer reinen auf die Größe einer Bank orientierenden Regulierung nicht vollständig erfasst werden. Im Gegensatz zu *marktbasierten* Faktoren, verfügte die *Daten aus Bankbilanzen*, bedingt durch die aus den Bilanzierungsregeln resultierenden *Bewertungsspielräume*, nur über eine *geringe Aussagekraft* hinsichtlich des Systemrisikobeitrages. Um Systemrisiken zu antizipieren, sollten daher Daten über *Marktpreise* von Wertpapieren verwendet werden.
VALLASCAS/ KEASEY (2012)	Auf Grundlage einer Analyse der Eventualanforderungen und dem *distance-to-default*-Modell nach MERTON (1974), werden im Rahmen eines Systemschocks Risikofaktoren für den Ausfall einer Bank im europäischen Kontext empirisch untersucht.	Restriktionen bezüglich *Verschuldungsgrad* und *Mindestliquiditätserfordernisse* könnten die Widerstandsfähigkeit einer Bank gegenüber systemischen Ereignissen steigern. Das Ausmaß des Risikos einer Bank jedoch stärker von ihrer Größe, dem Anteil der nicht zinsabhängigen Erträge sowie dem Wachstum der Anlagegüter determiniert. Diese Kennzahlen werden durch die neuen Regulierungsvorgaben jedoch nicht vorgründlich adressiert. Ein an Bankgröße anknüpfender Regulierungsansatz, ist ein effektives Instrument zur Reduktion des Systemrisikos von Banken und wäre zudem den Basel III-Anforderungen überlegen. Jedoch müsste sich dieser Eingriff an der Größe der jeweiligen Volkswirtschaft orientieren.
ENGLE/ JONDEAU/ ROCKINGER (2014)	Für die Periode 2000 bis 2012 wird das „systematische"Risiko von 196 europäischen Finanzinstituten ökonometrisch ermittelt. Berücksichtigt werden dabei einerseits Faktoren, die die Renditen von Finanzunternehmen beeinflussen und andererseits wird der aus den unterschiedlichen Zeitzonen resultierenden *Asynchronität von Marktpreisen* Beachtung geschenkt. Um Abhängigkeitsstrukturen festzustellen werden dafür ein DCC- (Dynamic Conditional Correlation), ein GARCH- sowie ein t-Copula-Modell kombiniert.	Die globale Risikoexposition der untersuchten europäischen Institute erreichte Ende August 2012 insgesamt 1219 Billionen EUR und übersteigt somit das von ihren amerikanischen Konkurrenten ausgehende Risiko. In einzelnen europäischen Ländern sind die für den Steuerzahler verbundenen Kosten einer staatlichen Rettung dermaßen hoch, dass die risikoreichsten Banken unter Umständen zu groß sind, um gerettet zu werden; namentlich erwähnt werden die Schweiz (UBS und Credit Suisse), die Niederlande (ING Group), Dänemark (Danske Bank) und Schweden (Nordea).

Tab. 31: Literatur zu Treibern des Systemrisikos im europäischen Bankensektor

Autor(en)/ Jahr	Methodik	Untersuchungsergebnis zu Treibern des Systemrisikos
ACHARYA/ STEFFEN (2014)	Betrachtet wird das Systemrisiko europäischer Banken während der Finanz- und der europäischen Staatsschuldenkrise im Kontext der institutionellen Besonderheiten des europäischen Bankensektors. Auf Grundlage des erwarteten Verlust des Gesamtsystems „*Systemic Expected Shortfall*" wird ein Systemrisikoindex entwickelt, welcher auf dem individuellen Beitrag einer Finanzinstitution zum Kapitalbedarf des Finanzsystems basiert. Dadurch können die systemrelevanten Banken Europas analysiert werden, wobei für Juni 2007 eine Rangliste der Banken und Länder sowie des nötigen Kapitalbedarfs ermittelt und abgeschätzt wird.	Bisher wurde der europäische Bankensektor mit 4,1 Billionen EUR seitens der Regierungen unterstützt. Als systemrelevant stellten sich primär diejenigen Banken heraus, welche *Kapitalhilfen durch den Staat* erhielten. Der Kapitalmarkt verlangt dabei von Banken mit einer größeren Risikoexposition ein höheres Kapital. Dies gilt insbesondere für die *Peripherieländer*, weshalb die von den Banken gehaltenen Staatsanleihen substantiell zum Systemrisiko beitragen. Vor diesem Hintergrund sind die (von den Regulierern auferlegten) Kapitalmaßnahmen unzureichend. Zudem müssten Banken *für das Halten von Staatsanleihen Eigenkapital vorhalten*, da diese ebenfalls Risikopotentiale bieten. Dieser Umstand wurde von den Regulierern bisher nicht angegangen. Ferner ist es geboten, die *Staatsverschuldung zu reduzieren*, um Systemrisiken von Einzelbanken zu verringern.
HAUTSCH/ SCHAUMBURG/ SCHIENLE (2014)	Systemrelevanz eines Institutes wird anhand des marginalen Down-side-Risikobeitrags einer Bank zu systemischen Verwerfungen prognostiziert. Neben *Bilanzcharakteristika* und der Exposition gegenüber Marktbedingungen wird die Position einer Finanzinstitution im weltweit verflochtenen Finanzsystem durch das Systemrisikobeta bestimmt (im Mittelpunkt steht das *tail risk*). Unter Anwendung eines zweistufigen Quantil-Regressionsverfahrens resultiert daraus ein quartalsweises Prognosemodell für die Systemrelevanz bedeutender europäischer Banken.	Von 2006 bis 2010 zeigten sich dynamische Verbindungen innerhalb des Finanzsektors. Daraus ergab sich in den korrespondierenden Systemrisikokanälen (*Kontrahentenbeziehungen, Bailouts, Investitionen in gleiche Assets* aber auch *landesspezifische Risiken*) und den damit verbundenen Abhängigkeiten vor und während der Finanzkrise ein entsprechendes Systemrisikopotential. Im Zeitverlauf sind be. den Abhängigkeitsbeziehungen zwischen Banken starke Fluktuationen zu beobachten. Im Kontext dieser starken Verbindungen der Banken untereinander, erschienen zudem die *staatlichen Rettungsaktionen gerechtfertigt*.

6.2 Stand der Forschung

Tab. 31: Literatur zu Treibern des Systemrisikos im europäischen Bankensektor

Autor(en)/ Jahr	Methodik	Untersuchungsergebnis zu Treibern des Systemrisikos
VAROTTO/ ZHAO (2014)	Indikator zur Ermittlung der Fragilität des amerikanischen und europäischen Bankensektors für den Zeitraum 2004 bis 2012. Dabei wird ein zweigliedriger Ansatz verfolgt: Auf Grundlage des *Effektivniveaus der kurzfristigen Verschuldung* der Finanzwirtschaft, wird einerseits das aggregierte Systemrisiko bemessen. Andererseits wird dieser Ansatz unter Berücksichtigung charakteristischer Merkmale der Finanzinstitute wie Größe, Verschuldungsgrad und Verflechtung, berechnet wird, komplettiert.	Banken, welche insolvent oder staatlich aufgefangen wurden, hätten neun Monate vor dem Untergang der Lehman Brothers identifiziert werden können. Im Zeitverlauf lassen sich unterschiedliche Risikomuster europäischer und amerikanischer Banken beobachten. Faktoren (wie das *Wachstum der Vermögenswerte* oder der *Verschuldung*) haben unterschiedlichen Einfluss auf Systemrisiken. Die Bilanzstruktur einer Bank bietet einen Frühwarnindikator für die Bedeutung des Instituts für das Gesamtsystem: Für das System stellen primär *größere*, mit einem *geringen Tier-1-Kapital* ausgestattete, *margenschwache* und über eine *höhere Verschuldung* verfügende Banken ein hohes Risiko dar, weshalb die mit Basel III verbundenen höheren Eigenkapitalanforderungen unterstützt werden.
BLACK/ CORREA/ HUANG/ ZHOU (2015)	Über *Distress Insurance Premiums* (DIP) welche die Versicherungskosten des Bankensystems gegen hohe Verluste abbilden, wird das von europäischen Banken ausgehende Systemrisiko kalkuliert. Berücksichtigt werden dabei Bankgröße, Ausfallwahrscheinlichkeit sowie deren Korrelationen. Das Maß wird ferner zur Messung des Beitrages einer Bank zum Risiko des Gesamtsystems verwendet, wodurch systemrelevante europäische Banken identifiziert werden können.	Das von EU-Banken ausgehende Systemrisiko erreichte Nov 2011 seinen Höhepunkt. Ursächlich dafür waren primär die mit der Euroschuldenkrise verbundenen Risiken des *Zahlungsausfalls staatlicher Schuldner* und verbundene *Solvenzprobleme* europäischer Banken. Nach der Finanzkrise nahm Systemrelevanz britischer und deutscher Geldinstitute ab. Demgegenüber wuchs die Bedeutung italienische und spanische Banken für die Stabilität des europäischen Bankensystems signifikant. Bankspezifische Daten können den Beitrag einer Bank zum Risiko des Gesamtsystems erklären: *Bankgröße* treibt und *Liquidität* senkt Systemrisiko.

Mit einem vergleichbaren Ansatz bestätigen VAROTTO/ZHAO (2014) den positiven Einfluss von Größe und Verschuldungsgrad auf das Systemrisiko für eine Reihe europäischer Banken. BLACK/CORREA/HUANG/ZHOU (2015) schlagen eine Größe vor, die dem Systemrisikoempfindlichkeit-Ansatz zuzurechnen ist, und ermitteln signifikante Korrelationen mit markt- und rechnungswesenbasierten bankspezifischen Messgrößen. Interessanterweise finden sie Hinweise dafür, dass von Banken mit einem konservativeren Kreditportfolio und einem höheren Anteil an liquiden Aktiva geringere Systemrisiken ausgehen. Außerdem zeigen ihre Berechnungen, dass Profitabilität keinen Einfluss hat und dass die Market-to-book-Ratio einen alternierenden, entweder positiven oder negativen, Einfluss auf das Systemrisiko in Europa hat.

Insgesamt können bisher wenige Vergleiche zwischen den genannten Studien gezogen werden, weil verschiedene Blickrichtungen (*Sektorenvergleiche, Ländervergleiche, Unternehmensvergleiche*) eingenommen werden. Vor allem zeigen die dargestellen Ergebnisse, dass die Forschung noch am Anfang steht.

6.3 Forschungsdesign und Daten

6.3.1 Bankcharakteristika als Determinanten für Systemrisiko

Die hier dargestellte Untersuchung dient der Identifikation von *Quellen für Systemrisiko* europäischer Banken. In diesem Kapitel wird untersucht, inwiefern *Panelregressionen* erklären können, warum manche Banken einen höheren Einfluss auf die Finanzmarktstabilität haben als andere.[334] Mit diesem Ziel vor Augen, wird eine Datenbank über idiosynkratische Bankcharakteristika sowie Informationen zu regulatorischen und makroökonomischen Rahmenbedingungen zusammengestellt. Die Daten aus den Kapitalflussrechnungen, Bilanzen sowie Gewinn- und Verlustrechnungen der Banken werden aus *Thomson Reuters Worldscope* bezogen.[335] Soweit möglich, werden Datenlücken manuell mit Informationen von den Internetseiten (bzw. den Jahresabschlussberichten) der jeweiligen Bank geschlossen. Falls dies nicht möglich ist, muss

---

[334] Im Gegensatz zur üblichen Literatur, finden Dungey et al. (2012) interessanterweise Fälle, bei denen institutsspezifische Charakteristika nur einen geringen Teil des Systemrisikos von Banken begründen.
[335] Für komplette Variablendefinitionen vgl. Anhang Tab. 12: Definitionen und Datenquellen der beschreibenden Variablen.

6.3 Forschungsdesign und Daten

die jeweilige Bank im jeweiligen Jahr aus der Untersuchungsgruppe entnommen werden.[336] Zunächst werden die banktypischen Variablen vorgestellt.

Die erste erklärende Variable ist *SIZE*, welche als der *dezimale Logarithmus* der Bilanzsumme einer Bank (in Euro) definiert ist. Große Banken mögen besser diversifiziert sein und weniger *individuelles* (auch idiosynkratisches, spezifisches) Risiko tragen. Große Banken sind allerdings auch über Interbankverpflichtungen *engmaschiger* mit und innerhalb des Finanzsystems vernetzt und ihr *Exposure* im Finanzsystem ist größer. Das macht es besonders schwer, sie zu ersetzen.[337] Zusätzlich nimmt man bei solchen Banken an, dass sie in den Genuss *impliziter staatlicher Garantien* kommen. Für diese Banken wirken die Erwartungen einer staatlichen Rettung unter Umständen als Anreiz zu größerer Risikonahme.[338] Aus diesem Grund kann angenommen werden, dass die Größe einer Bank einen positiven, das heißt verstärkenden Einfluss auf ihr Systemrisiko hat.

Um die Art der verfolgten Haupt*geschäftsfelder* einer Bank (Commercial- oder Investmentbank) zu beschreiben, werden Daten über den Anteil der gesamten Kredite im Verhältnis zur Bilanzsumme (*LOAN*) – Loanratio – und der Anteil zinsunabhängiger Erträge im Verhältnis zu den Gesamterträgen (*NON_INT*) erhoben. Obwohl beide Kennzahlen unterschiedliche Ursprünge haben (Bilanz bzw. Gewinn- und Verlustrechnung), sind beides Indikatoren für die Abhängigkeit von – *risikoreicheren* – geschäftsbankuntypischen Aktivitäten, wie beispielsweise M&A-Geschäft oder Eigenhandel. Im Gegensatz dazu wird in der Literatur auch argumentiert, dass niedrige Loanratios und relativ hohe zinsunabhängige Erträge ein Indikator für *innovative* Geschäftsmodelle, *bessere* Diversifikation und, in der Folge, *niedrigeres* Systemrisiko sind.[339] Für den Fall von kleinen Banken in Ländern mit höherer asymmetrischer Informationsverteilung zeigen JONGHE/DIEPSTRATEN/SCHEPENS (2015), dass die „*bright side of innovation*" schwindet – eine Situation also, die im Falle Europas weniger wahrscheinlich ist, weil Akteure auf Kapi-

---

[336] Dadurch ensteht eine sogenannte *unbalancierte* Paneldatenbank. Zwar existieren Möglichkeiten, um fehlende Daten zu ersetzen (*Imputation*), vgl. bspw. Liu/Engel (2016), S. 441-743. Die Verfahren sind allerdings *nicht unkritisch* zu bewerten, weil stets eine gewisse Wahlfreiheit bezüglich der verwendeten Parameter besteht, sodass der Vorwurf der Willkür schwer zu entkräften wäre. Aus diesem Grund wird in der folgenden Untersuchung auf das Füllen von Datenlücken verzichtet, auch wenn es dadurch zu einer Ergebnisverzerrung aufgrund der Datenauswahl (*selection bias*) kommen kann.
[337] Vgl. Basler Ausschuss für Bankenaufsicht (2013). Der BCBS verwendet *Exposures* (eine Größe vergleichbar mit der hier verwendeten *SIZE*) als Indikator für Systemrelevanz.
[338] Vgl. Ausführlich Gropp/Hakenes/Schnabel (2011) und Kleinow/Horsch (2014).
[339] Vgl. Demsetz/Strahan (1997), Morgan/Stiroh (2005) und Laeven/Levine (2009).

talmärkten aufgrund technischer und rechtlicher Rahmenbedingungen hier über bessere Informationen verfügen. Die bestehende Literatur erlaubt daher keine Hypothese zum Einfluss von *LOAN* und *NON_INT* auf das Systemrisiko einer Bank. Um dem Einfluss der *Qualität des Anleiheportfolios* einer Bank Rechnung zu tragen, wird *NON_PERF* verwendet – der Anteil der Rückstellungen für Kreditausfälle im Verhältnis zum Buchwert aller ausgereichten Kredite einer Bank – als beschreibende Variable in der Panelregression; wobei angenommen wird, dass *NON_PERF* das Risikoniveau des Portfolios einer Bank korrekt erfasst. Daher wird erwartet, dass Banken mit *riskanteren Kreditportfolien* das Finanzsystem stärker beeinträchtigen als andere.

Um den Einfluss der Kapitalstruktur einer Bank zu messen, werden *LEVERAGE* und *DEPOSIT* in die Regression einbezogen. Bei *LEVERAGE*, d.h. dem Verhältnis der Buchwerte des Fremd- und Eigenkapitals, wird eine klar positive Beziehung zum Einzelrisiko einer Bank vermutet, weil ein höherer *Verschuldungsgrad* – aufgrund des kleineren Verlustabsorptionspuffers und relativ höheren fixen Zinsaufwendungen, größere Ausfallrisiken impliziert. Es liegt daher auch die Hypothese nahe, dass diese Banken auch ein höheres systemisches Risiko haben könnten. Als Proxy für die Struktur der *Verbindlichkeiten* einer Bank (und mittelbar ebenfalls ihres Geschäftsmodells), dient *DEPOSIT*, d.h. der Anteil der Einlagen an den Verbindlichkeiten. Traditionelle Geschäftsbanken mit einem Fokus auf unverbriefte Spareinlagen und Kreditgeschäft haben üblicherweise eine hohe Deposit Ratio. Vornehmlich finanzieren sich ebendiese Banken über *Kundeneinlagen* und damit weniger über *Wertpapiere* und *Interbankmärkte*. Aus diesem Grund dürften sie weniger eng mit anderen Banken oder institutionellen Investoren vernetzt sein. Es kann daher angenommen werden, dass *DEPOSIT* einen negativen Einfluss auf das Systemrisiko von Banken hat. Eine weitere Variable die verwendet wird, ist die regulatorische *TIER1*-Quote (oder *Basler Kernkapitalquote*). *TIER1* – das Verhältnis des Kernkapitals zur Summe der risikogewichteten Aktiva – misst die Verlustabsorptionskapazität einer Bank. Glaubt man Bankregulierern, dann bedeutet eine hohe *TIER1*-Quote, dass sich die Bank in einer stabilen Lage befindet und *krisenresistent* ist.[340] In diesem Fall dürfte man von einem negativen Einfluss auf das Systemrisiko einer Bank ausgehen. Im Gegensatz könnten Banken, durch den

---

[340] Vgl. Basler Ausschuss für Bankenaufsicht (2010b), S. 2 mit folgender Aussage im Lichte der Einführung von Basel III: „Der Basler Ausschuss erhöht die Widerstandsfähigkeit des Bankensektors durch eine Stärkung der Eigenkapitalregelung. [...] Die Reformen stellen eine qualitative und quantitative Verbesserung der regulatorischen Eigenkapitalbasis dar und stärken die Risikodeckung der Eigenkapitalregelung".

Zwang zu einer höheren regulatorischen Eigenkapitalquote allerdings auch zu einer noch höheren Risikonahme angereizt werden, weil die Renditeansprüche der Eigenkapitalgeber befriedigt werden müssen. Dies geht im Grunde nur über die Ausweitung der Geschäftsaktivität bzw. eine *riskantere* Geschäftspolitik. Gerade besonders renditeträchtige, aber riskante Investitionen können sich dann umso mehr lohnen denn die Folgen von negativen Extremsituationen (*tail risks*) werden nicht internalisiert.[341]

Als nächste bankspezifische Variable für die Panelregression wird *LIQUIDITY* verwendet (das Verhältnis von Barmitteln und liquiden Wertpapieren zu den Einlagen). Ein hoher Anteil von Barmitteln und Wertpapierreserven ist in Zeiten negativer Schocks im Finanzsystem vorteilhaft, wenn Interbankmärkte leicht austrocknen und Liquidität knapp wird.[342] Dieser *Puffer auf Liquiditätsebene* kann daher im Prinzip analog zum Eigenkapital auf Vermögensebene verstanden werden. Folgt man dieser Darstellung, dürfte *LIQUIDITY* das Systemrisiko einer Bank vermindern. *FIN_POW*, das Verhältnis der Nettozuflüsse aus operativer Tätigkeit zu den Gesamtverbindlichkeiten, kommt aus dem *Schuldnermanagement von Banken* und ist sowohl ein Indikator für die Zeit, die Banken brauchen um ihre Verbindlichkeiten mit dem *operativen Cashflow* zu bedienen. Wie bei *LIQUIDITY* darf hier also auch hier bei hohen Werten für *FIN_POW* eine systemrisikomindernde Wirkung angenommen werden, weil Banken dann einen größeren Spielraum für Neuverschuldung in Krisenzeiten haben. Als nächstes soll in der Panelregression *der Profitabilität* einer Bank Rechnung getragen werden. Dazu wird die operative Gewinnmarge – *OP_MARG* (das Verhältnis aus operativen Erträgen[343] und Umsatz[344]) – und die Rendite auf das eingesetzte Kapital (*ROIC*) berücksichtigt. Grundsätzlich argumentieren WEIß/BOSTANDZIC/NEUMANN (2014), dass beide Messgrößen mit *Stabilität oder Systemrisiko zugleich* einhergehen könnten: Hohe Werte von *OP_MARG* oder *ROIC* könnten vor Ausfallrisiko schützen, wodurch diejenigen Banken mit hohen Werten für *OP_MARG* oder *ROIC* die Stabilität des Finanzsektors verbessern könnten.

---

[341] Vgl. Perotti/Ratnovski/Vlahu (2011), S. 18, die zum Schluss kommen, dass "traditional capital regulation becomes less effective in controlling bank risk because banks never internalize the negative realizations of tail risk projects". Darüber hinaus erkennen sie, ebd. "Unintended effects of higher capital: it enables banks to take higher tail risk without the fear of breaching the minimal capital requirement in mildly bad (i.e., non-tail) project realizations".
[342] Vgl. Brunnermeier (2009).
[343] Die *operativen Erträge* ergeben sich als Summe der (nicht) zinsabhängigen Erträge abzüglich der (nicht) zinsabhängigen Aufwendungen und der Rückstellungen für Verluste durch ausfallende Kredite.
[344] Der Umsatz einer Bank wird hier berechnet aus den *Zins- und Leasingerträgen* und den Umsätzen durch alle Arten von *Provisionen* für Bankdienstleistungen.

Tab. 32: Deskriptive Statistiken zu den Bankvariablen

Diese Tabelle zeigt deskriptive Statistiken für die bankspezifischen Daten (aus Bilanzen und GuV-Aufstellungen), welche in den Panelregressionen als beschreibende Variablen dienen. Die bankspezifischen Daten sind den Datenbanken *Thomson Worldscope* und *Thomson Reuters Financial Datastream* entnommen. Weitere Variablendefinitionen und Details zu den Quellen sind im Anhang Tab. 12 aufgeführt.

Variable	Erwarteter Einfluss	Symbol	Beobachtungen	Durchschnitt	Median	St. Abw.	Min	Max
Size	+	SIZE	334	11.160	11.094	0.68	9.530	12.483
Loan ratio	+/-	LOAN	334	0.64	0.67	0.152	0.11	0.909
Non-interest income ratio	+/-	NON_INT	334	0.452	0.381	0.351	-0.157	2.807
Non-performing loan ratio	+	NON_PERF	334	0.01	0.007	0.011	-0.006	0.1
Leverage ratio	+	LEVERAGE	334	6.922	6.635	16.797	-231.857	99.737
Deposit ratio	-	DEPOSIT	334	0.459	0.444	0.184	0.038	0.964
Tier 1 ratio	+/-	TIER1	334	0.102	0.1	0.031	-0.073	0.189
Liquidity ratio	-	LIQUIDITY	334	0.969	0.693	0.952	0.048	9.077
Financial power	-	FIN_POW	334	0.064	0.043	0.073	0.002	0.545
Operating margin	+/-	OP_MARG	334	0.064	0.092	0.203	-1.670	0.44
Return on invested capital	+/-	ROIC	334	0.025	0.023	0.048	-0.294	0.354
Income growth	+/-	INCOME	334	0.186	0.016	2.761	-0.798	50.221
Market-to-book ratio	+/-	MBR	334	0.934	0.78	0.698	-2.350	4.410
Long-term rating	+	LTR	334	0.276	0.222	0.179	1.000	0.889

6.3 Forschungsdesign und Daten

Höhere *Profitabilität*, gemessen an *OP_MARG* oder *ROIC*, könnte andererseits auch das Ergebnis eines ausgeweiteten, bisher noch erfolgreichen, Engagements in rendite-, aber auch risikoreichere Ausleihungen bzw. andere risikobehaftete Investitionen sein, die im ungünstigen Fall eine Bank- oder Systeminstabilität verursachen oder zumindest dazu beitragen könnten. Aus diesem Grund ist der letztlich überwiegende Effekt auf Systemrisiko *a priori* nicht vorhersehbar. Das gleiche gilt für *INCOME*, das jährliche Wachstum der Bankerträge (hauptsächlich bestehend aus *Zinserträgen* und *Provisionen*). Diese Kennzahl ist ein guter Indikator für die *Aktivitäten* einer Bank, weil sie vergleichsweise schwer zu manipulieren ist. Als nächstes wird das Verhältnis der Marktkapitalisierung zum Buchwert des Stammkapitals einer Bank, die *Market-to-Book-Ratio* (*MBR*), verwendet. Ist diese Kennzahl hoch, deutet dies auf disproportional hohe *Erwartungen bezüglich der Ertragsaussichten* auf Seiten der Investoren hin. Hohe Ertragsaussichten sind normalerweise auch mit hohen Risiken verbunden. In den meisten Fällen wird diese Entwicklung durch die Manager des bewerteten Unternehmens verstärkt (*empire building*[345]), weil diese zu exzessiver Risikonahme angereizt werden, um den Wert des Unternehmens zu steigern, wie WEIß/BOSTANDZIC/NEUMANN (2014) argumentieren. Dagegen folgen DEMSETZ/SAIDENBERG/STRAHAN (1996) einem anderen Gedankengang, wonach eine hohe *MBR* hilft, exzessive Risiken zu verhindern, da die Eigenkapitalgeber durch eine Insolvenz umso mehr zu verlieren hätten. Jedoch dürfte dieses Argument nur ein geringeres Gewicht im Falle von Banken haben, die als too big to fail angesehen werden, weil eine Insolvenz ohnehin abgewendet würde. Insgesamt ist also ein Effekt dieser Kenngröße zu erwarten, dessen Richtung aber noch nicht gewiss ist.

Die letzte einbezogene Variable ist das *langfristige Emittentenrating* einer Bank (long term issuer rating, *LTR*). Zuerst werden dazu die historischen *Ratings* der Jahre 2007-2012 von Moody's erhoben. Im zweiten Schritt werden fehlende Werte[346] durch S&P- sowie Fitch-Ratings ersetzt. Es findet eine *18 stufige Ratingskala* Anwendung. Am Ende kann LTR, ähnlich einer Ausfallwahrscheinlichkeit, Werte von 0 bis 1 annehmen, wobei 0 für AAA (das höchste Rating) und 1 für D (den Ausfall) steht.[347] Der *LTR* beträgt durchschnittlich 0.276 (Tab. 32),

---

[345] Diese Theorie postuliert, dass Manager ihren persönlichen Nutzen optimieren und nicht den Wohlstand der Eigentümer, vgl. am Beispiel von Unternehmenszukäufen Trautwein (1990). Das Konzept der Trennung von Eigentum und Management geht auf Berle/Means (1932) zurück. Als Teil der Agency-Theorie wurde die Empire-Building-Hypothese bereits früh von Baumol (1959) und Williamson (1964) thematisiert.
[346] Nicht alle der im Sample vertretenen Banken verfügen bei Moody's über eine Ratinghistorie (seit 2007).
[347] Die Übertragung der Ratingskala in eine Werteskala von 0 bis 1 befindet sich im Anhang Tab. 16.

was ungefähr einem Rating von A entspricht. Es wird angenommen, dass die (von Ratingunternehmen geschätzte) Ausfallwahrscheinlichkeit von Banken einen systemrisikosteigernden Einfluss hat. Je höher die idiosynkratische Ausfallwahrscheinlichkeit einer Bank geschätzt wird, desto höher könnte also auch ihr Systemrisiko sein.

6.3.2 Makro-Kontrollvariablen mit Einfluss auf Systemrisiko

Um dem Einfluss unterschiedlicher makroökonomischer Bedingungen und Regulierungen innerhalb der europäischen Mitgliedsstaaten Rechnung zu tragen, werden fünf weitere *länderbezogene Variablen* zur Erklärung des Systemrisikos einer Bank einbezogen. Die Zuweisung erfolgt auf Basis des Landes, in dem eine Bank ihren Hauptsitz unterhält. Unterschiede in der *(Finanz-)Regulierung* sind von besonderem Interesse, weil strengere Gesetze und eine starke Aufsicht das Systemrisiko begrenzen könnten. Die verwendeten Daten werden von der *Weltbank* und *Eurostat* zur Verfügung gestellt.

Der erste hier verwendete Index aus der *World Bank Worldwide Governance Indicators*-Datenbank ist die politische Stabilität (*POLITIC_STAB*). Er soll als ein Indikator für die Wahrscheinlichkeit dienen, dass eine *Regierung destabilisiert* oder auf verfassungswidrigem bzw. gewaltsamem Wege gestürzt wird. Es ist davon auszugehen, dass eine hohe *politische Instabilität* das (System-)Risiko von Banken erhöht, wie unter anderem UHDE/HEIMESHOFF (2009) zeigen. Der zweite von der Weltbank stammende Index ist Regulierungs*qualität* (*REGULATION*). Er soll die Fähigkeit einer Regierung zur Formulierung und Implementierung einer fundierten Wirtschaftspolitik (*sound policies*) sowie Regulierung abbilden, die die Entwicklung des privaten Sektors erlaubt und fördert. Es wird angenommen, dass *REGULATION* das Systemrisiko jeder einzelnen Bank in dem jeweiligen Land verringert.

Außerdem wird analysiert, wie die Konzentration des Bankensektors in einem Land die Stabilität des Finanzsystems beeinflusst. *CONCENTRATION* stellt die Summe der *Aktiva der größten drei Banken eines Landes* ins Verhältnis zu den Gesamtaktiva im inländischen Bankensystem. Die frühere Forschung ist sich bezüglich des Einflusses der Bankkonzentration auf die Stabilität des Bankensystems uneinig. Zum Beispiel erkennen BLUNDELL-WIGNALL/LUMPKIN/SCHICH/SLOVIK (2011) sowie CARLETTI/HARTMANN (2002), dass ein *Trade-off* zwischen Bankkonzentration und Stabilität nicht allgemein gültig ist.

6.3 Forschungsdesign und Daten

Tab. 33: Deskriptive Statistiken zu den Makrovariablen

Diese Tabelle zeigt deskriptive Statistiken für die landesspezifischen Daten, welche in den Panelregressionen als beschreibende Variablen dienen. Die landesspezifischen Daten sind den Datenbanken der *Weltbank* und von *Eurostat* entnommen worden. Weitere Variablendefinitionen und Details zu den Quellen sind Anhang Tab. 12 aufgeführt.

Variable	Erwarteter Einfluss	Symbol	Beobachtungen	Durchschnitt	Median	St. Abw.	Min	Max
Political stability	-	POLITIC_STAB	334	0.62	0.631	0.438	-0.466	1.495
Regulatory quality	-	REGULATION	334	1.262	1.213	0.402	0.498	1.924
Bank concentration	+	CONCENTRATION	334	0.705	0.712	0.14	0.422	0.999
Government debt ratio	+	DEBT	334	0.799	0.746	0.323	0.249	1.703
Bank claim ratio	+	BANK_CL	334	0.177	0.181	0.118	-0.129	0.431

Wenn *CONCENTRATION* und Stabilität nicht negativ korreliert sind, könnte man erwarten, dass mit steigender Bankenkonzentration auch die Stabilität von allen Banken in einem Land steigt. Es gibt allerdings auch theoretische Erklärungen und empirische Indizien für die entgegengerichtete Sichtweise einer mit der Konzentration *steigenden Fragilität* wie beispielsweise BECK/JONGHE/SCHEPENS (2013) erklären. Diese Ansicht bekräftigen KLEINOW/NELL/ROGLER/HORSCH (2014) und ergänzen, dass dies für systemrelevante Banken mit Anreizen zur erhöhten Risikonahme umso plausibler ist. Aus diesem Grund wird im Folgenden davon ausgegangen, dass ein hoher Wert für *CONCENTRATION* Systemrisiken erhöht.

Um den Einfluss der *Verschuldung des Sitzlandes einer Bank* zu erfassen, wird die Staatsverschuldung (*DEBT*), gemessen als Bruttoschulden im Verhältnis zum Bruttoinlandsprodukt, eingesetzt. Regierungen von Ländern mit hoher Verschuldung verfügen über begrenzte Ressourcen zur Rettung von Banken, weil ihre Finanzmittel knapper sind. Aufgrund dessen wird erwartet, dass hohe staatliche Schuldenniveaus das systemische Risiko von nationalen Banken erhöhen.

Im letzten Schritt soll der Einfluss von Wechselbeziehungen zwischen einem Staat und seinen inländischen Banken geprüft werden. Dafür werden die Forderungen von Banken gegenüber ihren entsprechenden Souveränen (in Relation zum Bruttoinlandsprodukt) als Variable eingesetzt – (*BANK_CL*). Wenn der nationale Bankensektor einen relativ hohen Anteil der Schulden seines Sitzlandes in den eigenen Büchern hält, sollte diese gegenseitige Abhängigkeit das Systemrisiko der nationalen Banken erhöhen.

Aus der Tab. 34 werden weitere Details zur Zusammensetzung der Datenbasis ersichtlich. Auffallend ist der bereits angedeutete, hohe Anteil italienischer Banken, der sich auch in anderen, vergleichbaren Studien zum europäischen Bankenmarkt zeigt.[348] Angesichts der ebenfalls hohen wirtschaftlichen Bedeutung Italiens in der EU sind die elf italienischen Banken von (jahresabhängig) rund 55 insgesamt untersuchten Banken im Gesamtsample durchaus vertretbar. Beim Blick auf die Entwicklung der beschreibenden Variablen sind bereits erste Trends erkennbar. Der Systemrisikoindex erreicht auch im Mittelwert über alle untersuchten Banken im Jahr 2010 seinen vorläufigen höchsten Wert, weicht also grundsätzlich nicht von der Entwicklung des Medians des *SRI* (Tab. 27) ab.

---

[348] Für aktuelle Beispiele mit ähnlich hohem „*Italien-Anteil*" im europäischen Bankensample vgl. Flannery/Giacomini (2015), S. 240; Beccalli/Anolli/Borello (2015), S. 236; Chan-Lau/Liu/Schmittmann (2015), S. 169.

6.3 Forschungsdesign und Daten

Tab. 34: Deskriptive Statistiken zum Sample

Diese Tabelle gibt einen Überblick über die Anzahl der Banken im Sample (sogenannte „significant supervised entities"[349]), sortiert nach dem Sitzstaat. Zusätzlich wird ein Überblick über die Entwicklung der Durchschnittswerte der in der empirischen Untersuchung verwendeten Variablen gegeben. Variablendefinitionen und Details zu den Datenquellen sind im Anhang Tab. 12 aufgeführt.

Länder (Bankanzahl)	2007	2008	2009	2010	2011	2012	Sum.	Variablen (Mittelwerte)	2007	2008	2009	2010	2011	2012
AUT	1	1	1	1	1	1	6	SRI	0.723	0.737	0.725	0.766	0.756	0.732
BEL	2	2	2	2	1	1	10	SIZE	11.149	11.151	11.158	11.151	11.180	11.174
CYP	1	2	2	2	1	0	8	LOAN	0.633	0.649	0.65	0.639	0.637	0.631
DNK	2	3	3	3	3	3	17	NON_INT	0.414	0.266	0.514	0.567	0.449	0.511
ESP	5	5	5	5	5	5	30	NON_PERF	0.003	0.006	0.013	0.011	0.013	0.014
FIN	1	1	1	1	1	1	6	LEVERAGE	9.924	6.335	7.625	7.643	6.672	3.126
FRA	3	3	3	3	3	3	18	DEPOSIT	0.429	0.443	0.471	0.47	0.452	0.489
GBR	4	4	4	4	4	4	24	TIER1	0.083	0.085	0.104	0.108	0.111	0.121
GER	6	6	5	5	5	3	30	LIQUIDITY	1.113	1.141	0.878	0.873	0.91	0.89
GRC	4	4	4	4	4	4	24	FIN_POW	0.119	0.047	0.064	0.058	0.043	0.055
HUN	1	1	1	1	1	1	6	OP_MARG	0.163	0.08	0.068	0.072	0.009	-0.013
IRL	3	3	3	3	3	3	18	ROIC	0.05	0.039	0.022	0.023	0.001	0.014
ITA	10	11	11	11	11	11	65	INCOME	0.243	0.077	-0.121	-0.056	0.062	0.955
MLT	1	1	0	1	0	1	4	MBR	1.884	0.774	0.905	0.797	0.594	0.63
NED	2	1	1	1	1	1	7	LTR	0.16	0.186	0.225	0.271	0.372	0.458
POL	3	3	3	3	3	4	19	POLITIC_STAB	0.681	0.665	0.503	0.597	0.649	0.626
PRT	3	3	3	3	3	3	18	REGULATION	1.328	1.324	1.284	1.267	1.193	1.165
SWE	4	4	4	4	4	4	24	CONCENTRAT.	0.692	0.707	0.7	0.713	0.714	0.705
Sum	56	58	56	57	54	53	334	DEBT	0.638	0.68	0.786	0.85	0.907	0.946
								BANK_CL	0.135	0.127	0.164	0.206	0.208	0.228

---

[349] Vgl. Europäische Zentralbank (2015a). Da nicht für alle „*significant supervised entities*" Aktienkurse verfügbar sind, enthält die Liste auch nicht alle Länder der EU.

Die Kennzahl für die Bankgröße (*SIZE*) ist nahezu konstant. Der Anteil der gesamten Kredite im Verhältnis zur Bilanzsumme der Banken (*LOAN*) kulminiert im Jahr 2009, danach haben die Banken im Sample durchschnittlich den Anteil ausgereichter Kredite verringert. Der Anteil der nicht-zinsabhängigen Erträge an den Gesamterträgen (*NON_INT*) bricht nur massiv im Jahr 2008 ein – wahrscheinlich getrieben durch die Einbrüche vieler Wertpapiermärkte zum Ende dieses Jahres im Zuge der *Lehman*-Insolvenz. Die Rückstellungen für Kreditausfälle im Verhältnis zu den ausgereichten Krediten (*NON_PERF*) sind im Sample von 3% im Jahr 2007 auf 13% im Jahr 2009 gestiegen, um dann in den Folgejahren auf diesem hohen Niveau zu bleiben. Dies legt die Vermutung nahe, dass viele der untersuchten Großbanken nach wie vor *hohe Risiken in ihren Kreditportfolios* haben. In der zweiten Hälfte des untersuchten Zeitraums sinkt *LEVERAGE* (Buchwert EK/Buchwert FK) und *DEPOSIT* (Anteil der Einlagen an den Verbindlichkeiten) bleibt nahezu konstant. Ein interessantes Bild zeigt sich bei der Entwicklung der *TIER1*-Quote des harten regulatorischen Eigenkapitals, die im Beobachtungzeitraum stetig steigt. Dies ist nicht zuletzt auf die gestiegenen Anforderungen durch die CRD IV zurückzuführen, auf die sich viele europäische Banken mit Kapitalerhöhungen im Beobachtungzeitraum vorbereitet haben[350]. Die Liquiditäts- bzw. Schuldendeckungskennzahlen *LIQUIDITY* und *FIN_POW* sinken zwischen 2007 und 2012, deuten also auf eine *schlechtere Stabilitätslage* unter den Banken hin. Die operative Gewinnmarge *OP_MARG* sinkt im Mittel zwischen 2007 und 2012 von 16,3% auf -1,3%. Dies schlägt sich, nicht zuletzt, auch in den Ratings der untersuchten Banken wider, die im Durchschnitt jedes Jahr schlechter geworden sind (zu erkennen an den steigenden Werten für *LTR*). Auch die Übersicht zur Entwicklung der Makrovariablen lässt erste Schlüsse auf die Zusammensetzung des Bankensamples zu.[351] Während *POLITIC_STAB*, *REGULATION* und *CONCENTRAT*. verhältnismäßig stabil bleiben, steigen *DEBT* (Bruttoschulden des Sitzstaates im Verhältnis zum Bruttoinlandsprodukt) und *BANK_CL* (Forderungen von Banken gegenüber dem Souverän im Verhältnis zum Bruttoinlandsprodukt) jährlich im Zeitraum von 2007 bis 2012. Dies unterstreicht die *zunehmende Verquickung* vom Staat als Schuldner und seinen Banken als Gläubiger, welche systemische Ansteckungsgefahren mit

---

[350] Für aktuelle Beispiele für Kapitalerhöhungen europäischer Banken, auch getrieben von den Vorbereitungen für bzw. als Reaktion auf den EBA-Stresstest des Jahres 2014, vgl. beispielsweise (chronologisch absteigend) Credit Suisse AG (2015); Monte dei Paschi di Siena vgl. Kness-Bastaroli (2015); Santander vgl. Schäfer (2015); HSBC Trinkaus vgl. Kullrich (2014); DZ Bank vgl. Stoltenberg (2014); Deutsche Bank AG (2013).
[351] Für jede Bank sind in der Panelregression jeweils die Werte des Sitzstaates entscheidend.

Sicherheit nicht verringert. Im folgenden Abschnitt werden nun die Ergebnisse der Panelregressionen für das Systemrisiko der untersuchten europäischen Banken vorgestellt und erläutert.

6.4 Empirische Ergebnisse

6.4.1 Regression des Systemrisikoindex europäischer Banken

Mit Blick auf die in diesem Kapitel wichtigste Forschungsfrage nach den *Ursachen* für Systemrisiko wird versucht, Treiber für das Systemrisiko der Banken im untersuchten Sample zu identifizieren. Zu diesem Zweck werden verschiedene *lineare Panelregressionen* durchgeführt, bei denen der *SRI* und seine Einzelbestandteile *SRC* und *SRS* als *abhängige Variablen* sowie die bank- und makrospezifischen Faktoren als *erklärende, d.h. unabhängige Variablen* dienen. Tab. 35 liefert die Ergebnisse der Hauptregression für die gesamte Periode mit 334 beobachteten Bankdatensätzen, während die Resultate verschiedener Tests auf Robustheit der Ergebnisse im Anhang zu finden sind.

Um zeitinvarianten bankspezifischen Einflüssen Rechnung zu tragen, wird vorzugsweise[352] das *Random-Effects*-Modell zur Schätzung der Regressionsparameter verwendet. Allerdings zeigt der HAUSMANN (1978)-Spezifikationstest zur Überprüfung eines Zusammenhangs zwischen den erklärenden Variablen und der Störgröße (*Endogenität*), dass der *Random-Effects*-Schätzer nur mit der Basispanelregression (*baseline regression*, letzte Spalte Tab. 35) vereinbar ist.[353] Für die restlichen Panelregressionen wird daher das *Fixed-Effects*-Modell verwendet. Diesem Modell liegt die Annahme zugrunde, dass die Variation zwischen den Untersuchungsobjekten (hier: Banken) weder durch eine zufällige noch eine *unkorrelierte* Beziehung mit den erklärenden und unabhängigen Variablen zu beschreiben ist. Alle Schätzungen der linearen Regressionsmodelle basieren auf *heteroskedastie-robusten* HUBER (1967)/WHITE (1980)-Standardfehlern, weil die Ergebnisse (hier nicht dargestellter) Tests *Heteroskedastizität* (d.h. nicht gleichbleibende Streuung der Variablen) in den Regressionen annehmen lassen.[354]

---

[352] Im alternativen Fixed-Effects-Modell werden die zeitinvarianten bankspezifischen Einflüsse nicht berücksichtigt, vgl. Greene (2003), S. 303f.; Torres-Reyna (2007), S. 9; Williams (2015), S. 2 und kritisch Schmidheiny (2014), S. 11.
[353] Zur Verwendung des Hausmann (1978)-Spezifikationstests zur Bestimmung der geeigneten Panelregressionsmethodik vgl. Greene (2003), S. 301f.
[354] Weitere Ergebnisse acht statistischer Tests (*random effects*, *fixed effects*, *Querschnittsabhängigkeit*, *Autokorrelation*) können dem Anhang Tab. 13 entnommen werden.

Tab. 35: Panelregressionen des Systemrisikoindex der Banken
Diese Tabelle zeigt die Ergebnisse der unbalancierten Panelregressionen (Random und Fixed effects) auf das Systemrisiko der Banken im europäischen Bankensektor. Zur Schätzung des linearen Panel-Regressionsmodells werden heteroskedastie-robuste Huber-WHITE (1980) Standardfehler verwendet. Die p-Werte sind in Klammern angegeben. */**/*** kennzeichnen die Signifikanz des Koeffizienten auf dem 10%-, 5%- bzw. 1%-Niveau. Variablendefinitionen und Details zu den Datenquellen sind im Anhang Tab. 12 aufgeführt.

Abhängige Variable:		Erwart. Einfluss	Systemrisiko-beitrag (SRC)	Systemrisiko-empfindlichkeit (SRS)	Systemrisiko-index (SRI)
Beschreibende Variablen:			Fixed effects		Random effects
Size	SIZE	+	-0.313*	0.328	0.197***
			(0.098)	(0.307)	(0.000)
Loan ratio	LOAN	+/-	0.077	0.601	0.501***
			(0.696)	(0.247)	(0.000)
Non-interest income ratio	NON_INT	+/-	0.016	0.192***	0.156***
			(0.579)	(0.009)	(0.000)
Non-performing loan ratio	NON_PERF	+	-2.861	5.367	1.261
			(0.111)	(0.307)	(0.594)
Leverage ratio	LEVERAGE	+	0.001	0.002	0.001
			(0.264)	(0.438)	(0.579)
Deposit ratio	DEPOSIT	-	0.298	0.982	0.271
			(0.243)	(0.129)	(0.110)
Tier 1 ratio	TIER1	+/-	-0.292	2.568**	0.981*
			(0.449)	(0.037)	(0.066)
Liquidity ratio	LIQUIDITY	-	0.023	0.251***	0.050**
			(0.271)	(0.004)	(0.025)
Financial power	FIN_POW	-	-0.231	-3.692***	-0.590
			(0.569)	(0.005)	(0.291)
Operating margin	OP_MARG	+/-	-0.049	0.426**	0.187*
			(0.668)	(0.041)	(0.055)
Return on invested cap.	ROIC	+/-	0.239	-2.577**	-1.735***
			(0.638)	(0.017)	(0.001)
Income growth	INCOME	+/-	0.045*	0.015	-0.006***
			(0.092)	(0.833)	(0.000)
Market-to-book ratio	MBR	+/-	-0.034	0.253**	0.012
			(0.287)	(0.013)	(0.839)
Long-term rating	LTR	+	-0.528***	0.063	0.351***
			(0.000)	(0.845)	(0.005)
Political stability	POLITIC_STAB	-	-0.093	0.514***	0.140***
			(0.153)	(0.001)	(0.000)
Regulatory quality	REGULATION	-	0.487***	-0.808***	-0.174**
			(0.000)	(0.002)	(0.010)
Bank concentration	CONCENTRATION	+	-0.569**	1.119**	-0.136
			(0.040)	(0.028)	(0.238)
Government debt ratio	DEBT	+	0.115	-0.952**	-0.361***
			(0.496)	(0.031)	(0.000)
Bank claim ratio	BANK_CL	+	0.011	1.968**	0.703***
			(0.958)	(0.024)	(0.001)
Observations			334	334	334
Groups			60	60	60
R^2			within 0.462	within 0.362	overall 0.478

6.4 Empirische Ergebnisse

Die Modelle der Panelregressionen in Tab. 35 zeigen das interessante Ergebnis, dass viele beschreibende Variablen einen *signifikanten Effekt auf das Systemrisiko* einer Bank (gemessen mittels *SRC*, *SRS*, und *SRI*) haben. Die meisten signifikanten Koeffizienten stimmen zudem mit der vorab im Abschnitt 6.3.1 hergeleiteten Einflussrichtung überein.

Der Koeffizient der ersten unabhängigen Variable *SIZE* besagt, dass die *Größe* einer Bank sich *signifikant* auf den SRI auswirkt: Je größer Banken sind, desto größer ist die Wahrscheinlichkeit, dass sie andere anstecken, wenn sie in eine finanzielle Problemsituation geraten. Analog ist aus makroökonomischer Sicht ein System verletzlicher, wenn es sich hauptsächlich aus einer kleinen Zahl großer Banken zusammensetzt. Diese Erkenntnisse von We HAQ/HEANEY (2012), BLACK/CORREA/HUANG/ZHOU (2015) und VAROTTO/ZHAO (2014) über europäische Banken können damit bestätigt werden. Wenn der *SRC* als Risikomessgröße dient, zeigt sich allerdings im Ergebnis, dass die größten europäischen Banken Systemrisiken nicht erhöht haben, sondern eine ansteckungsmindernde Wirkung auf das Bankensystem hatten. Das könnte eventuell mit ihrer impliziten *staatlichen Insolvenzversicherung* begründet werden, ist aber nicht eindeutig zu beweisen. In einem solchen Fall könnte die *Regulierung der Maximalgröße* einer Bank kontra-produktiv zur Mitigation von Systemrisiken sein, weil Banken mit großen Bilanzsummen eventuell Schocks absorbieren können und nicht an andere Banken leiten.

Die Kennzahl für die *Struktur der Aktiva* – loan ratio (*LOAN*) – und die Kennzahl für die *Einkommensstruktur* – non-interest income (*NON_INT*) – zeigen eine klare positive Beziehung zum Systemrisiko einer Bank. Somit zeigt das Ergebnis für *LOAN*, dass große Volumina an ausgereichten Krediten ein Signal für *Defizite in der Risikodiversifikation* sein könnte und das Systemrisiko von Banken erhöht. Dementgegen zeigt *NON_INT* eine positive Korrelation von zinsunabhängigem Geschäft und Systemrisiko und deutet darauf hin, dass für europäische Banken keine positiven, risikomindernden Effekte durch Provisionsgeschäfte und andere Geschäftsinnovationen zu erwarten sind.[355] Die Ergebnisse für den Einfluss *notleidender Kredite* (*NON_PERF*), den *Verschuldungsgrad* (*LEVERAGE*), und die *Einlagen* (*DEPOSIT*) zeigen nur *insignifikante* Koeffizienten. Besonders interessant ist dies im Fall vom, aus buchhalterischen Positionen[356] abgeleiteten, Indikator *LEVERAGE*. Regulierer verwenden ihn mit einer grund-

---

[355] Vgl. für eine Arbeit mit konträren Ergebnissen Beck/Jonghe/Schepens (2013).
[356] Kurz- und langfristige Verbindlichkeiten im Verhältnis zum haftenden Eigenkapital.

sätzlich gleichen, aber doch in technischen Details abweichenden Definition unter der Bezeichnung Höchstverschuldungsquote (*leverage ratio*) als Messgröße im Rahmen von Basel III. Diese regulatorische Kennzahl gleicht laut dem BASLER AUSSCHUSS FÜR BANKENAUFSICHT (2010b), S. 68f einer „einfachen und transparenten, nicht risikobasierten Verschuldungsquote, die so gestaltet wird, dass sie als glaubwürdige Ergänzung zu den risikobasierten Eigenkapitalanforderungen dienen kann" und ergibt sich aus dem Quotienten von Kapitalmessgröße (Eigenkapital nach Basel III) sowie „Engagementgröße" (Gesamtengagement nach Basel III). Gemäß Basel III soll zunächst eine Höchstverschuldungsquote von mindestens 3% des Kernkapitals über einen gesamten Kreditzyklus von Banken gefordert werden, „um destabilisierende Schuldenabbauprozesse zu vermeiden, die das Finanzsystem allgemein schädigen können"[357]. Die Ergebnisse dieser Arbeit hingegen zeigen keinen direkten Einfluss einer niedrigen Verschuldungsquote auf das Systemrisiko einer Bank. Zur Begrenzung von Systemrisiken ist eine Regulierung mittels Höchstverschuldungsquoten daher möglicherweise nicht zielführend, eventuell sogar *kontraproduktiv*. Der Koeffizient *TIER1* hat einen signifikant positiven Einfluss auf SRS und SRI. Für den Fall der untersuchten europäischen Banken deuten die Ergebnisse daher darauf hin, dass hohe Quoten regulatorischen Eigenkapitals das Systemrisiko von Banken erhöht. Die, zunächst kontraintuitiven Ergebnisse zeigen, dass hohe regulatorische Eigenkapitalforderungen Systemrisiken begünstigen. Diese Ergebnisse können allerdings durch andere theoretische und empirische Untersuchungen über Fehlanreize von Eigenkapitalanforderungen (6.3.1) bestätigt werden.[358] Dass Banken nicht nur, weil sie von Regulierern dazu gezwungen werden, sondern auch aus marketingstrategischen Gründen angehalten sein könnten, höhere Eigenkapitalquoten zu erreichen, könnte als ein weiteres Argument in die Diskussion um Eigenkapitalquoten eingebracht werden.

Außerdem zeigen die meisten Koeffizienten konsistente und gleiche Vorzeichen *innerhalb* der zwei beobachteten Systemrisikogrößen (*SRC, SRS*), die dann den *SRI* bilden. Zum Beispiel ist *LIQUIDITY* durchweg positiv und die Cashflow-basierte Kennzahl *FIN_POW* hat in allen Regressionsmodellen einen negativen Koeffizienten. Die Liquiditätskennzahlen deuten auf unterschiedliche Einflussrichtungen hin: Die signifikant positiven Regressionskoeffizienten für *LIQUIDITY* bedeuten, dass Liquidität in Banken mit systemischen Risiken einhergeht – ein Re-

---

[357] Basler Ausschuss für Bankenaufsicht (2010b), S. 68.
[358] Vgl. Perotti/Ratnovski/Vlahu (2011) und Black et al. (2015).

6.4 Empirische Ergebnisse

sultat das weder theoretisch noch empirisch von anderen Arbeiten unterstützt wird. Eine Erklärung dafür könnte in dieser Arbeit sein, dass ein hoher Vorrat an Barmitteln auf eine geringere Profitabilität bezüglich der Kapitalallokation hinweist, weil kurzfristige, liquide Anlagen weniger rentabel als langfristige Investitionen sein dürften. Dies ist vergleichbar mit dem *Liquiditäts-Rentabilitäts-Trade-off*. Der negative Einfluss von hohen *FIN_POW*-Werten auf das Systemrisiko einer Bank ist ebenfalls begründbar, weil solvente Banken über ausreichend Eigenkapital und Liquiditätsreserven (Polster für Verluste oder Liquiditätsengpässe) verfügen.

Die signifikanten Koeffizienten der *operativen Gewinnmarge* (*OP_MARG*) und der Rendite auf das eingesetzte Kapital liefern sehr interessante Resultate, die sowohl einen risikobegünstigenden als auch einen risikoreduzierenden Effekt der Bankprofitabilität aufzeigen: Kurzfristig mögen Banken erfolgreich risikobehaftete Finanzierungen durchführen und oder positive Ergebnisse über kreditvergabefremdes Geschäft erzielen. Beides erhöht ihre operative Gewinnmarge (*OP_MARG*). Langfristig dürfte sich allerdings herausstellen, dass den Gewinnen auf der anderen Seite ein hohes Risikoexposure gegenübersteht. Das jährliche Wachstum der Erträge einer Bank (*INCOME*) hat keinen klaren, signifikanten Einfluss auf Systemrisiko und bestätigt daher grundsätzlich die – auf Theorie und empirischer Literatur (6.3.1) basierende – Hypothese für die zu erwartende Wirkungsrichtung. Die Ergebnisse bestätigen auch die positive Korrelation von Systemrisiko und der *MBR* mit signifikanten Koeffizienten für *SRS*.[359] Die stellvertretende Kennzahl für die Kreditwürdigkeit einer Bank (*LTR*) zeigt signifikante, aber negativ korrelierende Einflüsse für die *finanzielle Solidität* auf Systemrisiken. Ein hoher *LTR*-Wert (hohes Ausfallrisiko) zeigt eine niedrige Kreditwürdigkeit an. Daher suggerieren die Ergebnisse der Panelregression auf Systemrisiko unter Verwendung von *LTR*, dass Banken mit besseren bzw. höheren Ratings einen höheren Systemrisikobeitrag, aber einen geringeren Wert für den Systemrisikoindex haben. Dieses Ergebnis ist eventuell durch die positive, jedoch nicht signifikante Korrelation von *SRS* und *LTR* zu erklären.

Auch die Makrovariablen liefern aufschlussreiche Ergebnisse: Die Messgröße für die politische Stabilität eines Landes (*POLITIC_STAB*) zeigt einen Einfluss auf, der sich vom Vorschlag der Literatur (6.3.1) und der intuitiven Erklärung, dass politische Stabilität mit der Stabilität der Banken des Landes positiv korreliert, unterscheidet. Politische Stabilität und die Absenz von

---

[359] Vgl. für empirische Studien mit ähnlichen Ergebnissen Brunnermeier et al. (2011) und Varotto/Zhao (2014) als auch Weiß et al. (2014).

Gewalt[360] erhöhen das systemische Risiko einer Bank signifikant. Eine mögliche Erklärung dafür wäre, dass Akteure in stabilen Systemen Finanzinstitutionen über ein *realwirtschaftlich tragbares Niveau* hinaus gründen, betreiben und vernetzen. Das steht im Kontrast zu Ländern mit politischer Instabilität. In solchen Ländern gehen Verbindungen zwischen Finanzinstitutionen schneller verloren und reduzieren Systemrisiken sowie letztlich die Wahrscheinlichkeit einer Ansteckung.

Die Regressionsergebnisse für *REGULATION* – die Einschätzung der Weltbank der Befähigung einer Regierung zur Formulierung und Implementierung einer vernünftigen Wirtschaftspolitik und Regulierung (*sound policies*) – scheinen den erwarteten signifikant *negativen Einfluss* auf das Systemrisiko der untersuchten Banken für den untersuchten Zeitraum zum Teil zu bestätigen. Sowohl für *SRI* als auch *SRS* kann eine negative Korrelation mit Systemrisiko bestätigt werden. Dies bedeutet, dass Banken ein geringeres Systemrisiko aufweisen, wenn sie ihren Hauptsitz in Ländern mit einer Wirtschaftspolitik haben, welche – nach Ansicht der Weltbank – die Entwicklung des Privatsektors nicht hindert. Für *SRC* kann allerdings ein umgekehrtes Verhältnis von Regulierungsqualität und Systemrisiko festgestellt werden. Ein weiteres Ergebnis, das im Voraus nicht zu erwarten war, ist die signifikant negative Korrelation der Verschuldung des Sitzstaates einer Bank (*DEBT*) und dem Systemrisiko der Bank. Das kann eventuell über die *hohen Verschuldungsgrade westeuropäischer Mitgliedstaaten* mit eher stabilen und gut entwickelten Finanzmärkten erklärt werden, d.h. in Ländern mit solchen institutionellen Rahmenbedingungen induziert eine höhere Staatsverschuldung kein Anstieg des Systemrisikos. Und zuletzt zeigt *BANK_CL* – die Forderungen von Banken gegenüber ihren entsprechenden Souveränen – einen signifikanten positiven Einfluss auf den Systemrisikoindex. Auch ist aus den Ergebnissen ersichtlich, dass der systemrisikoverstärkende Einfluss von *BANK_CL* ebenfalls für den *SRS* der Banken zutrifft. Hohe Exposures von Banken in Anleihen des Sitzstaates sind ein Indiz für eine starke Vernetzung des Finanz- mit dem Regierungssystem und machen einen Transfer von (finanziellen) Problemen zwischen beiden wahrscheinlicher. Ein höheres Volumen dieser Aktiva in Banken kann ebenso als ein Fall *misslungener Diversifikation* ge-

---

[360] Dieser Indikator der Weltbank misst "perceptions of the likelihood that the government will be destabilized or overthrown by unconstitutional or violent means, including politically-motivated violence and terrorism", Kraay/Kaufmann/Mastruzzi (2010), S. 4. Er ergibt sich aus einer Reihe von Kriterien sowie Statistiken der Weltbank und nimmt Werte zwischen -2.5 und +2.5 an, wobei hohe Werte für hohe Stabilität stehen, vgl. ebd. Die höchsten Werte im Sample haben Malta (max. 1.50), Österreich (max. 1.34). Die niedrigsten Werte führen Spanien (min. -0.47) und Griechenland (-0.31).

deutet werden, weil der Sitzstaat einer Bank bereits eine potentielle Quelle politischer, regulatorischer sowie gesetzlicher Risiken darstellt und in diesem Fall noch Kredit- und Marktrisiken dazukommen.

6.4.2 Robustheit der Ergebnisse

Um die Robustheit der Ergebnisse unter geänderten Modellspezifikationen und anderen Daten (z.B. weitere, erklärende Variablen und ein abweichender Aktienindex als Proxy für das Finanzsystem *Sys*) zu prüfen, werden verschiedene Tests durchgeführt.

Der erste Robustheit-Test „*Spezifikation 1*" (Anhang Tab. 14) liefert Ergebnisse für die Panelregression beim Gesamtsample (balanciert und unbalanciert), bei der insignifikante Variablen aus der Regression entnommen werden, unbalancierte Paneldaten zum Einsatz kommen und statt dem Random- das Fixed-Effects-Modell zur Beurteilung der Fehlerterme verwendet wird. Angesichts der überwiegend konstanten Ergebnisse trotz geänderter Modellparameter kann davon ausgegangen werden, dass die Resultate der Basisregression weder von insignifikanten erklärenden Variablen oder der unbalancierten Natur der Paneldaten, noch von der Wahl des Fixed- oder Random-Effects-Regressionsmodells abhängen.

Der zweite Robustheit-Test „*Spezifikation 2*" (Anhang Tab. 15) liefert Ergebnisse für die Basisregression unter Verwendung eines anderen Bankindex (*EU Datastream Banks Index*) als Proxy für das Bankensystem *Sys*. Die weitgehend unveränderlichen Vorzeichen der Koeffizienten bekräftigen die Annahme, dass die maßgeblichen, in Tab. 35 präsentierten, *Ergebnisse nicht von dem verwendeten Aktienindex abhängen*. Zusätzlich werden in separaten Robustheitstest andere Modellspezifikationen der Panelregression unter Verwendung anderer beschreibender Variablen getestet, wobei festgestellt wird, dass die Ergebnisse nicht substantiell davon beeinflusst werden.[361] Im Endergebnis zeigen die Tests auf Robustheit, dass die aus dem Basismodell gewonnenen Erkenntnisse und daraus abzuleitende (ökonomische) Implikationen *nicht primär statistisch getrieben* sind bzw. sich nicht bei Änderungen des Modells verändern.

---

[361] Für einen Überblick über die Korrelationen zwischen den erklärenden (und abhängigen) Variablen, die in den Panelregressionen verwendet werden, vgl. Korrelationsmatrix Anhang Tab. 17.

6.5 Zusammenfassung

In diesem Kapitel wurden wichtige *Treiber für Systemrisiko* in Europa analysiert. Speziell konnte gezeigt werden, warum bestimmte Banken mehr zu Systemrisiken im europäischen Finanzsystem beitragen könnten. In den Panelregressionen wurden empirische Hinweise zur Unterstützung der bestehenden Literatur über systemrelevante Finanzinstitute gefunden, die *Bankgröße, Aktiva-* und *Ertragsstruktur, Verlustabsorptionsfähigkeit, Liquiditätsstruktur, Profitabilität* und verschiedene *makroökonomische Variablen* als Systemrisikotreiber ausmachen. So tragen insbesondere Banken mit einem *hohen Anteil an ausgereichten Krediten im Verhältnis zur Bilanzsumme* (*LOAN*), *anteilig hohen Erträgen aus dem Provisionsgeschäft* (*NON_INT*) und einer *hohen Kernkapitalquote* (*TIER1*) hohe Systemrisiken. Zusätzlich korrelieren eine *hohe Verschuldung des Sitzstaates* bei den Banken, sowie ein national verhältnismäßig *stabiles politischen System* (*POL_STAB*) mit dem Systemrisiko jeder einzelnen Bank.

Insgesamt finden sich in den Ergebnissen Indizien dafür, dass *einfachere Ansätze zur Messung von Systemrisiko* – wie RODRÍGUEZ-MORENO/PEÑA (2013) vorschlagen – weniger zielführend sind, weil der Systemrisikobeitrag einer Bank zum Teil von anderen Faktoren als denen der Systemrisikoempfindlichkeit ausgelöst wird.

Regulierer müssen zur Bemessung des Systemrisikos einer Bank eine große Vielfalt von Indikatoren berücksichtigen. Wenngleich vom BASLER AUSSCHUSS FÜR BANKENAUFSICHT (2013) andere Kennzahlen zur Messung von Systemrisiko vorgeschlagen werden, unterstreichen die Ergebnisse dieser Arbeit die *Dringlichkeit aktueller Regulierungsansätze* zur Identifikation von systemrelevanten Banken in Europa mittels einer Reihe von Indikatoren.[362] *Makroprudentielle Regulierung*, die eine Bank als Teil eines Systems versteht, ist für die Vermeidung von Krisen, die durch schlagend werdende Systemrisiken im Bankensystem entstehen, unverzichtbar. Hier knüpft die vorliegende Arbeit an und untersucht, welche Faktoren dazu führen, dass einzelne Banken zu Risiken im Bankensystem besonders beitragen bzw. besonders von systemischen Schocks betroffen sind. Die Arbeit zeigt in diesem Zusammenhang, dass bestehende *mikroprudentiell* (d.h. auf die Stabilität der Einzelbank) orientierte Vorschriften zur Liquidität, dem haftenden Eigenkapital und dem Verschuldungsgrad über eine *geringe Effektivität* verfügen und

---

[362] Vgl. Basler Ausschuss für Bankenaufsicht (2013).

6.5 Zusammenfassung

Regulierer neue Kennzahlen wie beispielsweise die *Diversifikation der Aktiva* (eventuell abgeleitet von *LOAN* oder *NON_INT*) oder *hohe Einzelexposures* berücksichtigen sollten, um Systemrisiken im Bankensystem zu mitigieren.

Einige *Limitierungen* hat die Untersuchung allerdings: Obwohl die vorgestellten Systemrisikomessgrößen manche Nachteile existierender Ansätze vermeiden, werden durch die, den Systemrisikomaßen zugrunde liegende, Untersuchungen der Parallelbewegungen (Comovements) von Bankaktienkursen viele (zugegebenermaßen kleinere) Institutionen ohne öffentlich gelistete Aktien von vornherein ausgeschlossen.[363] Das zweite Manko dieser Untersuchung ist, dass die Systemrelevanz anderer Finanzinstitutionen, wie z.B. von Versicherern, Marktinfrastruktur-Anbietern und insbesondere Institutionen (wie beispielsweise Investmentfonds, Finance-Monoliner, Asset Manager)[364] die den Schattenbankensystem zugerechnet werden, nicht beurteilt wird. Um letztlich auch die hier gezeigten Ergebnisse auf lange Sicht zu bestätigen, könnte die künftige Forschung versuchen, sich Finanz- und Makrodaten über längere Zeiträume zu Nutze zu machen.

---

[363] Deswegen dürften die nützlichsten Risikomessgrößen solche sein, die noch gar nicht angegangen wurden, weil sie firmeninterne Daten verlangen, die nur Regulierer erhalten können, vgl. Bisias et al. (2012).

[364] Zum Thema der Identifikation von systemrelevanten Institutionen, die weder der Sphäre der Banken noch Versicherungen hinzugerechnet werden können, kooperiert die Internationale Organisation der Wertpapieraufsichtsbehörden (IOSCO) mit dem Finanzstabilitätsrat. Für ein Konsultationsdokument zur Identifikation dieser sogenannten *Non-Bank Non-Insurer Global Systemically Important Financial Institutions* vgl. Internationale Organisation der Wertpapieraufsichtsbehörden (IOSCO) und Finanzstabilitätsrat (2015).

7 Regulierung systemrelevanter Finanzinstitute in der Europäischen Union

7.1 Regulierung von Finanzintermediären als Ausgangspunkt

Die Verkettung der (Finanz-)Krisen seit dem Jahr 2007 zwang weltweit Regierungen zur Rettung von Banken. Die Hälfte der dreißig, als global systemrelevant bezeichneten, Banken und fast die Hälfte der zehn, als global systemrelevant bezeichneten, Versicherer haben ihren Sitz in Europa.[365] Vor dem Ausbruch der (Finanz-)Krise wurden diese SIFIs nur national beaufsichtigt und reguliert. Weil die *nationalen Kompetenzen* von Regulierern und Aufsehern für SIFIs *internationale Konsequenzen* hatten, führte dies dazu, dass die Interventionen zur Lösung der Krisen suboptimal waren:[366] "At the international level, the crisis made clear that the public sector has failed to integrate regulation, supervision and resolution as thoroughly as the private sector has integrated its operations globally."[367] Der Einfluss von drohenden SIFI-Zusammenbrüchen auf die Situation der öffentlichen Finanzen und gestiegene Anreize zur Sozialisierung von Kosten der Bankenrettungen haben mit Nachdruck dafür gesorgt, dass seither nach Lösungen für die SIFI-Problematik gesucht wird. Vielfältige regulatorische Ansätze für SIFIs wurden daher seit 2008 auch auf EU-Ebene präsentiert: Einige dieser Konzepte, wie z.B. *der Systemrisikopuffer* unter Basel III oder die *Richtlinie zur Sanierung* und *Abwicklung von Kreditinstituten*, wurden bereits rechtskräftig implementiert. Andere befinden sich noch im Konsultationsprozess, wie beispielsweise der *Gesetzesentwurf zur Aufspaltung von Banken (Bankenstrukturreform)*.[368]

Bisher ist SIFI-Regulierung vielmehr als Zu- statt als Ersatz für Standardregulierung und Aufsicht von Finanzintermediären gestaltet worden. Das SIFI-Regulierungsregime ist zweistufig aufgebaut:

---

[365] Vgl. Finanzstabilitätsrat (2014a) und Finanzstabilitätsrat (2014b). Die Listen werden jährlich Anfang November aktualisiert.
[366] Vgl. Pflock (2014), S. 51. Freixas (2013), S. 116 weist in diesem Zusammenhang auf besondere Probleme bei der Rettung von systemrelevanten Finanzinstituten in der Eurozone hin und unterbreitet Lösungsvorschläge: „The creation of EMU implies that it is more costly to bail-out transnational institutions, for several reasons: first the incentives to collect reliable accurate information may be lowered; second, the incentives to transmit that information to a central agent may be also lower; third, the social cost of transferring public money to private claim-holders may be larger. It is therefore necessary to tighten the bail-out policy, define precise incentive compatible mechanisms and limit bank rescues to the ones that may have systemic implications. A higher probability of closure is ex-ante efficient as it strengthens market discipline and reduces moral hazard ex-ante".
[367] Claessens et al. (2010), S. 23.
[368] Vgl. für den Anfang des Jahres 2014 von der Europäischen Kommission angenommenen Vorschlag über die Bankenstrukturreform: Europäische Kommission (2014k). Mitte 2015 nahm der EU-Rat für Wirtschaft und Finanzen ECOFIN dazu Stellung, vgl. Europäischer Rat (2015b). Für seinen Gegenentwurf, vgl. Europäischer Rat (2015a).

- Stufe 1 – Identifikation: Zunächst ist eine ökonomisch sinnvolle und rechtlich geeignete Trennung von SIFIs und Nicht-SIFIs[369] notwendig, damit eine Unterregulierung von SIFIs sowie eine Überregulierung von Nicht-SIFIs vermieden wird;
- Stufe 2 – Behandlung: Darauf basierend muss die gesonderte SIFI-Regulierung und -Aufsicht effizient gestaltet werden.[370]

SIFI-Listen wie in Tab. 5 (S. 42) suggerieren, dass das Identifikationsproblem gelöst worden ist. Ebenso suggerieren die Regulierungen in welche diese Listen eingebettet sind, dass die Frage nach der Behandlung von SIFIs bereits beantwortet ist. Ob bisher die richtigen Antworten gegeben worden sind, soll nicht zuletzt in diesem Kapitel der Arbeit geklärt werden. Ungeachtet der (im weiteren Verlauf noch dargestellten) Details muss eine Regulierung anhand von „*SIFI-only*"-*Gesetzen* grundsätzlich genauso gerechtfertigt werden, wie jeder andere *staatliche Eingriff in einer Marktwirtschaft*. Aus diesem Grund setzt ein solcher Ansatz ein (1) *Marktversagen* und die Aussicht, dass staatliche Regulierung dies (2a) *effektiv* und (2b) *effizient lindert* oder sogar *verhindert*, voraus.[371]

Generell fußt SIFI-Regulierung auf den traditionellen Argumenten für die Regulierung von Finanzintermediären und intensiviert diese dann aus bestimmten Gründen. Die besondere staatliche Behandlung von Banken und ihren Gläubigern basiert auf der Wahrnehmung, dass *Banken und ihre Dienstleistungen einzigartig bzw. nicht substituierbar* (mithin als *Einlegerschutzargument* bezeichnet) sind und dass vom Ausfall jedweder Bank das *Risiko eines Übergriffs auf andere Banken* und *weitere (Finanz-)Institutionen ausgeht* (*mithin als Systemschutzargument bezeichnet*). Diese Argumente wurden im sogenannten Ruland-Bericht des Wirtschaftsausschusses des Deutschen Bundestags bereits 1961 beim Erlass des KWG dargelegt. Die damaligen Ausführungen sind aus heutiger Sicht nicht weniger aktuell, richtig und relevant, weshalb sich die Wiedergabe einer besonders interessanten Passage anbietet: „Da alle wesentlichen Zweige der Volkswirtschaft auf das Kreditgewerbe als Kreditgeber und Geldsammelstelle angewiesen sind, greifen Störungen in diesem Wirtschaftszweig leicht auf die gesamte Volkswirt-

---

[369] Für einen Überblick der Möglichkeiten zur Messung von Systemrisiko siehe Kap. 5.
[370] *Finanzregulierung und -aufsicht* gehen oft ineinander über, weshalb eine klare Trennung schwer ist. Die *Schaffung von Rechtsnormen* wird als Regulierung bezeichnet. Die *Ausübung bzw. richtige Anwendung von Rechtsnormen* wird von der Aufsicht überwacht. Aufseher können, um die Einhaltung von Gesetzten zu gewährleisten, ex ante und ex post eingreifen, vgl. für eine umfassende Abgrenzung von Aufsicht und Regulierung im europäischen Kontext Kang (2012), insb. S. 19-21.
[371] Vgl. hier und im Folgenden Horsch (2016).

7.1 Regulierung von Finanzintermediären als Ausgangspunkt 167

schaft über. Müßten z. B. die Kreditinstitute wegen unvorsichtiger Liquiditätspolitik ihre Kredite in großem Umfange vorzeitig zurückrufen, so könnte dies zu erheblichen Funktionsstörungen in der kreditnehmenden Wirtschaft führen. Da die Kreditinstitute vorwiegend mit fremden Geldern arbeiten, treffen Schwierigkeiten bei ihnen auch einen viel größeren Gläubigerkreis, als wenn ein anderes Wirtschaftsunternehmen illiquide wird. Darüber hinaus bleiben solche Schwierigkeiten erfahrungsgemäß nicht auf ein Kreditinstitut beschränkt, vielmehr breitet sich eine durch ein Kreditinstitut verursachte Unruhe leicht auch auf die Einleger anderer Kreditinstitute aus. So kann in wirtschaftlich labilen Zeiten der gefürchtete allgemeine Run auf die Bankschalter entstehen, der die gesamte Kreditwirtschaft in die Gefahr des Zusammenbruches führen kann und dessen Folgen die gesamte Volkswirtschaft treffen. Solchen Entwicklungen muß der Staat im Interesse der Gesamtwirtschaft schon in ihrer Entstehung entgegenwirken. Er muß dazu durch eine laufende Aufsicht auf die Geschäftstätigkeit der Kreditinstitute Einfluß nehmen"[372].

Banken erfüllen für ihre Einleger eine Funktion als delegierter Überwacher (*delegated monitor*), denn die zur Verfügung gestellten Einlagegelder werden an indirekt an Firmen und Privatpersonen verliehen, die ihre finanzielle Situation dem Kapitalmarkt selbst nicht effizient übermitteln können.[373] Aus diesem Grund ist ein Großteil des Bankgeschäftes (für beide Seiten der Bankkunden) undurchsichtig.[374] Um Schalterstürme (*bank runs*) zu vermeiden, werden Banken und ihre Gläubiger regelmäßig besonders reguliert. Grund dafür ist die "perceived uniqueness of bank services and the chance that one bank's failure can spill over and threaten the viability of other banks"[375]. Daher stehen, noch vor der Schlüsselfunktion der Kreditwirtschaft, der a) *Einleger-* und der b) *Systemschutz* im Zentrum der klassischen Argumente zur Rechtfertigung der Besonderheit von Banken – und des Bedarfs einer gesonderten Regulierung.[376]

Aus der Natur heraus geht SIFI-Regulierung von *Marktversagen* aus: Systemrelevanz bedeutet, wie in 2.1.2 dargestellt, per Definition, dass ein de facto Ausfall einer Institution über Ansteckungsprozesse *dem Finanzsystem schaden* würde. In diesem Fall würden zuerst *schutzbedürftige Gegenparteien* (wie z.B. Einleger und Kleinanleger, aber auch institutionelle Investoren)

---
[372] Deutscher Bundestag (1961), S. 2
[373] Vgl. Benston (1998), vgl. früher Diamond/Dybvig (1983).
[374] Vgl. Diamond (1984), Baumann/Honsell (1999), vgl. für Literatur zur *bank opaqueness* (auch *opacity*) Fußnote 297 in der vorliegenden Arbeit.
[375] Stern/Feldman (2004), S. 11.
[376] Vgl. ausführlich Achtelik/Boos/Schulte-Mattler (2012), S. 28f.

der fallierenden Institution geschädigt. Darauf folgten dann, teils durch Zweitrundeneffekte, *weitere Finanzintermediäre* und daher Schädigungen weiterer schützenswerter Dritter. SIFI-Regulierung zielt daher auf eine Linderung der, aus systemischer Betrachtung, extremen Verluste ab, welche Dritte innerhalb und insbesondere außerhalb des Finanzsektors zu schädigen drohen. Trotzdem sollten Pleiten von SIFIs nicht per se unmöglich sein: "In a functioning market economy every financial institution, regardless of its size and complexity, must be able to exit the market without putting the financial system and broader economy at risk"[377]. Wenn die Begründung für die traditionelle, auf Einleger- und Systemschutz basierende Bankenregulierung stichhaltig ist[378], müsste die SIFI-Regulierung dies umso mehr sein. Aus diesem Grund wird im Folgenden nicht das „ob" der SIFI-Regulierung analysiert. Zu beantworten ist allerdings die Frage nach dem „wie". Hierfür sollte mit der Bestimmung des SIFI-Regulierungsoptimums für die „Messlatte" zur Bewertung der SIFI-Regulierung begonnen werden.

7.2 Herausforderungen bei der Bestimmung des SIFI-Regulierungsoptimums

Systemrisiken müssen reguliert werden, weil Marktteilnehmer nicht genügend Anreize haben, ihre Risikonahme und damit ihren Systemrisikobeitrag gegenüber anderen Kapitalmarktteilnehmern zu begrenzen. Es stellt sich aber die Frage *wie weit* Systemrisiken reguliert werden sollten. Im Zentrum der Frage nach der "optimalen" SIFI-Regulierung steht ein trade-off-Problem zwischen der Kosten der SIFI-Regulierung und Kosten der Finanzmarktinstabilität: Ein hohes Maß an SIFI-Regulierung kann zwar durchaus zu hoher Finanzmarktstabilität führen, erzeugt aber hohe (in)direkte Kosten. Die Kosten der SIFI-Regulierung sind abstrakt zu sehen und können (auch besonders in Form von Opportunitätskosten) bei den Regulierten, den Regulierern und bei anderen Marktteilnehmern in und um das Finanzsystem entstehen. Auch bei den SIFI-Regulierungskosten soll von einem fallenden Grenznutzen ausgegangen werden; das bedeutet zur Erreichung einer höheren Finanzmarktstabilität steigen die SIFI-Regulierungskosten überproportional.

Regulierer bzw. verantwortliche politische Entscheidungsträger verfügen daher über eine gewisse Toleranz für die von SIFIs ausgehenden Systemrisiken. Ohnehin ist Finanzintermediation ohne den Aufbau von Risikopositionen nur in der Theorie möglich. Regulierer versuchen in

---

[377] Dombret/Cunliffe (2014).
[378] Vgl. Hanson/Kashyap/Stein (2011), S. 4-7, vgl. ausführlich Benston (1998), S. 27-85 passim.

7.2 Herausforderungen bei der Bestimmung des SIFI-Regulierungsoptimums

diesem Verständnis die Wahrscheinlichkeit für eine (mit Marktversagen gleichzusetzende) Systemkrise für eine bestimmte Periode unter einem bestimmten Maximalwert zu halten bzw. einen bestimmten Mindestwert an Stabilität zu gewährleisten.

Geht man, wie in der Wirtschaftswissenschaft nicht unüblich, von einem abnehmenden Grenznutzen der Finanzmarktstabilität aus, kann mithin von einem Trade-off zwischen der Effektivität (Zielerreichung) und der Effizienz (Kosten[379]-Nutzen-Relation) von SIFI-Regulierung gesprochen werden. SIFI-Regulierung ist dann effektiv, wenn sie eine Systemkrise verhindert, d.h. die negative Externalität des SIFI-Zusammenbruchs internalisiert. Effizient ist eine bestimmte SIFI-Regulierung dann, wenn ihre Umsetzungskosten[380] geringer als diejenigen der Alternativen (Opportunitätskosten) sind. Zur Illustration für *SIFI-Überregulierung* sei beispielsweise Folgendes angenommen: Eine Systemkrise könnte (natürlich unter speziellen Annahmen) effektiv durch eine rigorose Teilung von Banken und sehr hohe Anforderungen an die Eigenkapitalunterlegung vermieden werden. Aus gesamtwirtschaftlicher Sicht resultieren daraus jedoch Ineffizienzen in der Kapitalallokation. Es könnte z.B. dazu kommen, dass in einem Finanzsystem mit weniger gut diversifizierten Kleininstituten, die darüber hinaus noch erheblich mehr (teures) Eigenkapital vorhalten müssen, die volkswirtschaftlich bedeutsame Vergabe von Fremdkapital stark eingeschränkt wird – mit erheblichen gesamtwirtschaftlichen Folgen. Wäre andererseits die SIFI-Regulierung zu lax (*SIFI-Unterregulierung*), könnte es wesentlich häufiger zu Krisen im Finanzsystem (und den bekannten langfristigen volkswirtschaftlichen Folgen) kommen.

Letztlich geht es daher bei der Frage nach dem optimalen SIFI-Regulierungsniveau um die Entscheidung zwischen einer *staatlichen* oder *marktlichen* Lösung. Die ökonomische Sichtweise auf die Fragestellung kann, wie im Folgenden dargestellt, durchaus die Suche nach einer Antwort erleichtern: Aus ökonomischer Sicht kann die SIFI-Regulierung als ein Instrument zum *(Wieder-)Aufbau eines bislang nicht-existenten Marktes für negative externe Effekte* auf das System verstanden werden, wobei eine gesunde Regulierungsskepsis geboten ist.[381] *SIFI-*

---

[379] Selbst bei *Marktversagen* muss ein staatlicher Eingriff nicht immer zu einer besseren Lösung führen, vgl. Viscusi/Harrington/Vernon (2005), S. 10: „*government intervention may not yield a superior outcome*".
[380] Die *direkten und indirekten Kosten von SIFI-Regulierung* können sehr hoch sein. Zu ersteren gehören beispielsweise Kosten für die Anstellung neuer staatlicher Mitarbeiter ebenso wie damit verbundene Überwachungs- und Compliance-Kosten. Zu letzteren gehören ungewollte Folgen der Regulierung, wie z.B. Moral Hazard und Wohlfahrtsverlust durch Abnahme der Transaktionen oder *gehemmte Innovationen*.
[381] Vgl. Stokey/Zeckhauser (1978) mit der Aussage auf S. 309f: „The history of intervention to deal with market failure is a history of disappointments" und man „should recognize that market failure does not mandate government intervention; it just suggests the possibility that such intervention might prove beneficial".

Regulierung internalisiert Externalitäten[382], d.h. sie macht im Idealfall Systemrisiko für den Verursacher teuer. Der "faire Preis, für ein akzeptables Niveau an Instabilität muss aus diesem Grund bestimmt werden. Problematisch hierbei ist, dass es nicht (wie z.B. im Falle eines Autounfalls) einen Geschädigten gibt, sondern ein ganzes System von (in-)direkten Marktteilnehmern geschädigt wird. Die Bestimmung der akzeptablen Kapitalallokationsineffizienzen zur Gewährleistung von Stabilität im Finanzsystem bei gleichzeitigem Vermeiden von Überregulierung (regulatory overshooting)[383] ist aus Sicht des Regulierers eine *Frage nach dem optimalen Niveau an Finanzmarktstabilität*: Welches Niveau der Finanzmarktstabilität ist aus ökonomischem Kalkül optimal und wie hoch ist die dadurch in Kauf genommene Kapitalallokationsineffizienz?

Die folgenden Diagramme (Abb. 17) illustrieren die Beziehung zwischen (den Grenzkosten) der Finanzmarktinstabilität für die Finanzmarktteilnehmer (auf der Ordinate) im Verhältnis zu einem bestimmen Niveau von (Grenzkosten der) SIFI-Regulierung (auf der Abszisse). Wie die *Grenzkostenkurve* der SIFI-Regulierung verdeutlicht, verursacht Regulierung auf niedrigem Niveau nur geringe Allokationsineffizienzen. Wie bereits erwähnt und in ökonomischen Modellen nicht selten angenommen *steigen die Allokationsineffizienzen exponentiell zum Grad der Regulierungsintensität* für SIFIs an. Die Gesamtkosten der SIFI-Regulierung werden durch die Fläche unter der $GK_{SIFI\text{-}Regulierung}$-Kurve verdeutlicht. Umgekehrt verhält es sich mit den Grenzkosten der Instabilität: Keine bzw. eine nur geringe SIFI-Regulierung (die zu einer hohen Anfälligkeit für Systemrisiken führt) wird ebenso mit hohen Kosten (mithin *Allokationsineffizienzen anderer Art*) verbunden sein. Die Gesamtkosten durch systemische Finanzmarktinstabilität werden durch die Fläche unter der $GK_{Instabilität}$-Kurve verdeutlicht. Die Gesamtkosten der Kapitalallokation ($K_{Kapital\text{-}Allokation}$) werden im dritten Diagramm illustriert (nicht skaliert). Sie ergeben sich als Summe der beiden *Grenzkosten* ($GK_{Instabilität}$, $GK_{SIFI\text{-}Regulierung}$).

---

[382] Für eine tiefgehendere Analyse zur Rolle der Internalisierung, vgl. Pigou (1932), Kapitel IX. Für einen detaillierten Überblick über die (unzähligen) Definitionen von Externalitäten vgl. Buchanan/Stubblebine (1962).
[383] Vgl. stellvertretend für Einschätzungen zum Regulatory shooting in der EU Kounadis (2015), Ladbury (2015) und Schildbach (2009).

7.2 Herausforderungen bei der Bestimmung des SIFI-Regulierungsoptimums 171

Abb. 17: SIFI-Regulierungsoptimum

$GK_{SIFI-Regulierung}$	Grenzkosten der SIFI-Regulierung
■	Kosten der SIFI-Regulierung
$GK_{Instabilität}$	Grenzkosten der Finanzmarktinstabilität
▨	Kosten der Finanzmarktinstabilität
$K_{Kapital-Allokation}$	Gesamtkosten der Kapitalallokation

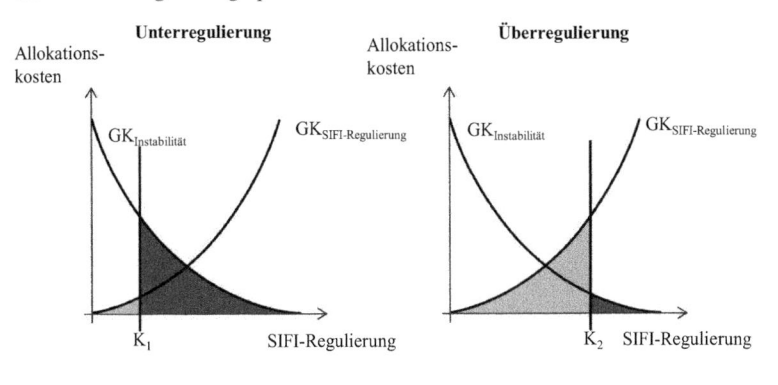

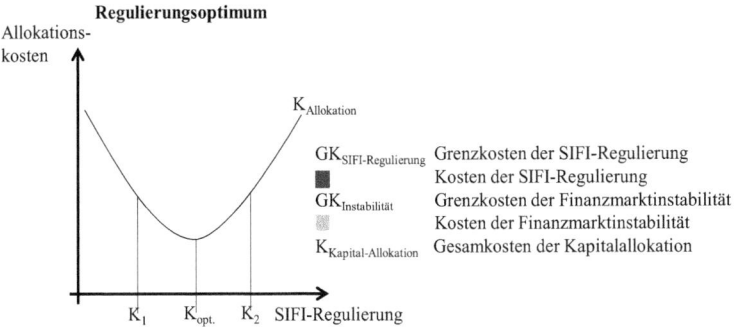

Diese Abbildung verdeutlicht den Trade-off zwischen der Regulierung von SIFIs und den Kosten der Finanzmarktinstabilität. Das erste Diagramm zeigt den Fall der *SIFI-Unterregulierung*: Wenn die SIFI-Regulierung zu lax ist (K1) überwiegen die Kosten durch die hohe Instabilität. Das zweite Diagramm illustriert ein anderes, nicht optimales, SIFI-Regulierungsniveau: Wenn die SIFI-Regulierung zu weit ginge – *Überregulierung* – (K2), würde das gleichsam zu hohen Kosten führen. Das Niveau der SIFI-Regulierung ist dann optimal, wenn die Summe aus den Kosten der SIFI-Regulierung und der Finanzmarktinstabilität am geringsten ist.

Aus theoretischer Sicht gibt es ein *optimales SIFI-Regulierungsniveau* dort, wo die Kosten Kapitalallokation am geringsten sind: Dieses befindet sich am Schnittpunkt der beiden Grenzkostenkurven $GK_{Instabilität}$ und $GK_{SIFI-Regulierung}$ (K_{opt}).[384] Mit anderen Worten wird das Optimum der SIFI-Regulierung erreicht, wenn die Kosten zusätzlicher SIFI-Regulierung nicht den damit verbundenen, zusätzlichen Nutzen der übersteigen. Das dargestellte Modell kann allerdings in der Umsetzung schnell scheitern, wenn die Identifizierung der Kurvenverläufe und damit der Bestimmung des SIFI-Regulierungsoptimums nicht gelingt. Zudem dürfte, selbst wenn einmal

---

[384] Das beschriebene Modell ist eine Anwendung des COASE-Theorems, welches auf Coase (1960) zurückgeht.

approximiert, der Verlauf beider Grenzkostenkurven nicht statisch sein, sondern sich im Zeitverlauf ändern; insbesondere durch anderweitige Regulierungen, die primär gar nicht auf SIFIs zielt. Selbst wenn die direkten Kosten der SIFI-Regulierung für die Regulierten praktisch als solche gut approximiert werden könnten, dürften die Kosten in Form von Allokationsineffizienzen sehr schwer zu schätzen sein.

Wie diese Ausführungen gezeigt haben, dürfte die Bestimmung des SIFI-Regulierungsoptimums bzw. die Annäherung an ein solches Optimum mit großen Hürden verbunden sein. Allerdings kann a) eine Annäherung an das optimale Regulierungsniveau angestrebt werden und b) durch die Auswahl der SIFI-Regulierungsinstrumente der Anstieg der Grenzkostenkurve mit steigender Intensität der SIFI-Regulierung möglichst (lange) flach gehalten werden; was bedeutet, dass die kostenverursachenden, allokativen Verzerrungen bei gegebenen Regulierungsniveau minimiert werden.

7.3 Zum Für und Wider: Regulierungsinnovationen für SIFIs

Unternehmen/-mer zeichnen sich durch *Innovationen* aus. Zurückgehend auf die grundlegenden Beiträge, insbesondere von SCHUMPETER werden Innovationen als Kern unternehmerischer Aktivität bezeichnet. Neben der Analyse ihrer grundlegenden Bedeutung arbeitete SCHUMPETER (1934) auch ihre Systematisierung aus, die in

(1) *Produkt*innovation;

(2) *Prozess*innovation;

(3) *Markt*innovation (z.B. neue Vertriebs- oder Beschaffungsmöglichkeiten) und

(4) *Organisation*sinnovation (in Handels-, Finanzierungs- oder gesetzlichen Belangen)

erfolgt.[385]

Im Folgenden dürfte es nützlich sein, die zu betrachtenden Innovationen, die insbesondere aus den Markt- und Organisationsinnovationen entstanden sind, in *Finanzinnovationen* und *Regulierungsinnovationen* zu unterteilen. SCHUMPETER hat sich in seinen Werken insbesondere auf Finanzinnovationen als Treiber für Marktprozesse und Wachstum fokussiert. Das Kernziel je-

---

[385] Vgl. für die grundlegende Arbeit zur Innovation Schumpeter (1934). Vgl. ausführlich zur Anwendung auf Regulierung auf Finanzmärkten Horsch (2008), S. 76-79.

der Finanzinnovation liegt im Grunde in der Erhöhung vom Leverage des zur Verfügung gestellten Fremdkapitals; insbesondere durch neue Konstrukte für den Zahlungsstrom im weiteren Sinne und das Umgehen existierender Regulierung. Als Antwort darauf kann Regulierungsinnovation (in Bezug auf den Finanzsektor) als ein Mittel gesehen werden, um mit dem sich ständig verändernden Finanzsektor Schritt zu halten und Regulierungslücken zu schließen. Gerade Regulierungsinnovation führt daher oft zu Unbehagen unter (un)mittelbar betroffenen Akteuren.

Auf der anderen Seite ist die SCHUMPETERsche Systematisierung derart universal, dass sie auf alle Arten von Innovation angewendet werden kann. Insbesondere ist gezeigt worden, dass auch solche Akteure, die Regeln setzen oder deren Einhaltung kontrollieren, als Unternehmer bzw. Innovatoren bezeichnet werden können. Um ihre individuellen Ziele zu erreichen (wie beispielsweise eine Erhöhung von Gehalt, Verantwortung, Mitarbeiterstamm), agieren auch Politiker oder Bürokraten als *politische* und *bürokratische Unternehmer innovativ* und führen unter anderem Regulierungsinnovationen ein.[386] Ähnliches gilt für Aufseher. In Krisenzeiten scheint die Dringlichkeit und Möglichkeit, auf sich offenbarende Ereignisse durch eine Anpassung des Regulierungsrahmenwerks zu reagieren besonders vielversprechend (*window of opportunity*), weshalb regelmäßig bestimmte *Muster krisengetriebener Regulierung* beobachtet werden können.[387] Das charakteristische Zusammenspiel von Finanz- und Regulierungsinnovation wird daher seit geraumer Zeit als „*regulatory dialectic*" bezeichnet.[388]

Folglich haben auch die Krisen ab 2007 Reaktionen von Gesetzgebern und Regulierern vorangetrieben, was letztlich zu erheblichen institutionellen Veränderungen geführt hat. Unter diesen zahlreichen (Re-)Regulierungen sind auch Regulierungsansätze für SIFIs entstanden.[389]

7.4 Regulierungsmöglichkeiten und deren Umsetzung

Generell fußt die Regulierung von systemrelevanten (wie die aller) Banken auf den Prinzipien a) des *Einlegerschutzes* sowie b) des *Systemschutzes*.[390] Gerechtfertigt wird die regulatorische *Sonderbehandlung* von SIFIs weiter mit einem gesteigerten Gefahrenpotential: Im Falle einer

---

[386] Vgl. Kirzner (1985), insb. S. 136-145; North (1990), S. 1, 66, insb. 112, 124f. und 126 und High/Pearce (1993).
[387] Vgl. zur Krise ab 2007 Cunningham/Zaring (2009).
[388] Vgl. Kane (1981). In diesem Zusammenhang könnte man auch von einem „*Wettlauf von Hase und Igel*" sprechen. Wobei allerdings nicht feststeht, wer wer ist.
[389] Vgl. Horsch (2016).
[390] Ausführlicher 7.1.

SIFI-Insolvenz erscheint die Erreichung des Systemschutzes besonders gefährdet. Die daraus folgende Regulierung systemrelevanter Finanzinstitute ist vorbeugend angelegt und verfolgt zwei Zielrichtungen:[391]

(1) Maßnahmen, die darauf zielen, die *Systemrelevanz* (also die Größe, Vernetzung usw.) einer Institution zumindest zu *limitieren*, so sie sich nicht ganz verhindern lässt.

(2) Maßnahmen, welche die *Ausfallwahrscheinlichkeit* von SIFIs *verringern*.

Die *Effektivität* und *Effizienz* der darauf gerichteten Regulierungen von SIFIs hängt in besonderem Maße davon ab, wie Aufsichtsregeln und -handlungen international abgestimmt werden. In der letzten Zeit sind daher zum einen vermehrt *multinationale (Aufsichts-)Organisationen mit besonderem SIFI-Mandat* gegründet worden (beispielsweise Finanzstabilitätsrat, Europäischer Ausschuss für Systemrisiken oder der Einheitliche Bankenaufsichtsmechanismus der Europäischen Zentralbank), zum anderen wurden die entsprechenden Verantwortlichkeiten bestehender Aufsichtsinstitutionen ausgebaut (beispielsweise Europäische Bankenaufsichtsbehörde). An den im vorherigen Abschnitt beschriebenen Regulierungs*innovationen* mangelt es daher zunächst nicht.

Die Regulierungsinitiativen für SIFIs könnten, wie in der Regulierungstheorie typisch, anhand der Unterscheidung von *indirekter* und *direkter Regulierung* systematisiert werden. Die *indirekte Regulierung* zielt auf das reguläre Bankensystem und versucht, Ansteckung zwischen Banken zu verhindern und Stabilität zu gewährleisten. Zur indirekten Regulierung zählen alle Regulierungsmaßnahmen, die mittelbar Auswirkungen auf SIFIs haben bzw. auch aufgrund deren Existenz verabschiedet worden sind, wie z.B. nationale bzw. europäische Restrukturierungs-/Stabilitätsfonds, die Einlagensicherung oder Offenlegungspflichten. Die *direkte Regulierung* dagegen zielt unmittelbar und nur auf SIFIs und ihren Aktivitäten ab.[392] Direkte SIFI-Regulierung[393] kann weiterhin in eine *Preis-* und *Mengenregulierung* eingeteilt werden. Durch auf SIFIs gerichtete Preisregulierung sollen die den Markt verzerrenden, negativen Externalitäten von SIFIs[394] über *Lenkungsabgaben* direkt auf sie zurückverlagert werden, wodurch ein

---

[391] Stellvertretend für diese Einteilung vgl. Dombret (2013).
[392] Vgl. Dombret (2014b) und Bundesministerium für Wirtschaft und Energie (2014), S. 5f.
[393] Vgl. für eine ausführliche Anwendung dieser Einteilung auf SIFIs Pflock (2014), 169ff.
[394] Oft wird in diesem Zusammenhang von der „*Sozialisierung von Kosten*" gesprochen. Es kommt dabei – ähnlich einer zulasten der Allgemeinheit gehenden Kontamination des öffentlichen Guts „saubere Umwelt" – zu einer *Überbeanspruchung* bzw. *Schädigung des öffentlichen Gutes „Finanzstabilität"*, vgl. ebd., S. 171f.

7.4 Regulierungsmöglichkeiten und deren Umsetzung

Anreiz zur selbsttätigen Minimierung der negativen externen Effekte gesetzt wird.[395] Mittels Mengenregulierung für SIFIs sollen Systemrisiken bzw. die Systemrelevanz im Ganzen begrenzt werden. Solche Regulierungen, wie z.b. die die Einführung eines Trennbankensystems, zielen auf die äußere Gestalt des Zustands oder Handelns von SIFIs ab. Eine Systematisierung in indirekte und direkte (Preis-/Mengen-)Regulierung ist allerdings in vielen SIFI-Fällen, wie z.b. der Regulierung über Mindesteigenkapitalquoten, oder der Sanierungs- und Abwicklungsplanung für SIFIs nicht eindeutig abgrenzbar. Aus diesem Grund soll im Falle der SIFI-Regulierung von der üblichen Systematisierung von Regulierung abgewichen werden und stattdessen die SIFI-Regulierung im nächsten Abschnitt 7.4.1 auf die Theorie des *Expected Loss* (EL) übertragen und zum Konzept des *Expected Systemic Loss* (ESL) ausgearbeitet werden. Im darauffolgenden Abschnitt 7.4.2 werden neue europäische Regel- und Handlungssysteme mit besonderem SIFI-Mandat vorgestellt.

7.4.1 Konzept des Expected Systemic Loss (ESL)

Mit dem Konzept des Expected Loss (EL, erwarteter Verlust) "a bank can forecast the average level of credit losses it can reasonably expect to experience "[396]. Das Konzept für den EL stammt ursprünglich aus dem Risikomanagement von Banken und findet auch in Verbindung mit der Diskussion über Risikogewichtungsfunktionen zur Bemessung von Mindesteigenkapitalquoten für Risikopositionen von Banken Einsatz. Das EL-Konzept besagt, dass der erwartete Verlust einer Risikoposition (EL) sich als Produkt der Ausfallwahrscheinlichkeit (PD, probability of default), dem Exposure zum Zeitpunkt des Ausfalls (EAD, exposure at default) und der Verlustquote im Ausfall (LGD, loss given default) ergibt, auch

$$\text{Expected Loss} = \text{Probability of Default} \cdot \text{Exposure at default} \cdot \text{Loss Given Default}$$

bzw. kurz

$$EL = PD \cdot EAD \cdot LGD.$$

Das Konzept des EL ist zwar ursprünglich für den Ausfall eines Kredits in einem Portfolio entworfen worden[397], eignet sich aber genauso als Schema für das Konzept des *Expected Systemic Loss* (ESL, erwarteter systemischer Verlust) zur Systematisierung der Regulierungsinstrumente für SIFIs. Insofern ist interessant, dass das EL-Konzept, welches ursprünglich für

---
[395] Vgl. ausführlich Beville (2009).
[396] Basler Ausschuss für Bankenaufsicht (2005), S. 2 und vgl. im Folgenden S. 1-4, passim.
[397] Vgl. einführend etwa Meyer zu Selhausen (2004), S. 280f und Overbeck (2005), S. 201f.

Situationen entwickelt worden ist, in denen *Kreditinstitute die Geschädigten* sind, leicht angepasst auch als ESL-Konzept für Situationen genutzt werden kann, in denen *SIFIs die Schädiger* sind. Folgende drei Dimensionen sind, übertragen auf den Expected Systemic Loss, zur Bemessung der erwarteten Verluste im Falle einer SIFI-Insolvenz relevant (und damit auch regulierungsrelevant).[398]

Abb. 18: Konzept des Expected Systemic Loss (ESL)[399]

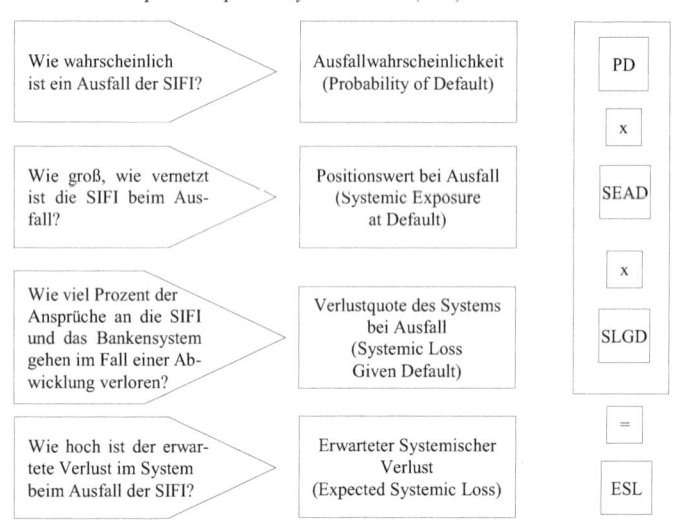

Wie wahrscheinlich ist ein Ausfall der SIFI?	Ausfallwahrscheinlichkeit (Probability of Default)	PD
		x
Wie groß, wie vernetzt ist die SIFI beim Ausfall?	Positionswert bei Ausfall (Systemic Exposure at Default)	SEAD
		x
Wie viel Prozent der Ansprüche an die SIFI und das Bankensystem gehen im Fall einer Abwicklung verloren?	Verlustquote des Systems bei Ausfall (Systemic Loss Given Default)	SLGD
		=
Wie hoch ist der erwartete Verlust im System beim Ausfall der SIFI?	Erwarteter Systemischer Verlust (Expected Systemic Loss)	ESL

Diese Abbildung zeigt die Bestandteile des Expected Systemic Loss (ESL), abgeleitet vom Expected Loss-Konzept der Bankenregulierung. Die Abbildung systematisiert gleichzeitig die grundsätzlichen Regulierungsmöglichkeiten für SIFIs.

Während mit PD die *Wahrscheinlichkeit eines Ausfalls* des betreffenden systemischen Schuldners angegeben wird, geht es bei SEAD um das noch *ausstehende Volumen der Verbindlichkeiten* (ursprüngliches Exposure abzüglich der bereits geleisteten Rückzahlungen) als größtmöglichen heutigen Verlust. Die SLGD ist eine Quote die angibt, *welcher Teil des SEAD endgültig ausfällt*, da es keine Deckung durch Sicherheiten gibt.[400] Jede Verringerung einer dieser Bestandteile würde den ESL reduzieren. Weil die SIFI-Regulierung und -Aufsicht letztlich auf

---

[398] Vgl. für diese Systematisierung ausführlich Horsch (2016).
[399] In Anlehnung an Bluhm/Overbeck/Wagner (2010), S. 16 (ausführlich S. 16-27) und Horsch/Schulte (2010), S. 141.
[400] Zur Berechnung der LGD für ausgereichte Kredite im Bankgeschäft und eine verbesserten Modellierung vgl. ausführlich Gürtler/Hibbeln (2013).

7.4 Regulierungsmöglichkeiten und deren Umsetzung

die Minimierung des Expected Systemic Loss (ESL) abzielen[401], dienen die Bestandteile des EL der Strukturierung der staatlichen Initiativen für SIFIs, die sich zusammensetzen aus Regulierungen zur

(1) *Verringerung der Ausfallwahrscheinlichkeit PD* von SIFIs zielen auf eine höhere Widerstandskraft von SIFIs ab, d.h. ihr Vermögen ökonomischen Schocks entgegenzutreten;

(2) *Verringerung des systemischen Exposures beim Ausfall SEAD* werden zur Reduktion der Größe/Vernetzung von SIFIs entworfen, um Systemrelevanz von vornherein zu minimieren;

(3) *Verringerung des systemischen Verlusts beim Ausfall SLGD* beinhalten Maßnahmen, die den ökonomischen Einfluss (Ansteckung, negativer externer Schock) für den Fall eines Ausfalls minimieren. [402]

In den folgenden Abschnitten werden vorrangig diskutierte Regulierungsinstrumente aus den drei ESL-Bausteinen PD, SEAD, SLGD für SIFIs und ihre „*europäische Umsetzung*" als Erweiterung der bestehenden Regulierung ökonomisch analysiert. Dies sind der SIFI-Eigenkapitalpuffer, das Trennbankensystem sowie die Sanierungs- und Abwicklungspläne. Allerdings können auch hier nicht alle Regulierungs- und Aufsichtsinitiativen einer einzelnen Komponente (des ESL-Konzepts) zugerechnet werden, weil sich die Ziele der SIFI-Regulierungsinstrumente zum Teil überschneiden. Im Anschluss daran werden daher drei weitere, neu geschaffene, SIFI-spezifische Institutionen (Regel- und Handlungssysteme)[403] in der Europäischen Union besprochen, namentlich der Bankenaufsichtsmechanismus, der Bankenabwicklungsmechanismus (beides 7.4.2) und der Bankenstresstest (7.4.3).

7.4.1.1 Senkung der Ausfallwahrscheinlichkeit (PD): SIFI-Eigenkapitalpuffer

Eigenkapital-Risikopuffer gelten in der Regulierungspraxis als klassisches Instrument zur Verringerung von Unternehmensrisiken. Die von MODIGLIANI/MILLER (1958) aufgestellte Theorie

---

[401] Vgl. Dombret (2013) mit „Die Widerstandsfähigkeit der Banken muss zwar gestärkt werden, doch das allein genügt nicht, um das Problem zu lösen. Es gibt ein zweites allgemeines Ziel, das inzwischen zunehmend anerkannt wird: Wir müssen sicherstellen, dass SIFIs abgewickelt werden können, ohne Verwerfungen an den Finanzmärkten hervorzurufen". Auch der Finanzstabilitätsrat (2010), S. 1 "recommends that in particular financial institutions that are clearly systemic in a global context (G-SIFIs) should have higher loss-absorbency capacity than the minimum levels agreed in Basel III. These institutions must also be subject to more intensive co-ordinated supervision and resolution planning to reduce the probability and impact of their failure".
[402] Vgl. Horsch (2016).
[403] Vgl. ausführlich zur Zweigliedrigkeit des Institutionenbegriffs und m.w.N. Schneider (2011), S. 20-27.

zur Irrelevanz der Kapitalstruktur, erweist sich eben nur unter der Prämisse vollkommener Märkte als richtig. Erhöhte Anforderungen zur *Eigenkapitalhinterlegung* für SIFIs sind verhältnismäßig schnell umzusetzen, da Banken und Versicherungen allgemein mit einer solchen Regulierungsform *weitgehend vertraut* sind.[404] Für Banken gehört ein Mindesteigenkapitalpuffer, spätestens seit der Einführung von Basel I, zu den grundlegenden international einheitlich umgesetzten[405] Regulierungsinstrumenten[406], wobei er drei grundlegende Funktionen erfüllt, die auch maßgeblich für die Steuerung und Verminderung systemischer Risiken und des Moral Hazard dienen könnten.[407] Erstens dient haftendes Eigenkapital als *Haftungspuffer* zur Risiko- und Verlustdeckung im Going-/Gone-Concern-Fall. Zweitens wird durch unterschiedliche Unterlegungspflichten für risikobehaftete Aktivgeschäfte eine *Risikosteuerung* nach dem Ermessen des Regulierers umgesetzt. Und drittens führt die Bindung von Eigenkapital seitens der im Verlustfall haftenden Eigentümer zu einer marktlich angereizten *Risikokontrolle*.

Seit der ersten Veröffentlichung der Liste global systemrelevanter Banken im November 2013 müssen die darin genannten Banken (5.1.1) je nach Relevanzstufe bis zu 3.5 % zusätzliches regulatorisches Eigenkapital (hartes Kernkapital/Core Equity Tier 1; CET1) gemessen am Volumen der risikogewichteten Aktiva vorhalten.[408] Dieser zusätzliche SIFI-Eigenkapitalpuffer (gemessen als hartes Kernkapital, CET1, in Relation zu den risikogewichteten Aktiva) soll die *Verlustabsorptionsfähigkeit* einer G-SIB entscheidend erhöhen. Das Problem liegt allerdings darin, dass in einem eng vernetzten Bankensystem Banken zwar individuell betrachtet gesund erscheinen können, aber von ihnen kollektiv hohe Systemrisiken ausgehen mögen[409]. In der EU wurde die von der Bank für Internationalen Zahlungsausgleich und dem Finanzstabilitätsrat vorgeschlagene erhöhte Anforderung an den Kapitalpuffer als Teil der CRD IV im Jahr 2013 eingeführt. Der für die CRD IV maßgebliche Basel III-Vorschlag enthielt in seiner ersten Form bereits etliche zusätzliche Kapitalpuffer für alle Banken, die beispielsweise dem Kapitalerhalt in Krisenzeiten dienen sollen.[410] Der SIFI-Eigenkapitalaufschlag geht aber noch über die mit der anfänglichen Fassung von Basel III bereits gestiegenen Mindesteigenkapitalanforderungen

---

[404] Vgl. Doluca et al. (2010), S. 5: „You know what you get', you can control it, and there is a process in place and 20 years of experience with this process of negotiating Basel II. Banks may prefer this quantity tool for similar reasons: they are also experienced with the process of Basel II and have successfully influenced this process in the past".
[405] Vgl. Süchting/Paul (1998), S. 471f.
[406] Vgl. zur Evolution eigenkapitalorientierter Solvabilitätsnormen am Beispiel Deutschlands Körnert (2012).
[407] Vgl. hier und im Folgenden Pflock (2014), S. 239.
[408] Vgl. Basler Ausschuss für Bankenaufsicht (2013), S. 12, 16-19.
[409] Vgl. Webber/Willison (2011), S. 44f.
[410] Für eine eher positive Bewertung dieser Regeln, vgl. Hanson/Kashyap/Stein (2011), insb. S. 24f.

7.4 Regulierungsmöglichkeiten und deren Umsetzung

(von bis zu 13 % per 2019) für alle Banken hinaus und kommt nach einer Einführungsphase ab dem Jahr 2019 voll zum Tragen. Die Regelsetzer im Bereich des Bankaufsichtsrechts halten hiermit an dem Grundprinzip fest, Mindestrelationen zwischen Risikoträger – dem (haftenden) Eigenkapital – und Risikopotentialen vorzugeben, weshalb in diesem Fall eher von einem SIFI-Regulierungszusatz als von einer SIFI-Regulierungsinnovation gesprochen werden kann.

Tab. 36: G-SIB-Klassen und zusätzliche Anforderungen an die Verlustabsorptionsfähigkeit
Diese Tabelle zeigt wieviel mehr Prozent hartes Kernkapital ausgewiesene global systemrelevante Banken vorhalten müssen.

Relevanzklasse	Erhöhte Anforderung an die Verlustabsorptionsfähigkeit: common equity tier 1 risk weighted assets
5	3,5%
4	2,5%
3	2,0%
2	1,5%
1	1,0%

Zur Bestimmung des G-SIB-individuellen Zusatzpuffers werden die jährlich vom Finanzstabilitätsrat bestimmten G-SIBs in *fünf Relevanzklassen* eingeteilt (ausführlich 5.1.1). Je nach Relevanzklasse muss jede G-SIB eine bestimmte zusätzliche Quote harten Kernkapitals zur Erhöhung der Verlustabsorptionsfähigkeit erfüllen. Klasse 1 verlangt gegenüber Nicht-G-SIBs eine um 1%-Punkt höhere Quote harten Kernkapitals. Das bedeutet, dass diese G-SIBs nach einer Einführungsphase von 2019 an insgesamt mindestens 7% hartes Eigenkapital (6% Basel III + 1% G-SIB) vorhalten müssen. Wenn diese erhöhte Anforderung nicht eingehalten wird, muss die Bank einen vom Regulierer vorgeschriebenen Kapitalrückführungsplan (*capital retention plan*) umsetzen, der z.B. Beschränkungen für die Dividendenzahlungen enthält. Für die ersten vier Klassen steigt die geforderte Quote des harten Kernkapitals um jeweils 0.5%-Punkte (Tab. 36). Bisher ist die höchste, fünfte Klasse noch nicht von einer Bank belegt, um Anreize für Banken in der vierten Systemrisikoklasse beizubehalten.

Der Effekt höherer Eigenkapitalquoten auf systemische Risiken einer Bank und des Bankensystems ist *wissenschaftlich keinesfalls erschöpfend* behandelt worden. Es ist – von Systemstabilität einmal abgesehen – ebenfalls nicht geklärt, inwiefern angehobene Kapitalpuffer dem Zweck der *Einzelbankstabilität* dienen. Dass Regulierer angesichts der negativen Korrelation von Eigenkapitalquote und Ausfallrisiko einer Einzelbank auch eine Kausalität zwischen Eigenkapitalquote und Systemstabilität sehen, überrascht daher nicht.[411] Empirische Studien zeigen diesbezüglich über einen langen Zeitraum unterschiedliche Resultate: SOUZA (2014) bestätigt die stabilisierende Wirkung von Eigenkapitalanforderungen auf das gesamte Finanzsystem für den Fall Brasiliens[412] und GAUTHIER/LEHAR/SOUISSI (2012) bestätigen dies für den Fall Kanadas.[413] ZHOU (2013) zeigt, dass "although imposing a capital requirement can lower individual risk, it simultaneously enhances systemic linkage within the system."[414] Auch HAKENES/SCHNABEL (2011) stellen fest, dass erhöhte Eigenkapitalanforderungen zu einer gesteigerten Risikonahme von Banken führen und daher den Bankensektor destabilisieren können.

Ein G-SIB-Eigenkapitalaufschlag könnte möglicherweise derart schwerwiegend (weil nach Bekanntgabe innerhalb kurzer Zeit einzuhalten) für eine Bank sein und mit *prohibitiv hohen Kosten* verbunden sein, dass G-SIBs versuchen könnten ihm strategisch, auf vom Regulierer *unerwünschte Weise*, zu entgehen:[415] „It could lead to a further surge of the less regulated parts of the system, sometimes called the shadow banking system. The aim of surcharges on capital would be to internalize the negative externality of being too-systemic-to-fail, but capital remains on-balance sheet, and the control over funds remain largely within the banks. Banks with plenty of capital on their books will try to lever it up through loopholes in the system. Not only do financial institutions have strong incentives to find loopholes in regulatory capital requirements to take a highly leveraged, one-way bet on the economy, they also create loopholes by creating new financial innovations."[416]

Die *Effizienz* (Kosten-Nutzen-Verhältnis) dieses Regulierungsinstruments ist aufgrund der hohen Kosten und Ausweichreaktionen als *niedrig* zu bewerten, insbesondere weil sich die Frage stellt, warum der Staat optimale Eigenkapitalquoten besser zu bestimmen vermag als handelnde Akteure auf Kapitalmärkten. Schließlich handelt es sich um einen nicht unerheblichen Eingriff

---

[411] Vgl. bspw. Basler Ausschuss für Bankenaufsicht (2010a), S. 17, 20f. und passim.
[412] Souza (2014), S. 36: "Under a severe shock […], the most significant contributions will come from big banks only. This is in line with the idea of requiring an additional capital buffer for larger banks: if a bank increases its capital buffer, it will require stronger shocks to make it lose compliance and put assets to sale, which reduce assets prices."
[413] Vgl. Gauthier/Lehar/Souissi (2012), S. 594: „We further find that across all risk allocation mechanisms macroprudential capital requirements reduce the default probabilities of individual banks as well as the probability of a systemic crisis by about 25%".
[414] Zhou (2013), S. 320.
[415] Vgl. Blum (1999).
[416] Doluca et al. (2010), S. 5.

in die Geschäftspolitik der jeweiligen Bank. Indes ist auch im Falle einer systemrisikomindernden Wirkung die Verwendung eines SIFI-Eigenkapitalpuffers nur eingeschränkt konsistent, da nicht – wie etwa beim Kredit- oder Marktpreisrisiko – das *Gefahrenpotential* entscheidet, welchem die jeweilige Bank individuell ausgesetzt ist, sondern jenes, welches sie – aufgrund ihrer Systemrelevanz – für das Finanzsystem darstellt. Abseits davon wirft die Heranziehung des haftenden Eigenkapitals mit Blick auf das spezifische Zusatzrisiko von SIFIs die vieldiskutierte Frage nach der übermäßigen *Mehrfachbelegung des haftenden Eigenkapitals*[417] wieder auf: Zum einen soll das haftende Eigenkapital als Puffer gegen unerwartete Verluste, zum anderen zur Begrenzung von (idiosynkratischen) Risiken dienen; wie jetzt noch systemische Risiken abgedeckt werden sollen, ist fraglich. Zuletzt unterliegt auch der SIFI-Eigenkapitalpuffer der Kritik der Prozyklizität, d.h. Puffer, die in Phasen wirtschaftlicher Prosperität und Stabilität aufgebaut werden, dürfen in Phasen wirtschaftlichen Abschwungs nicht abgebaut, d.h. nicht in Anspruch genommen werden. Die Antwort auf die Frage nach der *Effektivität* (Zielerreichung) dieses Regulierungsinstruments dürfte daher negativ ausfallen. Es bleibt daher zu hoffen, dass die weitere Entwicklung andere Regulierungsvorschläge als diese „*buffer on a buffer*"-Lösung mit sich bringt. Die europäischen Großbanken haben sich indes entschieden, hierauf nicht zu hoffen – sondern vielmehr Erhöhungen ihrer Eigenkapitalbasis in die Wege geleitet. Als Alternative bzw. weitere Zugabe zu den erhöhten Eigenkapitalforderungen haben Standardsetzer (wie der FSB) und Regulierer (wie die Europäische Kommission) zuletzt Konzepte zur Erhöhung der Verlustabsorptionsfähigkeit durch *bail-in-fähiges Fremdkapital* formuliert. Diese Initiativen auf globaler und europäischer Ebene dürften einen wesentlich höheren Beitrag zur Verlustabsorptionsfähigkeit von SIFIs leisten und werden ausführlich in 7.5 diskutiert. Im nächsten Abschnitt wird aber zunächst die zweite Komponente des ESL-Konzepts, die Senkung des systemischen Exposures einer Bank im Falle eines Ausfalls, diskutiert.

7.4.1.2 Senkung des systemischen Exposures beim Ausfall (SEAD): Trennbankensystem

Ziel eines *Trennbankensystems* ist es, die Querfinanzierung verhältnismäßig risikoreicherer Investmentgeschäfte einer Bank durch einen Rückgriff auf in der Regel ausfallversicherte, niedrig

---

[417] Vgl. früh zur Thematik Professoren-Arbeitsgruppe (1981), S. 41-46; Erdland (1981), S. 472; Steinberg (1984); später ausführlich Professoren-Arbeitsgruppe (1987); Süchting/Paul (1998), S. 570f.; Eilenberger (1996), S. 158f.; Schieber, S. 113f sowie aktuell Hartmann-Wendels/Pfingsten/Weber (2014), S. 384.

verzinste Einlagengelder zu verhindern.[418] Insbesondere versprechen sich Befürworter in Europa von einem Trennbankengesetz, dass es "would make banking groups simpler and more transparent, it would also facilitate market discipline and supervision and, ultimately, recovery and resolution "[419].

Historisch geht die Bezeichnung Trennbankensystem auf die *US-amerikanische Regulierungskultur* zurück, in der erstmals 1933 mit der Verabschiedung des *Glass-Steagall Act* (Banking Act of 1933) zwischen Einlagebanken (commercial banks) und Investmentbanken (investment banks) unterschieden wurde; die verschiedenen Teilbereiche des Bankengeschäfts also funktional voneinander getrennt wurden.[420] Bestätigt und ergänzt wurde dieses US-Trennbankengesetz aus den 1930er-Jahren dann mit dem *Bank Holding Company Act* von 1956. Nach über 60 Jahren Trennung wurde es Ende 1999 mit der Verabschiedung des *Gramm-Leach-Bliley*-Act Banken wieder gestattet, ein breites Spektrum von Finanzdienstleistungen anzubieten. Eine Begründung dafür war der zunehmende internationale Wettbewerb zwischen Banken. Mit der 2010 verabschiedeten *Volcker Rule* (Teil des Dodd-Frank Wall Street Reform and Consumer Protection Acts) wurde Banken nunmehr wieder untersagt, Eigenhandel zu betreiben und Beteiligungen an Hedgefonds sowie Private Equity-Firmen zu halten.

Das Beispiel[421] für eine Regulierung in Europa, die auf eine Begrenzung des Systemexposures beim Ausfall (SEAD) von SIFIs abzielt, ist die sogenannte *Bankenstrukturreform*. Die Bankenstrukturreform soll die Ratschläge aus dem Liikanen-Report[422] für ein Trennbankensystem umsetzen. Der Verordnungsvorschlag für das „europäische Trennbankengesetz" wurde im Januar 2014 von der Europäischen Kommission angenommen. Mitte 2015 nahm der EU-Rat für Wirt-

---

[418] Vgl. Pflock (2014), S. 210.
[419] Liikanen et al. (2012), S. 100.
[420] Vgl. Hilgers (2010).
[421] Vgl. Kommissar Barniers vollmundige Erklärung zur Pressekonferenz: „Die heutigen Vorschläge sind der letzte Baustein des neu gestalteten Regulierungsrahmens für das europäische Bankenwesen. Die Vorschriften betreffen die wenigen Großbanken, für die immer noch ‚too big to fail' gelten könnte, d.h. die zu groß sind, um sie in die Insolvenz zu entlassen, deren Rettung zu teuer ist oder die aufgrund ihrer komplexen Struktur nicht ordnungsgemäß abgewickelt werden können. Die vorgeschlagenen Maßnahmen werden für größere Finanzstabilität sorgen und sicherstellen, dass nicht letzten Endes die Steuerzahler für die Fehler von Banken einstehen müssen", Europäische Kommission (2014i), S. 1.
[422] Vgl. Liikanen et al. (2012): "Final Report of the High-level Expert Group on reforming the structure of the EU banking sector".

7.4 Regulierungsmöglichkeiten und deren Umsetzung

schaft und Finanzen ECOFIN dazu Stellung und die Verabschiedung dürfte im Jahr 2016 stattfinden.[423] Die im Überarbeitungsstadium befindliche, europäische Verordnung zur Bankenstrukturreform[424] soll nun vergleichbar die *größten Banken*[425], sowie solche mit besonders *komplexer Struktur*[426] am *Eigenhandel*[427] hindern und zusätzlich potenziell riskante Handelsgeschäfte im Kundenauftrag vom Einlagengeschäft separieren. Dabei soll die Bankenstrukturreform weniger das *too big*- als das *too connected*- und das *too complex to fail*-Problem lösen. Ähnlich dem US-amerikanischen Ansatz zur Trennung von Geschäfts- und Investmentbanking enthält der Verordnungsvorschlag daher folgende Elemente:

(1) *Verbot des Eigenhandels* von Finanzinstrumenten und Waren,

(2) *Begrenzung der* rechtlichen, wirtschaftlichen, strategischen und operativen *Verbindungen* zwischen der Bankengruppe und dem abgetrennten Handelsunternehmen.[428]

(3) *Ausgliederung hochsensibler Tätigkeiten* (wie Market-Making, Handel mit komplexen Derivaten und Verbriefungen) auf separate Handelsunternehmen unter einer Holding[429],

---

[423] Vgl. Europäischer Rat (2015b). Für den Gegenentwurf des ECOFIN-Rates, vgl. Europäischer Rat (2015a).
[424] Vgl. Europäische Kommission (2014k): „Vorschlag für eine Verordnung des Europäischen Parlaments und des Rates über strukturelle Maßnahmen zur Erhöhung der Widerstandsfähigkeit von Kreditinstituten in der Union".
[425] Darunter fallen die als global systemrelevant ermittelten Institute, ebd., Art. 3. Das in diesem Abschnitt vorgestellte europäische Trennbankensystem sollte nicht mit einem Verbot von Großbanken („*Kleinbankensystem*") gleichgesetzt werden. Die tatsächliche Größe einer Bank steht beim Trennbankensystem nicht im Vordergrund. Entscheidend ist die *Trennung von Geschäftseinheiten*.
[426] Darunter fallen Institute, die mindestens in drei aufeinanderfolgenden Jahren eine Bilanzsumme (nach IFRS) von über 30 Mrd. EUR aufweisen und gleichzeitig die Handelstätigkeiten (Handelsaktiva/-passiva, auch Derivate) über 70 Mrd. EUR oder die Handelsverbindlichkeiten über 10% der Bilanzsumme liegen, ebd., Art. 3.
[427] Eigenhandel definiert ebd., S. 27 als: „das Eingehen von Positionen mit Hilfe eigenen Kapitals oder aufgenommener Mittel bei jeder Art von Transaktion, die den Kauf, den Verkauf oder einen anderweitigen Erwerb/eine anderweitige Veräußerung eines beliebigen Finanzinstruments oder einer beliebigen Ware zum Gegenstand hat und dessen alleiniger Zweck entweder in der Gewinnerzielung für eigene Rechnung, ohne dass eine Verbindung zu einer tatsächlichen oder antizipierten Kundentätigkeit besteht, oder in der Absicherung des aus einer tatsächlichen oder antizipierten Kundentätigkeit resultierenden Risikos für das Unternehmen besteht, wofür Abteilungen, Referate, Teams oder Händler genutzt werden, deren einzige Aufgabe dieses Eingehen von Positionen und diese Gewinnerzielung auch über spezielle internetgestützte Eigenhandelsplattformen ist".
[428] Vgl. ebd. Mit Blick auf den US-amerikanischen Ansatz vgl. Kwan/Laderman (1999).
[429] Eine Ausgliederung auf separate Handelsunternehmen wird zum Teil sehr kritisch bewertet, weil damit der Schattenbanksektor an Bedeutung gewinnen würde; vgl. für die Stellungnahme von Deutsche Kreditwirtschaft (2014), S. 3f.: „Die Vorschläge der EU-Kommission erscheinen als eine nicht stimmige Mischung der US-amerikanischen Volcker-Rule und des britischen Vickers Reports. Beide Ansätze wurden für die spezifischen Gegebenheiten der jeweiligen nationalen Bankensysteme entwickelt. Ihre Charakteristika lassen sich daher nicht auf die Bedingungen des kontinentaleuropäischen Bankensystems, insbesondere aber nicht auf das deutsche Bankensystem übertragen. Durch diese Vorschläge, insbesondere das grundsätzliche Verbot des Eigenhandels, würde der als eigentlicher Regulierungsschwachpunkt erkannte Sektor der sog. Schattenbanken noch gestärkt, was nicht gewollt sein kann".

Speziell in Bezug auf das letzte Element, stellt sich die Frage, wieso ausgegliederte Bankeinheiten aus Sicht der Bankmanager unter der Holding mit der Geschäftsbank verbleiben sollten. Die gennannten Maßnahmen werden daher durch Anforderungen zur Erhöhung der *Transparenz des Schattenbankwesens* flankiert, weil eine Abwanderung des Bankgeschäfts in diesen Sektor vermieden werden soll.[430]

Einerseits könnte die Abtrennung vom Investmentbanking tatsächlich, wie von Befürwortern argumentiert, die *Opazität der Institutionen verringern*, inhärente *Interessenkonflikte eliminieren* und die *Sicherheit der Einlagen bei den Geschäftsbanken erhöhen.*[431] Andererseits hat eine Universalbank mehr Möglichkeiten zur *Diversifikation* und *Abfederung externer Schocks*. Auch kann sie *Informationsvorteile* geltend machen (durch eine gleichzeitige Betreuung von Kunden im Buchkredit- und Verbriefungs- sowie Eigen- und Fremdkapitalgeschäft). Aus technischer bzw. operativer Sicht ist insbesondere die Umsetzung der Trennung zwischen Eigenhandel und Marktpflege (*market making*)[432] sowie anderen Kapitalmarkttransaktionen auf Kundenwunsch äußerst schwierig. Diesbezüglich stellt die europäische Lösung im Grunde ein „Trennbankensystem light" nach US-Vorbild dar. So sollen Sicherungsgeschäfte, die dem Management eigener Vermögens- und Liquiditätsrisiken dienen, dem Geschäftsbankzweig auch nach einer Trennung weiterhin erlaubt sein. Auch ist der Handel mit Wertpapieren zur Erfüllung von Risikomanagement-Dienstleistungen für Kundenzwecke „oder in angemessener Erwartung der potenziellen Kundentätigkeit"[433] gestattet. Die Grenzen zwischen Eigenhandel und Marktpflege bzw. Handel auf Kundenwunsch sind fließend. Die Umsetzung der Bankenstrukturreform könnte sich daher als sehr schwer bis unmöglich herausstellen.

---

[430] Vgl. Europäische Kommission (2014j).
[431] Vgl. Liikanen et al. (2012), S. 100 und Pflock (2014), S. 212f. Auch wenn durch eine Trennung die Verluste der Investmentbanking-Sparte einer Bank nicht mehr Einlagen in Gefahr gebracht werden können (*bank-internal contagion*), wird das Systemrisiko nicht unbedingt verringert. Nicht allein Universal-, sondern auch Nur-Investmentbanken oder Nur-Commercial Banks können durchaus systemrelevant sein.
[432] Marktpflege definiert die Europäische Kommission (2014k), S. 28 als: „die Zusage eines Finanzinstituts, regelmäßig und laufend für Liquidität des Marktes zu sorgen, indem für ein bestimmtes Finanzinstrument oder als Teil der normalen Geschäftstätigkeit An- und Verkaufskurse gestellt werden, indem von Kunden initiierte oder angewiesene Order ausgeführt werden, wobei aber in keinem der beiden Fälle ein wesentliches Marktrisiko besteht".
[433] Europäische Zentralbank (2014e), S. 5.

7.4 Regulierungsmöglichkeiten und deren Umsetzung

Die forcierte Aufspaltung von SIFIs widerspricht nicht nur marktwirtschaftlichen Prinzipien (Darf der Staat sich das *Wissen* und die *Fähigkeit anmaßen*[434], die gesamtwirtschaftlich optimale Größe bzw. Geschäftsstrategie einer Bank bestimmen zu können?).[435] Sie Missachtet achtet insofern auch die *Komplementarität*[436] innerhalb von Finanzsystemen, als Komponenten in einem Finanzsystem bestimmte Ausprägungsformen haben, in denen sie besonders effizient sind.[437] Der Austausch einer Komponente führt unter diesen Umständen sogar zu *kontraproduktiven Ergebnissen*, was die *Effektivität* diese SIFI-Regulierungsinstruments denkbar schlecht ausfallen lässt.[438]

Eine *Verringerung der Komplexität* allein könne allerdings schon die Wahrscheinlichkeit erfolgreicher Bankabwicklungen und -restrukturierungen steigern. Wie bereits angedeutet, bestehen gleichsam Indizien dafür, dass durch die *funktionale Trennung* Systemrisiken sogar noch verstärkt werden könnten, weil – anders als ausschließlich über den Kapitalmarkt finanzierte Handelseinheiten – Universalinstitute über breiter *diversifizierte* Risikoportfolien und damit bessere Möglichkeiten zur Risikostreuung und -absorption verfügen.[439] An letzter Stelle ist zu erwähnen, dass auch nach einer gesellschaftsrechtlich-funktionalen Trennung bei gleichzeitigem Verbleib unter einer Holding (die für systemische bank runs verantwortlichen[440]) Einleger sich persönlich weiterhin regelmäßig nur einer einheitlichen Bank gegenübersehen dürften.

---

[434] Zur Anmaßung von Wissen, vgl. fundamental VON HAYEKs Arbeiten insb. Hayek (1974), S. 439: „The conflict between what in its present mood the public expects science to achieve in satisfaction of popular hopes and what is really in its power is a serious matter because, even if the true scientists should all recognize the limitations of what they can do in the field of human affairs, so long as the public expects more there will always be some who will pretend, and perhaps honestly believe, that they can do more to meet popular demands than is really in their power. It is often difficult enough for the expert, and certainly in many instances impossible for the layman, to distinguish between legitimate and illegitimate claims advanced in the name of science".

[435] Vgl. für eine ausführliche Auseinandersetzung mit der Teilung bzw. Entflechtung von SIFIs aus kartellrechtlicher Sicht, die eine Marktbeherrschung bzw. eine „erhebliche Behinderung wirksamen Wettbewerbs voraussetzt" Rengier (2014), insb. S. 331ff.

[436] „Komplementarität ist eine Eigenschaft der Beziehung zwischen Elementen und tritt auf, wenn sich positive Wirkungen von bestimmten Komponenten gegenseitig verstärken und negative Auswirkungen sich gegenseitig abschwächen. Komplementarität impliziert, dass die Möglichkeit besteht, durch aufeinander abgestimmte Komponenten die Leistungsfähigkeit eines Systems zu erhöhen", Hölzl (2001), S. 31.

[437] Das Konzept der Komplementarität ist von verschiedenen Autoren im Zusammenhang mit unterschiedlichen Fragestellungen herausgearbeitet worden. Für einen grundlegenden Beitrag, vgl. Milgrom/Roberts (1995). Zur Komplementarität von Finanzsystemen vgl. Hackethal/Tyrell (1998).

[438] Vgl. Rudolph (2006), S. 558, der die Komplementarität im Finanzsystem am Beispiel des Gläubigerschutzes darstellt: „So passt z. B. zu einem bankorientierten Finanzsystem ein gläubigerschutzbetontes Insolvenzrecht, während sich für die Banken der Aufbau einer Reorganisationskompetenz nicht lohnen würde, wenn ein schuldnerorientiertes Insolvenzrecht vorherrscht. [...] Damit lässt sich erklären, warum in Deutschland Banken bei der Reorganisation von Unternehmen eine wichtige Rolle spielen". Eine ausführliche Analyse des Zusammenspiels von Gläubigerschutz und Kredit mittels Fallstudien zu osteuropäischen Ländern bietet Schönfelder (2012).

[439] Vgl. Pflock (2014), S. 213f.

[440] Vgl. ausführlich zu systemischen Effekten von bank runs Davis (1995), S. 117-121.

Deshalb liegt die Vermutung nahe, dass „banking groups tend to live or die together"[441]. In der Gesamtschau ist der Effekt eines Trennbankensystems auf Systemrisiken zweifelhaft; insbesondere aufgrund der angedeuteten Umsetzungsprobleme.[442] Die meisten, aktuellen SIFI-Regulierungsinitiativen in der EU zielen allerdings auf die Verringerung der systemischen Verlustquote beim Ausfall von SIFIs (Systemic Loss Given Default) ab. Die SLGD ist die dritte und letzte Komponente der Formel zum Expected Systemic Loss (ESL = PD · SEAD · SLGD) und wird im Folgenden besprochen.

7.4.1.3 Senkung der systemischen Verlustquote beim Ausfall (SLGD): Sanierungs- und Abwicklungspläne

Neben der Senkung der Ausfallwahrscheinlichkeit einer Einzelinstitution (PD, 7.4.1.1) und der Senkung des systemischen Exposures beim Ausfall (SEAD, 7.4.1.2) haben aktuelle Initiativen zur Regulierung von SIFIs auch *die Senkung der systemischen Verlustquote* (Anteil des zugrunde liegenden systemischen Exposures, das bei einem Ausfall verloren ist) zum Ziel. Die Initiativen für Sanierungs- und Abwicklungspläne für SIFIs gehen auf Forderungen vom *G 20-Treffen* im Jahr 2009 zurück[443] und wurden 2011 zunächst auf internationaler Ebene vom Finanzstabilitätsrat in den „*Key Attributes of Effective Resolution Regimes* for Financial Institutions" konkretisiert.[444]

Die SLGD einer Institution hängt maßgeblich von der *Transparenz* ihrer geschäftlichen und organisatorischen Strukturen ab. *Sanierungs-* und *Abwicklungspläne* sollen die Restrukturierung einer strauchelnden Finanzinstitution vereinfachen und das Fortbestehen oder die Abwicklung ermöglichen. Ein SLGD-orientierter Ansatz zielt darauf ab, dass – ungeachtet von Größe und Risikoprofil – die Insolvenz einer Bank *möglichst geringe systemische Effekte auf Einleger* und die *Finanzstabilität* nach sich zieht. Sanierungspläne konkretisieren die Schritte, die das Management einer Bank im Fall von (drohender) Zahlungsunfähigkeit durchführen müsste, um Risiken zu reduzieren, um sich vom Nicht-Kerngeschäft zu trennen und um den nötigen Kapitalpuffer vorzuhalten. Beim Abwicklungsplan steht die *Identifikation* und *Mitigation von Abwicklungshindernissen*, sowie die Vereinfachung der *Koordination zwischen der Bank* und ih-

---

[441] Independent Commission on Banking UK (2011), S. 63.
[442] Vgl. mit einem ähnlichen Credo und ausführlicher Lang/Schröder (2013).
[443] Vgl. Gruppe der 20 (2009a), S. 14.
[444] Vgl. für die aktualisierte Fassung der *key attributes* Finanzstabilitätsrat (2014d).

7.4 Regulierungsmöglichkeiten und deren Umsetzung

ren *Aufsehern* im Vordergrund. Sie müssen regelmäßig in Abstimmung mit den nationalen Aufsichtsbehörden vorbereitet werden. Da Bankenrettungen und -restrukturierungen – wie in der Finanzkrise ab 2007 of zu beobachten war – im Grunde über Nacht bzw. über das Wochenende initiiert werden müssen, während Börsenplätze geschlossen sind, stellen Bankentestamente zur Erleichterung der Abwicklung grundsätzlich eine sinnvolle Vorbereitung für den Krisenfall dar.

Durch eine obligatorische Notfallplanung für SIFIs soll sichergestellt werden, dass Informationen vorab gesammelt und Handlungsoptionen für Krisenszenarien *vorbereitet* werden. Wenn die seitens der Bank angefertigten *Bankentestamente (living wills)* die Sanierungs- und Abwicklungsfähigkeit nicht hinreichend gewährleisten, ist die Aufsicht zum Eingriff in die Geschäftspolitik der Bank ermächtigt[445]. Solche *Eingriffe in die unternehmerische Freiheit* sind sehr negativ zu bewerten; vor allem weil für die Beurteilung seitens der Regulierer kaum Maßstäbe gesetzt sind. Entscheidend für die *Effektivität von diskretionären Entscheidungsbefugnissen* und damit auch die der Sanierungs- und Abwicklungspläne ist daher die Qualität der jeweiligen Aufsichtsinstitution. Mit den Bankentestamenten werden die betreffenden Banken verpflichtet, ihre *Sollbruchstellen* selbst zu bestimmen und eine Blaupause für Regulierer bzw. mögliche Käufer ihrer Institution nach Eintritt der Zahlungsunfähigkeit vorzuhalten. Dabei steht keineswegs der Erhalt der Bank im Ganzen, sondern nur die Überführung und der Fortbestand der systemrelevanten Bestandteile im Mittelpunkt: „The resolution plan is intended to facilitate the effective use of resolution powers to protect systemically important functions, with the aim of making the resolution of any firm feasible without severe disruption and without exposing taxpayers to loss"[446].

Abwicklungs- und Restrukturierungspläne sollten eine *Anleitung* (für Manager, Aufseher und Politiker) sein, damit "a good bankruptcy procedure for a systemically important financial institution, maximizes the ex post value of the firm's operations subject to the constraints that

---

[445] Im Fall vom deutschen „Gesetz zur Abschirmung von Risiken und zur Planung der Sanierung und Abwicklung von Kreditinstituten und Finanzgruppen" (kurz: Trennbankengesetz) heißt es dazu konkret (§47 b 4): „Deuten die festgestellten Mängel [des überarbeiteten Sanierungsplanes] auf Hindernisse hin, die eine Sanierung in einem Krisenfall unmöglich machen oder wesentlich erschweren (Sanierungshindernisse), kann die Bundesanstalt insbesondere verlangen, dass die erforderlichen Maßnahmen getroffen werden, um: 1. die Verringerung des Risikoprofils des Kreditinstituts zu erleichtern, 2. rechtzeitige Rekapitalisierungsmaßnahmen zu ermöglichen, 3. Korrekturen an der Refinanzierungsstrategie zu ermöglichen oder 4. die Verfahren der Unternehmensführung so zu ändern, dass Handlungsoptionen aus dem Sanierungsplan rechtzeitig und zügig umgesetzt werden können. Vor Erlass einer Maßnahme prüft die Bundesanstalt, [...] ob die mit der Maßnahme verbundenen Belastungen in einem angemessenen Verhältnis zu der von einer Bestandsgefährdung ausgehenden Systemgefährdung stehen".
[446] Finanzstabilitätsrat (2014d), S. 17.

management and shareholders are adequately penalized, ex ante repayment priorities are retained and systemic costs are appropriately limited."[447] Allein die *Existenz von Abwicklungsplänen* suggeriert, dass die gegenständlichen SIFIs eben nicht wie bisher in jedem Fall gerettet werden müss(t)en und entkräftet damit die TBTF-Doktrin in gewissem Maße[448]. Trotz dieser gewünschten Anreize steckt aber auch bei den Bankenabwicklungsplänen der Teufel im Detail: Die bisher von den systemrelevanten Banken erstellten Abwicklungspläne weisen in der Regel *weit über tausend bzw. teilweise über zehntausend Seiten* auf und dürften Aufseher letztlich vor eine nicht zu lösende Aufgabe stellen.[449] Es ist daher mehr als fraglich, wie eine Gruppe von Aufsehern eine systemrelevante Bank, anhand einer solchen Abwicklung, innerhalb kurzer Zeit abzuwickeln vermag. Auch wenn die Abwicklungspläne für eine höhere Transparenz sorgen, wird die Abwicklung im Praxisfall nicht zwangsläufig erleichtert. Dies dürfte durch die allgemeine Nicht-Veröffentlichung der ausführlichen Abwicklungspläne noch erschwert werden.[450]

Vergleichbar mit Stresstests geben Aufseher für Bankentestamente bestimmte *Szenarien* vor, für die seitens der Bankführung Abwicklungprozesse zu skizzieren sind. In der Validität der dabei getroffenen Annahmen für zukünftige Krisenszenarien liegt ein weiterer Kritikpunkt, wie *Goldman Sachs* in seinem Abwicklungsplan aus dem Jahr 2012 zusammenfasst: „The circumstances leading to the failure of a systemically important financial institution will likely be different than the specific assumptions [...], and we expect that future submissions of our Resolution Plan will include other scenarios and will have different assumptions. These changes might materially impact the specific choices undertaken as part of a resolution process. [...] [A]lternative approaches may be more appropriate for certain firms in some specific situations."[451] Neben diesen *konzeptionellen* warten Abwicklungspläne auch mit *technischen Herausforde-*

---

[447] Herring (2009), S. 180.
[448] Vgl. Dombret/Cunliffe (2014).
[449] Vgl. Zimmer (2010), S. 50 und Thiele (2014), S. 227.
[450] Vgl. für den US-amerikanischen Fall: Die FED veröffentlicht nur sehr kurze "Executive Summaries" der Abwicklungspläne auf federalreserve.gov/bankinforeg/resolution-plans.htm. Vgl. dazu auch Pakin (2013), S. 88f. mit weiteren interessanten Ausführungen zur Funktion von Abwicklungsplänen: "[U]nlike traditional [bankruptcy] plans, [living wills] are not the result of multi-party negotiations and planning that result in a deal. As demonstrated in virtually all of the big corporate enterprise bankruptcy cases, reorganization and liquidation plans concerning funding, capital, liquidity and disposition of assets and properties are never developed in a vacuum. Such plans mandate the input of key creditors, different government agencies, and main stakeholders, based on each case's circumstances. Therefore, it would be extremely difficult to prepare such plans without knowing, at least to some extent, which capital markets can or will provide funding to the planning [institution], if need be, and if so, on what terms they will do so, or which purchasers will be willing and able to consummate a purchase of assets".
[451] Goldman Sachs (2012), S. 4.

7.4 Regulierungsmöglichkeiten und deren Umsetzung

rungen auf, wie z.B. der internationalen Harmonisierung bzw. der Kompatibilität mit dem Insolvenz- und Gesellschaftsrecht der grenzüberschreitend betroffenen Jurisdiktionen im Falle einer Abwicklung; der Verteilung von Zuständigkeiten (unter ordentlichen Aufsichts- und Abwicklungsinstitutionen) sowie unter anderem der Gewährleistung der Geheimhaltung der Abwicklungspläne. Auch dürfte die Umsetzbarkeit von SIFI-Abwicklungsplänen von der Bereitschaft nationaler Regulierer und Aufseher[452] abhängen. Schließlich dürften nationale Regulierer in den wenigsten Fällen Abwicklungspläne, die *zu Ungunsten nationaler Interessen* dringend wichtige, systemrisikomindernde Eingriffe in anderen Ländern vorsehen, akzeptieren.[453]

Die Einführung einer *europäischen* Sanierungs- und Abwicklungsplanung setzt an dem Problem an, dass im Verlauf der (Finanz-)Krisen ab 2007 insbesondere in Europa die *Restrukturierung* von SIFIs im Insolvenzfall mit einer hohen SLGD für das gesamte europäische Finanzsystem verbunden war. Wenngleich die Forderung nach einer Sanierungs- und Abwicklungsplanung seitens der Europäischen Union bereits 2010 bekräftigt wurde, sollte es für die Verabschiedung der „Richtlinie zur Sanierung und Abwicklung von Kreditinstituten" (*Bank Recovery and Resolution Directive*, BRRD)[454] und des Einheitlichen Bankenabwicklungsmechanismus (*Single Resolution Mechanism*, SRM)[455] für die geordnete Abwicklung oder Sanierung von notleidenden europäischen Banken bis 2014 dauern. Die BRRD harmonisiert die Abwicklung und Restrukturierung durch nationale (Abwicklungs-)Behörden, hat aber nur Richtlinien- keinen Gesetzescharakter. Der Einheitliche Bankenabwicklungsmechanismus führt einheitliche Regeln und Prozesse für die Abwicklung von (insbesondere systemrelevanten) Banken ein, die seit 2015 vom Einheitlichen Abwicklungsgremium (*Single Resolution Board*, SRB) umgesetzt werden[456] (ausführlicher 7.4.2.2).

In der Gesamtschau SIFI-Regulierung, die auf den SLGD abzielt, weniger interventionistisch als die vorher vorgestellten Ansätze zur Verringerung der PD und des SEAD von SIFIs. Sanierungs- und Abwicklungspläne könnten durchaus als *effizient* bezeichnet werden, denn hohe direkte oder indirekte einzel- sowie gesamtwirtschaftliche Kosten sind kaum vorstellbar. Ein entscheidendes Gütesiegel und Argument für *Effektivität* ist die Glaubwürdigkeit der (Umsetzung der) Sanierungs- und Abwicklungspläne. Bisher ist es allerdings noch nicht zu einer Umsetzung

---

[452] Für die Abgrenzung von Regulierung und Aufsicht siehe Fußnote 370.
[453] Vgl. Avgouleas/Goodhart/Schoenmaker (2013), S. 216.
[454] Vgl. Europäische Kommission (2014g).
[455] Vgl. Europäische Kommission (2014b).
[456] Vgl. Europäische Kommission (2014h), Art. 98 (1).

eines vorbereiteten Abwicklungsplans gekommen, weshalb die Wirkung zur Mitigation von Systemrisiken (*Zielerreichung, Effektivität*) noch nicht unter Beweis gestellt werden muss. Aussagen zur Effektivität des Instrumentes Sanierungs- und Abwicklungsplan sind daher besonders vage.

Anhand des Konzepts *des Expected Systemic Loss* konnten drei Regulierungsmöglichkeiten für SIFIs eingeordnet und vorgestellt werden. Die Instrumente zur Senkung der Ausfallwahrscheinlichkeit (PD) von SIFIs, des systemischen Exposures (SEAD) und der systemischen Verlustquote (SLGD) erfassen zwar einen Großteil der generellen Regulierungsmöglichkeiten für SIFIs, decken aber die besonderen institutionellen Gegebenheiten der Europäischen Union nicht in Gänze ab. Manche der genannten, teils vorgestellten, *Initiativen zur SIFI-Regulierung* in sind im letzten Entwurfsstadium bzw. bereits als Gesetze in Kraft. Auf multinationaler Ebene spielt die *Europäische Union eine Vorreiterrolle*: Die Entscheidungsträger verfolgen besonders die Umsetzung internationaler Regulierungsvorschläge bzw. erleichtern die Konvergenz von internationaler und europäischer SIFI-Regulierung. Im Zuge dessen sind in der EU unter dem Begriff der Bankenunion neue Regel- und Handlungssysteme mit besonderem SIFI-Mandat entstanden. Hierunter werden der einheitliche EU-Bankenaufsichtsmechanismus (Single Supervisory Mechanism, SSM) und Abwicklungsmechanismus (Single Resolution Mechanism, SRM) verstanden. Diese, speziell auf die negativen Erfahrungen mit SIFIs ausgerichteten, neuen Institutionen werden im folgenden Abschnitt 7.4.2 einer ökonomischen Analyse und Bewertung unterzogen.

7.4.2 Neue europäische Regel- und Handlungssysteme mit besonderem SIFI-Mandat

Als Reaktion auf die Verkettung von Krisen, die viele Staaten der Europäischen Union besonders hart trafen[457], ist die europäische Finanzmarktaufsicht zunehmend vereinheitlicht worden. [458] Insbesondere mit Blick auf SIFIs waren viele politische Akteure von Beginn an der Auffassung, dass keine nationalen, sondern nur internationale Lösungen möglich sind.[459] Die Verabschiedung von Gesetzen zur *(Re-)Regulierung* von SIFIs und dem Bankensektor allgemein erfolgte, nicht zuletzt durch enormen sozialen und damit politischen Druck in bis dahin ungewöhnlicher Eile.

---

[457] Vgl. insb. Abb. 3: Teufelskreis der TBTF-Doktrin (S. 32).
[458] Vgl. Weitzel (2014), S. 293.
[459] Vgl. Gruppe der 20 (2008) und Gruppe der 20 (2009a).

7.4 Regulierungsmöglichkeiten und deren Umsetzung

Abb. 19: Einheitliches europäisches Finanzaufsichtssystem

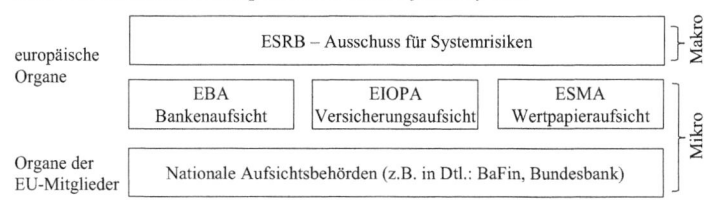

europäische Organe	ESRB – Ausschuss für Systemrisiken			Makro
	EBA Bankenaufsicht	EIOPA Versicherungsaufsicht	ESMA Wertpapieraufsicht	Mikro
Organe der EU-Mitglieder	Nationale Aufsichtsbehörden (z.B. in Dtl.: BaFin, Bundesbank)			

Diese Abbildung gibt einen Überblick über die drei „European Supervisory Authorities" EBA, ESMA und EIOPA als Teil des 2011 geschaffenen Europäischen Finanzaufsichtssystems (ESFS).[460] Die erste Welle der Schaffung gemeinsamer europäischer Institutionen (Handlungs- und Regelsysteme) war von den Krisengeschehnissen (insbesondere den Bankenrettungen und -abwicklungen[461]) geprägt. Sie begann mit der Verabschiedung eines einheitlichen europäischen Finanzaufsichtssystems im Jahr 2010 (European System of Financial Supervision, ESFS), bestehend aus drei European Supervisory Authorities (ESAs), namentlich der *Europäischen Bankenaufsichtsbehörde (EBA)*, der *Europäischen Aufsichtsbehörde für das Versicherungswesen und die betriebliche Altersversorgung (EIOPA)* und der *Europäischen Wertpapier- und Marktaufsichtsbehörde* (ESMA)[462] (Abb. 19).

Diese drei Aufsichtsinstitutionen, mit Funktionen auf der mikroökonomischen bzw. Unternehmensebene, werden durch den gleichzeitig gegründeten *Europäischen Ausschuss für Systemrisiken* (European Systemic Risk Board, ESRB), der makroökonomische Entwicklungsprozesse beaufsichtigt bzw. mit der Überwachung der Risiken im Finanzsystem insgesamt betraut ist, ergänzt.[463] In vielen Bereichen findet die Regulierung und Aufsicht von Finanzinstitutionen parallel auf nationaler und europäischer (genauer EU-) Ebene statt. In einigen Gebieten, wie der Aufsicht von Ratingunternehmen, ist die Verantwortlichkeit mittlerweile komplett von den nationalen Behörden auf eine EU-Institution, hier die ESMA mit Sitz in Paris, übertragen worden.[464] In anderen Gebieten wiederum, wie der SIFI-Bankenaufsicht, findet die Übertragung schrittweise und nur begrenzt statt, wie im Folgenden erläutert wird.

---

[460] Vgl. Europäische Kommission (2014f).
[461] Prominente Beispiele sind für Belgien: Dexia; Deutschland: Commerzbank, Hypo Real Estate, HSH Nordbank, WestLB, SachsenLB; Frankreich: Banque Populaire; Griechenland: National Bank of Greece, Alpha Bank, Piraeus Bank; Irland: Anglo Irish Bank, Allied Irish Bank; Italien: Monte dei Paschi di Siena; Spanien: Bankia; vgl. Schumann (2013).
[462] Vgl. Europäische Kommission (2014f).
[463] Vgl. Europäische Kommission (2010b).
[464] Vgl. Europäische Kommission (2011).

Zur zweiten Welle europäischer Aufsichtsinstitutionen gehören die *Institutionen der Europäischen Bankenunion*. Die Bankenunion, über deren genaue Zusammensetzung keine Einigkeit herrscht, besteht im engeren Sinn aus den Schlüsselelementen (1) Einheitlicher Bankenaufsichtsmechanismus (*Single Supervisory Mechanism*, SSM) und (2) Einheitlicher Abwicklungsmechanismus (*Single Resolution Mechanism*, SRM). Oftmals wird auch noch (3) das Einheitliche Regelwerk (*Single Rulebook*) dazugezählt. Diejenigen Aspekte, die speziell SIFIs betreffen, wurden im letzten Abschnitt evaluiert. Das Einheitliche Regelwerk steht für neue Vorschriften zur Verbesserung der Kapitalausstattung der Banken und für eine bessere Risikosteuerung in den Kreditinstituten. In Einzelfällen wird auch noch die (4) Einheitliche Einlagensicherung (DGS) als „dritte Säule" neben (1) und (2) geführt. Die Einheitliche Einlagensicherung war bis ins Jahr 2014 Gegenstand einer intensiven Debatte. Die Debatte kreiste um die Frage, ob es neben (harmonisierten) nationalen Systemen auch einer einheitlichen zusätzlichen europäischen Einlagensicherung bedürfe.[465] Das noch im Jahr 2012 angedachte europäische Einlagensicherungssystem wurde allerdings vorerst pausiert[466]; nicht zuletzt aufgrund der ablehnenden Haltung der deutschen Bundesregierung und deutscher Bankenverbände[467]. Stattdessen wird vorerst eine Harmonisierung der nationalen Einlagensicherungen angestrebt.

Abb. 20: Europäische Bankenunion

EU-Bankenaufsicht Single Supervisory Mechanism SSM → Einheitliche Aufsicht 7.4.2.1	EU-Bankenabwicklung Single Resolution Mechanism SRM → Einheitliche Abwicklung 7.4.2.2
Single Rulebook: Einheitliches Regelwerk	

Diese Abbildung gibt einen Überblick über die Bestandteile der Bankenunion.[468] Nicht darin enthalten ist das vorerst nicht weiter verfolgte Einheitliche Einlagensicherungssystem.

Das für SIFIs relevanteste, neue europäische Regel- und Handlungssystem, stellt der SSM dar. Auf seiner Grundlage beaufsichtigt die EZB seit Ende 2014 nicht nur die (womöglich) systemrelevanten, sondern insgesamt die rund 130 „bedeutendsten" (*significant supervised entities*,

---

[465] Vgl. Lambert (2015), S. 1f.
[466] Vgl. Beck (2014), S. 1f. Stattdessen wurde eine Harmonisierung der Einlagensicherungssysteme in Europa weiter vorangetrieben, nachdem es bereits im Jahr 2008 – als direkte Reaktion auf die Finanzkrise – zu einer Erhöhung der Deckungssumme auf 100.000 EUR gekommen war, vgl. für die EU-Richtlinie über Einlagensicherungssysteme Europäische Kommission (2014c).
[467] Vgl. Fechtner (2015) und o. V. (2015c).
[468] Vgl. Europäische Kommission (2014a).

G-SIBs eingeschlossen) Banken in der Europäischen Union – bei gleichzeitiger Zusammenarbeit mit nationalen Aufsichtsinstitutionen.[469] Der SRM als letzter Bestandteil der Bankenunion soll erst dann angewendet werden, wenn zuvor alle anderen Maßnahmen nicht die gewünschte Wirkung erzielen. Das zuständige Entscheidungsorgan ist in diesem Fall der Ausschuss für die Einheitliche. Er kann in letzter Instanz beschließen, eine notleidende Bank abzuwickeln und wird im Abschnitt 7.4.2.2 näher evaluiert. Die Bankenunion beeinflusst zwar die Funktion der drei genannten ESAs der „ersten Institutionen-Welle", EBA, EIOPA und ESMA, stellt aber nicht deren grundsätzliche Rolle und Notwendigkeit infrage. Ganz im Gegenteil werden die ESAs weiter für die Schaffung von einheitlichen Regulierungs- und Aufsichtsstandards und deren konsistente Anwendung in den jeweiligen Jurisdiktionen verantwortlich sein.

7.4.2.1 EU-Bankenaufsichtsmechanismus – Single Supervisory Mechanism

Der *SSM* ist eine Aufsichtsinstitution, die sich aus der EZB und den nationalen Behörden zusammensetzt-. Sie beaufsichtigt per Ende 2015 123 Banken (inkl. G-SIBs), davon 21 aus Deutschland.[470] Grundlage für die (umstrittene) Aufnahme der Funktion der Bankenaufsicht durch die Zentralbank der Eurostaaten ist die SSM-Verordnung[471] von 2013 und die SSM-Rahmenverordnung[472], welche die Zusammenarbeit mit den nationalen Aufsehern (National Competent Authorities, NCAs) spezifiziert. Die Hauptkritik am SSM kommt von deutscher Seite und richtet sich nicht gegen die Europäisierung bzw. Vereinheitlichung der Aufsicht, sondern gegen die Gefahr von *Ziel-* und *Interessenkonflikten* zwischen Zielen der Bankenaufsicht und Geldpolitik in einer Institution.[473] So könnte die EZB beispielsweise geneigt sein, als Aufseher die Liquiditätsbereitstellung für Banken über Offenmarktgeschäfte von der Situation der von ihr beaufsichtigten Banken abhängig zu machen. Dadurch würde für sie in der Funktion der Notenbank in einen Konflikt mit dem Ziel der Preisstabilität geraten. So würde etwa eine Zinserhöhung, die aufgrund der Preisentwicklung aus Notenbankperspektive angemessen wäre, hin-

---

[469] Vgl. für eine ausführlichere Darstellung der Identifikation von „bedeutenden" beaufsichtigten Instituten in der Europäischen Union Abschnitt 5.1.
[470] Europäische Zentralbank (2015a).
[471] Europäische Kommission (2013).
[472] Europäische Zentralbank (2014d).
[473] Vgl. für einen der prominentesten Gegner WEIDMANN (2013): "Zur effektiven Trennung der geldpolitischen und bankaufsichtlichen Aufgaben muss deshalb langfristig entweder eine Reform der institutionellen Basis der EZB vorgenommen oder eine eigenständige europäische Bankenaufsichtsbehörde geschaffen werden. Die dafür notwendige Primärrechtsänderung sollte zügig in Angriff genommen werden".

ausgezögert oder sogar unterlassen werden, wenn dadurch das Risiko bestünde, dass beaufsichtigte Banken in Schwierigkeiten geraten.[474] Es wird bisher versucht, diesen Grundsatzkonflikt durch eine strikte Trennung auf organisatorischer und prozessoraler Ebene zu lösen. Eine gewisse Grundskepsis wird man auch künftig nicht vermeiden können. Bereits dies dürfte die Glaubhaftigkeit des SSM nachhaltig schädigen. Vor diesem Hintergrund stellt sich die Frage, inwieweit der *SSM als Aufsichtsinstitution für SIFIs* seiner Funktion nachkommen kann. Der SSM könnte aber vor allem durch die Gewährleistung einer konsistenten Aufsicht ein probates Mittel zur Behandlung systemrelevanter Finanzinstitute sein: Laut EZB sehen die Aufsichtspraktiken des SSM vor „in einem angemessenen Verhältnis zur systemischen Relevanz und zum Risikoprofil der beaufsichtigten Kreditinstitute [zu stehen]. Die Umsetzung dieses Grundsatzes ermöglicht [laut EZB] eine effiziente Allokation der begrenzten, aufsichtlichen Ressourcen. Dementsprechend kann sich der Aufsichtsaufwand je nach Kreditinstitut unterscheiden, wobei die größten und komplexeren systemrelevanten Bankengruppen sowie die relevanteren Tochtergesellschaften innerhalb bedeutender Bankengruppen intensiver beaufsichtigt werden"[475]. Im bisherigen Aufbaustadium verfügt die EZB noch nicht über genügend Aufseher, um ihrem Aufsichtsmandat in vollem Maße gerecht zu werden. Sowohl in den nationalen Aufsichtsbehörden als auch in den Government & Regulatory Affairs-Abteilungen der beaufsichtigten Banken selbst dürften derzeit weitaus mehr personelle Ressourcen zur Verfügung stehen, als bei der EZB. Am Prinzip der SIFI-Aufsicht durch eine europäische Institution kann trotzdem grundsätzlich wenig bemängelt werden. Dass die EZB mit ihrer Expertise und Infrastruktur bei der Funktionsaufnahme der Aufsicht hilft, ist ebenfalls akzeptabel. Eine Ausgliederung der Banken- und damit auch SIFI-Aufsicht dürfte allerdings zur Souveränität beider organisationalen Teile, der Notenbank und der Bankenaufsicht, beitragen.[476]

7.4.2.2 EU-Bankenabwicklungsmechanismus – Single Resolution Mechanism

Die Finanzkrise seit 2007 hat auch verdeutlicht, dass in der EU keine angemessenen Instrumente für einen wirksamen Umgang mit *in Schieflage befindlichen SIFIs* vorhanden waren.

---

[474] Vgl. prägnant Deutsche Bundesbank (2013) und ausführlich Glatzl (2009) sowie aktuell Ohler (2015).
[475] Europäische Zentralbank (2014c), S. 9.
[476] Ähnlich äußert sich auch der niederländische Notenbankgouverneur Klaas Knot dazu: „‚Aus rein pragmatischen Gründen macht es aus meiner Sicht Sinn, die Bankenaufsicht innerhalb der EZB starten zu lassen, damit sie wenigstens startet' […] ‚Aber um ehrlich zu sein, wenn wir uns wieder in ruhigerem Fahrwasser befinden, sagen wir von heute an gerechnet in zehn Jahren, würde ich diese Entscheidung nochmals überprüfen, weil es natürlich ein Spannungsverhältnis gibt zwischen Bankenaufsicht und den Verantwortlichkeiten einer Zentralbank in der Geldpolitik'", o. V. (2013).

7.4 Regulierungsmöglichkeiten und deren Umsetzung

Solange Regulierer nicht glaubhaft sicherstellen, dass SIFIs abgewickelt werden können, wirken die (unerwünschten) Anreize der TBTF-Doktrin [477] :"A lender of last resort should exist, but his presence should be doubted"[478]. Der SRM soll daher vor allem auch ein „*institutionalisiertes signaling*" der Vorstellbarkeit von SIFI-Insolvenzen und -Abwicklungen ermöglichen. Ziel eines glaubwürdigen Sanierungs- und Abwicklungsrahmens ist es, einer staatlichen SIFI-Rettung, mithin der Übernahme negativer externer Kosten, so weit wie möglich vorzubeugen.[479] Dafür sollen im Fall drohender oder eingetretener Zahlungsunfähigkeit einer SIFI die systemisch wichtigen Funktionen aufrechterhalten werden. Die „Verantwortlichkeit" des SRM erstreckt sich auf diejenigen (signifikanten beaufsichtigten) Banken die dem SSM unterstellt sind. Handlungsgrundlage des Abwicklungsmechanismus ist die europäische Abwicklungsrichtlinie BRRD von 2014, welche die Abwicklungsregeln für alle Banken (auch Nicht-SIFIs) in der gesamten EU harmonisiert.[480] Der Abwicklungsmechanismus besteht aus dem

(1) Abwicklungsgremium (Single Resolution Board, SRB) und dem

(2) Abwicklungsfonds (Single Resolution Fund, SRF).

(1) Das einheitliche Abwicklungsgremium (SRB) ist eine neu gegründete EU-Abwicklungsbehörde zur Umsetzung der BRRD- bzw. SRM-Verordnung. Aufgabe des SRB ist die Sicherstellung einer geordneten Abwicklung für fallierende Banken unter Beachtung der negativen Effekte auf die Gesamtwirtschaft. Das SRB nimmt seit dem Beginn des Jahres 2015 seine Tätigkeit schrittweise auf. Zu den weiteren Aufgaben des Gremiums, das bis Ende 2017 bis zu 250 Mitarbeiter[481] haben soll, gehört die Vorbereitung von Abwicklungsplänen und die Durchführung der Abwicklung von insolventen Banken in kürzester Zeit. Zu Beginn der Aufnahme der Tätigkeit werden insbesondere die Abwicklungspläne durchleuchtet und insbesondere für SIFIs erhöhte Kapitalanforderungen[482] bestimmt, die im Insolvenzfall eine Abwicklung erleichtern. Auch entscheidet das Gremium über die Verwendung der Mittel des Abwicklungsfonds.

---

[477] Siehe ausführlich Kap. 2 insb. 2.2.
[478] Kindleberger (1996), S. 9.
[479] Im Fall der staatlichen Rettung kann man auch von einer Übertragung von negativen externen Kosten von einer Bank auf den Staat (und damit seine Bürger) sprechen, vgl. auch Schäfer (2013), S. 3: „Finanzmarktstabilität ist als öffentliches Gut zu begreifen. [Die]Internalisierung der Nutzungskosten und [eine] ausreichende Pufferbildung bei Finanzinstituten, um von selbst und ohne Hilfe des Steuerzahlers wieder zur Stabilität zurückkehren zu können" sei geboten.
[480] Vgl. Deutsche Bundesbank (2014), S. 46-57.
[481] Vgl. Europäische Kommission (2014e), S. 3.
[482] Siehe ausführlich 7.4.6.

(2) Der einheitliche Abwicklungsfonds (SRF) stellt das finanzielle Fundament des einheitlichen Abwicklungsmechanismus (SRM) dar. Er wird ab 2016 durch Bankabgaben (sogenannte „Beiträge") finanziert.[483] Bis Ende 2023 soll er ein Volumen von mindestens einem Prozent aller gedeckten Einlagen der in teilnehmenden Mitgliedsstaaten zugelassenen Kreditinstitute erreichen. Für die jeweilige Höhe der Beiträge einer Bank werden ein Pauschalbetrag und ein *risikoadjustierter* Betrag berechnet. Ersterer ergibt sich anteilig aus dem Betrag der Verbindlichkeiten einer Bank abzüglich der geschützten Einlagen, da für diese bereits Beiträge zu den Einlagensicherungssystemen geleistet werden, im Verhältnis zu der so ermittelten Verbindlichkeiten aller Banken.[484] Der zweite, risikoadjustierte Betrag, hängt vom Risikoprofil der Bank ab, wobei eine besondere Beachtung von *Systemrisikotreibern* erkennbar ist, wie folgende, vom Fonds berücksichtigte Bankcharakteristika verdeutlichen:

(1) „Risikoexponiertheit des Instituts, einschließlich Umfang seiner Handelstätigkeiten, seiner außerbilanziellen Positionen und seines Fremdfinanzierungsanteils[485];

(2) Stabilität und Diversifizierung der Finanzierungsquellen des Unternehmens sowie unbelastete hochliquide Vermögensgegenstände; […]

(3) Komplexität der Struktur des Instituts und seine Abwicklungsfähigkeit;

(4) Bedeutung des Instituts für die Stabilität des Finanzsystems"[486]

Daraus wird ersichtlich, dass auch in diesem Fall die SRM-Verordnung zwar noch vage formuliert ist, aber der Systemrisikoaspekt konsequent verfolgt wird. Der SRF hat in diesem Sinne zumindest einen *signalisierenden bzw. anreizenden Effekt* – auch wenn er in seiner *Höhe letztlich nicht ausreichen dürfte*, um den Ausfall eines SIFIs zu kompensieren. Durch die Limitierung der Größe des Fonds und klare ex ante-Regelungen, sowie die Sicherstellung eines früh-

---

[483] Vgl. hier und im Folgenden Europäische Kommission (2014b), S. 77f.

[484] Vgl. Deutsche Bundesbank (2014), S. 42 und weiter zu den Beiträgen deutscher Banken auf S. 43: „Für Deutschland ergäbe sich nach aktuellen Schätzungen ein Gesamtvolumen an geschützten Einlagen von derzeit etwa 2 Billionen € und somit ein notwendiges jährliches Beitragsaufkommen von etwa 2 Mrd € über zehn Jahre hinweg. Dies stellt gegenüber der derzeit national erhobenen Bankenabgabe, deren Gesamtaufkommen im Jahr 2013 rund 520 Mio € betrug, eine deutliche Steigerung dar".

[485] Insofern findet mit der erneuten Beachtung des Fremdfinanzierungsanteils eine doppelte Erfassung statt.

[486] Europäische Kommission (2014g), S. 327.

7.4 Regulierungsmöglichkeiten und deren Umsetzung

zeitigen Eingriffs durch das SRB könnte maßgeblich den mit Sicherungssystemen einhergehenden *Moral-Hazard-Problemen*[487] entgegengewirkt werden.[488] Kernherausforderung beim Aufbau des SRF bleibt daher die *Komplexität des Verfahrens zu verringern* um eine *kurze Verfahrensdauer* sowie *hohe Rechtssicherheit* zu ermöglichen. Zum Problem der regulatorischen Langmütigkeit (*regulatory forbearance*) bei SIFIs, der durch eine klare geregelte, europäische Abwicklungsinstitution entgegengewirkt werden könnte, bringen ESPINOSA-VEGA/KAHN/MATTA/SOLÉ (2011) daher die wichtigsten Ausgestaltungskriterien auf den Punkt: „Regulators would be more forbearing towards systemically important institutions, because the systemically important institutions will have a more damaging effect on other institutions under the regulators' purview and stricter with non-systematic institutions" und weiter "in the presence of efficient resolution mechanisms and high political costs for shutting down a financial institution, a unified regulatory arrangement could reduce systemic risk vis-a-vis a multiple regulatory arrangement"[489]. Der SRF dürfte darüber hinaus gegenüber nationalen Lösungen auch deswegen bedeutende Vorteile haben, weil viele kleine Volkswirtschaften mit einem großen Finanzsektor (wie Island oder Irland) mit der Bereitstellung des notwendigen Finanzvolumens für Bankrekapitalisierungen auch künftig überfordert sein dürften.

Auch der Vergleich mit der nichtstaatlichen Alternative, eine zwischen Eigentümern und Gläubigern verhandelte Abwicklungslösung, dürfte die Vorteilhaftigkeit der einheitlichen europäischen Abwicklung verdeutlichen. Finanzmarktstabilität kann als öffentliches Gut, speziell als *Allmendegut*[490], bezeichnet werden, weil Marktteilnehmer nicht von dessen Nutzung bzw. Inanspruchnahme ausschließbar sind und *Rivalität* zwischen Marktteilnehmern herrscht. Eine privatwirtschaftlich verhandelte Abwicklungslösung wird das öffentliche Gut „Finanzmarktstabilität" daher vermutlich nicht im gleichen Maße verfolgen oder beschützen, wie eine mehrstaatliche. Da die Institutionen des SRM, das SRB und der SRF, sich noch im Aufbau befinden bzw. die Verordnungen und Richtlinien zwar ein erstes Rahmenwerk darstellen, die Umsetzung aber

---

[487] Vgl. für eine formelle Herleitung dieses Problems am Beispiel der USA Gissy (2000) und vgl. mit Verbesserungsvorschlägen am Beispiel der Europäischen Union Schoenmaker (2010).
[488] Vgl. Weder di Mauro (2010), S. 3 und passim.
[489] Espinosa-Vega et al. (2011), S. 3.
[490] Das klassische Beispiel für die Tragik der Allmende ist die überweidete Wiese im gemeinsamen Eigentum, bei der kein einzelner Eigentümer andere von der Nutzung ausschließen kann, vgl. Hardin (1968), S. 1244. Ursprünglich geht das Konzept der Tragik der Allmende auf Aristoteles zurück: „Je zahlreicher die Theilhaber an einer Sache, desto weniger pflegt für dieselbe gesorgt zu werden. Die Menschen kümmern sich am meisten um das, was ihnen zu eigen gehört, um das Gemeinschaftliche weniger, oder doch nur in so weit es das Sonderinteresse des Einzelnen berührt", vgl. Übersetzung Aristoteles' Politik in Bernays (1872), S. 59.

erst begonnen hat, bleibt die detaillierte Analyse späteren wissenschaftlichen Arbeiten vorbehalten[491].

Der Bankenstresstest könnte als weiteres „*Drohmittel*" für systemrelevante Banken in der Europäischen Union bezeichnet werden. Die systemrisikomindernde Wirkung des Bankenstresstests hängt maßgeblich davon ab, ob seine Ergebnisse aus Sicht der Kapitalmarktteilnehmer eine große Rolle spielen und mit regulatorischen Konsequenzen für Banken verbunden sind. Dies wird im folgenden Abschnitt eruiert.

7.4.3 Informationsgehalt des Bankenstresstests der Europäischen Bankenaufsichtsbehörde

7.4.3.1 Einführung

Zu den Konsequenzen der *Krisenprozesse auf den Finanzmärkten* zählt nicht zuletzt die Einrichtung eines *Europäischen Bankenstresstests*.[492] Dieser Stresstest wird von der Europäischen Bankenaufsichtsbehörde (EBA) durchgeführt. Die EBA mit Sitz in London hat grundsätzlich die Aufgabe neue europäische Aufsichtsstandards zu entwickeln, verfügt aber auch über direkte Eingriffsrechte bei der Regulierung von Banken in Europa im Sinne eines Mediators zwischen Institutionen unterschiedlicher Mitgliedsstaaten. Die im Folgenden relevante, besondere Aufgabe der EBA ist die „Durchführung unionsweiter Stresstests […], um […] insbesondere das von Finanzinstituten ausgehende Systemrisiko […] bewerten zu können; […] wobei sicherzustellen ist, dass […] eine kohärente Methode für diese Tests angewendet wird […] und gegebenenfalls eine Empfehlung an die zuständigen Behörden [ausgesprochen wird], Problempunkte zu beheben, die bei den Stresstests festgestellt wurden"[493].

Stresstests beruhen auf der *Szenariotechnik bzw. Sensitivitätsanalyse*, wobei das Hauptaugenmerk auf (kombinierten) ungünstigen Ausprägungen von mehreren Einflussfaktoren (*Stress-*

---

[491] Vgl. für eine normative Analyse vgl. Gros/Schoenmaker (2014), S. 532: "In a multi-country setting, […] cooperation between national authorities is likely to break down during a crisis […]. To address systemic risk in an integrated market, such as the European banking market, a federal solution is needed. Authorities at the European or Eurozone level will incorporate the systemic effects of bank failures within the greater geographic area".

[492] Teile von Vorarbeiten für diesen Abschnitt in Zusammenarbeit mit Andreas Horsch sind bereits publiziert als Horsch/Kleinow (2015): Der Bankenstresstest 2014 im Vorfeld des Single Supervisory Mechanism: Theorie und Empirie zur Interpretation der neuen europäischen Bankenregulierung, in: Zeitschrift für Bankrecht und Bankwirtschaft 27 (1), S. 1-12.

[493] Europäische Kommission (2010a), S. 29, Art. 21 b.

7.4 Regulierungsmöglichkeiten und deren Umsetzung

Szenario) liegt.[494] Unabhängig davon, dass solche Analysen sich im Rahmen einer auf Gläubiger- und Systemschutz ausgerichteten Bankenregulierung anbieten, liegen ihre Ursprünge bei den Beaufsichtigten: Es waren die Banken selbst, die in den 1990er Jahren begannen, Stresstests im Rahmen ihres *Risikomanagements* durchzuführen, um Risikomesskonzepte wie die des zunehmend populären Value-at-Risk zu ergänzen, welche die *(fat) tail risks* von *worst case scenarios* vernachlässigen.[495] Krisenprozesse um die Jahrtausendwende sorgten dafür, dass die Bankenaufseher die von ihnen beaufsichtigten Institute zunächst in der Durchführung von Stresstests bestärkten und sie später sogar hierauf verpflichteten[496]. Ausgehend davon sorgten die Krisenprozesse auf den Finanzmärkten ab 2007 dafür, dass Stresstests nicht länger nur ein Instrument des – *aufsichtlich überwachten* – unternehmerischen Risikomanagements waren, sondern für die bankaufsichtliche Risikomessung und -steuerung adaptiert wurden: „Since the financial crisis of 2007-2009, macroprudential stress tests have become a standard tool that regulators use to assess the resilience of financial systems"[497]. Seitens der europäischen Bankenaufseher geschah dies von 2009 bis 2012 zunächst im Jahresrhythmus, um dann nach einem Stresstest-freien Jahr 2014 neu zu starten:

- 2009 und 2010: Federführend war in den Jahren 2009 und 2010 der EBA-Vorgänger *Commission of European Banking Supervisors* (CEBS), der die Ergebnisse des ersten Stresstests (2009) nicht en detail publizierte.[498]

- 2010 und 2011: Zu den Stresstests 2010 und 2011 wurden zunehmend *umfangreichere Informationen* vorgelegt.[499]

---

[494] Vgl. Europäische Zentralbank (2014b), hier S. 19: „a prudential gauge of participating banks' resilience under severe but plausible macro-economic conditions". Vgl. analog Blaschke et al. (2001), S. 4.

[495] Vgl. aus Sicht der aktuellen (Lehrbuch-)Literatur stellvertretend Hartmann-Wendels/Pfingsten/Weber (2014), S. 285f.; Hull (2014), S. 469-486. Zu Vorläufern von Stress-Tests im Rahmen der Instrumentarien von Banken, Bankaufsehern und Credit Rating Agencies vgl. ergänzend Hirtle/Lehnert (2014), S. 1f.; Bookstaber et al. (2014), S. 1f.

[496] Vgl. seinerzeit Blaschke et al. (2001), besonders S. 6-8, m.w.N.; Österreichische Nationalbank (2014), besonders S. 1-8.

[497] Acharya/Engle/Pierret (2014), S. 36. Vergleiche ferner ebd., S. 39; i.V.m. Hirtle/Lehnert (2014), S. 9-11; sowie Quijano (2014), für einen Überblick zu den Ursprüngen des US-amerikanischen Stresstest-Ansatzes SCAP (Supervisory Capital Assessment Program) von 2009. Für eine kompakte Rückschau auf sämtliche bisherige US-Stresstests vgl. stellvertretend Neretina/Sahin/Haan (2014), S. 5-8; Goldstein/Sapra (2013), S. 5-8; Bookstaber et al. (2014), S. 3-6. Für eine analoge Retrospektive zur europäischen Entwicklung vgl. analog Ayadi/Groen (2014), S. 521-523.

[498] Vgl. Ausschuss der Europäischen Aufsichtsbehörden für das Bankwesen (2009); dazu auch Hirtle/ Lehnert (2014), S. 11f.

[499] Vgl. Ausschuss der Europäischen Aufsichtsbehörden für das Bankwesen (2010), Europäische Bankenaufsichtsbehörde (2011); dazu auch Acharya/Engle/Pierret (2014), S. 43-49 passim. Die zugehörige Internetseite der EBA lässt erkennen, wie der Umfang der veröffentlichten Informationen im Zeitverlauf kontinuierlich zunimmt, vgl. eba.europa.eu/risk-analysis-and-data/eu-wide-stress-testing.

200 7 Regulierung systemrelevanter Finanzinstitute in der Europäischen Union

- 2012: In die Beobachtung des Publizitätsverhaltens ist die Bankenanalyse des Jahres 2012 einzuschließen, obgleich die EBA mit dieser *Eigenkapitalbelastungsrechnung* lediglich Bezug auf Stresstests nimmt und sie hiervon unterschieden wissen will: „The capital exercise is a one-off exercise conducted with the aim to restore market confidence in the banking sector. It is not a stress test exercise. No assessment of assets quality was undertaken by the EBA in the framework of the exercise "[500].

- 2013: Der nächste explizite Stresstest war für 2013 geplant, wurde dann aber auf das Folgejahr verschoben und letztlich per Oktober 2014 vorgelegt.[501]

- Dem 2014er-Stresstest ging eine dreijährige Pause voraus, in der das Testdesign, basierend auf den Erfahrungen mit und der Kritik an den drei ersten Runden, angepasst wurde. Neben der *Vereinheitlichung* und *Verschärfung* trat hierbei eine *Erweiterung* sowohl der Prüfungsinhalte (insbesondere um den AQR) als auch des Prüfungsumfangs (Zahl der getesteten Banken) sowie der anschließenden Publizität in Kraft. Darüber hinaus wurde die *institutionelle Zuständigkeit* mit Blick auf den *SSM* durch Einbeziehung der EZB verändert: Beim 2014er-Stresstest arbeitete die EBA erstmals „eng mit der EZB und den nationalen Aufsichtsbehörden zusammen[…]. Die Durchführung des Stresstests 2014 [konnte daher als erste] gemeinsame Übung der EBA und der EZB [verstanden werden] und dient[e] unter anderem der Vorbereitung auf den SSM"[502], wobei die entscheidende Verantwortung (bezüglich Methodik und Koordination) bei der EBA liegt und die EZB vor allem *qualitätssichernde* sowie im Nachhinein aufsichtliche Funktionen erfüllen sollte.[503]

Die Tab. 37 zeigt Umfang und die Ergebnisse der vergangenen Stresstests, die auf europäische Banken angewendet worden, im Überblick. Auffällig dabei ist, dass sowohl, die *Anzahl* der teilnehmenden Banken, als auch die Menge der im Anschluss an den Stresstest veröffentlichten *Datensätze* (Modellinput/-output) gestiegen ist. Ebenfalls gestiegen sind die *Mindestanforderungen für das Bestehen* des Stresstests, weshalb es nicht verwundert, dass die Anzahl der durchfallenden Banken gestiegen ist.

---

[500] Europäische Bankenaufsichtsbehörde (2012), S. 5.
[501] Vgl. zu Gemeinsamkeiten und Unterschieden der verschiedenen CEBS-/EBA-Untersuchungen ausführlich, Ayadi/Groen (2014), besonders S. 522, 528f.
[502] Freund/Orth (2014), S. 30.
[503] Vgl. Europäische Bankenaufsichtsbehörde (2014c), S. 1 und 6.

7.4 Regulierungsmöglichkeiten und deren Umsetzung

Tab. 37: Stresstests der EBA und ihres Vorgängers CEBS
Diese Tabelle fasst die europäischen Bankenstresstests seit 2009 zusammen.[504]

Ausführende Institution	Ankündigung/ Veröffentlichung	Untersuchte Banken (Anteil an Gesamtaktiva im EU-Bankensektor)	Max. veröffentlichte Datensätze pro Bank	Eigenkapitalgrenze für Bestehen des Stresstests	Stresstest-Ergebnisse
Ausschuss der Europäischen Aufsichtsbehörden für das Bankwesen (CEBS)	05.2009/ 10.2009	22 (60%)	keine	Tier 1: 4%	Alle Banken bestehen Stresstest.
	12.2009/ 07.2010	91 (65%)	27	Tier 1: 6%	7 durchgefallene Banken
Europäische Bankenaufsichtsbehörde (EBA)	01.2011/ 07.2011	90 (65%)	~3.500	Core Tier 1: 5%	8 durchgefallene und 16 beinahe durchgefallene Banken
	01.2014/ 10.2014	123 (70%)	~12.000	Core Tier 1: 8% (Basisszenario); 5,5% (Negativsz.)	24 durchgefallene Banken, 13 davon mit weiterem Kapitalbedarf
	für 2016 erwartet	109	k.A.	k.A.	ausstehend

Bei aller politischen und von Aufsehern getragenen Euphorie[505] wird allerdings zu selten analysiert, inwiefern ein *Stresstest aus ökonomischer Sicht zu rechtfertigen* ist. Der folgende Abschnitt fokussiert daher dieses neue Regulierungsinstrument und prüft, inwieweit es im Sinne einer *Marktdisziplinierung* tatsächlich wirksam wird: Hierzu wird der weiterentwickelte Stresstest der Europäischen Bankenregulierer per Ende 2014 untersucht. Mit Hilfe der *Ereignisstudienmethodik* wird der Forschungsfrage nachgegangen, ob und inwieweit der reformierte Stresstest der Europäischen Bankenregulierer per Ende 2014 einen *Informationsgehalt* für diejenigen Kapitalmarktteilnehmer besessen hat, die (potentielle) Aktionäre der bewerteten Banken waren.

Zum Ende des Jahres 2014 vollzog sich ein fundamentaler Wandel in den Marktregeln der europäischen Finanzmärkte: Der SSM, mit dem die Verlagerung der laufenden Bankenregulierung von der nationalen auf die *supranationale Ebene* der Europäischen Union fortschreitet,

---

[504] Quellen: Ausschuss der Europäischen Aufsichtsbehörden für das Bankwesen (2009), (2010); Europäische Bankenaufsichtsbehörde (2011), (2014c), (2015a) und o. V. (2015b).
[505] Vgl. für Barnier (2014): „This exercise is an integral part of policymakers' efforts to restore the viability of the European banking system so that it can play a strong part in contributing to EU economic growth"; vgl. für den EZB-Vize 2014 Constâncio (2014) "The repairing of the banks' balance sheets that will follow the results, and the resilience revealed by the vast majority of the banks in spite of the severity of the exercise, guarantee that the economic recovery will not be hampered by credit supply restrictions coming from the banking sector, provided that there is enough aggregate demand."; vgl. für Dombret (2014a): „Insgesamt war das Comprehensive Assessment meiner Ansicht nach ein Erfolg. Es hat dazu beigetragen, den Schleier der Unsicherheit beiseite zu ziehen, der das europäische Bankensystem seit der Krise umgeben hat. Es war eine glaubwürdige Übung, die dazu beitragen wird, das Vertrauen in den Bankensektor wiederherzustellen und die Märkte zu beruhigen".

lief an.[506] Die hierfür geschaffene Rechtsbasis sieht unter anderem einen Stresstest[507] vor, in dessen Rahmen *Haftkapitalquoten* der jeweils untersuchten Banken in Normal- sowie Belastungsszenarien überprüft werden. Es gehört zu den krisengetriebenen Regulierungsinnovationen, dass die Testergebnisse nicht länger nur als Grundlage des internen Dialogs zwischen beaufsichtigenden und beaufsichtigten Institutionen dienen, sondern auch publiziert werden. Durch diese Informationsweitergabe an die Kapitalmarktteilnehmer haben Stresstests das Potential, zu einem Element der von diesen Akteuren erhofften Marktdisziplinierung zu werden: „the disclosure of information produced by stress tests will improve market discipline by providing more precise information to market participants with which they can make more informed decisions concerning the financial institution in question"[508]. Insoweit würden sie die seit Basel II explizit vorgesehene *Säule-3-Aufsicht* intensivieren. Voraussetzung dafür wäre, dass Stresstest-Ergebnisse nicht nur von Aufsehern, sondern von den Marktteilnehmern wahrgenommen, als *entscheidungsrelevante Informationen* bewertet und daraufhin in *Handlungen* umgesetzt werden: Entscheidende Handlungen wären in diesem Kontext Käufe und Verkäufe von Finanzierungstiteln der getesteten Kreditinstitute, in denen sich die *Rendite-Risiko-Auffassungen* der Investoren ausdrücken. Die nachfolgende Untersuchung ist nicht normativ angelegt, fragt also nicht danach, *ob* und *welche* Stresstestergebnisse mit Blick hierauf idealerweise publiziert werden sollten.[509] Vielmehr handelt es sich um eine *positive Analyse*, die prüft, ob und inwieweit die Kapitalmarktteilnehmer im konkreten Fall tatsächlich auf die Veröffentlichung der Ergebnisse reagiert haben.

Zweifel an der (Handlungs-)Relevanz des 2014er-Stresstests fußen vor allem auf den *Enttäuschungen*, welche die vorherigen Stresstests der europäischen Aufsichtsinstitutionen verursacht hatten.[510] Im Zentrum der *ex-ante-Kritik* an den ersten Stresstests stand insbesondere, dass sie

---

[506] Vgl. für eine ausführliche Analyse Lehmann/Manger-Nestler (2014), besonders S. 5-19.
[507] Vgl. Europäische Zentralbank (2014a), S. 14.
[508] Goldstein/Sapra (2013), S. 8f. Grundlegend zum Konzept der Marktdisziplinierung vgl. Flannery (2001).
[509] Vgl. zu einem dahingehenden Literaturüberblick Petrella/Resti (2013), S. 5407ff. Für eine ebenso ausführliche wie kritische Diskussion von *Kosten- und Nutzenpotentialen* einer Marktdisziplinierung durch die Publikation von Stresstests vgl. Goldstein/Sapra (2013), S. 8-40 passim
[510] Die Tests von 2010/2011 (aber auch das 2012er Assessment) gelten aus heutiger Sicht als zu sehr geprägt von *bankinternen Modellen*, unterschiedlichen (Aufsichtsrechts-)Grundlagen, einem *home bias* der involvierten nationalen Regulierer und damit unter dem Strich als zu nachsichtig, vgl. aktuell etwa Steffen (2014), S. 8.

zu nachsichtig angelegt seien[511] und Annahmen sowie Veröffentlichungstermine kurzfristig geändert wurden. Das *Stresstest-Design* wird daher als verantwortlich für einen massiven *Reputationsverlust* der federführenden EBA angesehen.[512] Derartige Reputationsschäden eines Testverantwortlichen hätten dazu führen können, dass auch nachfolgende von ihm getriebene Tests und Publikationen durch die Marktteilnehmer vernachlässigt werden.

Mit Blick auf diese Kritikpunkte wurde der jüngste, von EZB, EBA und nationalen Behörden gemeinschaftlich durchgeführte Stresstest daher zum einen nach länderübergreifenden, *einheitlich* anzuwendenden Szenarien und Kriterien angelegt.[513] Zum anderen wurde darauf geachtet, die Informationen zwar den betroffenen Banken vorab vertraulich, dem breiten Kapitalmarktpublikum dann aber zu einem *einheitlichen Stichtag en bloc* mitzuteilen. Als Stichtag wurde der Sonntag acht Tage vor dem SSM-Start ausgewählt, wodurch eine *Abkühlungsphase* zwischen der Publikation und den ersten dadurch ausgelösten Finanzmarkttransaktionen sichergestellt werden sollte. Aufgrund der erheblichen institutionellen Veränderungen (ausgebaute *Testmethodik, Kooperation von EBA* und *EZB*) bestand Grund zu der Annahme, dass dieser neue Test das Potential hatte, als neue Information aufgefasst zu werden und entsprechende *Reaktionen von Marktteilnehmern* hervorzurufen.

Nachfolgend wird ein Überblick über die bisher vorgelegten Untersuchungen gegeben. Hieran anknüpfend werden eigene Forschungshypothesen formuliert, mit deren Prüfung zur Schließung der vorhandenen Forschungslücke beigetragen wird.

7.4.3.2 Stand der Forschung

(Daten der Publikation der Ergebnisses eines) Stresstests sind aus ihrer Natur heraus gut geeignet für Analysen, die an konkreten Ereignissen anknüpfen. Folgerichtig wurden die Stresstests

---

[511] U.a. wurde ein möglicher *Zahlungsausfall Griechenlands* nicht berücksichtigt. JP Morgan (2011) zum 2011-EBA-Stresstest: „We consider the assumptions in the adverse scenario slightly disappointing and relatively mild for a recession scenario [...] sovereign haircuts will apply to the trading book only [...] limited relevance for valuations, as we believe the market is already considering tougher requirements". Ex-post irritierte zusätzlich, dass mit der *Allied Irish Bank* (2010) und *Dexia* (2011) zwei Banken den Stresstest bestanden hatten, die kurz darauf *staatlich gerettet* wurden. In der Folge hätte die offizielle Verlautbarung kein Ereignis mehr darstellen können, mit dem potenziell entscheidungsrelevante Informationen den Marktteilnehmern erstmals bekannt wurden.
[512] Vgl. explizit Lannoo/Groen (2014) und Schäfer (2014). Vgl. zudem Acharya/Engle/Pierret (2014) und vgl. abwägender Candelon/Sy (2014).
[513] Vgl. im Vorfeld Europäische Bankenaufsichtsbehörde (2014c); später ausführlich Europäische Bankenaufsichtsbehörde (2014e), hier S. 10f. („common methodology"); vgl. Europäische Zentralbank (2014a), besonders S. 17ff. („level playing field").

der Jahre 2009 bis 2011 bereits ökonomischen Analysen im Allgemeinen und Ereignisstudien im Besonderen unterzogen.

Aufgrund der massiven Kritik seitens der Marktteilnehmer dürfte den vorhergehenden Ergebnissen der EBA-Stresstests (2009, 2010, 2011) rückblickend *nur bedingt Vertrauen* geschenkt worden sein, dennoch widmen sich verschiedene empirische Studien den Effekten dieser Stresstests auf die Aktienkurse europäischer Banken.

- PETRELLA/RESTI (2013) untersuchen *fünf Ereignisse* im Rahmen des 2011er-Stresstests (Ankündigung, drei Veröffentlichungen zur Methodik, Ergebnisse) mittels einer Ereignisstudie. Sie finden Hinweise für *signifikante Marktreaktionen* auf Veröffentlichungen zur EBA-*Stresstestmethodik* und auf die Bekanntgabe der Stresstestergebnisse: Die 51 Bankaktien weisen zum einen negative abnormale Renditen auf, wenn sich die Stresstestmethodik verschärft, und zum anderen messen Marktteilnehmer den Kennzahlen zur Bankresilienz besondere Bedeutung bei.

- ELLAHIE (2012) untersucht die *Geld-Brief-Spannen* von Bankanleihen, implizite *Aktienoptionsvolatilitäten* und die Kosten für eine Versicherung gegen den Ausfall (*CDS-Preise*) der jeweiligen Stresstest-Banken. Es werden mittels einer *Difference-in-Difference*-Ereignisstudie keine bis nur *sehr schwache Indizien* dafür gefunden, dass die Stresstests der Jahre 2010 und 2011 Informationsasymmetrien lindern konnten, weil signifikant abnormale Renditen größtenteils ausbleiben.

- *Im Kontrast* dazu stehen die Untersuchungsergebnisse von CANDELON/SY (2014). Sie untersuchen neben dem 2010er- und dem 2011er-Stresstest auch den des Jahres 2009 anhand einer Ereignisstudie. Dabei werden signifikante, *negative abnormale Renditen* für Banken festgestellt, die den Stresstest bestehen.

- ALVES/MENDES/PEREIRA (2015) analysieren die EBA-Stresstests der Jahre 2010 und 2011 und gehen der Frage nach, ob der Preis europäischer Bankaktien durch die Veröffentlichung der Testergebnisse verändert wird. Ihre Ergebnisse bestätigen die der vorgenannten Studie grundsätzlich, d.h. Aktienkurse der betroffenen Banken weisen auch hier *signifikante Renditen* zum Zeitpunkt der Veröffentlichung der Stresstestergebnisse auf. Allerdings konstatieren sie umgekehrte „Richtungen" (d.h. positive Vorzeichen) der signifikant abnormalen Renditen.

7.4 Regulierungsmöglichkeiten und deren Umsetzung

Dass die bisherigen EBA-Stresstest-Eventstudien nicht zu eindeutigen Ergebnissen führen, dürfte vor allem an der fehlenden *Vergleichbarkeit* der drei untersuchten Stresstests und den zum Teil *inkongruenten Fragestellungen* liegen. Eine klare Antwort auf die Effekte der EBA-Stresstests fehlt bisher insoweit und wäre daher im Allgemeinen wünschenswert. Da die EBA mit dem 2014er-Stresstest *neue Maßstäbe* setzen wollte und erstmals die EZB als Bankenaufsichtsinstitution involviert war, lohnt sich eine Analyse der Kapitalmarktreaktionen auf die Ergebnisse des 2014er-Stresstests im Besonderen.

Abgeleitet aus den bisherigen Erkenntnissen der Literatur werden *drei Hypothesen* zu Marktreaktionen auf die Veröffentlichung des EBA-Stresstests 2014 aufgestellt:

- H_1 – *Transparenzhypothese*: Die Veröffentlichung des EBA-Stresstestergebnisses hat dem Grunde nach einen Einfluss auf den *Marktwert einer geprüften Bank*.

Marktteilnehmer messen demnach den neu zur Verfügung gestellten Informationen Bedeutung bei. Die EBA stellte gleichzeitig mit der Veröffentlichung der Stresstestergebnisse große Teile der zur Ermittlung verwendeten, *Bankdaten* zur Verfügung (z.b. detaillierte Angaben zu *Forderungen gegenüber Staaten* oder Risiken im gesamten Kreditportfolio einer Bank). Diese reichhaltigen Datensammlungen zu einzelnen Banken waren vorher nicht für Externe verfügbar. Es ist davon auszugehen, dass diese neuen Informationen daher zu einer Reaktion der Marktteilnehmer führen, die sich im Eigenkapitalmarktwert der jeweiligen Bank niederschlägt.

- H_2 – Relevanzhypothese: Die Veröffentlichung des EBA-Stresstestergebnisses hat einen (größeren) Einfluss auf den Marktwert einer geprüften Bank, die durchfällt.

Hiernach messen Marktteilnehmer dem Urteil der EBA insbesondere dann Bedeutung bei, wenn ein Kreditinstitut den Test nicht besteht. Fällt eine beim EBA-Stresstest teilnehmende Bank durch, d.h. wird die vorgegebene Mindesteigenkapitalquote unterschritten – mindestens *8% hartes Eigenkapital* im Verhältnis zu den risikogewichteten Aktiva soll eine Bank im Basis- und mindestens 5,5% soll sie im Negativszenario erfüllen –, dann hat dies vermutlich einen negativen Einfluss auf Ihren Marktwert..

- H_3 – Verwässerungshypothese: Die Veröffentlichung des EBA-Stresstestergebnisses hat einen (größeren) Einfluss auf den *Marktwert einer geprüften Bank, die durchfällt* und *weiterhin zur Aufnahme zusätzlichen Eigenkapitals verpflichtet ist*.

Marktteilnehmer messen demnach dem Bekanntwerden der Pflicht zu neuer Eigenkapitalaufnahme besondere Bedeutung bei. Ist eine Bank infolge des nicht bestandenen EBA-Stresstests zur *Aufnahme weiteren Eigenkapitals* verpflichtet, fürchten Aktionäre Verwässerungseffekte durch Bezugsrechtemissionen, zudem reduziert eine verbreiterte Eigenkapitalbasis *Financial-Leverage*-Chancen. Weiterhin ist aufgrund der beschädigten Reputation denkbar, dass dem Institut *renditeträchtige Investitionsmöglichkeiten* entgehen, da sich Kontraktpartner zurückziehen. Die Aktienkurse müssten daher in der Gesamtsicht sinken. Zur Überprüfung des Gehalts der Hypothesen bedient sich auch die folgende Analyse der Ereignisstudienmethode. Die verwendeten Daten sowie die angewandte Untersuchungsmethodik wird im folgenden Kapitel in Grundzügen vorgestellt.

7.4.3.3 Forschungsdesign und Daten

Zur Bestimmung der Regressionsparameter wird ein *Schätzfenster* von 500 Handelstagen (etwa zwei Zeitjahre) verwendet, das am sechsten Handelstag vor der Veröffentlichung der Ergebnisse des EBA-Stresstests und damit am Tag vor dem elftägigen Ereignisfenster endet. Der Ereignistag (*Event*), Montag 27.10.2014, ist der *erste Handelstag nach Veröffentlichung* der EBA-Stresstest-Ergebnisse. Die Veröffentlichung fand zum Sonntag 26.10.2014 (12:00 Uhr) über die Internetseite der EBA statt und erfuhr bereits am selben Tag im TV sowie in den Online- bzw. am nächsten Tag in den Printmedien große Aufmerksamkeit. Da erst mit Wiederaufnahme des *Börsenhandels am Montagmorgen* die Aktien der betreffenden Banken gehandelt werden konnten, ist eine Analyse ab diesem Tag sinnvoll. Das *Ereignisfenster*, für welches an jedem Tag die abnormalen Renditen analysiert werden, beginnt am Handelstag fünf vor der EBA-Stresstestveröffentlichung und endet am fünften Tag danach. *Kumulierte abnormale Renditen* werden für symmetrische (+/-), einen Tag bis fünf Tage um den Ereignistag beginnende bzw. endende Zeiträume berechnet.[514] Es gab im Ereignisfenster *keine bankrelevanten Confounding Events*[515], d.h. Überlagerungseffekte durch relevante, anderweitige Informationen können ausgeschlossen werden.

---

[514] Die Datenbasis der Eventstudie sind tägliche Aktienkurse der letzten zwei Jahre (und insbesondere der Tage um das Event), die der Datenbank *Thomson Reuters Financial Datastream* entnommen werden.

[515] Als Confounding Events gelten Ereignisse neben dem untersuchten, die damit in direktem oder indirektem Zusammenhang stehen und daher geeignet sind, die Ergebnisse zu verzerren. Denkbar wären z.B. Managementwechsel, Dividendenwarnungen oder eine M&A-Transaktion, die eine EBA-Bank zeitnah zur Stresstest-Publikation bekanntgibt. Vgl. zu diesen und anderen Confounding Events ausführlich Chung/Ann Frost/Kim (2012); einführend auch Goerke (2009), S. 470f.

7.4 Regulierungsmöglichkeiten und deren Umsetzung 207

Abb. 21: Zeitstrahl der Stresstest-Ereignisstudie

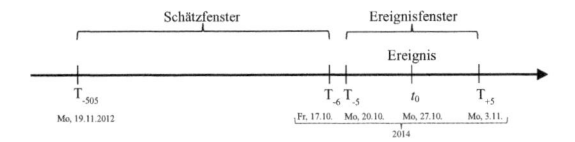

```
        Schätzfenster              Ereignisfenster
   ┌─────────┴─────────┐       ┌────────┴────────┐
                                    Ereignis
───┼───────────────────┼───────┼─┼───────┼───────┼──────▶
  T₋₅₀₅                T₋₆ T₋₅  t₀      T₊₅
  Mo, 19.11.2012      Fr,17.10. Mo,20.10. Mo,27.10. Mo,3.11.
                              2014
```

Diese Abbildung zeigt, nicht maßstabsgetreu, den zeitlichen Aufbau der Untersuchung.

Dem Stresstest wurden von der EBA insgesamt *123 europäische Banken(holdings)* aus 22 Ländern innerhalb der EU (inkl. Norwegen) unterzogen. Die Auswahl der Banken erfolgte nach ihrer *Bilanzsumme*, der *Bedeutung für die Wirtschaft des Sitzlandes*, dem Ausmaß ihrer *grenzüberschreitenden Aktivitäten* und danach, ob sie in der Vergangenheit bereits finanzielle *Hilfen der öffentlichen* Hand beantragt oder erhalten hatten.[516] Die Bilanzsumme aller (stressgetesteten) EBA-Banken (zum 31.12.2013) beträgt zusammengenommen 28 Billionen EUR, was über *70% der gesamten Aktiva* im europäischen Bankensektor ausmacht, bzw. das Bruttoinlandsprodukt (2013) der EU-28 um ca. 10% übersteigt.[517]

Aus verschiedenen Gründen können stets nur Teile der 123 Banken in die Eventstudie einbezogen werden: Vor allem die *öffentlich-rechtlichen* oder *genossenschaftlichen* Banken des (Gesamt-)Samples sind nicht aktienfinanziert, bei manchen Aktienbanken wiederum sind die Aktien nicht börsennotiert oder nur eingeschränkt handelbar. Hieraus ergeben sich für die drei untersuchten Hypothesen folgende *Samples*:

- Nach Herausnahme aller Banken mit nicht oder nur geringfügig gehandelten Aktien, d.h. solcher, die an mehr als 25% der Tage im Betrachtungszeitraum Nullrenditen aufweisen, verbleiben *56 analysierbare Banken aus 18 Ländern*. Diese Banken (N=56) sind Untersuchungsobjekt der ersten Hypothese (H₁).

- Insgesamt haben 24 von 123 Banken den EBA-Stresstest 2014 nicht bestanden. Hiervon gehören *13 zu den überhaupt analysierbaren Banken*. Diese 13 aus 56 werden im Rahmen der zweiten Hypothese (H₂) analysiert.

- Von den 24 Banken, die den Stresstest nicht bestanden haben, d.h. bei welchen mit Jahresabschlussdaten per Ende 2013 im EBA-Ausgangsszenario für das Jahr 2016 weniger

---

[516] Vgl. Europäische Bankenaufsichtsbehörde (2014c), S. 11f.
[517] Vgl. Eurostat (2014). Der Zielwert von 50% der europäischen Bankaktiva wurde also deutlich übertroffen.

als 8% und im -Negativszenario weniger als 5,5% hartes Kernkapital (CET 1) prognostiziert wurde, konnten bis zur Veröffentlichung der Ergebnisse 13 Banken das nötige Eigenkapital nicht aufnehmen (13 von 123).[518] Acht von diesen 13 Banken zählen zu den analysierbaren Banken. Die Aktienkurse dieser *acht aus 56 Banken mit Verpflichtung zur Aufnahme zusätzlichen Eigenkapitals* werden mit Hypothese drei (H$_3$) auf statistisch signifikante abnormale Renditen untersucht.

Als Proxy für das *Marktportfolio* dient ein breiter internationaler Bankaktienindex: *Datastream Global Banks ex EMU*. Dieser gleichgewichtete Index setzt sich aus über 450 Bankaktien weltweit zusammen und ermöglicht den Vergleich zwischen Banken im EBA-Stresstest und anderen globalen Banken. Die aus dem Euroraum untersuchten Banken sind dadurch *explizit ausgeschlossen*.[519]

Statistische Testverfahren vermögen zwar nicht die aufgestellten Hypothesen direkt zu bestätigen, sie ermöglichen aber, deren *Gegenhypothesen zu falsifizieren*. Um daher Indizien dafür zu erhalten, dass unsere Hypothesen H$_1$-H$_3$ zum signifikanten Einfluss des EBA-Stresstests auf Bankaktien bestätigt werden können, testen wir, ob der Durchschnitt und Median der (kumulativen) abnormalen Aktienrenditen der jeweiligen Bankensamples um den Veröffentlichungstermin gleich Null ist:

$$H_0: \overline{AR}_t = 0 \text{ bzw. } \widetilde{AR}_t = 0$$

und

$$H_0: \overline{CAR}_{[t_1;t_2]} = 0 \text{ bzw. } \widetilde{CAR}_{[t_1;t_2]} = 0$$

Wie bei Eventstudien zu Regulierungsereignissen im weiteren Sinne üblich, ist auch im vorliegenden Fall das *Ereignis perfekt geclustert* (d.h. die Ergebnisse des Stresstest werden für alle Banken *am selben Tag* veröffentlicht). Ob die ermittelten abnormalen Renditen signifikant von Null verschieden sind, wird daher auf zwei Wegen ermittelt: Zum einen wird der nach KO-

---

[518] Insgesamt summiert sich das per Anfang November ausstehende Eigenkapital der untersuchten Banken auf 9.5 Mrd. EUR; vgl. Europäische Zentralbank (2014a), S. 9.
[519] In diesem Index sind allerdings die EBA-Banken des Nichteuroraums enthalten (Dänemark, Großbritannien, Norwegen, Schweden, Ungarn). Ihr Einfluss auf den breiten 450-Banken-Index dürfte, davon abgesehen, gering sein. Verständlicherweise erstellt kein Datenanbieter einen weltweiten Bankenindex, der nur diese Länder nicht enthält.

7.4 Regulierungsmöglichkeiten und deren Umsetzung

LARI/PYNNONEN (2010) adjustierte *Standardisierte Querschnittstest* von BOEHMER/MASUMECI/POULSEN (1991) verwendet – im Folgenden als Adj.-BMP-Test bezeichnet.[520] Er gehört zu den

(1) *parametrischen Testverfahren*, analysiert standardisierte abnormale Renditen und ist robust gegenüber Verzerrungen aufgrund von regulierungsevent-typischen Kreuzkorrelationen[521], die bei Nichtbeachtung zu häufig zu signifikanten Ergebnissen führen würden[522]. Zum anderen werden

(2) *nichtparametrische Testverfahren* (ohne Verteilungsannahme für zugrunde liegende Aktienrenditen) angewendet, konkret wird auf die CORRADO (1989)- und COWAN (1992)-Tests zurückgegriffen.

Zur Bestätigung der Ergebnisse von (1) und (2) werden *Tests auf Unterschiedlichkeit der Mittelwerte* (heteroskedastizie-robuster *Zweistichproben-t-Test* nach WELCH (1947)) durchgeführt. Um weitere Erklärungen der Kursreaktion zu liefern, werden in der zweiten Stufe *Regressionen mit den abnormalen Renditen als abhängige Variable* und zentralen Stresstestergebnissen als beschreibenden Variablen durchgeführt.

7.4.3.4 Empirische Ergebnisse

7.4.3.4.1 Ausmaß und Signifikanz (kumulierter) abnormaler Renditen

Bereits die *grafische Analyse* der kumulierten abnormalen Renditen (Abb. 22) gibt erste Hinweise auf den Einfluss des EBA-Stresstests auf die Aktienkurse der beteiligten Banken Ende Oktober 2014. Zunächst einmal ist in Abb. 22 zu erkennen, dass im unmittelbaren Vorfeld der Veröffentlichung die Aktienkurse der EBA-Banken sich über mehrere Tage entgegen des erwarteten Trends *nicht negativ* entwickelten. Erwartungsgemäß wird diese Entwicklung am *Tag (nach) der Veröffentlichung der Stresstestergebnisse* durch hohe negative abnormale Renditen von bis zu -23,23% (*Banca Monte dei Paschi*) überkompensiert. Dies liefert erste Indizien für die *Nichtablehnbarkeit* der Transparenzhypothese (H₁). Dieser Trend negativer abnormaler

---

[520] Eine ausführliche Darstellung der *Ereignisstudienmethodik* und der Testverfahren befindet sich in 3.3.2 und 3.3.4.
[521] Bei Regulierungsevents sind meist mehrere Unternehmen gleichzeitig betroffen.
[522] Vgl. Kolari/Pynnonen (2010), S. 3996f.

Renditen setzt sich grundsätzlich zwischen dem Tag +2 und Tag +5 über alle drei Bankengruppen fort.

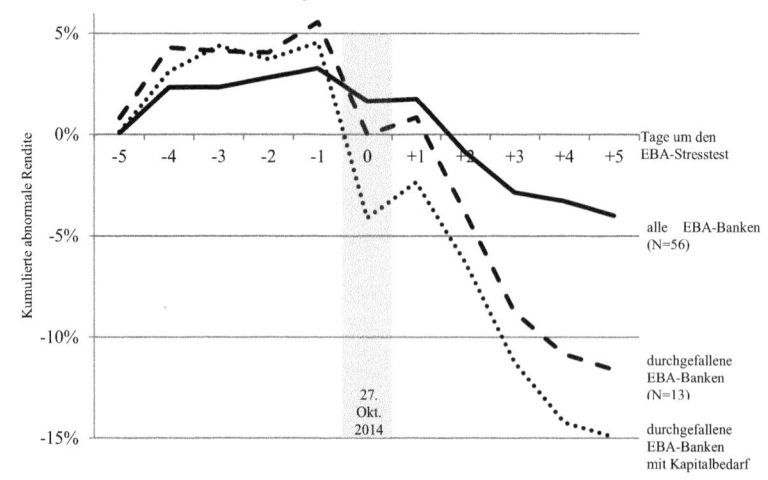

Abb. 22: Aktienkursreaktionen auf dem EBA-Stresstest

Die Abbildung zeigt die Reaktion (kumulierte abnormale Rendite) von Bankaktien zur Bekanntgabe der Ergebnisse des EBA-Stresstest. Das Schätzfenster besteht aus 500 Tagen [-505; -6]. Als Marktindex dient der Datastream Global Banks ex EMU-Index.

Interessanterweise ist dabei zu erkennen, dass die durchgefallenen Banken bereits *sichtbar höhere negative abnormale Aktienrenditen* als die gesamten EBA-Banken verzeichnen (Relevanzhypothese H_2). Die mit Abstand am stärksten negative kumulierte abnormale Rendite ist bei den durchgefallenen Banken mit weiterem Kapitalbedarf zu erkennen, was auf die *Nicht-Falsifizierbarkeit* der Verwässerungshypothese (H_3) hindeutet.[523]

Um im Anschluss an diese grundsätzlichen Erwägungen genauere *Aussagen zur empirischen Evidenz der aufgestellten Hypothesen* zu treffen, werden die (kumulierten) abnormalen Renditen mittels der vorgenannten Testverfahren auf Signifikanz überprüft. Ausgangspunkt sind die (kumulierten) abnormalen Renditen und Testergebnisse entsprechend den Tab. 38 und Tab. 39.

---

[523] Die zusätzlichen Tests auf signifikante Unterschiede der kumulativen abnormalen Renditen (Tab. 40) bestätigen dies statistisch.

7.4 Regulierungsmöglichkeiten und deren Umsetzung

Tab. 38: Abnormale Renditen um den EBA-Bankenstresstest 2014
Diese Tabelle zeigt abnormale Renditen der Gruppen von Bankaktien für die Tage -5 bis +5 um den Ereignistag. Mittelwerte und Mediane der abnormalen Renditen sind über das jeweilige Bankensample aggregiert und in % angegeben mit dazugehörigen KOLARI/PYNNONEN (2010)-adjustierten – BOEHMER/MASUMECI/POULSEN (1991) – (Adj.-BMP-) und CORRADO (1989)-Teststatistiken in Klammern. Die Teststatistiken testen die Hypothese, dass der Mittelwert bzw. Median der täglichen abnormalen Renditen zum und um den Eventtag gleich Null ist. Das Schätzfenster besteht aus 500 Tagen [-505; -6]. Als Marktindex dient der Datastream Global Banks ex EMU-Index. */**/*** kennzeichnen Signifikanz auf 90%/95%/99%-Niveau.

$H_0: \overline{AR_t} = 0$ und $\widehat{AR_t} = 0$

	H_1 Transparenzhypothese		H_2 Relevanzhypothese		H_3 Verwässerungshypothese	
	Alle EBA-Banken ($N = 56$)		Durchgefallene EBA-Banken ($N = 13$)		Durchgefallene EBA-Banken mit Kapitalbedarf per Okt. 2014 ($N = 8$)	
T	Mittelwert (Adj.-BMP)	Median (Corrado)	Mittelwert (Adj.-BMP)	Median (Corrado)	Mittelwert (Adj.-BMP)	Median (Corrado)
-5	0.06 (-1.28)	-0.38 (-0.34)	0.80 (1.00)	0.24 (0.32)	0.12 (-0.02)	-0.26 (-0.23)
-4	**2.28*** (10.27)**	**2.00** (2.24)**	**3.50*** (5.05)**	**3.20* (1.86)**	**3.00*** (2.70)**	3.47 (1.47)
-3	0.00 (-0.34)	-0.07 (-0.17)	-0.18 (-0.75)	-0.81 (-0.58)	**1.27* (0.58)**	0.31 (0.26)
-2	**0.48*** (2.61)**	0.38 (0.60)	-0.07 (0.85)	-0.01 (-0.11)	-0.66 (-0.80)	-1.18 (-0.70)
-1	0.46 (1.54)	0.28 (0.42)	**1.50* (1.74)**	1.44 (1.36)	0.84 (0.74)	1.27 (1.02)
0	**-1.63*** (-2.63)**	-0.65 (-0.87)	**-5.57** (-2.45)**	-3.15 (-1.58)	**-8.68*** (-2.58)**	**-5.23** (-2.41)**
+1	0.12 (0.04)	-0.03 (0.05)	0.86 (0.66)	-0.03 (0.00)	1.77 (1.01)	0.16 (0.47)
+2	**-2.65*** (-7.88)**	**-2.70** (-2.02)**	**-4.72*** (-5.84)**	**-3.79** (-2.42)**	**-3.97** (-2.11)**	**-3.65** (-2.21)**
+3	**-1.98*** (-5.97)**	-1.25 (-1.64)	**-4.91*** (-4.37)**	**-4.35** (-2.45)**	**-4.93* (-1.68)**	**-4.74** (-2.36)**
+4	-0.42 (-0.29)	-0.31 (-0.16)	**-2.06* (-1.82)**	-0.53 (-1.00)	-2.98 (-1.10)	-1.56 (-1.42)
+5	**-0.71*** (-3.52)**	-0.65 (-0.84)	-0.77 (-0.60)	-0.40 (-0.19)	-0.72 (-0.04)	0.75 (0.23)

Zunächst steht die *Transparenzhypothese* (H_1) im Vordergrund: Diesbezüglich sind vor, zum und nach dem EBA-Stresstest signifikant von Null unterschiedliche abnormale Renditen zu beobachten: In der ersten Ergebnisspalte der Tab. 38 sind signifikante abnormale Renditen erkennbar (**fett** hervorgehobene Werte an den Tagen -4, -2, 0, +2, +3, +5.). Auch absolut sind diese abnormalen Renditen in der Spannweite von -2.65 % (t_{+2}) bis +2.28% (t_{-4}) beachtlich.

Diese Resultate stützen die Transparenzhypothese, wonach die Veröffentlichung der umfangreichen neuen Daten zu den teilnehmenden Banken von (potentiellen) Bankaktionären *wahrgenommen* und *im Aktienkurs eingepreist* worden ist. Mit Ausnahme des ersten Tages nach dem Event sind alle abnormalen Renditen ab t_0 negativ, was darauf hindeutet, dass die zusätzlichen Informationen (unter anderem über die Zusammensetzung der Kreditportfolios der untersuchten Bank) zu einer A*bwertung der Erwartung bezüglich der sich zukünftig generierenden Cashflows* führt.

Die *Relevanzhypothese* (H_2), geht über den reinen Informationsmehrwert der erstmaligen Publikation der Bankdaten hinaus und besagt, dass ein negatives EBA-Testurteil auf Basis verfehlter Mindestquoten des harten Kernkapitals den Marktwert einer Bank *negativ* beeinflusst. Es können klare Hinweise, die diese Hypothese stützen gefunden werden: Zum einen sind die ermittelten negativen abnormalen Renditen der getesteten „Durchfallerbanken" *absolut höher* (Tab. 38). Zum anderen bestätigen die Tests *signifikante Differenzen der Mittelwerte* der kumulativen abnormalen Renditen (Tab. 39).

Schließlich wird auch die *Verwässerungshypothese* (H_3) durch die Ergebnisse der statistischen Signifikanztests untermauert: Zum einen werden für das Sample der durchgefallenen Banken mit vorhandenem Kapitalbedarf im Durchschnitt die *höchsten signifikant negativ abnormalen Renditen* festgestellt (Tab. 38). Zum anderen sind die über alle drei Samples ermittelten negativen kumulierten abnormalen Renditen bei den durchgefallenen EBA-Banken mit Eigenkapitalbedarf am größten (Tab. 39). Nicht zuletzt bestätigen auch hier die *parametrischen Tests* die meisten Schlüsse. Es kann also davon ausgegangen werden, dass Aktionäre von Banken mit „*Eigenkapitallücke*" negative *Reputations-, Rendite-* und *Kapitalverwässerungseffekte* durch notwendige Aktienemissionen befürchten.

Die kumulierten abnormalen Renditen laut Tab. 39 und die Mittelwertdifferenz der abnormalen Renditen jeder Gruppe in Tab. 40 verdeutlichen die Erkenntnisse zu allen drei Hypothesen zusätzlich: Besonders deutlich ist das im Falle der *Transparenzhypothese* (H_1). Hier zeigen die Ergebnisse für alle Tage im Eventfenster und für alle Testverfahren (Tab. 39, Ergebnisspalte 2 und 3) *negative abnormale Renditen* auf hohen Signifikanzniveaus. Auch im Falle der *Relevanz-* (H_2) und *Verwässerungshypothese* (H_3) bestätigen die nichtparametrischen Testergebnisse (Ergebnisspalte 4 und 6) ganz überwiegend die Resultate des parametrischen Tests. Die höchsten, mit der jeweiligen Marktbewegung nicht erklärbaren, negativen Renditen weisen mit

-14.95 % die durchgefallenen EBA-Banken mit Kapitalbedarf auf, gefolgt von den durchgefallenen EBA-Banken (-11.61 %) und allen EBA-Banken (-4.00%).

Tab. 39: Kumulierte abnormale Renditen um den EBA-Bankenstresstest 2014
Diese Tabelle zeigt kumulierte abnormale Renditen der Gruppen von Bankaktien für die Tage -5 bis +5 um den Ereignistag. Mittelwerte und Mediane der kumulierten abnormalen Renditen sind über das jeweilige Bankensample aggregiert und in % angegeben mit dazugehörigen KOLARI/PYNNONEN (2010)-adjustierten – BOEHMER/MASUMECI/POULSEN (1991) – (Adj.-BMP-) und CORRADO (1989)-Teststatistiken in Klammern. Die Teststatistiken testen die Hypothese, dass der Mittelwert um den Eventtag gleich Null ist. Das Schätzfenster besteht aus 500 Tagen [-505; -6]. Als Marktindex dient der Datastream Global Banks ex EMU-Index. */**/*** kennzeichnen Signifikanz auf 90%/95%/99%-Niveau.

	H_0: $\overline{CAR}_{[t_1;t_2]} = 0$ und $\widetilde{CAR}_{[t_1;t_2]} = 0$					
	H_1		H_2		H_3	
	Transparenzhypothese		*Relevanzhypothese*		*Verwässerungshypothese*	
	Alle EBA-Banken ($N = 56$)		Durchgefallene EBA-Banken ($N = 13$)		Durchgefallene EBA-Banken mit Kapitalbedarf per Okt. 2014 ($N = 8$)	
$[t_1; t_2]$	Mittelwert (Adj.-BMP)	Median (Cowan)	Mittelwert (Adj.-BMP)	Median (Cowan)	Mittelwert (Adj.-BMP)	Median (Cowan)
[-5;+5]	-4.00*** (-3.51)	-2.84*** (-2.67)	-11.61*** (-3.08)	-9.74*** (-2.69)	-14.95** (-2.31)	-9.14** (-2.34)
[-4;+4]	-3.35** (-2.38)	-2.31*** (-2.94)	-11.64*** (-3.14)	-8.81*** (-3.24)	-14.35** (-2.24)	-9.73** (-2.34)
[-3;+3]	-5.22*** (-5.45)	-4.37*** (-4.28)	-13.09*** (-4.15)	-11.76*** (-3.24)	-14.37*** (-2.59)	-10.91** (-2.34)
[-2;+2]	-3.23*** (-4.63)	-3.00*** (-4.01)	-8.00*** (-0.06)	-6.26*** (-2.69)	-10.71*** (-3.13)	-10.84 (-2.34)
[-1;+1]	-1.06* (-1.80)	-0.46* (-1.87)	-3.21 (-1.56)	-1.71 (-0.46)	-6.07** (-2.26)	-6.53 (-1.63)

Nicht zuletzt bekräftigt ein *Vergleich der Mittelwerte* der kumulierten abnormalen Renditen aller drei Bankensamples in den Eventfenstern [t-4;t+4], [t-3;t+3] und [t-2;t+2] die Vermutungen (Tab. 40): Sowohl die Relevanzhypothese als auch die Verwässerungshypothese kann aufgrund der signifikanten Unterschiede der abnormalen Renditen beider Subsamples nicht abgelehnt werden.

Tab. 40: Test auf signifikante Unterschiede der kumulierten abnormalen Renditen um den EBA-Bankenstresstest 2014
Diese Tabelle zeigt die Ergebnisse des heteroskedastie-robusten Zweistichproben-t-Tests auf signifikante Unterschiede der kumulativen abnormalen Renditen der Bankensamples. Zur Bekräftigung der *Relevanzhypothese* werden die Mittelwerte der kumulierten abnormalen Renditen *aller* EBA-Banken mit den im Stresstest *durchgefallenen* Banken verglichen. Zur Bekräftigung der *Verwässerungshypothese* werden die Mittelwerte der kumulierten abnormalen Renditen der beim *Stresstest durchgefallenen* mit denjenigen Banken verglichen, die durchgefallen sind und per Okt. 2014 *weiteren Kapitalbedarf* hatten. Im Vorfeld wurden die Bankensamples auf *Homoskedastizität* (Gleichheit der Varianzen) überprüft. Hier aufgrund der Irrelevanz für die Fragestellung nicht berichtete Ergebnisse der Levene-Statistik zeigen in den meisten Fällen *signifikant unterschiedliche Varianzen* zwischen den gegenübergestellten Bankengruppen. Aus diesem Grund wurden die Freiheitsgrade nach WELCH (1947) an ungleiche Varianz der abnormalen Renditen angepasst. **/*** kennzeichnen Signifikanz auf 95%/99%-Niveau.

$[t_1; t_2]$	Zusatztest zur Relevanzhypothese $H_0: \overline{CAR}_{[t_1;t_2],alle\ Banken}\ (N=56)$ $= \overline{CAR}_{[t_1;t_2],durchgef.Banken}\ (N=13)$ Mittelwertdifferenz in % (adjustierte *t*-Stat.)	Zusatztest zur Verwässerungshypothese $H_0: \overline{CAR}_{[t_1;t_2],durchgef.Banken}\ (N=13)$ $= \overline{CAR}_{[t_1;t_2],durchgef.B.mit\ Kapitalbedarf}(N=8)$ Mittelwertdifferenz in % (adjustierte *t*-Stat.)
[-5;+5]	0.83 (0.57)	1.52 (0.613)
[-4;+4]	4.33*** (3.59)	6.48*** (3.18)
[-3;+3]	4.91*** (4.51)	4.75** (2.32)
[-2;+2]	5.20*** (5.89)	3.91** (3.06)
[-1;+1]	-0.40 (-0.40)	-0.27 (-0.13)

Da die *Ergebnisse der Eventstudie alle drei Hypothesen stützen*, bietet sich eine *vertiefende Analyse* der Ergebnisse an. Vor allem könnte von Interesse sein, ob es weitere mögliche Erklärungen für die beobachtbaren abnormalen Renditen gibt. Konkret soll daher im Folgenden der Frage nachgegangen werden, ob neben dem (Nicht-)Bestehen des Tests auch die Testresultate einer Bank (Nicht nur *ob*, sondern auch *wie gut* ist der Stresstest bestanden worden?) und weitere Charakteristika einer Bank einen Einfluss auf die Reaktion der Kapitalmarktteilnehmer gehabt haben könnten.

7.4.3.4.2 Treiber der (kumulierten) abnormalen Renditen

Um die Aussagen der Eventstudie zu präzisieren[524], werden in einer zweiten Stufe *Regressionen* mit den *kumulierten abnormalen Renditen als abhängige Variable* und zentralen *Stresstestergebnissen als beschreibenden Variablen* über das komplette Ereignisfenster [-5;+5] und für den

---

[524] Vgl. Lamdin (2001), S. 180f. mit hier angewendeten Vorschlägen für die Implementierung und Interpretation von regulatorischen Eventstudien.

7.4 Regulierungsmöglichkeiten und deren Umsetzung

Zeitraum ab der Ergebnisbekanntgabe [0;+5] durchgeführt. Die zentralen Stresstestergebnisse[525], d.h. die Quoten des harten Kernkapitals für jede Bank im Basis- und Negativszenario dienen als *unabhängige Variablen*. Die 5-Jahres-Durchschnittswerte (2009-2013) weiterer sechs *bankindividueller CAMELS-Kontrollvariablen*[526] werden zusätzlich zur Beschreibung der kumulierten abnormalen Renditen berücksichtigt. Das CAMELS-Bankrating setzt sich aus Variablen zu

- *C*apital adequacy (hier: leverage),
- *A*sset quality (hier: non performing loan ratio),
- *M*anagement soundness (hier: market to book ratio),
- *E*arnings and profitability (hier: non interest income ratio und return over invested capital),
- *L*iquidity sowie (hier: liquidity ratio)
- *S*ensitivity to market risk (hier: Stresstestergebnisse)

zusammen[527] und soll ein realistisches Abbild von der Resilienz einer Bank liefern.[528] Auch die Ergebnisse der *Regression der kumulierten abnormalen Renditen* bestätigen die Wertrelevanz der Stresstestergebnisse. Die Veröffentlichung der Kernkapitalquoten hat sowohl im Basis- als auch im Negativszenario den erwarteten Einfluss auf die Aktienkursentwicklung. Die veröffentlichten Kernkapitalquoten einer Bank haben einen *signifikant positiven Einfluss* auf ihre abnormalen Renditen, was umgekehrt bedeutet, dass sich bei abnehmender Kernkapitalquote die abnormale Rendite negativ entwickelt. Der jeweils *höhere Koeffizient* für die Kernkapitalquote im Negativszenario ist ein weiteres diesbezügliches Indiz. Von den Kontrollvariablen zeigen nur der Liquiditätsgrad (*liquidity ratio*) und die Gesamtkapitalrendite (*return on invested capital*) eine (positive) signifikante Korrelation mit den abnormalen Renditen. *Wenig liquide Banken* erfuhren also nach dem Stresstest am ehesten negativen Aktienrenditen.

---

[525] Daten von Europäische Bankenaufsichtsbehörde (2014d), S. 3-7.
[526] Daten von Thomson Reuters Bankscope, für eine detaillierte Beschreibung der Daten vgl. Anhang Tab. 18.
[527] Vgl. für Bankstudien die ähnliche CAMEL(S)-Variablen verwenden Sahut/Mili (2011), Roman/Şargu (2013) und aktuell Barajas/Catalán (2015), Bassett/Lee/Spiller (2015), sowie Chiaramonte/Croci/Poli (2015).
[528] Vgl. Weltbank (2005), S. 26; vgl. darüber hinaus zur (anhaltenden) *Beliebtheit des CAMEL(S)-Bankbewertungsverfahrens unter Bankaufsehern* m.w.N. West (1985), insb. 253f und Lopez (1999) sowie aktuell Bassett/Lee/Spiller (2015).

Tab. 41: Regression der kumulierten abnormalen Renditen um den EBA-Bankenstresstest 2014
Diese Tabelle fasst die Resultate von vier *Querschnittsregressionen* der kumulierten abnormalen Renditen aller EBA-Banken (N=56) zusammen. Zur Schätzung des linearen Regressionsmodells werden OLS mit heteroskedastie-robusten HUBER-WHITE (1980)-Standardfehlern genutzt. Als Datenquelle dienen EUROPÄISCHE BANKENAUFSICHTSBEHÖRDE (2014d) und Thomson Reuters Bankscope. Die p-Werte sind in Klammern angegeben.
*/**/*** kennzeichnen Signifikanz auf 90%/95%/99%-Niveau.

Unabhängige Variablen:	Abhängige Variable $CAR_{[t_1;t_2]}$			
	$CAR_{[-5;+5]}$ (p-Wert)	$CAR_{[-5;+5]}$ (p-Wert)	$CAR_{[0;+5]}$ (p-Wert)	$CAR_{[0;+5]}$ (p-Wert)
Basisszenario Core tier 1 ratio	1.032**		1.330***	
	(0.048)		(0.007)	
Negativszenario Core tier 1 ratio		1.304**		1.602***
		(0.034)		(0.007)
Leverage ratio	0.001	0.001	-0.002	-0.002
	(0.798)	(0.832)	(0.580)	(0.482)
Liquidity ratio	0.048***	0.044***	0.056***	0.052***
	(0.004)	(0.005)	(0.000)	(0.000)
Market to book ratio	-0.003	-0.016	0.009	-0.005
	(0.932)	(0.596)	(0.707)	(0.824)
Return over invested capital	0.077	0.035	0.440*	0.394
	(0.815)	(0.931)	(0.063)	(0.123)
Non interest income ratio	-0.051	-0.049	-0.008	-0.008
	(0.281)	(0.245)	(0.822)	(0.825)
Non performing loan ratio	0.372	1.230	0.045	1.035
	(0.816)	(0.481)	(0.960)	(0.330)
R^2	0.336	0.414	0.480	0.567

Nicht weniger interessant sind aber auch die im Ergebnis *nicht signifikanten* Bankkontrollvariablen: Sie besagen, dass aus statistischer Sicht weder der Verschuldungsgrad (*leverage ratio*) noch das Geschäftsmodell (*non interest income ratio*) oder die Qualität des Kreditportfolios (*non performing loan ratio*) einen Einfluss auf Bewertung dieser Stresstestergebnisse durch die Kapitalmarktteilnehmer gehabt haben.

7.4.3.5 Zusammenfassung

Die Ergebnisse der Ereignisstudie zu den jüngsten Stresstests der europäischen Bankaufsichtsinstitutionen per Ende Oktober 2014 bestätigen die Vermutung, dass die Publikation von EBA-Stresstestresultaten von den Kapitalmarktteilnehmern als relevant eingestuft wird und daraufhin handlungsauslösend wirkt. Im Grundsatz stellt sich ein *Informationseffekt* für alle von der EBA und der EZB bewerteten Kreditinstitute ein. Ausgeprägter noch ist er – im Sinne noch stärker negativer abnormaler Renditen – für Banken, die den Test nicht bestehen, besonders ausgeprägt für die unter ihnen, die darüber hinaus bis zum Zeitpunkt der Veröffentlichung der

Stresstestergebnisse Kernkapitalbedarf aufweisen. Demnach ist die *Reputation der EBA* zumindest soweit *wiederhergestellt*, dass ihr 2014er-Stresstest ungeachtet der schlechten Vergangenheitserfahrungen als beachtenswert gilt und von den Marktteilnehmern folglich *nicht ignoriert wird*. Der 2014er-Stresstest war, wie bereits geschildert, auch ein erster, geglückter Beweis für die Zusammenarbeit zwischen der EBA und der EZB (bzw. dem kurz darauf gestarteten SSM). Auch wenn dabei ein gewisser *Reputationstransfer* von der EZB auf die EBA stattfand, könnte eine künftige, allmähliche *Rückübertragung der Verantwortung* für den Stresstest auf die EBA als (hinsichtlich eines Zielkonflikts mit der Geldpolitik) unabhängige(re) Institution von Vorteil für die *Akzeptanz und Relevanz der Stresstestergebnisse* sein.

Die Frage nach dem benötigten *regulatorischen Eigenkapital*, abhängig von der Risikosituation einer Bank, ist nicht neu. Neu ist allerdings die Beantwortung der Frage auf Grundlage von Bankenstresstests für ein gesamtes Bankensystem. Mehr oder weniger klassische, öffentliche Informationen, wie beispielsweise die Kernkapitalquoten, sind bereits zum Großteil in Wertpapiere von Banken *eingepreist*. Die entscheidenden Erfolgskomponenten des 2014er-EBA-Stresstests sind die damit einhergehende Veröffentlichung von neuen, *bisher nur Aufsehern zugänglichen Daten* sowie eine *Möglichkeit zur Überprüfung der Berechnungsmethoden* für Kapitalmarktteilnehmer („allow the market to ‚check the math'"[529]). Die Ergebnisse haben insoweit übergreifende Bedeutung, als sie die Wirksamkeit der seit Basel II institutionalisierten, seit der Subprime- bzw. Finanzmarktkrise indes massiv kritisierten Marktdisziplinierung von Banken bestätigen: Es zeigt sich, dass auch die *Publizität spezieller, verdichteter Informationen* Handlungsanreize bewirken kann, die in dieser Form erwünscht sind, ohne dass zwangsläufig enthaltene Negativinformationen Panikreaktionen auslösen.[530] Die am Stresstest teilnehmenden Banken, haben zwar neue Berichtspflichten zu erfüllen. Allerdings sollten sich die bankinternen (Personal-)Kosten dafür in Grenzen halten, weil gerade in den großen teilnehmenden Banken entsprechende interne Meldesysteme für das Management (hoffentlich) bereits vorhanden sind. Insofern dürften die Mehrkosten im Verhältnis zu dem Mehr an Informationen aus marktwirtschaftlichen bzw. *Effizienz*gesichtspunkten gerechtfertigt sein. Ähnlich verhält es sich mit der *Effektivität* von Stresstests: Da die Marktteilnehmer selbst scheinbar die neuen Informationen über die getesteten Banken gut in *disziplinierende Markthandlungen umzusetzen*

---

[529] Schuermann (2013), S. 19.
[530] Vgl. vor diesem Hintergrund die zusammenfassenden Thesen von Lehmann/Manger-Nestler (2014), S. 21.

wussten, kann gesagt werden, dass der Stresstest effektiv half a) relevante Informationen zugänglich zu machen, die b) vorher in der marktlichen Lösung unsymmetrisch verteilt waren (Informationsvorsprünge seitens der kapitalnehmenden Bank).

Wenn auch die Fortsetzung von Stresstests demnach empfehlenswert erscheint, dürfen weder sie noch die Marktdisziplinierung als Allheilmittel für die aktuellen bankaufsichtlichen Herausforderungen begriffen werden. Dies gilt in besonderem Maße deswegen, weil Reaktionen auf Stresstests zwar das *dezentrale Wissen* und Handeln der Marktteilnehmer reflektierten – allerdings basierend auf Untersuchungs- und Publizitätsprinzipien, die *staatlicherseits fixiert* worden sind, womit die staatliche *Anmaßung von Wissen reduziert* und verlagert, aber nicht beseitigt worden ist[531]. Denkbar wäre auch, dass die getesteten Banken im Laufe der Zeit versuchen werden, ihre Stresstestinputs zu *schönigen*. Eine fortwährende *Aktualisierung der Methodik* wie für den 2014er-Stresstest wird daher auch für die folgenden Stresstests notwendig sein. Es bleibt daher wünschenswert, dass sich künftige Forschungsarbeiten den Stresstests der kommenden Jahre analog widmen, so dass auf lange Sicht aus einem Vergleich der Resultate Folgerungen in Richtung optimaler Stressteststrukturen formuliert werden können.

In 7.4 sind die grundsätzlichen Regulierungsmöglichkeiten für SIFIs systematisiert und bewertet worden. Dabei wurden (teils noch im Aufbau befindliche) Institutionen, d.h. Regel- und Handlungssysteme, die (unter anderem auch) für SIFIs in der Europäischen Union geschaffen worden sind, durchleuchtet. Bereits zu Beginn von 7.4 ist ausgearbeitet worden, dass Aufseher neben Maßnahmen, die darauf zielen, die Systemrelevanz (also die Größe, Vernetzung usw.) einer Institution zu *limitieren*, Maßnahmen, welche die *Resilienz von SIFIs* erhöhen, als Schlüssel für den richtigen Umgang mit SIFIs bezeichnen.[532] Sie sind Gegenstand der folgenden Analyse.

---

[531] Vgl. früh Kirzner (1983), S. 222f. Vgl. pointiert später Smith/Walter (2006), S. 65: "We fool ourselves if we think that a government regulatory regime by itself will eliminate all the problems that appear in free and active markets. We make ourselves even greater fools if we think that increasing regulation indefinitely serves our interests".
[532] Stellvertretend für diese Einteilung vgl. Dombret (2013).

7.5 Initiativen zur Verbesserung der Verlustabsorptionsfähigkeit von SIFIs

Eine der grundsätzlichen Funktionen von Eigenkapital ist die *Verlustabsorption*.[533] Die intensive Auseinandersetzung mit der Frage nach dem optimalen Volumen von Eigenkapital bei (systemrelevanten sowie nicht systemrelevanten) Banken zur Gewährleistung von Stabilität (ohne wünschenswertes, wohlfahrtsstiftendes Bankgeschäft zu verhindern) ist daher verständlich. Die Beantwortung der Frage allerdings, wird nicht endgültig gelingen, denn im Zweifel wird das Eigenkapital einer Bank in extremen Negativsituationen nie ausreichend sein. Vielmehr sollte man aus den *Mechanismen von Bankzusammenbrüchen* Lehren ziehen, denn es ist notwendig, das Scheitern von großen Banken und die damit verbundenen Folgen zu verstehen. Daran anknüpfend wird in diesem Abschnitt gezeigt, wie sichergestellt werden könnte, dass im Falle von Bankenrettungen *Aktionäre und private, nachrangige Gläubiger* an erster Stelle die Verluste einer Bank absorbieren. Basierend auf einem theoretischen Fundament beginnt dieser Abschnitt daher mit einer Erklärung für die *Mechanismen bei SIFI-Schalterstürmen*. Im Anschluss wird ein (internationales) Konzept zur *Verlustabsorption für SIFIs* vorgestellt, das den in Europa eingegangenen Regulierungsweg über *Mindestanforderungen an Eigenmittel und berücksichtigungsfähige Verbindlichkeiten* (Minimum Requirement for own Funds and Eligible Liabilities MREL) berücksichtigt: Total Loss-Absorbing Capacity (TLAC). Das TLAC-Konzept verlangt von SIFIs ausreichend *Fremdkapital mit Verlustabsorptionscharakter*, um Bail-ins glaubhaft zu machen. Das Konzept gibt Antworten auf Fragen zum *verantwortlichen Aufseher*, den *beaufsichtigten Institutionen* und dem *Ausmaß der Regulierung*.

7.5.1 Ungeordnete Insolvenzen von SIFIs

Der Zusammenbruch einer kleinen Bank mag teuer sein, verhindert aber nicht die Funktion des Finanzsystems im Ganzen. Er kann mehr oder weniger geordnet vonstattengehen. Die Insolvenz eines großen Nichtfinanz-Unternehmens mag hohe volkswirtschaftliche Kosten verursachen (in Bezug auf verlorene Arbeitsplätze und sinkende Steuereinnahmen), wird aber nicht die Stabilität der jeweiligen Industrie beeinflussen. Im Finanzsektor hat das Ausscheiden eines wichtigen Akteurs allerdings schwerwiegendere Folgen: Einige große und hochgradig vernetzte

---

[533] Teile von Vorarbeiten für diesen Abschnitt sind bereits zur Publikation angenommen als Kleinow (2016): Loss-absorbing capacity: The last remedy for European SIFI regulation?, in: Andaenas/Deipenbrock (eds.) Regulating and Supervising European Financial Markets. Risks and Achievements, New York, forthcoming.

Banken sind besonders gefährdet, andere Banken im Falle einer Notlage anzustecken – oder von ihnen angesteckt zu werden. Während daher jede Bankenpleite als potentiell ansteckend beurteilt wird, führt ein insbesondere SIFI-Zusammenbruch mit großer Wahrscheinlichkeit zum massiven Verlust von Vermögenswerten durch Notverkäufe. Das *Scheitern eines systemrelevanten Finanzinstituts* ist daher nicht mit dem Scheitern eines bedeutenden Industrieunternehmens vergleichbar, denn es hat außerordentlich schwere Auswirkungen; nicht nur auf den Bankensektor, sondern auch auf Finanzmärkte allgemein und den Rest der Wirtschaft.

Das im Folgenden vorgestellte Instrument zur Steigerung der Verlustabsorptionsfähigkeit von SIFIs verfolgt daher die (in 7.4 dargestellten) zwei Ziele der SIFI-Regulierung: Die Verringerung der *Wahrscheinlichkeit* und des *Einflusses* einer SIFI-Insolvenz. Die Meinungen und Anreize der Einleger, Schalterstürme sowie die (Un)Fähigkeit von Regierungen eine Bank auf geordnete Art und Weise abzuwickeln, gehören zu den Kernursachen für ungeordnete SIFI-Insolvenzen. Die folgende Analyse beginnt an diesem Punkt und führt die Forderung nach „*schaltersturmresistenten*" („non-runnable") Kapital für SIFIs (und Banken allgemein) ein.

7.5.2 Konzeptionelle Basis der Verlustabsorptionsfähigkeit

Ungeordnete Bankzusammenbrüche in Krisen können bis zu einem gewissen Grad darauf zurückgeführt werden, dass Banken sich in nicht unerheblichem Maße bei der Finanzierung auf *unbesicherte Finanzverbindlichkeiten* (z.B. unbesicherte Einlagen, Interbankverbindlichkeiten und Anleihen; Rückkaufvereinbarungen *Repos*; derivative Handelspassiva) verlassen. Diese unbesicherten Finanzverbindlichkeiten können der Grund für einen *bank run*[534] sein. Sie sind „*runnable*" und setzen Banken dem Risiko einer liquiditätsabflussinduzierten Insolvenz aus. Ein bank run kann begründet sein und ist eventuell aus marktwirtschaftlicher Sicht sogar grundsätzlich positiv zu bewerten, wenn er Ausdruck eines erwünschten wettbewerblichen Prozesses ist.[535] Einleger fordern, eventuell aber auch nur aus *Panik*, *Unwissenheit* oder *Misstrauen* bezüglich ihrer Einlagensicherung, so schnell wie möglich ihr Geld zurück und versuchen von allen anderen Entscheidungsträgern Zeit (und vielleicht auch Geld) zu nehmen[536], die insbesondere Bankaufseher brauchen, um auf geordnete Weise zu reagieren. Die Forderung nach

---

[534] Zur Definition von Run im Allgemeinen vgl. Horsch (1998), S. 12: „Der Run auf eine Unternehmung basiert darauf, daß die überwiegende Mehrheit der Gläubiger ihre Ansprüche simultan von einem Schuldner einfordert".
[535] Vgl. Richter (1990), S. 150.
[536] Vgl. Stern/Feldman (2004), S. 45: „Creditors have an incentive to grab their funds before others can beat them to the punch. Creditors at the end of the line may get nothing".

einer gewissen Menge an *bail-in-fähigem* Kapital, das im Fall drohender Insolvenz verwendet werden könnte, würde die Verlustabsorptionsfähigkeit der Bank erhöhen und damit Bankkonkurse durch bank runs verhindern.[537]

7.5.2.1 Verlustabsorption durch Eigenkapital

Anders als Verbindlichkeiten von Nichtfinanz-Unternehmen, können viele der vornehmlich *banktypischen Verbindlichkeiten* – Einlagen – relativ kurzfristig gezogen d.h. zurückgefordert werden. Die banktypische, ertragsgenerierende Fristentransformation (langfristige Geldleihe auf Basis von kurzfristiger Einlagenfinanzierung, die einen „*Bodensatz*" bildet) kann schnell zum Problem werden. Sobald Zweifel an der Zahlungsfähigkeit einer Bank aufkommen, tendieren Einleger ihr Geld zurückzufordern: „Depositors who have even the slightest reason [...] can be expected to withdraw their funds from a bank as quickly as possible. [...] When in doubt, therefore, there is a strong incentive for bank depositors to run on their banks"[538]. Dies führt dann zu einem Schalltersturm und einem Liquiditätsproblem in der Bank. Um dem Liquiditätsabfluss entgegenzutreten, müssen Banken zu Notverkäufen von Aktiva (*fire sales*) übergehen. Selbst niedrige Verluste aus Notverkäufen können dann zu Solvabilitätsproblemen führen, weil die *Eigenkapitalquote* von Banken gegenüber den Gesamtaktiva verhältnismäßig klein ist. So kann es, wie im folgenden Abschnitt noch geschildert, dazu kommen, dass selbst eine mit ausgangs reichlich Eigenkapital ausgestattete Bank nicht in der Lage ist, Verluste ausreichend zu absorbieren. Zur faktisch eigenständigen betriebswirtschaftlichen Verlustabsorption steht im Grunde wegen bank runs nur das Eigenkapital zur Verlustabsorption Verfügung, das über die Mindestanforderungen hinausgeht. Nur mit diesem kann man im Ernstfall die Zeit kaufen, die man braucht, um zum Beispiel problembehaftete Aktiva abzuschreiben, Portfolien anzupassen oder Betriebsteile neu zu strukturieren.[539] Die Manager von SIFIs haben keine Anreize zu mehr

---

[537] Vgl. McAndrews et al. (2014), S. 229f.
[538] Edwards (1996), S. 82. Vgl. für eine differenzierte Sicht Gorton/Winton (2015), S. 494-516, die diesen verbindlichen Zusammenhang von Zweifeln an der Bank und anschließender Panik vor allem für die USA in Rezessionsphasen erkennen, sonst aber betonen, dass aufgrund von unterschiedlichen nationalen Regulierungen keine Generalisierung möglich ist. Vgl. für die hier vertretene Auffassung Stern/Feldman (2004), S. 47: „Institutions may well be healthy, but creditors may nevertheless quickly withdraw their funds (or run the bank), especially if their solvency is difficult to assess. [...] In the mind of policymakers, panics are a real possibility".
[539] Vgl. Dombret (2012). Um zu erklären, dass der Kapitalpuffer nicht seine Funktion erfüllt, weil er nicht in Anspruch genommen werden kann, wenn er wirklich notwendig ist, verwendet Goodhart (2008), S. 41 folgende Metapher "the weary traveler who arrives at the railway station late at night, and, to his delight, sees a taxi there who could take him to his distant destination. He hails the taxi, but the taxi driver replies that he cannot take him, since local bylaws require that there must always be one taxi standing ready at the station".

(vergleichsweise teurer) Eigenkapitalaufnahme und Kapitalmarktteilnehmer verlangen dies auch nicht, da das Institut ohnehin staatlich gerettet würde. Um diesen Fehlanreizen entgegenzutreten und die *Resilienz* von SIFIs zu erhöhen, müssten Regulierer von SIFI-Banken daher die Emission von langfristigem *bail-in-fähigem Fremdkapital* fordern – eine Art „*gefährdetes*" Fremdkapital (meist subordinated senior bonds) –, das im Falle einer Restrukturierung zu Eigenkapital wird und Gegenstand des folgenden Abschnitts ist.

7.5.2.2 Verlustabsorption durch bail-in-fähiges Fremdkapital

Bail-in-fähiges Fremdkapital ist eine Kategorie von Fremdkapital, welche im Falle einer Insolvenz direkt nach dem Eigenkapital zur *Verlustdeckung herangezogen* wird. Die Idee dabei ist „im Abwicklungsfall ein Mindestmaß an Kapitalinstrumenten zur Verfügung zu haben, die schnell und ohne rechtliche oder praktische Schwierigkeiten umgewandelt oder abgeschrieben werden können, um das Institut rasch zu rekapitalisieren"[540], weshalb sich nur bestimmte Verbindlichkeiten, wie typischerweise *Contingent Convertible Bonds* (CoCos) und langfristiges *nachrangiges Fremdkapital* (Zusätzliches Kernkapital AdT1, Ergänzungskapital T2), für bail-in-fähiges Fremdkapital eignen. Folgende Kriterien werden üblicherweise an bail-in-fähiges Kapital gestellt:[541]

- *Besicherung*: unbesichert

- *Fristigkeit*: mindestens 1 Jahr Restlaufzeit

- *Verlustabsorption*: vertraglich nachrangig gegenüber sämtlichem nicht-bail-in-fähigen Kapital (Reihenfolge der Verlustdeckung muss vom Aufseher im Voraus definiert worden sein)

- *Verlustauslöser*: Vertraglicher *trigger* oder satzungsgemäßer Mechanismus für diskretionäre Eingriffsmöglichkeiten des Aufsehers zwingend notwendig

- Abzüge: gehaltene bail-in-fähige Verbindlichkeiten, die von einer anderen Bank emittiert wurden

Zum bail-in-fähigen Fremdkapital zählen explizit *nicht*:

- besicherte Einlagen;

---

[540] Wallenborn/Brisbois (2014), S. 29.
[541] Vgl. hier und im Folgenden Finanzstabilitätsrat (2014c), S. 16-20.

7.5 Initiativen zur Verbesserung der Verlustabsorptionsfähigkeit von SIFIs

- täglich (ohne Erlaubnis des Aufsehers) kündbare Verbindlichkeiten;
- gruppeninterne Kredite;
- Verbindlichkeiten ohne vertragliche Grundlage (beispielsweise Steuerschulden);
- sämtliche Verbindlichkeiten, die weder abgeschrieben noch in Eigenkapital gewandelt werden können.

Die grundsätzliche Idee hinter bail-in-fähigem Fremdkapital ist, dass Eigenkapital erst durch die gleichzeitige Verfügbarkeit von bail-in-fähigem Fremdkapital seinen Zweck vollständig erfüllen kann. Von SIFIs allein nur mehr haftendes Eigenkapital zu verlangen, ist weniger effektiv als eine zweite *„Brandmauer" von bail-in-fähigen Verbindlichkeiten* zu haben, die zu Eigenkapital werden falls dies notwendig wird. Um diese Beziehung darzustellen, kann das Beispiel aus MCANDREWS/MORGAN/SANTOS/YORULMAZER (2014) verwendet werden. Angenommen sind zwei Banken (die im gleichen Geschäftsfeld tätig sind und identischen Risiken ausgesetzt sind) mit *identischen Aktiva* in Höhe von 1000 Einheiten. Der einzige *Unterschied* zwischen den beiden Banken liegt im Aufbau der Passivseite ihrer Bilanz. Beide Banken haben 850 Einheiten unbesicherte Finanzverbindlichkeiten (UFV).

Abb. 23: Bank$_1$ und Bank$_2$ mit unterschiedlicher Kapitalstruktur
Diese Abbildung zeigt die Zusammensetzung der zu vergleichenden, nahezu identischen Banken im Ausgangsfall.

Bank$_1$		Bank$_2$	
Aktiva	Passiva	Aktiva	Passiva
1000 RWA	850 UFV	1000 RWA	850 UFV
			75 bail-in debt
	150 EK		75 EK
1000	1000	1000	1000

RWA = risikogewichtete Aktiva, UFV = unbesicherte Finanzverbindlichkeiten, bail-in debt = langfristige bail-in-fähige Verbindlichkeiten, EK = Eigenkapital

Bank$_1$ hält 150 Einheiten Eigenkapital (EK, 15% Eigenkapitalquote). Bank$_2$ hält nur halb soviel Eigenkapital, 75 Einheiten, aber verfügt zusätzlich über 75 Einheiten *an langfristigen bail-in-fähigen Verbindlichkeiten* (bail-in debt) die dem Insolvenzrisiko ausgesetzt sind (Abb. 23). Darüber hinaus werden drei (eher realistische) Annahmen getroffen[542]:

---

[542] Vgl. McAndrews et al. (2014), S. 237.

(1) Beide Banken emittieren *so viel wie möglich unbesicherte Finanzverbindlichkeiten* (UFV), weil sie billiger als langfristiges bail-in-fähiges Fremdkapital (bail-in debt) und Eigenkapital (EK) sind.

(2) Die Verluste der Banken *akkumulieren sich relativ gleichmäßig*.

(3) Die Abwicklungsbehörde wird erst dann tätig, wenn eine Bank Verluste erfährt, die ihr *Eigenkapital übersteigen*.

Diese letzte Annahme (3) ist von zentraler Bedeutung für das folgende Modell. Die BANK FÜR INTERNATIONALEN ZAHLUNGSAUSGLEICH (2011) mahnt nach einem *Vergleich verschiedener nationaler Abwicklungssysteme* an, dass "procedures are too slow, too costly and come too late to resolve a failing bank in manner that ensures continuity of its essential financial functions". Vergleichbar weist HOELSCHER (2006), S. 192 darauf hin, dass „if insolvency proceedings can be commenced only when the bank's liabilities already exceed its assets, it may be too late to take any action other than to liquidate the bank".[543]

Folgende Situation trete ein: Bank$_1$ ist zunehmenden Verlusten auf der Aktivseite ausgesetzt, die wahrscheinlich zu einer Summe in Höhe von 15% der risikogewichteten Aktiva (RWA) konvergieren und diese – und mithin das EK – dann übertreffen. Einleger und andere UFV-Investoren dieser Bank$_1$ werden einen *Schaltersturm* auslösen, weil sie erkennen, dass kein weiterer „Puffer" vorhanden ist, wenn die Verluste 15% der risikogewichteten Aktiva übersteigen.[544] Außerdem wissen sie, dass Abwicklungsbehörde erst dann tätig wird, wenn die Verluste auf ein Volumen von über 15% der risikogewichteten Aktiva steigen. Bank$_1$ ist jetzt durch den Schaltersturm gezwungen, kurzfristig gebundenes Vermögen zu liquidieren (Notverkauf). Dies führt über *sinkende Assetpreise* (bei der einen Bank$_1$) auch zu Verlusten für andere Parteien; verläuft ungeordnet und hätte schließlich systemische Auswirkungen. Eine Regierung erachtet es daher möglicherweise für notwendig, diese UFV-Investoren (und darunter die Einleger) zu retten, um dem Schaltersturm zuvorzukommen.

Wenn Bank$_2$ sich in einer vergleichbaren Situation befindet und zunehmende Verluste erfährt, werden die *Gläubiger der unbesicherten Finanzverbindlichkeiten* vermutlich weder einen bank

---

[543] Auch die Europäische Kommission ist sich der Problematik zu später Eingriffe bewusst und versucht dahingehend keine Zweifel an der Wirksamkeit der BRRD aufkommen zu lassen, vgl. Europäische Kommission (2014d), S. 5: „Entry into resolution will thus always occur at a point close to or at insolvency. Authorities nonetheless will retain a degree of discretion to ensure that they can intervene before it is too late for resolution to meet its objectives".

[544] Diese Schlüsse setzen ein bestimmtes Maß an Wollen, Wissen und Können auf Seiten der Einleger voraus.

7.5 Initiativen zur Verbesserung der Verlustabsorptionsfähigkeit von SIFIs

run auslösen, bevor die Verluste die 75-Einheiten-Grenze übersteigen, noch später, wenn die Regierung die Abwicklung einleitet. Denn *75 Einheiten langfristigen bail-in-fähigen Fremdkapitals* fungieren als Puffer (Abwicklungskapital) gegen weitere Verluste. Die Abwicklungsbehörde würde die Bank$_2$ in eine Abwicklungsanstalt (*bad bank*) und eine Brückenbank (*good bank*) teilen. Die ehemaligen Käufer der langfristigen bail-in-fähigen Fremdkapitaltitel sind dann die neuen Eigentümer des Brückeninstituts.

Abb. 24: Bank$_2$ nach dem Bail-in
Diese Abbildung zeigt die bilanzielle Zusammensetzung der Bank2 nach der Beteiligung der Bankgläubiger an den Verlusten bei der Sanierung (Bail-in).

Abwicklungsanstalt („bad bank")		Brückeninstitut („good bank")	
Aktiva	Passiva	Aktiva	Passiva
75 RWA	75 EK$_{alt}$	925 RWA	850 UFV
			75 bail-in debt→EK$_{neu}$
75	75	925	925

RWA = risikogewichtete Aktiva, UFV = unbesicherte Finanzverbindlichkeiten, bail-in debt = langfristige bail-in-fähige Verbindlichkeiten, EK = Eigenkapital

Wie in dem Beispiel gezeigt wurde, ist es sinnvoll von Banken anstelle einer Erhöhung der Eigenkapitalforderung zusätzliches langfristiges bail-in-fähiges Fremdkapital zu verlangen, welches im Falle einer Abwicklung in *Eigenkapital gewandelt* wird. Die maßgeblichen Gründe dafür liegen in der *verspäteten Abwicklung*[545], wenn Verluste erst das Eigenkapital aufgezehrt haben und an bisher fehlenden Möglichkeiten eine bestimme Gruppe von Fremdkapitalgebern nach ex ante (glaubhaft kommunizierten,) definierten Regeln an Verlusten zu beteiligen. Die Forderung von wandelfähigem Fremdkapital würde zwar zu *häufigeren*, aber dafür zu geordneten Abwicklungen von SIFIs (und Banken generell) führen. Im Jahr 2013 starteten die US-Einlagensicherung (Federal Deposit Insurance Corporation FDIC) und das Schatzamt des Ver-

---

[545] Zur Evidenz und Problematik der verspäteten Abwicklung vgl. auch OECD (2014), S. 83; Randell (2012), S. 115; vgl. Hoelscher (2006), S. 192.

einigten Königreichs Konsultationen zur *gone concern loss absorbency* bzw. *primary loss absorbing capacity* von SIFIs.[546] EU-Regulierer haben diese Ideen im Jahr 2011 erstmals aufgenommen.[547] Der FSB hat die Konsultationen auf der weltweiten Ebene im Jahr 2013 aufgenommen. Auf den folgenden, kurzen Überblick über die neuen *Maßnahmen zur Stärkung der Verlustabsorptionskapazität* folgt eine detaillierte Analyse.

7.5.3 Verlustabsorptionsfähigkeit von SIFIs in der Regulierungspraxis

Dieser Abschnitt beschreibt und analysiert die Vorschläge des Finanzstabilitätsrates (FSB) und der Europäischen Bankenaufsichtsbehörde (EBA) zur Erhöhung der Verlustabsorptionsfähigkeit von G-SIBs bzw. EU-Banken (auf Basis der zum Quartal 3/2015 zur Verfügung stehenden Informationen). Der erste Vorschlag für SIFIs auf internationaler Ebene (*Adequacy of loss-absorbing capacity of global systemically important banks*) ist vom FSB direkt vor dem G 20-Treffen in Brisbane im November 2014 veröffentlicht worden und Teil der Abschlusserklärung. Das europäische Pendant zu diesem Entwurf sind die Ende November 2014 veröffentlichten *Mindestanforderungen an Eigenmittel und berücksichtigungsfähige Verbindlichkeiten* (MREL).

7.5.3.1 Total loss absorbing capacity

Der Total *loss absorbing capacity*-Vorschlag (TLAC) besteht aus den Grundsätzen „Principles on loss absorbing and recapitalization capacity of global systemically important banks (G-SIBs)" und einem Entwurf für ein international vereinbartes Regelwerk (TLAC term sheet). Das Ziel der TLAC-Regulierung ist sicherzustellen, dass die *kritischen Funktionen* von G-SIBs ohne öffentliche Gelder oder Finanzmarktinstabilität fortgeführt werden können. Der FINANZSTABILITÄTSRAT (2013d), S. 7 definiert die *kritische Funktion* einer Bank anhand von zwei Elementen: „it is provided by a firm (G-SIFI) to third parties not affiliated to the firm; and the sudden failure to provide that function would be likely to have a material impact on the third parties, give rise to contagion or undermine the general confidence of market participants due to: the systemic relevance of the function for the third parties; and the systemic relevance of the

---

[546] Vgl. Federal Deposit Insurance Corporation (2014), S. 76623; vgl. HM Treasury (2013).
[547] Eines der ersten, schlüssigen Konzepte in der EU kommt von der Generaldirektion Interner Markt und Dienstleistungen der Europäischen Kommission (2011) i.V.m. Generaldirektion Interner Markt und Dienstleistungen der Europäischen Kommission (2012): „Discussion paper on the debt write-down tool – bail-in". Dieses Konzept ist im Liikanen-Report, vgl. Liikanen et al. (2012), wieder aufgegriffen worden.

G-SIFI in providing the function".[548] Die TLAC-Grundsätze für G-SIBs sind ebenfalls eher allgemein formuliert und beziehen sich auf die:[549]

(1) *Menge* des erforderlichen TLAC-Kapitals,

(2) *Verfügbarkeit* von TLAC zur Verlustabsorption und Rekapitalisierung,

(3) *Tauglichkeit* von Verbindlichkeiten zur Zurechnung zu TLAC,

(4) *Interaktion* mit anderen regulatorischen Anforderungen (z.B. Kern- und Ergänzungskapital),

(5) *Konsequenzen* eines Bruchs der TLAC-Anforderungen, und

(6) *Transparenz* bezüglich der Reihenfolge in welcher Kapitalinstrumente Verluste absorbieren.

Der *Termsheet* (Konditionenvereinbarung) des FSB definiert die Anforderungen für G-SIBs präziser:[550] Neben den anderen Mindesteigenkapitalanforderungen muss die TLAC-Kapitalanforderung von jeder rechtlichen Einheit innerhalb einer global systemrelevanten Bank eingehalten werden. Die Minimalanforderung für TLAC-Säule 1 wird bei 16% bis 20% der risikogewichteten Aktiva und bei zugleich mindestens 6% des Gesamtengagements (daher bei mindestens dem Doppelten der Basel III Leverage-Ratio von 3 %) liegen (Abb. 25). Die endgültigen TLAC-Kapitalvorgaben werden bis zum G 20-Gipfel in London Ende 2015 erwartet.[551] Zusätzlich zu dieser TLAC-Säule 1 sollen die nationalen Aufseher der G-SIBs eine TLAC-Säule 2 fordern dürfen, deren Höhe von einer Abwicklungsabschätzung (*resolvability assessment*) abhängen soll. Gemessen an den mit Basel III ohnehin schon gestiegenen Voraussetzungen an die *Qualität* und *Quantität* von Bankkapital fällt dieser Schritt drastisch aus.

Regulatorisches Eigenkapital unter Basel III darf der TLAC zugerechnet werden. Damit der oben beschriebene Zusatzeffekt des *bail-in-fähigen* Kapitals zum Tragen kommen kann, müssen mindestens 33% des TLAC-Kapitals in Form von Fremdkapital oder nicht-regulatorischem

---

[548] Die Europäische Bankenaufsichtsbehörde (2015c), S. 2 zitiert mit Art. 2 (1) der BRRD eine gleichsam unkonkrete Definition für *kritische Funtionen*: „critical functions means activities, services or operations the discontinuance of which is likely in one or more Member States, to lead to the disruption of services that are essential to the real economy or to disrupt financial stability due to the size, market share, external and internal interconnectedness, complexity or cross-border activities of an institution or group, with particular regard to the substitutability of those activities, services or operations".
[549] Vgl. Finanzstabilitätsrat (2014c), S. 10-12.
[550] Vgl. ebd., S. 13-21.
[551] Vgl. Neubacher (2015).

Eigenkapital vorliegen. Von *qualifizierter TLAC* ist jede Verbindlichkeit ausgenommen, die seitens des Kapitalgebers ohne aufsichtsrechtliche Genehmigung gekündigt werden kann. TLAC muss einen statutarischen Mechanismus bzw. einen vertraglichen Auslöser haben, der der Abwicklungsbehörde eine Sonderabschreibung auf das bail-in-fähige Kapital oder die Wandlung des bail-in-fähigen Kapitals in Eigenkapital erlaubt. Um Ansteckungsrisiken zu reduzieren, müssen G-SIBs *TLAC-Exposures* gegenüber anderen G-SIBs von ihrem eigenem TLAC *abziehen*. G-SIBs müssen Informationen zum *Volumen*, der *Laufzeit* und der *Struktur* ihres TLAC-Kapitals veröffentlichen, um Investoren über die Gläubigerhierarchie zu informieren.[552]

Abb. 25: Steigende Eigenkapitalanforderungen durch TLAC

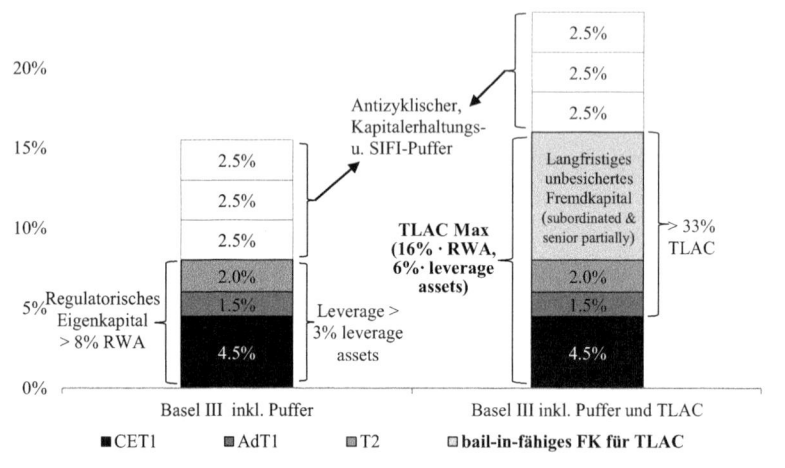

Diese Abbildung zeigt den Aufbau der Eigenkapitalanforderungen unter Basel III (status quo) und den geplanten Aufbau nach Einführung der Total Loss Absorbing Capacity (TLAC, frühestens ab 2019).

Die letztliche Ausgestaltung des TLAC-Kapitals ist noch nicht geklärt. Es wird aber vermutet, dass TLAC sich als neue Kennzahl in der SIFI-Regulierung etablieren wird und einen mit Basel III vergleichbaren Einfluss auf die Bankenindustrie haben wird.[553] Nach dem Abschluss der FSB-Konsultationen Ende des Jahres 2015 soll in Verbindung mit dem 2015er-G 20-Gipfel in London eine berichtigte (finale) Version der Grundsätze publiziert werden. Mit dem Inkrafttreten wird nicht vor dem Jahr 2019 gerechnet, weil die G-SIBs Zeit für eine schrittweise Anpassung ihrer Finanzierungsstruktur haben sollen. In der Zwischenzeit werden die Länder der G

---

[552] Vgl. Finanzstabilitätsrat (2014c), S. 8.
[553] Vgl. Fernández/Pardo/Santillana (2014), S. 1; vgl. PriceWaterhouseCoopers (2014a), S. 1.

7.5 Initiativen zur Verbesserung der Verlustabsorptionsfähigkeit von SIFIs

20 die TLAC-Kapitalanforderungen in ihre *nationalen Abwicklungsregimes übertragen* müssen. Die europäischen Aufsichtsbehörden sind den internationalen Entwicklungen allerdings voraus: Im April 2014 gelang die Einigung auf ein vergleichbares Konzept zur Verlustabsorptionsfähigkeit als Teil der BRRD. Die Richtlinie verlangt, dass alle EU-Banken gewisse *Mindestanforderungen an Eigenmittel und berücksichtigungsfähige Verbindlichkeiten* (MREL) einhalten müssen, um eine Verbindlichkeitsstruktur zu verhindern, die Bail-ins entgegensteht. Der finale Entwurf des MREL-Regulierungsstandards vom Juli 2015[554] ist Gegenstand des folgenden Abschnittes.

7.5.3.2 Mindestanforderungen an Eigenmittel und berücksichtigungsfähige Verbindlichkeiten

MREL sind die *europäische Antwort* auf die internationalen Anstrengungen, die *Verlustabsorptionsfähigkeit von Banken* zu steigern und gleichzeitig Bail-ins realisierbar als auch glaubwürdig zu machen. Wie bei TLAC ist auch bei MREL die Verbesserung der *bankinternen* Verlustabsorptionskapazität der Hauptzweck, d.h. Aktionäre und eine bestimmte Gruppe von Gläubigern soll die Lasten einer Bankenpleite tragen. Die MREL sind Teil der BRRD, welche einen Rahmen für die Rettung und Abwicklung von Finanzinstitutionen schafft. Anders als bei TLAC geht es bei den MREL *nicht nur um G-SIBs*. Die MREL gelten grundsätzlich für alle EU-Banken. Allerdings sind die Anforderungen an G-SIBs höher – auch damit die MREL-Umsetzung im Einklang mit der TLAC des FSB steht.[555]

Besondere Aufmerksamkeit wird daher der *Annäherung* der MREL-Ausgestaltung an die TLAC-Entwürfe geschenkt. Auch soll die Umsetzung seitens der Mitgliedsstaaten möglichst vergleichbar sein, damit an Banken mit ähnlichen Risikoprofilen gleiche Anforderungen an die Verlustabsorptionsfähigkeit gestellt werden; unabhängig davon in welchem europäischen Land ihr Hauptquartier ist. Die MREL-Anforderungen haben den Zweck eine höhere Verlustabsorptionsfähigkeit zu gewährleisten, dazu:

(1) erhalten *Abwicklungsbehörden weitreichende Entscheidungsbefugnisse*, um individuelle Eigenheiten jeder Bank zu berücksichtigen;

(2) dient eine *quantitative Mindestanforderung* basierend auf den Gesamtverbindlichkeiten (own funds and total liabilities), nicht den gewichteten Basel III-Risikoaktiva oder dem leverage exposure;

---

[554] Vgl. für den finalen Entwurf der EBA vom Juli 2015 Europäische Bankenaufsichtsbehörde (2015b).
[555] Vgl. Europäische Bankenaufsichtsbehörde (2014a), S. 5.

(3) werden die MREL einer Bank anhand des *individuellen Rekapitalisierungsbedarfes* (abhängig von ihrer Abwicklungsstrategie und nicht nur ihrem systemischen Einfluss) bestimmt.

Die für eine Bank notwendigen MREL werden in Geldwerten angegeben, basieren jedoch auf *sechs hauptsächlich ratio-orientierten Kriterien* (Tab. 42) und werden für jede Bank in einer Einzelfallbetrachtung bestimmt.

Tab. 42: Die Kriterien zur Bestimmung der bankindividuellen MREL

Diese Tabelle fasst die sechs Kriterien zur Bemessung der Mindestanforderungen an Eigenmittel und berücksichtigungsfähige Verbindlichkeiten (MREL) für europäische Banken zusammen.

Minimum Requirement for Eligible Liabilities (MREL)	
> 8% der Gesamtverbindlichkeiten (*own funds and total liabilities*) als Minimum	
(1) Verlustabsorptionsanforderung *regulatorisches Eigenkapital, Kapitalerhaltungs-/SIFI-Puffer*	(2) Rekapitalisierungsanforderung *ökonomisch kritische Funktionen, Einhaltung der Kapitalanforderungen nach Abwicklung*
(3) Anforderung des Einlagensicherungssystems *potential loss to the DGS in the case of liquidation*	(4) Anforderung des Abwicklungsplans *vom bail-in ausgeschlossene Verbindlichkeiten*
(5) Anforderung aus dem bankaufsichtlichen Überprüfungsprozess *Geschäfts-/Finanzierungsmodell, Risikoprofil*	(6) SIFI-Anforderung *Systemrisiken, adverse Effekte auf die Finanzstabilität*

Das erste Kriterium ist die (1) *Verlustabsorptionsanforderung*. Sie dient als Ausgangsbasis für die Abwicklungsbehörde. Die minimale Höhe der MREL wird vom Minimum aus Eigenkapitalanforderungen und zusätzlichen Puffern gemäß CRD IV abgeleitet. Sie beträgt daher mindestens 8% der risikogewichteten RWA zuzüglich 2.5% Kapitalerhaltungspuffer (zuzüglich SIFI-Puffer ≤ 2.5%) im *Verhältnis zum gesamten Risikoexposure*; es sei denn die von der *Leverage Ratio* geforderte Summe regulatorischen Eigenkapitals übersteigt dies noch.[556]

Die (2) *Rekapitalisierungsanforderung* ist das zweite Kriterium und bestimmt ein weiteres Minimum für die bankspezifische Bemessung der MREL. Die Anforderung soll gewährleisten, dass Finanzmärkte nicht das *Vertrauen in die Solvabilität* einer Bank verlieren und selbst nach der Abwicklung einer Bank prudentielle Anforderungen des Regulierers erfüllt werden. Weil

---

[556] Vgl. Europäische Bankenaufsichtsbehörde (2015b), S. 17f.

7.5 Initiativen zur Verbesserung der Verlustabsorptionsfähigkeit von SIFIs

ein Abwicklungsplan nicht zwingend impliziert, dass eine gesamte Bankengruppe rekapitalisiert bzw. abgewickelt werden muss – eventuell ist auch nur die Abwicklung einer kritische Tochtergesellschaft bzw. Geschäftseinheit notwendig – steigt die MREL-Kapitalanforderung nicht notwendigerweise auf das Doppelte an. Daher erzeugt der MREL-Vorschlag auch Anreize für Banken zur *Reduzierung von Barrieren oder Hindernissen im Falle einer Abwicklung*. Von global systemrelevanten Banken (G-SIBs) verlangt der derzeitige Entwurf MREL in einer Höhe, die garantiert, dass das harte Kernkapital (CET1) nach einer Abwicklung der Bank in seiner Höhe vergleichbar zu dem anderer EU G-SIBs ist.

Die (3) *Anforderungen des Einlagensicherungssystems* (DGS) dürften die MREL reduzieren, weil sie den geschätzten Beitrag der Einlagensicherung zur Abwicklung berücksichtigen. Der maximal von den MREL abzuziehende Betrag der Einlagensicherung entspricht der Summe ihrer Einlagen oder 50% des in dem jeweiligen Land angestrebten Zielvolumens der Einlagesicherung.

Eine weitere Anpassung ist die (4) *Anforderung des Abwicklungsplanes*, welche garantieren soll, dass keine (laut Artikel 44 II oder III der EU-Abwicklungsrichtlinie) vorrangigen Gläubiger[557] durch den Bail-in schlechter gestellt werden als bei einer Abwicklung der Bank.

Zusätzlich muss die Abwicklungsbehörde zur Bestimmung des bankindividuellen MREL Anforderungen berücksichtigen, die implizit aus den (5) *Anforderungen des bankaufsichtlichen Überprüfungsprozesses* (Supervisory Review and Evaluation Process, SREP) abgeleitet werden. Der SREP ist eine Beurteilung des Geschäfts- und Finanzierungsmodells, aber auch des gesamten Risikoprofils einer Bank und ist Teil des durch die CRD IV umgesetzten Basel-III-Akkords (Säule 2).

---

[557] Dazu gehören laut Artikel 44 II oder III der EU-Abwicklungsrichtlinie 2014/59/EU u.a. gedeckte Einlagen; besicherte Verbindlichkeiten einschließlich gedeckter Schuldverschreibungen und Verbindlichkeiten in Form von Finanzinstrumenten, die zu Absicherungszwecken verwendet werden; verwaltete Kundenvermögen oder Kundengelder und besicherte Verbindlichkeiten einschließlich gedeckter Schuldverschreibungen und Verbindlichkeiten in Form von Finanzinstrumenten, die zu Absicherungszwecken verwendet werden.

Die letzte zu erfüllende Bedingung ist die (6) *SIFI-Anforderung*.[558] Diese spezielle Anforderung an eine, vom FSB so deklarierte, systemrelevante Institution berücksichtigt ihr Systemrisiko und eine noch nicht genauer spezifizierte Beurteilung der potentiellen negativen Effekte auf die Finanzstabilität im Falle eines Bail-ins.[559]

Im Gegensatz zur TLAC-Mindestanforderung, welche primär durch einen allgemeinen Standard geprägt ist, den nationale Aufseher umsetzen werden, wird die europäische MREL in ihrer Höhe mehr von der Beurteilung der nationalen Abwicklungsbehörde abhängen.[560] Es ist daher fraglich, ob die MREL-Gesetzgebung gleiche Ausgangsvoraussetzungen (*level playing field*) schafft, wenn nationale Behörden für ihre Umsetzung verantwortlich sind. Die Konsultationspapiere für TLAC und MREL sind beide im November 2014 veröffentlicht worden und die Konsultationsphase endete bei beiden Anfang des Jahres 2015. Der letzte Abschnitt vergleicht zusammenfassend beide Konzepte.

7.5.4 Zusammenfassender Vergleich von TLAC und MREL

Sowohl auf europäischer als auch auf weltweiter Ebene sind zur Steigerung der Verlustabsorptionsfähigkeit von G-SIBs und als Antwort auf ihre ungeordneten Zusammenbrüche neue Ansätze zur Abwicklung von Regulierern ausgearbeitet worden. Nur wenn bail-ins von SIFIs glaubhaft sind, d.h. Aktionäre und unbesicherte Gläubiger Verluste tragen können, kann der durch den *Moral Hazard* ausgelöste Teufelskreis der SIFI-Regulierung abgewendet werden. Obwohl die europäische Diskussion über eine M*indestverlustabsoptionsfähigkeit* (seit 2012) zwei Jahre vor dem Entwurf für den internationalen TLAC-Standard durch den FSB (im Jahr 2014) begann, herrscht Einigkeit darüber, dass beide Anforderungen zueinander kompatibel sein sollten.[561] Insgesamt werden jedoch einige entscheidende Unterschiede tendenziell erhalten bleiben, wie die folgende Tab. 43 zeigt.

---

[558] Vgl. den finalen Entwurf der MREL (2014/59/EU, Art. 7): "For institutions and groups which have been designated as G-SIIs or [other systemically important institutions] O-SIIs by the relevant competent authorities, and for any other institution which the competent authority or the resolution authority considers reasonably likely to pose a systemic risk in case of failure, [...] consideration shall be given in particular to the requirement that in resolution a minimum contribution to loss absorption and re-capitalisation of 8% of total liabilities and own funds, or of 20% of the total risk exposure amount [...] is made by shareholders and holders of capital instruments and eligible liabilities at the time of resolution".
[559] Vgl. Europäische Bankenaufsichtsbehörde (2014a), S. 6-14.
[560] Vgl. Europäische Bankenaufsichtsbehörde (2015b), S. 6.
[561] Vgl. Holm/Hovard (2014), S. 1; Europäische Bankenaufsichtsbehörde (2014a), S. 5; Allen&Overy LLP (2014), S. 4.

Tab. 43: Unterschiede zwischen TLAC und MREL
Diese Tabelle gibt einen vergleichenden Überblick über die Total Loss Absorbing Capacity (TLAC) und die Minimum Requirement for Eligible Liabilities (MREL) anhand ausgewählter Kriterien.

	TLAC	MREL
Ziel	– primär: Verbesserung der Verlustabsorptionsfähigkeit – vertrauenserweckende Internalisierung der Kosten eines Bankzusammenbruchs – geordnete Abwicklung von Banken – Sicherstellung der Fortführung kritischer Bankfunktionen – der Umgang mit fallierenden Banken und international Kooperation	
Abgedeckte Firmen	– global systemrelevante Banken (G-SIBs)	– alle Banken mit Sitz in der EU – Besonderheiten in der Behandlung europäischer G-SIBs und G-SIIs
Zulässige verlustabsorbierende Instrumente	– Eigenkapital, nachrangiges und zum Teil vorrangiges Fremdkapital	– gegenüber dem Ergänzungskapital nachrangiges Fremdkapital mit einer Laufzeit über ein Jahr[562]
Verlustpuffer im Verhältnis zu	– risikogewichtete Aktiva und Leverage Exposure (Nenner der Basel III-Leverage Ratio)	– Gesamtverbindlichkeiten (own funds and total liabilities)
Mindesthöhe	– mindestens (Säule 1): 16% bis 20% der risikogewichteten Aktiva oder 6% vom Leverage Exposure zzgl. eines bankindividuellen Zusatzes (Säule 2)	– Bestimmung auf Fall-Basis basierend auf sechs Kriteriengruppen, z.B. kritische Funktionen, Abwicklungsprozess, „SIFIness"
Erwartete Einführung	– 2019	– 2016 (vierjährige Einführungsphase)

Beide Konzepte befanden sich zum Quartal 3/2015 noch im Konsultationsprozess. Es kann aber bereits gesagt werden, dass die Struktur der Verbindlichkeiten einer Bank und die *bail-in-Kasade* im Falle einer Insolvenz eine zunehmend wichtige Rolle für die Finanzierungskosten einer Bank und die regulatorischen Bemühungen zur Erhöhung ihrer Resilienz spielen werden, weil Regulierer aus den letzten Krisen gelernt haben und das *Haftungsprinzip* an Bedeutung gewinnen soll.[563] Langwierige Verfahren zur Abstimmung des Verlustauffangs durch Anteilseigner und Gläubiger sowie Regulatory-Forbearance-Probleme könnten durch die quasiautomatische Verlustdeckung von bail-in-fähigem Kapital vermieden werden.[564]

Die TLAC- und MREL-Konzepte könnten zu einer effektiven und auch effizienten Regulierung für den Erhalt der systemrelevanten Teile von SIFIs (durch die Wandlung von Fremd- in Eigenkapital) führen, wenn gleichzeitig die *Bereitstellung von Liquidität* geregelt ist: Nachrangige Verbindlichkeiten welche im (oder besser auch schon kurz vor dem) Insolvenzfall in neues Eigenkapital gewandelt werden, sind zwar hilfreich, zusätzlich sind strauchelnde Banken aber

---

[562] Vgl. zur Bestimmung der *berücksichtigungsfähigen Verbindlichkeiten* innerhalb der Gläubigerkaskade ausführlich Deutsche Bundesbank (2014), 39f. und aktueller Knips (2015), 2f.
[563] Vgl. Durand (2014).
[564] Vgl. Pflock (2014), S. 347.

auch hohen Liquiditätsabflüssen ausgesetzt; etwas dem TLAC und MREL derzeit noch nichts entgegenzusetzen haben.

Ein weiterer Nachteil ist, dass TLAC und MREL *bestimmte Geschäftsmodelle von Banken bevorteilen*:[565] Traditionelles Bankengeschäft wie die Entgegennahme von Einlagen könnten unattraktiv werden, wenn traditionell bevorzugte, billigere Finanzierungsquellen nicht zur Verlustabsorptionskapazität angerechnet werden. Einmal eingeführt, dürften den SIFIs durch TLAC und MREL gleichzeitig nicht unerhebliche Kosten entstehen, wie das erste *qualitative impact assessment* zeigt[566]. Ob die Anforderungen an SIFIs entweder durch TLAC oder durch MREL höher sein werden, kann derzeit noch nicht gesagt werden. Absehbar ist allerdings schon jetzt, dass die *Renditen*, die unbesicherte Gläubiger für ihr zur Verfügung gestelltes Kapital fordern werden, steigen. Dies könnte aber auch als eine Art Kompensation für ihr systemisches Risiko gerechtfertigt werden.[567] Höhere Renditeanforderungen der Kapitalgeber könnten Banken(manager) aber auch zu einer *gesteigerten Risikonahme zwingen* – etwas, dass sicherlich nicht die Intention der Regulierer ist. Darüber hinaus könnten weitere Bedenken bezüglich der Anrechnungsfähigkeit von TLAC und MREL aufkommen: Weil verlustabsorbierendes Kapital einer Bank, das von anderen Banken gehalten wird, abzugspflichtig ist, könnte dies zu einer Situation führen, in der originäre Bankrisiken derart weit diversifiziert werden, dass paradoxerweise die *Vernetzung von SIFIs steigt* und Risiken sich stärker als vorher auf andere Industrien ausbreiten.

Grundsätzlich positiv zu bewerten ist die von Regulierern angestrebte *Konvergenz* von TLAC und MREL, weil SIFIs zwar national angesiedelt sind, von ihnen aber globale Systemrisiken ausgehen. Trotzdem ergeben sich gerade durch die Zusammenarbeit bei MREL Fragen und Kontroversen, deren Lösung aussteht:

- Können *gleiche Bedingungen in der EU* gewährleistet werden, wenn nationale Abwicklungsbehörden die Menge an notwendigem MREL bestimmen und ihre Einhaltung kontrollieren?

---

[565] Vgl. PriceWaterhouseCoopers (2014a), S. 2.
[566] Vgl. Europäische Bankenaufsichtsbehörde (2014a), S. 29-40.
[567] Vgl. Rudolph (2010), S. 2421: „Für dieses Umwandlungsrisiko werden die Gläubiger durch einen höheren Zinsanspruch entschädigt. Die für die Hybridanleihen zu zahlenden Prämien wären eine Art von Kompensation für den ‚too big to fail'-Status des Instituts".

- Wie lautet die zukünftige Rolle der EBA und werden nationale Behörden „*Schattenregulierer*"?

Nicht zuletzt wird der Erfolg von TLAC und MREL hauptsächlich von der koordinierten Behandlung durch (europäische) Regulierer und der Fähigkeit von Märkten, die neue Form von bail-in-fähigen Wertpapieren aufzunehmen und zu *bepreisen*, abhängen.[568] Um dies zu erreichen, müssen sowohl Emittenten als auch potentielle Investoren *Klarheit über die Gläubigerhierarchie*, mögliche *Bail-in-Auslöser* und die *Formen* des Bail-ins haben. Der Markt für bail-in-fähige Wertpapiere ist noch sehr klein, wobei Volumina steigen und Standards entstehen.

Letztlich dürften MREL und TLAC dabei helfen, dem *marktwirtschaftlichen Prinzip der Haftung*[569] wieder mehr gerecht zu werden, wenn (die nötige Markttransparenz vorausgesetzt) eine neue Klasse von (voraussichtlich primär institutionellen) Kapitalgebern neue Anreize zur Sanktion von Risikonahme hat. Die Initiativen zur Verbesserung der Verlustabsorptionsfähigkeit über bail-in-fähiges Kapital TLAC und MREL haben daher durchaus das *Potential zur Stärkung der Resilienz von SIFIs* und damit zur Reduktion von systemischen Risiken im Bankensystem.

7.6 Entwicklungsempfehlungen für die Gestaltung der SIFI-Regulierung

Obwohl viele der beschriebenen Regulierungs- und Aufsichtsinitiativen für SIFIs aktuell in der finalen Entwurfsphase oder bereits gültiges EU-Recht sind, fehlt bislang ein *europäisches Gesamtkonzept* für den Umgang (Identifikation, Regulierung und Aufsicht) mit SIFIs. Es scheint vielmehr, dass der krisengetriebene Regulierungseifer über das Ziel hinausschießt und das Vertrauen in Allwirksamkeit von Regulierung keine Grenzen kennt. Trotz anfänglicher Erfolge von („*unorthodoxen*" und damit auch nur einmalig wirksamen) *ad-hoc-SIFI-Regulierungsinterventionen* im Verlauf der Krisengeschehnisse in der Europäischen Union ab 2007 hat sich gezeigt, dass beim Umgang mit systemrelevanten Finanzinstituten viele Fehler gemacht wurden.[570]

---

[568] Vgl. Avdjiev/Kartasheva/Bogdanova (2013), S. 56.
[569] Vgl. zum *Haftungsprinzip* fundamental Eucken (1990), S. 254: „Sie [die Haftung] soll weiter bewirken, daß die Disposition des Kapitals vorsichtig erfolgt. Investitionen werden umso sorgfältiger gemacht, je mehr der Verantwortliche für diese Investitionen haftet. Die Haftung wirkt insofern also prophylaktisch gegen eine Verschleuderung von Kapital und zwingt dazu, die Märkte vorsichtig abzutasten".
[570] Der europäische Bankensektor und darunter insbesondere die G-SIBs haben sich, anders als in den USA, noch nicht vollständig von den Entwicklungen der Krisen ab 2007 erholt. Dies wird u.a. auf die umfangreiche (Re-)Regulierung in der Europäischen Union hin zurückgeführt, vgl. aktuell o. V. (2015a), sowie zu Krisenzeiten Schildbach (2009) und Schildbach (2013), insb. S. 14.

Die *Angreifbarkeit eines Systems* im Ganzen kann zum Beispiel nicht nur dadurch geheilt werden, indem man sich auf die Resilienz einer einzelnen Bank konzentriert.[571] Aus diesem Grund sind *systemüberspannende Ansätze* zum Umgang mit SIFIs notwendig. Der Einbezug von Systemrisiken in die Bewertung des Bankensystems und geänderte makroprudentielle Anforderungen an Banken, die von ihrem Einfluss auf das System im Falle eines Ausfalls abhängen, könnten hier schon systemstabilisierend wirken.[572] Im Folgenden sollen daher abschließend nicht (unbedingt) Empfehlungen für eine „*verschärftere*", sondern für eine „*klügere"* SIFI-Regulierung entwickelt werden. Folgende Empfehlungen könnten die bisher initiierten bzw. umgesetzten SIFI-Regulierungen daher *ersetzen* bzw. teils *ergänzen*:

(1) *Vorbeugung gegen Panik auf Finanzmärkten*: SIFI-Regulierung muss am Ursprung, vor dem Aufbau von Systemkrisen ansetzen. Systemkrisen werden von Indizien aber auch Gerüchten ausgelöst, die sich dann im Sinne einer selbsterfüllenden Prophezeiung gerade auf Finanzmärkten regelmäßig materialisieren. Der Ausbruch von systemischem Risiko könnte durch eine *Begrenzung von Überreaktionen* ab initio verhindert werden. Diesbezüglich wurde in den letzten systemischen Krisen seit 2007 wenig unternommen. Beispielsweise könnten Verfahren und verantwortliche Institutionen zur kurzzeitigen Schließung von Kapitalmärkten (Handelsunterbrechung einer Börse[573]) über sogenannte *circuit breakers*[574] installiert werden, um Ansteckungs- und Panikprozesse zu verhindern. Eine große Herausforderung stellt bei diesem Ansatz die Vielfalt möglicher Panikursachen dar, die Systemkrisen auszulösen vermögen. Die Ursache für eine Überreaktion zu antizipieren, dürfte schwer sein und selbst wenn sie identifiziert wird, ist eine Vermeidung mitunter nicht möglich[575], wobei in diesem Fall Empfehlung (2) wirksam werden kann.

---

[571] Vgl. bspw. ausführlicher die Bewertung des SIFI-Eigenkapitalpuffers 7.4.1.1.
[572] Vgl. Schwarcz (2011), S. 95.
[573] Ein Beispiel dafür bieten die Pläne der chinesischen Regulierung, den Handel an Börsen für eine halbe Stunde zu unterbrechen, wenn bestimmte Indizes mehr als 5% an Wert verlieren, vgl. Duggan (2015).
[574] Vgl. dazu bereits mit Blick auf vorherige Systemkrisen Partnoy (2000), S. 475: "Circuit breakers are designed to prevent panics associated with investor cognitive error by controlling (usually by halting) capital flows following a large temporary decline on a specified securities exchange. Among the problems circuit breakers are intended to correct are problems occurring when large numbers of traders use the same model to assess the market. In such instances, supply and demand for financial instruments are inelastic, and a small move in prices may cause a crash."
[575] Der „Flash Crash" im Mai 2010 an US-amerikanischen Börsen wurde beispielsweise weder vorhergesehen, noch sind die Ursachen bisher geklärt. Für eine Analyse der Geschehnisse aus wissenschaftlicher bzw. journalistischer Sicht vgl. Boulton/Braga-Alves/Kulchania (2014) bzw. Vishvanatha/Hope/Albanese (2015).

7.6 Entwicklungsempfehlungen für die Gestaltung der SIFI-Regulierung

(2) *Bereitstellung von Liquidität im Falle einer Systemkrise*: Einmal ausgelöst, beginnen Systemkrisen in den meisten Fällen mit einer Liquiditätskrise, die sich dann zur Solvenzkrise ausbreitet. Die *kurzfristige Bereitstellung von Liquidität* kann Finanzinstitute vor dem Ausfall bewahren. Auch kann Liquidität zu Erhaltung der Funktionsfähigkeit von angeschlagenen Kapitalmärkten führen. Zum einen kann durch eine SIFI-Mindestliquiditätsanforderung die Wahrscheinlichkeit eines Liquiditätsengpasses sinken. Für Banken im Allgemeinen wurde ein entsprechendes Rahmenwerk bereits verabschiedet[576]; für andere Finanzinstitutionen fehlt es indes. Zum anderen könnte ein „Liquiditätsgeber letzter Instanz" (*liquidity provider of last resort*, LPOLR) installiert werden. Wäre dieser Liquiditätsgeber staatlich, so müsste er zur Vermeidung von Moral Hazard-Effekten als Institution politisch unabhängig und damit frei und nicht vorhersehbar in seiner Unterstützungsentscheidung sein (*constructive ambiguity*). Ein privater Liquiditätsgeber letzter Instanz[577], ist zwar auch denkbar, flankierende staatliche Anreize für die private Liquiditätsbereitstellung wären aber wahrscheinlich nötig, denn Kapitalmärkte neigen nicht dazu, strauchelnden Institutionen freiwillig zusätzliches Geld zu leihen. Auch stellt sich die Frage ob die Rettungsvolumina vollständig durch privates Kapital abgedeckt werden könnten.

(3) *Erhöhung der Verlustabsorptionsfähigkeit von SIFIs (insbesondere durch bail-in-fähiges Kapital)*: Um zu vermeiden, dass eine Institution als *too big to fail* wahrgenommen wird, müssen Regulierer den Eigentümern von SIFIs ihre *Stellung als haftende Kapitalgeber glaubhaft verdeutlichen*. Erst wenn Eigenkapital seiner Ausgleichsfunktion im Verlustfall nachkommt, verdient es seine Bezeichnung. Das Verlustauffangpotential kann zum einen

---

[576] Diesbezüglich wurde in der EU im Jahr 2014 im Rahmen der Einführung von Basel III/CRD IV eine strukturelle Liquiditätsquote (*Net Stable Funding Ratio*, NSFR) und eine Mindestliquiditätsquote (*Liquidity Coverage Ratio*, LCR) eingeführt.

[577] Besonders interessant ist an diesem Vorschlag, dass in Deutschland im Zuge der *Herstatt-Bank-Krise* (1974) mit der *Liquiditäts-Konsortialbank (LiKo-Bank)* ein durchaus vergleichbarer, privatrechtlich organisierter Liquiditätsgeber letzter Instanz gegründet wurde und auch fast vier Jahrzehnte bestand. Vgl. für eine ausführliche, vergleichende Analyse des deutschen LiKo-Modells mit Einlagensicherungssystemen anderer Länder und Überlegungen zur Übertragbarkeit des deutschen Modells auf diese aus Systemrisikogesichtspunkten Roth (1994). Im Jahr 2014 kam es allerdings zur Auflösung der LiKo-Bank; vgl. Godenrath (2014). Die Gründe dafür, dass die letzte Liquiditätsprovision drei Jahrzehnte zurücklag und während der Finanzkrise ab 2007 die LiKo-Bank nicht aktiv wurde, lagen laut Nagel/Waßner (2014) an einem *zu geringen Hilfspotential* (1.8 Mrd. EUR), *zeitaufwendigen Antragsverfahren* und einer *Harmonisierung des europäischen Aufsichts- und Abwicklungsrechts*. Der von der Bundesanstalt für Finanzmarktstabilisierung verwaltete *Sonderfonds Finanzmarktstabilisierung* und der *Restrukturierungsfonds* können als Quasi-Nachfolger der LiKo-Bank bezeichnet werden.

durch *qualitativ höherwertiges* (d.h. eingezahltes, dauerhaft verfügbares) Eigenkapital erhöht werden. Zu anderen ist ein gewisses Volumen an *bail-in-fähigem Kapital* zur Erhöhung des Verlustauffangpotentials nötig, um die Wahrscheinlichkeit von Panikprozessen seitens der Fremdkapitalgeber zu verringern.[578] Die SIFI-Abwicklung könnte künftig *geordnet* und nach marktwirtschaftlichen Prinzipien erfolgen, wenn eben nicht nur Restrukturierungs- und Abwicklungspläne, sondern klar auch *definierte Haftungskaskaden* für Markttransparenz sorgen. Attraktive *neue Finanzierungsinstrumente* für Investoren außerhalb des Bankensektors dürften dabei entstehen.

(4) *Erhöhung der Publizitätspflichten für SIFIs*: Ebenfalls vorbeugend, kann die *Veröffentlichung von Informationen* seitens systemrelevanter Finanzinstitute zur Selbstregulierung durch Märkte führen. Durch die Reduktion von *asymmetrischer Information* können etwaige Systemrisiken von einer Vielzahl von Marktteilnehmern – auf unterschiedliche Art und damit besser – evaluiert werden, als dies eine Aufsicht nach vorgegebenem Muster kann.[579] Die Einpreisung (mithin Internalisierung) von Systemrisiken (z.B. in Finanzierungskosten) würde dann größtenteils von einer Vielzahl von handelnden (Markt-)Akteuren durch Marktprozesse gewährleistet. Allerdings muss dabei berücksichtigt werden, dass Marktteilnehmer zwar Systemrisiken berücksichtigen. Allerdings werden sie eher ihre *persönliche Ausgesetztheit gegenüber dem Systemrisiko zu minimieren* versuchen, als den Gesamtrisikobeitrag der entsprechenden Institution auf das System. Auch ist *Publizität nicht per se hilfreich*: Die Effektivität von Publizitätsvorschriften zur Mitigation von Systemrisiken hängt maßgeblich von den staatlichen Vorgaben zum *was*, *wie* und *wann* der Information ab.[580]

(5) *Begrenzung von inter-institutionellen Exposures*: Die direkte Begrenzung von Exposures kann Systemrisiken aufgrund von Ansteckungen durch Ausfälle von Schuldnern auf hochgradig fremdkapitalfinanzierten Kapitalmärkten verhindern.[581] Außerdem könnten

---

[578] Vgl. zu der Wirkung dieser mezzaninen Kapitalform Ziffer 7.5.
[579] Vgl. zur Vorteilhaftigkeit der „dezentralen Überwachungsopportunität" Horsch (2008), S. 133
[580] Beispielsweise zeigen Kleinow et al. (2015) an einem Vergleich von Systemrisikomessgrößen, dass falsche Schlüsse aus zu einseitigen Daten gezogen werden könnten und empfehlen Aufsehern die *Verwendung mehrerer Systemrisikomessgrößen*.
[581] Vgl. für eine Analyse der Wirkung von hohen Exposures auf Systemrisiken Tasca/Mavrodiev/ Schweitzer (2014).

7.6 Entwicklungsempfehlungen für die Gestaltung der SIFI-Regulierung

auf diesem Weg Finanzinstitutionen indirekt zu einer höheren Diversifizierung gezwungen werden, wenn Exposures begrenzt werden.[582] Für Banken liegen diese Exposure-Limits bei Großkrediten bereits vor. Nachholbedarf besteht hier aber noch für Nichtbank-Finanzinstitute.

Der Ursprung der nächsten systemischen Krise im Finanzsystem ist stets ungewiss und nicht zuletzt *lenkt der derzeitige Fokus auf Banken von anderen Systemrisikoquellen ab*, wie z.B. Versicherungsunternehmen und anderen Nichtbank-Finanzinstituten. Zusätzlich zu den genannten sollten daher weitere organisatorische und aufsichtsrechtliche Vorbereitungen getroffen werden, um kurzzeitige Eingriffe, die nicht von Märkten antizipiert werden können, *ex post* zu ermöglichen. *Ex ante* kann der Ungewissheit über künftige Ursachen systemischer Risiken höchstens durch die Nutzung verstreuten Wissens – das sich mit den Handlungen der Marktteilnehmer materialisiert – entgegnet werden. Die Selbstregulierung durch Marktkräfte ist zwar theoretisch der beste Weg, aber *aufgrund der Nicht-Existenz perfekter Märkte ergänzungsbedürftig*. Nicht weniger unvollkommen sind allerdings auch die Eingriffe der Regulierungsakteure. Dies hat die *kritische Würdigung des Status Quo und der Perspektiven der SIFI-Regulierung* in dieser Arbeit wiederholt gezeigt. Nicht zuletzt aus diesem Grund wird die Analyse SIFI-Regulierung auch künftig interessant bleiben: Vielseitige und reichhaltige Fragestellungen bzw. wissenschaftlich, intellektuelle Herausforderungen dürften sich in der nächsten Zeit insbesondere bezüglich der *Koordination, Harmonisierung* und *Vereinfachung* der in den letzten Jahren entstanden SIFI-Regulierung eröffnen.

---

[582] Diversifikation kann, muss aber nicht zwangsläufig, Systemrisiken vermindern, wie Raffestin (2014) und Oordt (2014) zeigen.

8 Schlussbetrachtung

8.1 Zusammenfassung der Ergebnisse

Die Arbeit widmet sich systemrelevanten Finanzinstituten und hierbei in besonderem Maße der Messung von systemischen Risiken, der Untersuchung ihrer Ursachen sowie der daraus abgeleiteten Frage der Regulierung von SIFIs im europäischen Kontext.

Um Systemrisiken von Finanzinstitutionen systematisch analysieren zu können, bedarf es einer fundiert gegründeten, theoretischen Ausgangsbasis. Hierbei werden zum Verständnis der Diskussion und als Argumentationsgrundlage zentrale Begriffe in das Untersuchungsthema eingeordnet und definiert. Insbesondere die Abgrenzung von „Systemrisiko" erweist sich dabei als schwierig; sie gelingt durch die literaturbasierte Einteilung in Systemrisikobeitrag und -empfindlichkeit. „Too big to fail" wird im historischen Kontext erklärt und als Vorläufer des Problemfeldes Systemrelevanz interpretiert. Nicht ausgelassen wird, dass in den letzten Jahren viele weitere „Too ... to..."-Phrasen an Popularität gewonnen haben. Unter Aufarbeitung der einschlägigen ökonomischen Theorien (unter anderem zu staatlichen Eingriffen bei Marktversagen oder zur Lösung von Principal-Agent-Problemen) wird Systemrelevanz von Finanzinstituten erklärt und der Umgang mit systemrelevanten Finanzinstituten aus historischer Sicht beleuchtet. Dabei ist festzustellen, dass die Anfänge der TBTF-Doktrin zwar schon Jahrzehnte zurückreichen, der zugehörige Teufelskreis jedoch noch immer nicht durchbrochen ist. Vielmehr hat sich die Diskussion um TBTF auf Systemrelevanz von Finanzinstitutionen ausgeweitet, weil „too big" allein nicht zu den Krisen ab dem Jahr 2007 geführt hatte. Die Arbeit bereichert die Diskussion und den Lösungsprozess mit einem Vier-Stufen-Modell zum Umgang mit systemrelevanten Finanzinstituten (Einfluss, Ausmaß, Ursachen und Regulierung).

Das Kapitel 3, Ausgangspunkt dieses Modells, analysiert den Einfluss von Systemrelevanz auf die Handlungen von Finanzmarktteilnehmern. Zu diesem Zweck wird mittels einer Eventstudie untersucht, ob und wie sich Marktwerte von Banken ändern, wenn sie von einem internationalen Regelsetzer als global systemrelevant klassifiziert werden. Dabei stellt sich heraus, dass Marktteilnehmer auf solche Klassifizierungen in der antizipierten Form reagieren. Sie interpretieren die Einstufung als Staatsgarantie, welche die Chance-Risiko-Position eines Investments und damit dessen Wert verbessert. Es zeigt sich allerdings auch, dass der wertsteigernde Deklarierungseffekt, mit jeder Aktualisierung der SIFI-Klassifizierung sinkt. Dieser Zusammenhang und die im Verlauf der Beobachtungsperiode zunehmende Konkretisierung von speziell

SIFI-gerichteter Regulierung führen zu einer umgekehrten, negativen Wirkung auf den Marktwert der Banken bzw. zur Neutralisierung der in der anfänglichen „Überraschungsphase" zu verzeichnenden Wertsteigerung.

Der theoretischen Herleitung und der empirischen Analyse des Effektes von Systemrelevanz auf den Wert eines Finanzunternehmens folgt das Kapitel 4 in der ersten Hälfte mit einer primär empiriebasierten Ableitung des Einflusses der – mit der Systemrelevanz verbundenen – staatlichen Insolvenzversicherung auf die Ratings und Finanzierungskosten von Banken. Die Ergebnisse belegen, dass global systemrelevante Banken durch staatliche Unterstützung in Gestalt von Rating-Uplifts in einer Höhe von 5.8 Ratingstufen (Notches) verzeichnen. Die Finanzierungskosten der systemrelevanten Banken liegen um durchschnittlich 250 Basispunkte unter dem (ohne SIFI-Siegel) zu erwartenden Referenzzinssatz.

Die zweite Hälfte des vierten Kapitels beleuchtet den Risikoappetit von SIFIs. Konkret wird empirisch hinterfragt, ob das Management einer systemrelevanten Bank eine risikoreichere Geschäftsstrategie bevorzuge. Die Untersuchung zeigt, dass vor allem Banken mit hohen Provisionserträgen eine hohe staatliche Hilfeleistung erwarten können.

Das Kapitel 5 stellt zunächst Wege zur Identifikation von systemrelevanten Finanzinstituten dar. Es wird in theoretisch plausible einerseits und in der Regulierungspraxis angewandte andererseits unterschieden. Zudem lassen sich Unterschiede in der Identifikation von SIFIs auf globaler Ebene gegenüber nationalen Identifikationsansätzen herausarbeiten, wie im Besonderen anhand von US-amerikanischen, europäischen und deutschen Identifikationsverfahren vertieft wird. Dem folgen im zweiten Teil des fünften Kapitels die Darstellung populärer, wissenschaftlicher Systemrisikomessmethoden und die Diskussion ihrer Schwachstellen. Schlussfolgernd werden – die zweite Stufe des vierstufigen Modells zum Umgang mit SIFIs – zwei Systemrisiko-Messverfahren entwickelt und deren neue Messgrößen empirisch für ein europäisches Bankensample angewandt. Unter anderem zeigen die Ergebnisse, dass einzelne Banken durchaus zu Systemrisiken beitragen, obwohl sie ihrerseits sehr widerstandsfähig gegenüber systemischen Schocks sind. Sie belegen auch, dass sich im untersuchten Zeitraum zwischen 2007 und 2014 die Wahrscheinlichkeit der Auslösung einer Finanzkrise durch den Ausfall einer einzelnen Bank verringert hat. Im gleichen Zeitraum sind.

Nachdem das Verständnis der Messung von Systemrisiko hergeleitet und erörtert wurde, wendet sich der Analyseteil mit Kapitel 6 den Ursachen für Systemrisiko zu – der dritten Stufe im Modell zum Umgang mit SIFIs. Eine Untersuchung der europäischen Kreditwirtschaft zeigt,

8.1 Zusammenfassung der Ergebnisse

dass Systemrisiken und Ansteckungseffekte gut erklärt werden können anhand von idiosynkratischen Bankeigenschaften und einer Auswahl von Makrovariablen. Es wird erläutert, wieso manche Banken mehr zu Systemrisiken im europäischen Finanzsystem beitragen könnten als andere. Insbesondere die Bankgröße, Aktiva- und Ertragsstruktur, Verlustabsorptionsfähigkeit, Liquiditätsstruktur, Profitabilität und verschiedene makroökonomische Variablen beeinflussen demnach das Systemrisiko. Die Resultate belegen darüber hinaus, dass zur Bemessung des Systemrisikobeitrages und der -anfälligkeit der einzelnen Bank eine Vielfalt von Indikatoren Berücksichtigung finden muss.

Vor dem Hintergrund der so ermittelten Ursachen für Systemrisiken steht schließlich die kritische Auseinandersetzung mit der SIFI-Regulierung im Mittelpunkt von Kapitel 7, welches der Schwerpunkt dieser Arbeit und gleichzeitig die vierte und letzte Stufe im Modell zum Umgang mit SIFIs repräsentiert. Zunächst werden Begründungsansätze zur staatlichen SIFI-Regulierung ökonomisch analysiert sowie Effektivität und Effizienz der Regulierung als marktwirtschaftliches Prinzip eingeführt. Es stellt sich heraus, dass SIFIs im europäischen Regulierungsrahmenwerk, das diesbezüglich in erheblichem Maße krisengetrieben ist, bislang weder geeignet definiert noch sachgemäß behandelt werden. Die vierte Modellstufe wird fortgeführt mit der Strukturierung angewandter und theoretisch anwendbarer Regulierungsmöglichkeiten für SIFIs in der Europäischen Union. Unterscheiden lassen sich Maßnahmen, die darauf zielen, die Systemrelevanz einer Institution zu limitieren, andererseits solche, die die Ausfallwahrscheinlichkeit von SIFIs verringern sollen. Illustrativ, um die aktuellen Regulierung(sinitativ)en einzuordnen, wird das Konzept des Expected Systemic Loss (ESL) eingeführt. Dieses ESL dient auch zur Durchleuchtung der neuen europäischen Regel- und Handlungssysteme mit besonderem SIFI-Mandat (SSM, SRM, Stresstest der EBA). Unter anderem wird festgestellt, dass Kapitalmarktteilnehmer den Stresstest der europäischen Bankaufsichtsinstitutionen von Ende Oktober 2014 als relevant eingestuft haben, worauf er handlungsauslösend gewirkt hat. Den aktuellen Regulierungsmaßnahmen folgt die Bewertung auch neuer Initiativen zur Stärkung der Verlustabsorptionsfähigkeit von SIFIs auf europäischer (MREL) sowie auf globaler (TLAC) Ebene. Unter kritischer Würdigung des eingeschlagenen Regulierungspfades werden – das Kapitel 7 abschließend – fünf Empfehlungen für die künftige SIFI-Regulierung herausgearbeitet.

8.2 Perspektiven

Es ist möglich, ein Finanzsystem zu konstruieren, in dem es eine geringere Zahl systemrelevanter Banken gibt. Es ist aber nicht möglich, ein Finanzsystem zu konstruieren, in dem Systemrisiken ausgeschlossen sind. Systemrisiko hat viele Facetten. Die Forschung hat es sich zur Aufgabe gemacht, Messbarkeit herzustellen. Auf dem Weg zu diesem Etappenziel zeichnet sich die Notwendigkeit neuartiger Systemrisikokennzahlen ab, die vor allem durch neue Daten vorangetrieben werden und interdisziplinärer Ansätze bedürfen. Bislang wurde Systemrisiko im Wesentlichen als statisches Phänomen aufgefasst. Demgegenüber müssen die dynamischen, organischen Zusammenhänge zwischen den Komponenten von Finanzsystemen stärker in den Vordergrund rücken. Und Forschung zu Systemrisiken sollte kein wissenschaftlicher Selbstzweck, sondern am Wissensbedarf der Aufsichtspraxis orientiert sein. Systemrelevanz ist nicht per se gefährlich für die Gesellschaft; sie induziert auch nicht von vornherein Erpressbarkeit des Staates.

Noch besteht mangelnde Klarheit – wenn nicht sogar große Unsicherheit – bezüglich der Ursachen von Systemrisiken. Den Regulierern ist zu Recht Vorsicht geboten, hastige, gegebenenfalls unwiderrufliche Entscheidungen zu treffen.

Der Mensch lebt mit Risiken. Weil sein Umgang mit ihnen und seine Risikovorsorgemodelle nicht perfekt sind, entwickelt er sich selbst und seine Modelle weiter. Doch auch die Risiken ändern sich. Dass die nationale SIFI-Regulierung in der Folge scheitern kann, hat sich gezeigt. Daher wird internationale Kooperation zunehmend als Bedingung für effektive und effiziente SIFI-Regulierung verstanden. Das zum Beginn der Finanzkrise 2007 für Regulierer aufgestoßene „window of opportunity" hat zur Neuordnung der Akteure und ihrer Einflusssphären in der Europäischen Union geführt.

Eine Begleiterscheinung stringenter und konsequenter SIFI-Regulierung auf dem Weg zu Regulierungseffektivität und -effizienz ist die Regulierungsarbitrage – in Form von Finanzinnovationen sowie legalen Vermeidungs- und Umgehungsstrategien. Sie machen das Finanzsystem in der Regel komplexer. Diametral dazu steht der Anspruch guter SIFI-Regulierung, so einfach wie möglich und so komplex wie nötig zu sein – effektiv und effizient. Dies führt zu erheblichem Forschungsbedarf, dem in der nächsten Zeit verstärkt nachzukommen ist.

Die Regulierung von SIFIs wird Erfolg haben und systemstabilisierend wirken, sie wird an Effektivität und Effizienz gewinnen – wenn das marktwirtschaftliche Prinzip der Haftung von

8.2 Perspektiven

SIFIs (wieder)hergestellt ist. Haftung ermöglicht in einem Wettbewerbsumfeld die Zuordnung von negativen Folgen und das Einstehen für sie, bis hin zum Marktaustritt. Schöpferische Zerstörung darf nur eben nicht auf Kosten anderer erfolgen – oder muss diese zumindest vertretbar begrenzen. Es ist falsch, das Aufspalten von SIFIs erzwingen zu wollen, um die Marktteilnahme zu erhalten – im Gegenteil. Allerdings muss die Abwicklung neben der Bereinigungs- auch eine Droh- und Abschreckungsfunktion erfüllen.

Im europäischen Kontext und im Kontext alternder Gesellschaften in der sozialen Marktwirtschaft strebt man nach Finanzmarktstabilität. Gute Regulierung trägt zur Stabilitätsverbesserung bei. Das Streben nach höchster Stabilität birgt allerdings das Risiko der Starre. Dem Stillstand zu begegnen, verlangt daher, auch systemische Risiken als Folge und Bestandteil kaufmännischen Handelns zu akzeptieren.

Anhang

Anhang Abb. 1: Google-Suchanfragenindex zu "systemic risk"

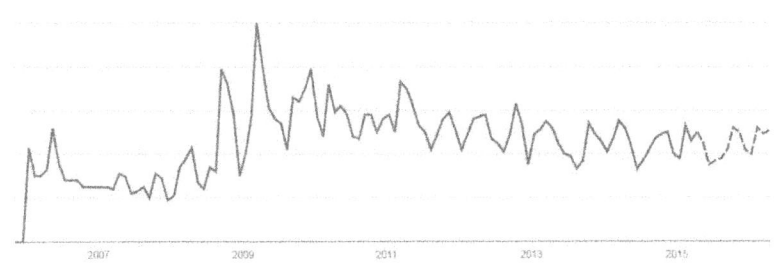

Diese Abbildung zeigt die Anzahl der Suchanfragen zum Begriff *systemic risk* von 2006 bis Anfang 2015 relativ zum Höchstwert im März 2009. Quelle: google.de/trends/explore#q=systemic%20risk.

Anhang Abb. 2: Google-Suchanfragen – regionales Interesse am Begriff "systemic risk"

Washington	100
Singapur	67
New York City	66
London	46
Frankfurt am Main	42
Stadt Brüssel	36
Toronto	31

Diese Abbildung zeigt die Anzahl der nach Metropolen weltweit sortierten Suchanfragen zum Begriff *systemic risk* von 2006 bis Anfang 2015 relativ zum Höchstwert von Washington.

Anhang Tab. 1: Abnormale Renditen der Nicht-SIFI-Kontrollgruppe

Diese Tabelle zeigt abnormale Renditen der Nicht-SIFI-Bankaktien (in %) für die Tage -5 bis +5 um den Ereignistag. Mittelwerte und Mediane der abnormalen Renditen sind über das jeweilige Bankensample aggregiert und in % angegeben mit dazugehörigen t- und CORRADO (1989)-Teststatistiken in Klammern. Die Teststatistiken testen die Hypothese, dass der Mittelwert/Median der täglichen abnormalen Renditen zum und um den Eventtag gleich null ist. Das Schätzfenster besteht aus 100 Tagen [-105;-6]. */** kennzeichnen Signifikanz auf 90%/95%-Niveau.

Nicht-SIFIs
$H_0: \overline{AR}_t = 0$ und $\widetilde{AR}_t = 0$

	Event (1) 30 Nov 2009 (t_0) (N = 50)		Event (2) 4 Nov 2011 (t_0) (N = 50)		Event (3) 1 Nov 2012 (t_0) (N = 50)	
t	Mittelwert (t-Stat.)	Median (Corrado)	Mittelwert (t-Stat.)	Median (Corrado)	Mittelwert (t-Stat.)	Median (Corrado)
-5	-0.3217 (0.4931)	-0.1824 (0.3934)	0.6234 (1.0098)	0.5751 (1.0236)	0.1738 (0.3348)	0.1519 (0.8532)
-4	-0.7133 (1.0932)	-0.3841 (0.6917)	0.1149 (0.1862)	0.6500 (0.5928)	**-0.9484*** **(1.8271)**	**-0.5636*** **(1.8601)**
-3	-0.2848 (0.4366)	-0.6486 (1.4257)	-0.7586 (1.2288)	-0.5258 (1.1664)	0.0689 (0.1327)	0.0413 (0.3704)
-2	-0.0886 (0.1358)	-0.3573 (0.0740)	-0.3806 (0.6166)	-0.3995 (0.4094)	-0.4509 (0.8686)	-0.2475 (0.8217)
-1	-1.0361 (1.5879)	-1.0182 (0.9434)	**-1.1682*** **(1.8924)**	**-0.8750**** **(2.0173)**	0.0395 (0.0760)	0.1993 (0.6562)
0	**1.3634**** **(2.0896)**	**1.7864*** **(1.8551)**	0.9011 (1.4597)	0.5500 (1.4756)	-0.4656 (0.8970)	-0.4444 (0.9320)
+1	-0.6732 (1.0318)	-0.3521 (1.0788)	-0.3128 (0.5067)	-0.0834 (0.5161)	0.6417 (1.2362)	0.4602 (1.0187)
+2	0.4968 (0.7614)	0.5390 (0.8313)	-0.2902 (0.4701)	-0.2077 (0.3945)	-0.5718 (1.1016)	-0.4493 (1.2729)
+3	0.6190 (0.9486)	0.5280 (1.1761)	0.3848 (0.6233)	0.3314 (0.7506)	-0.0179 (0.0345)	-0.1897 (0.1695)
+4	-0.0106 (0.0162)	-0.5498 (0.8969)	**-1.3073**** **(2.1177)**	-0.3514 (0.9148)	0.5678 (1.0939)	0.9378 (1.3655)
+5	0.3382 (0.5184)	0.0520 (0.2094)	-0.3676 (0.5955)	-0.3219 (0.8935)	-0.5034 (0.9698)	-0.6710 (1.1645)

Anhang Tab. 2: Kumulierte abnormale Renditen der Nicht-SIFI-Kontrollgruppe

Diese Tabelle zeigt abnormale Renditen der Nicht-SIFI- Bankaktien (in %) für die Tage -5 bis +5 um den Ereignistag. Mittelwerte und Mediane der kumulierten abnormalen Renditen sind über das jeweilige Bankensample aggregiert und in % angegeben mit dazugehörigen t- und COWAN (1992)-Teststatistiken in Klammern. Die Teststatistiken testen die Hypothese dass der Mittelwert/Median der kumulierten täglichen abnormalen Renditen um den Eventtag gleich null ist. Das Schätzfenster besteht aus 100 Tagen [-105;-6].

Nicht-SIFIs
H_0: $\overline{CAR}_{[-5;5]} = 0$ und $\widetilde{CAR}_{[-5;5]} = 0$

	Event (1) 30 Nov 2009 (t_0) (N = 50)		Event (2) 4 Nov 2011 (t_0) (N = 50)		Event (3) 1 Nov 2012 (t_0) (N = 50)	
Period	Mittelwert (t-Stat.)	Median (Cowan)	Mittelwert (t-Stat.)	Median (Cowan)	Mittelwert (t-Stat.)	Median (Cowan)
[-5; 5]	-0.3109 (0.0433)	-0.5871 (0.4117)	-2.5611 (0.3771)	-0.6582 (0.7099)	-1.4663 (0.2568)	-0.7752 (0.4651)

Anhang Tab. 3: Varianzhomogenitätstest der abnormalen Renditen der SIFI- und der Kontrollbankengruppe

Diese Tabelle zeigt die Ergebnisse des Tests auf Homogenität der Varianzen der abnormalen Renditen von SIFIs und Nicht-SIFIs. Die Ergebnisse der Levene-Statistik zeigen in allen Fällen signifikant unterschiedliche Varianzen zwischen den gegenübergestellten Bankengruppen. Nicht berichtete Ermittlungen der adjustierten Statistik von BROWN/FORSYTHE (1974) führen zu den gleichen Ergebnissen. Aus diesem Grund wurden die Freiheitsgrade nach WELCH (1947) an ungleiche Varianz der abnormalen Renditenangepasst. Das Schätzfenster besteht aus 100 Tagen [-105; -6]. *** kennzeichnet Signifikanz auf 99%-Niveau.

Test auf Homogenität der Varianzen der abnormalen Renditen
H_0: $\sigma^2_{AR,SIFIs} = \sigma^2_{AR,Kontrollgruppe\ (Nicht-SIFIs)}$

Event (1) 30 Nov 2009 (t_0)	Event (2) 4 Nov 2011 (t_0)	Event (3) 1 Nov 2012 (t_0)
N_{SIFIs} = 24 $N_{Kontrollgruppe}$ = 50	N_{SIFIs} = 28 $N_{Kontrollgruppe}$ = 50	N_{SIFIs} = 27 $N_{Kontrollgruppe}$ = 50
St.Abw.$_a$/St. Abw.$_c$ (Levene-Stat.)	St.Abw.$_a$/St. Abw.$_c$ (Levene-Stat.)	St.Abw.$_a$/St. Abw.$_c$ (Levene-Stat.)
0.8044/0.6525* (2.9469)**	**1.2244/0.6173*** (22.8459)**	**0.7525/0.5191*** (12.8568)**

Anhang Tab. 4: Ratings von Fitch Ratings, Transformation der Symbole zu Zahlen

Diese Tabelle zeigt die Umwandung der Ratingklassen in eine statistisch verwertbare Skala.

Rating-symbol	Long Term Issuer Rating Sovereign	Rating-symbol	Support Rating Floor	Rating-symbol	Support
AAA	20	aaa	20	1	5
AA+	19	aa+	19	2	4
AA	18	aa	18	3	3
AA-	17	aa-	17	4	2
A+	16	a+	16	5	1
A	15	a	15		
A-	14	a-	14		
BBB+	13	bbb+	13		
BBB	12	bbb	12		
BBB-	11	bbb-	11		
BB+	10	bb+	10		
BB	9	bb	9		
BB-	8	bb-	8		
B+	7	b+	7		
B	6	b	6		
B-	5	b-	5		
CCC	4	ccc	4		
CC	3	cc	3		
C	2	c	2		
RD	1	f	1		

Anhang

Anhang Abb. 3: Wahrscheinlichkeit staatlicher Hilfe für Banken im Insolvenzfall (durchschnittlicher Support Rating Floor)

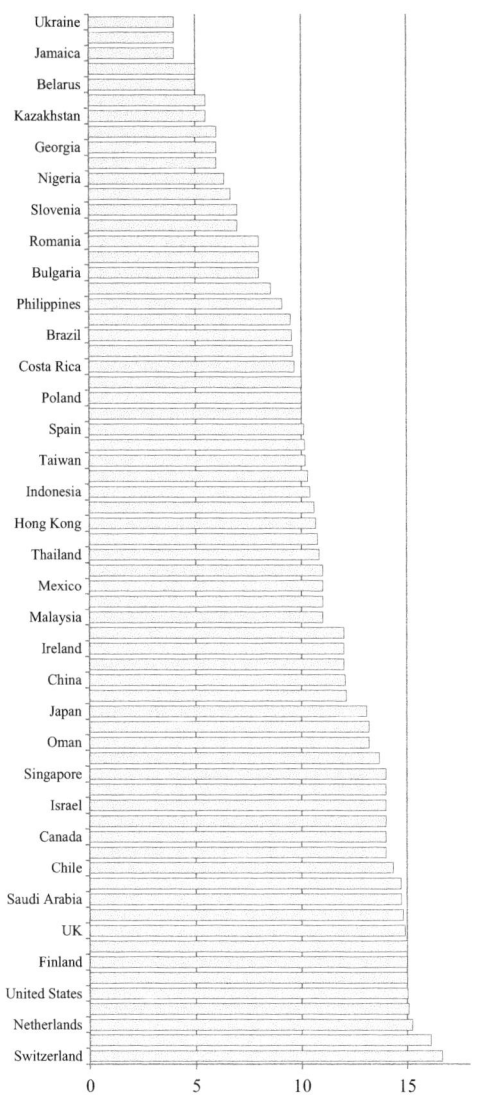

Ukraine	
Jamaica	
Belarus	
Kazakhstan	
Georgia	
Nigeria	
Slovenia	
Romania	
Bulgaria	
Philippines	
Brazil	
Costa Rica	
Poland	
Spain	
Taiwan	
Indonesia	
Hong Kong	
Thailand	
Mexico	
Malaysia	
Ireland	
China	
Japan	
Oman	
Singapore	
Israel	
Canada	
Chile	
Saudi Arabia	
UK	
Finland	
United States	
Netherlands	
Switzerland	

Diese Tabelle zeigt die Ergebnisse für die durchschnittliche Höhe des Support Rating Floors (Schätzung der Wahrscheinlichkeit der Rettung einer Bank durch den Sitzstaat im Insolvenzfall) im Bankensample (N=371).

Anhang Tab. 5: Struktur des Bankensamples

Diese Tabelle zeigt die Zusammensetzung des Bankensamples (N=371). Neben dem absoluten und relativen Anteil am wird auch die durchschnittliche Differenz aus dem *Long Term Issuer Rating* (allgemeine Kreditwürdigkeit) und dem *Viability Rating* (intrinsische Kreditwürdigkeit) der untersuchten Banken eines Landes angegeben. Diese Differenz und der zusätzlich ermittelte Durchschnitt des *Support Rating Floors* der Banken eines Landes werden als Proxy für die Wahrscheinlichkeit einer staatlichen Rettung herangezogen. *kennzeichnet Mitglieder der OECD.

Country	Freq.	Per cent	LT issuer – viability	Sup.rat. floor	Country	Freq.	Per cent	LT issuer – viability	Sup.rat. floor
Australia*	8	2.16	0.375	12.13	Malaysia	3	0.81	0.00	11.00
Austria*	4	1.08	3.25	15.00	Malta	1	0.27	0.00	11.00
Azerbaijan	2	0.54	3.00	8.00	Mexico*	3	0.81	0.00	11.00
Bahrain	2	0.54	1.00	12.00	Mongolia	2	0.54	0.00	5.50
Belarus	2	0.54	0.00	5.00	Morocco	1	0.27	2.00	10.00
Belgium*	3	0.81	1.33	14.00	Netherlands*	4	1.08	1.25	15.25
Brazil	9	2.43	0.00	9.56	Nigeria	8	2.16	0.75	6.38
Bulgaria	1	0.27	3.00	8.00	Norway*	5	1.35	0.00	11.00
Canada*	6	1.62	0.00	14.00	Oman	5	1.35	3.20	13.20
Chile	3	0.81	1.33	14.33	Panama	1	0.27	2.00	12.00
China	15	4.04	4.60	12.07	Peru	5	1.35	0.60	10.60
Colombia	4	1.08	0.00	9.50	Philippines	9	2.43	0.00	9.11
Costa Rica	3	0.81	0.00	9.67	Poland*	3	0.81	1.00	10.00
Denmark*	4	1.08	0.00	14.00	Portugal*	5	1.35	3.00	9.60
Dom.Rep.	1	0.27	0.00	6.00	Qatar	7	1.89	3.00	14.71
Egypt	2	0.54	0.00	5.00	Romania	1	0.27	0.00	8.00
Finland*	2	0.54	0.00	15.00	Russia	9	2.43	1.11	8.56
France*	5	1.35	0.20	15.00	Saudi Arabia	11	2.96	1.45	14.73
Georgia	3	0.81	0.00	6.00	Singapore	3	0.81	0.00	14.00
Germany*	16	4.31	3.44	14.81	Slovenia*	3	0.81	2.00	7.00
Guatemala	3	0.81	0.00	8.00	South Africa	3	0.81	0.00	10.00
Hong Kong	6	1.62	0.00	10.67	South Korea*	6	1.62	0.67	13.67
India	8	2.16	0.63	10.75	Spain*	17	4.58	1.18	10.12
Indonesia	5	1.35	0.80	10.40	Sri Lanka	3	0.81	0.33	6.67
Ireland*	2	0.54	6.00	12.00	Sweden*	5	1.35	0.00	13.20
Israel*	2	0.54	1.00	14.00	Switzerland*	3	0.81	1.33	16.67
Italy*	14	3.77	1.07	10.29	Taiwan	11	2.96	0.64	10.18
Jamaica	1	0.27	0.00	4.00	Thailand	6	1.62	0.17	10.83
Japan*	13	3.5	0.46	13.08	Turkey*	7	1.89	0.00	10.14
Jordan	2	0.54	0.00	7.00	Ukraine	2	0.54	0.00	4.00
Kazakhstan	2	0.54	0.00	5.50	UAE	13	3.5	4.85	15.08
Kuwait	8	2.16	6.38	16.13	UK*	10	2.7	1.00	14.90
Lebanon	2	0.54	0.00	4.00	United States*	29	7.82	0.59	15.03
Luxembourg*	2	0.54	0.50	14.00	Vietnam	2	0.54	1.50	6.00
					Total	371	100	1.32	11.83

Anhang Tab. 6: Korrelationsmatrix der Ratingvariablen

Diese Tabelle gibt einen Überblick über die Korrelationen zwischen den erklärenden Variablen, die in den Probit-Regressionen verwendet werden. *** kennzeichnen die Signifikanz des Koeffizienten auf dem 99%-Niveau.

	Long Term Issuer Rating	Viability Rating	Support Rating Floor	Sovereign Rating
Long Term Issuer Rating	1			
Viability Rating	0.82***	1		
Support Rating Floor	0.90***	0.62***	1	
Sovereign Rating	0.88***	0.69***	0.81***	1

Anhang Tab. 7: Varianzinflationsfaktoren (VIF) der Ratingvariablen (Test auf Multikollinearität)

Diese Tabelle zeigt die Varianzinflatinsfaktoren (VIF) der Probit-Regression sowie deren Kehrwert. Niedrige Werte des VIF sind ein Zeichen für das Nichtvorliegen von Multikollinearität (zwei oder mehr erklärende Variablen haben eine sehr starke Korrelation). Für weitere Details zur Aussagekraft des VIF in Bezug auf Multikollinearität vgl. Fußnote 224.

	VIF	1/VIF
Viability Rating	1.93	0.517
Support Rating Floor	2.95	0.339
Sovereign Rating	3.43	0.291

Anhang Tab. 8: Korrelationsmatrix der Bankvariablen

Diese Tabelle gibt einen Überblick über die Korrelationen zwischen den erklärenden Variablen, die in den Probit-Regressionen verwendet werden. **/*** kennzeichnen die Signifikanz des Koeffizienten auf dem 95%/99%-Niveau.

	Kapitalertrag	Zinsertrag	Aktienrendite	Eigenkapitalquote
Kapitalertrag	1			
Zinsertrag	0.19**	1		
Aktienrendite	0.57***	0.08***	1	
Eigenkapitalquote	0.64***	0.26***	0.40***	1

Anhang Tab. 9: Varianzinflationsfaktoren (VIF) der Bankvariablen (Test auf Multikollinearität)

Diese Tabelle zeigt die Varianzinflatinsfaktoren (VIF) der linearen Regression sowie deren Kehrwert. Niedrige Werte des VIF sind ein Zeichen für das Nichtvorliegen von Multikollinearität (zwei oder mehr erklärende Variablen haben eine sehr starke Korrelation). Für weitere Details zur Aussagekraft des VIF in Bezug auf Multikollinearität vgl. Fußnote 224.

	VIF	1/VIF
Kapitalertrag	2.11	0.473
Zinsertrag	1.75	0.572
Aktienrendite	1.50	0.668
Eigenkapitalquote	1.07	0.932

Anhang Tab. 10: Ranking des Systemrisikoindex (Mittelwerte von 2007-2012)
Diese Tabelle zeigt das Systemrisiko-Ranking der Banken im Sample gemessen anhand der Systemrisikomessgrößen SRC, SRS und SRI (zur Berechnung 5.3).

Messgröße	Ranking	Wert	Sitzstaat	Bank
Systemic risk contribution (SRC)	1	0.822	Großbritannien	Lloyds Banking Group
	2	0.750	Spanien	Banco de Sabadell
	3	0.750	Spanien	Banco Santander
	4	0.731	Spanien	BBVA SA
	5	0.686	Italien	Banca Carige
Systemic risk sensitivity (SRS)	1	1.501	Frankreich	Société Générale
	2	1.496	Polen	PKO Bank Polski
	3	1.469	Großbritannien	HSBC Holdings
	4	1.450	Belgien	KBC Group
	5	1.421	Frankreich	Groupe Crédit Agricole
Systemic risk index (SRI)	1	1.011	Frankreich	Société Générale
	2	0.996	Frankreich	Groupe Crédit Agricole
	3	0.964	Großbritannien	HSBC Holdings
	4	0.952	Italien	UniCredit
	5	0.947	Frankreich	BNP Paribas

Anhang Tab. 11: Ranking der Conditional Default Probability (Mittelwerte von 2005-2014)
Diese Tabelle zeigt das Systemrisiko-Ranking der Banken im Sample gemessen anhand der Systemrisikomessgröße Conditional Default Probability (zur Berechnung 5.4.2).

Messgröße	Ranking	Wert	Sitzstaat	Bank
$PD_{bank|system}$ RR: 50%	1	0.999	Griechenland	Eurobank Ergasias
	2	0.998	Griechenland	National Bank of Greece
	3	0.998	Griechenland	Alpha Bank
	4	0.971	Spanien	Banco Popular Espanol
	5	0.971	Italien	Banco de Sabadell
$PD_{system|bank}$ RR: 50%	1	0.990	Frankreich	Société Générale
	2	0.989	Niederlande	ING Bank
	3	0.979	Großbritannien	HSBC Bank
	4	0.972	Großbritannien	Barclays
	5	0.965	Italien	Intesa Sanpaolo

Anhang

Anhang Tab. 12: Definitionen und Datenquellen der beschreibenden Variablen

Diese Tabelle gibt einen Überblick über die in der empirischen Analyse verwendeten Daten zu den Banken im Sample und den Volkswirtschaften, in denen sie ansässig sind. In Panelregressionen wird anhand dieser Daten erklärt, warum bestimmte Banken ein höheres Systemrisiko tragen als andere. Insbesondere wird in dieser Tabelle darauf eingegangen, wie diese beschreibenden Variablen definiert sind und aus welcher Quelle sie stammen.

Variable	Symbol	Definition	Datenquelle
Abhängige Variable			
Systemic risk index	SRI	Für eine detaillierte Definition 5.3. SRI misst das Systemrisiko von Banken indem beide Wirkungsrichtungen für die Risikotransmission bzw. Ansteckung berücksichtigt werden: Zum einen beeinflusst eine einzelne Institution das Bankensystem. Zum anderen wird eine einzelne Institution von systemischen Schocks im Bankensystem beeinflusst.	Eigene Berechnungen unter Verwendung von Daten zu täglichen Aktienkursen der Banken aus Datastream
Bankcharakteristika als unabhängige Variablen			
Size	SIZE	log(Bilanzsumme in EUR)	Worldscope WC02999
Loan ratio	LOAN	$\dfrac{\text{Gesamtkreditvolumen}}{\text{Gesamtvermögen}}$	WC02271, WC02999
Non-interest income ratio	NON_INT	$\dfrac{\text{Nicht} - \text{zinsbezogene Erträge}}{\text{Gesamtzinserträge}}$	WC01021, WC01016
Non-performing loan ratio	NON_PERF	$\dfrac{\text{Rückstellungen für Krediverluste}}{\text{Gesamtkreditvolumen}}$	WC01271, WC02271
Leverage ratio	LEVERAGE	$\dfrac{\text{Kurzfristige und langfristige Verbindlichkeiten}}{\text{haftendes Eigenkapital}}$	WC08231
Deposit ratio	DEPOSIT	$\dfrac{\text{Gesamteinlagen}}{\text{Gesamtverbindlichkeiten}}$	WC03019, WC03351
Tier 1 ratio	TIER1	$\dfrac{\text{Basel III Kernkapital (Tier} - 1 - \text{Kapital)}}{\text{Risikogewichtete Aktiva}}$	WC18157
Liquidity ratio	LIQIDITY	$\dfrac{\text{Liquide Eigenmittel (Barmittel und Wertpapiere)}}{\text{Gebundene Fremdmittel}}$	WC15013
Financial power	FIN_POW	$\dfrac{\text{Cashflow aus laufender Geschäftstätigkeit}}{\text{Gesamtverbindlichkeiten}}$	WC04860, WC03351
Operating margin	OP_MARG	$\dfrac{\text{Betriebliche Erträge}}{\text{Umsatzerlöse}}$	WC08316
Return on invested capital	ROIC	$\dfrac{\text{Jahresüberschuss} + (\text{Fremdkapitalzinsen} - \text{kapitalisierte Zinsen}) \times (1 - \text{Steuersatz})}{\text{Investiertes Kapital (Flüssige Mittel} + \text{Nettoumlaufvermögen} + \text{Nettoanlagevermögen})}$	WC08376
Income growth	INCOME	$\dfrac{\text{Betriebliche Erträge des laufenden Jahres}}{\text{Betriebliche Erträge des vergangen Jahres}}$	WC01001
Market-to-book ratio	MBR	$\dfrac{\text{Marktkapitalisierung}}{\text{Buchwert Kernkapital}}$	WC09704

Anhang Tab. 12: Definitionen und Datenquellen der beschreibenden Variablen

Diese Tabelle gibt einen Überblick über die in der empirischen Analyse verwendeten Daten zu den Banken im Sample und den Volkswirtschaften, in denen sie ansässig sind. In Panelregressionen wird anhand dieser Daten erklärt, warum bestimmte Banken ein höheres Systemrisiko tragen als andere. Insbesondere wird in dieser Tabelle darauf eingegangen, wie diese beschreibenden Variablen definiert sind und aus welcher Quelle sie stammen.

Variable	Symbol	Definition	Datenquelle
Long-term rating	LTR	Long Term Issuer Ratings sind Meinungen über die Fähigkeit eines Schuldners erstrangigen unbesicherten Kapitaldienstverpflichtungen nachzukommen. Als hauptsächliche Datengrundlage dienen langfristige Emittentenratings von Moody's (alternativ werden langfristige Einlagenratings dieser Ratingagentur verwendet). Im Fall, dass keine solchen Bewertungen vorliegen werden S&P's langfristige Emittentenratings für Banken in der jeweiligen ausländischen Währung genutzt. Alternativ dienen Fitch's langfristige Emittentenratings als letzte Möglichkeit, wenn Ratings der obigen Agenturen nicht existieren. Höhere Werte indizieren eine höhere Ausfallwahrscheinlichkeit, d.h. ein niedrigeres Rating.	Ratingentwicklung (Moody's, S&P's, Fitch); Jahresbericht, Internetauftritt für Investorenbeziehungen (im Falle fehlender Daten) der Online-Datenbank

Anhang Tab. 12: Definitionen und Datenquellen der beschreibenden Variablen (Fortsetzung)

Variable	Symbol	Definition	Datenquelle
Unabhängige landesbezogene Kontrollvariablen			
Political stability	POLITIC_STAB	Politische Stabilität und Fehlen von Gewalt/Terrorismus begrenzen die Wahrnehmung einer möglichen Regierungsdestabilisierung oder eines möglichen Regierungssturzes durch verfassungswidrige und gewaltsame Mittel, die politisch motivierte Gewalt und Terrorismus einschließen. Die Schätzung zeigt den Punktwert eines Landes für den Gesamtindikator innerhalb einer Standard-Normalverteilung an. Die Werte liegen hierbei etwa bei -2,5 bis 2,5, wobei höhere Werte auf einen höheren Grad politischer Stabilität hinweisen.	Worldwide Governance Indicators PV.EST
Regulatory quality	REGULATION	Die Qualität des Regulierungsrahmens beschreibt die Wahrnehmung der Fähigkeit der Regierung, angemessene Verordnungen und Regeln zu implementieren, die der Entwicklung eines privatwirtschaftlichen Sektors ermöglichen und fördern. Die Schätzung zeigt den Punktwert eines Landes für den Gesamtindikator innerhalb einer Standard-Normalverteilung an. Die Werte liegen hierbei etwa bei -2,5 bis 2,5.	Worldwide Governance Indicators RQ.EST
Bank concentration	CONCENTRATION	Die Variable kennzeichnet das Vermögen der drei größten Geschäftsbanken als Anteil am Gesamtvermögen aller Geschäftsbanken.	Global Financial Development GFDD.OI.01
Government debt ratio	DEBT	Die Variable wird als konsolidierte Bruttoverschuldung des Staates zu Nominalwerten am Jahresende definiert (Vertrag von Maastricht). Der noch offene Schuldenstand wird in die in ESA95 festgelegten Kategorien für Staatsverbindlichkeiten im Verhältnis zu dem jeweiligen BIP unterteilt. Basisdaten werden in der nationalen Währung angegeben und anschließend mithilfe der von der Europäischen Zentralbank (EZB) bereitgestellten Euro-Jahresendkurse in EUR umgerechnet.	Eurostat tsdde410
Bank claim ratio	BANK_CL	Die Forderungen von Kreditinstituten an Zentralregierungen als Prozentsatz des BIPs beinhalten Kredite an zentralstaatliche Institutionen abzüglich Einlagen.	World Development Indicators FS.AST.CGOV.GD.ZS

Anhang Tab. 13: Panel Data Tests

Diese Tabelle zeigt die Resultate von acht Tests auf time-fixed/random effects, Kreuzabhängigkeiten und Autokorrelation für alle im Haupttext dargestellten Panelregressionen. Es gibt keine time-fixed effects sondern ausschließlich random effects. Das heißt die unbeobachtete Heterogenität steht in den vorliegenden Fällen orthogonal zu den erklärenden Variablen, bzw. sie korreliert nicht mit den erklärenden Variablen. Kreuzabhängigkeiten können nur für das balancierte Panel ausgeschlossen werden. Obwohl Autokorrelationen kein Problem in Paneldaten mit wenigen Jahren darstellen, wird auf Autokorrelation getestet. Die Tests deuten nicht auf Autokorrelation hin. Um heteroskedastie-getriebene Effekte auszuschließen, werden heteroskedastie-robuste HUBER/WHITE (1980) geschätzte Standardfehler verwendet.

Test	2007-2012 Unbalanciertes Panel	2007-2012 Balanciertes Panel
Time-fixed effects	Prob>F=0.240	Prob>F=0.560
Random effects		
LM-Test	Prob>chi^2=0.000	Prob>chi^2=0.230
Hausman-Test	Prob>chi^2=1.000	Prob>chi^2=0.029
Cross sectional dependence		
Breusch-Pagan-LM-Test	Not enough obs.	Not enough obs.
Pesaran-Test	Not enough obs.	Pesran: Pr. 1.666
Friedman-Test	Not enough obs.	Frees: 0.769
Frees-Test	Not enough obs.	Friedman: Pr. 1.000
Autokorrelation (Wooldridge-Test)	Prob>F=0.308	Prob>F=0.687
Heteroskedastizität	Es werden heteroskedastie-robuste HUBER/WHITE (1980) geschätzte StandaFrdfehler verwendet, um der unterschiedlichen Streuung innerhalb der Daten entgegenzutreten.	

Anhang Tab. 14: Robustheit-Test Spezifikation 1 – Panelregressionen (fixed effects) des Systemrisikoindex für Banken

Diese Tabelle zeigt, dass die im Hauptteil dargestellten Ergebnisse der Basisregression weder von insignifikanten erklärenden Variablen abhängen noch von der unbalancierten Struktur der Daten oder der Wahl des fixed oder random Regressionsmodells getrieben sind. Zur Schätzung des linearen Panel-Regressionsmodells werden heteroskedastie-robuste HUBER/WHITE (1980)-Standardfehler verwendet. Die p-Werte sind in Klammern angegeben. */**/*** kennzeichnen die Signifikanz des Koeffizienten auf dem 10%-, 5%- bzw. 1%-Niveau. Variablendefinitionen und Details zu den Datenquellen sind im Anhang Tab. 12 aufgeführt.

Abhängige Variable:	Systemrisikoindex (SRI)			
Beschreibende Variablen:	Unbalanced fixed effects	Unbalanced fixed effects	Balanced fixed effects	Balanced fixed effects
SIZE	0.007		0.001	
	(0.968)		(0.994)	
LOAN	0.306		0.253	
	(0.189)		(0.232)	
NON_INT	0.105***	0.121***	0.112***	0.125***
	(0.004)	(0.002)	(0.004)	(0.003)
NON_PERF	1.269		1.225	
	(0.581)		(0.611)	
LEVERAGE	0.001	0.006***		0.002
	(0.228)	(0.000)		(0.161)
DEPOSIT	0.638**	0.691***	0.586**	0.814***
	(0.013)	(0.003)	(0.022)	(0.001)
TIER1	1.179**	0.900	1.477***	0.593
	(0.042)	(0.113)	(0.007)	(0.285)
LIQUIDITY	0.137***	0.116***	0.064**	0.126***
	(0.001)	(0.001)	(0.019)	(0.008)
FIN_POW	-1.955***	-2.185***	-0.979***	-0.850***
	(0.001)	(0.001)	(0.003)	(0.000)
OP_MARG	0.185*	0.134	0.175*	0.138
	(0.066)	(0.202)	(0.087)	(0.222)
ROIC	-1.187*	-1.153**	-1.749***	-1.105*
	(0.060)	(0.038)	(0.009)	(0.060)
INCOME	0.031		0.029	
	(0.280)		(0.337)	
MBR	0.108**	0.129**	0.026	
	(0.018)	(0.017)	(0.409)	
LTR	0.239		0.194	
	(0.120)		(0.190)	
POLITIC_STAB	0.211***	0.186**	0.169**	0.198***
	(0.009)	(0.017)	(0.025)	(0.009)
REGULATION	-0.163		-0.107	
	(0.203)		(0.383)	
CONCENTRATION	0.270		0.392	
	(0.330)		(0.122)	
DEBT	-0.413*	-0.507**	-0.559***	-0.680***
	(0.051)	(0.024)	(0.006)	(0.001)
BANK_CL	0.962**	0.991**	1.039**	1.189***
	(0.026)	(0.019)	(0.020)	(0.004)
Observations	334	334	294	294
Groups	60	60	49	49
R^2	0.323	0.297	0.391	0.281

Anhang Tab. 15: Robustheit-Test Spezifikation 2 – Unbalancierte Panelregressionen des Systemrisikoindex unter Nutzung eines anderen Aktienindex (EU Datastream Banks Index) als Proxy für das Bankensystem
Diese Tabelle zeigt Resultate eines Robustheittests. Um zu zeigen dass die Ergebnisse nicht vom verwendeten Bankaktienindex abhängen (Proxy für das Bankensystem), werden in dieser Tabelle die Ergebnisse der Panelregression unter Verwendung eines anderen Bankindex (EU Datastream Banks Index) zusammengefasst. Zur Schätzung des linearen Panel-Regressionsmodells werden heteroskedastie-robuste Huber/WHITE (1980) Standardfehler verwendet. Die p-Werte sind in Klammern angegeben. */**/*** kennzeichnen die Signifikanz des Koeffizienten auf dem 10%-, 5%- bzw. 1%-Niveau. Variablendefinitionen und Details zu den Datenquellen sind im Anhang Tab. 12 aufgeführt.

Abhängige Variable:	Systemrisikobeitrag (SRC)	Systemrisikoempfindlichkeit (SRS)	Systemrisikoindex (SRI)
Beschreibende Variablen:	Fixed effects		Random effects
SIZE	-0.213	0.416	**0.198***
	(0.280)	(0.162)	(0.000)
LOAN	-0.010	0.658	**0.504***
	(0.961)	(0.177)	(0.000)
NON_INT	0.029	**0.167**	**0.142***
	(0.404)	(0.012)	(0.000)
NON_PERF	-2.023	3.380	0.834
	(0.276)	(0.439)	(0.685)
LEVERAGE	0.000	0.001	0.000
	(0.308)	(0.485)	(0.716)
DEPOSIT	0.275	0.860	0.223
	(0.296)	(0.129)	(0.160)
TIER1	0.020	**2.118***	**0.910***
	(0.958)	(0.050)	(0.054)
LIQUIDITY	0.017	**0.241***	**0.047**
	(0.432)	(0.007)	(0.025)
FIN_POW	-0.208	**-3.337***	-0.618
	(0.572)	(0.005)	(0.233)
OP_MARG	0.019	0.145	0.109
	(0.873)	(0.421)	(0.233)
ROIC	0.183	**-1.597***	**-1.316***
	(0.701)	(0.090)	(0.009)
INCOME	0.033	0.009	**-0.006***
	(0.197)	(0.893)	(0.000)
MBR	-0.036	**0.229**	0.014
	(0.230)	(0.015)	(0.806)
LTR	**-0.580***	0.046	**0.385***
	(0.000)	(0.882)	(0.001)
POLITIC_STAB	-0.041	**0.494***	**0.137***
	(0.502)	(0.001)	(0.000)
REGULATION	**0.477***	**-0.924***	**-0.187***
	(0.001)	(0.000)	(0.006)
CONCENTRATION	-0.393	**0.884***	-0.184
	(0.134)	(0.059)	(0.114)
DEBT	0.228	**-1.056***	**-0.349***
	(0.204)	(0.016)	(0.000)
BANK_CL	0.062	**1.419***	**0.579***
	(0.778)	(0.073)	(0.005)
Observations	334	334	334
Groups	60	60	60
R^2	within 0.396	within 0.325	overall 0.494

Anhang Tab. 16: Ratingumwandlung für die beschreibende Variable LTR

Diese Tabelle zeigt die Umwandung der Ratingklassen in statistisch verwertbare Zahlen zur Nutzung in der Panelregression. Es wird eine achtzehnstufige Ratingskala verwendet, wobei Werte von 0 bis 1 in 1/18-Schritten vergeben werden, mit 0 für AAA (das beste Rating) und 1 für D (Ausfall).

S&P's	Moody's	Fitch	Skala	*LTR*
AAA	Aaa	AAA	18	0.000
AA+	Aa1	AA+	17	0.056
AA	Aa2	AA	16	0.111
AA-	Aa3	AA-	15	0.167
A+	A1	A+	14	0.222
A	A2	A	13	0.278
A-	A3	A-	12	0.333
BBB+	Baa1	BBB+	11	0.389
BBB	Baa2	BBB	10	0.444
BBB-	Baa3	BBB-	9	0.500
BB+	Ba1	BB+	8	0.556
BB	Ba2	BB	7	0.611
BB-	Ba3	BB-	6	0.667
B+	B1	B+	5	0.722
B	B2	B	4	0.778
B-	B3	B-	3	0.833
CCC	Caa1	CCC		
CCC	Caa2	CCC	2	0.889
CCC	Caa3	CCC		
CC	Ca	CC		
CC	Ca	C	1	0.944
SD	C	DDD		
D	C	DD	0	1.000
D	C	D		

Anhang Tab. 17: Korrelationsmatrix

Diese Tabelle gibt einen Überblick über die Korrelationen zwischen den erklärenden (und abhängigen) Variablen, die in den Panelregressionen verwendet werden. */**/*** kennzeichnen die Signifikanz des Koeffizienten auf dem 10%-, 5%- bzw. 1%-Niveau. Variablendefinitionen und Details zu den Datenquellen sind im Anhang Tab. 12 aufgeführt.

	SRI	SIZE	LOAN	NON_INT	NON_PERF	LEVERAGE	DEPOSIT	TIER1	LIQUIDITY	FIN_POW	OP_MARG	ROIC	INCOME	MBR	LTR	POLITIC_STAB	REGULATION	CONCENTRAT.	DEBT	BANK_CL
SRI	1																			
SIZE	0.52***	1																		
LOAN	-0.24***	-0.54***	1																	
NON_INT	0.28***	0.17***	-0.32***	1																
NON_PERF	-0.18***	-0.08	0.19***	-0.13**	1															
LEVERAGE	0.05	0.07	-0.07	0.02	-0.15***	1														
DEPOSIT	-0.27***	-0.51***	0.40***	-0.10*	0.19***	-0.15***	1													
TIER1	-0.01	-0.04	-0.28***	0.08	0.02	0.03	0.13**	1												
LIQUIDITY	0.17***	0.36***	-0.59***	-0.01	-0.15***	-0.20***	-0.63***	0.08	1											
FIN_POW	-0.21***	-0.40***	0.15***	-0.01	-0.02	-0.09	0.42***	0.23***	-0.13**	1										
OP_MARG	0.13**	-0.07	-0.11*	0.18***	-0.71***	0.08	0.10*	0.07	-0.02	0.22***	1									
ROIC	-0.18***	-0.25***	-0.05	-0.01	-0.43***	0	0.40***	0.15***	-0.07	0.44***	0.52***	1								
INCOME	-0.07	-0.09	0.10*	-0.02	0.03	-0.02	0.14***	-0.03	-0.04	0.03	0.02	0.06	1							
MBR	-0.11*	-0.18***	0.04*	-0.05	-0.28***	0.21***	0.18***	0.07	-0.06	0.73***	0.31***	0.48***	0.03	1						
LTR	0.38***	0.45***	-0.36***	0.10*	-0.56***	0.17***	0.33***	-0.11*	0.25***	0.03	0.44***	0.30***	-0.10*	0.36***	1					
POLITIC_S.	0	-0.12*	-0.21***	0	-0.23***	0.09	-0.05	0.26***	0.14**	0.07	0.07	0.19***	0.05	0.13**	-0.15***	1				
REGULAT.	0.17***	0.33***	-0.43***	0.02	-0.19***	0.16***	-0.31***	0.24***	0.27***	-0.20***	0.03	0.07	-0.11**	0.11**	-0.48***	0.36***	1			
CONCENTR.	-0.10*	0.01	-0.05*	-0.18***	-0.11**	0.12**	-0.17***	0.02	0	-0.29***	-0.02	0.04	-0.04	0	-0.05	0.32***	0.43***	1		
DEBT	-0.11**	-0.07	0.25***	0.01	0.34***	-0.11**	0.06	-0.17***	-0.13**	-0.19***	-0.35***	-0.40***	-0.05	-0.40***	0.57***	-0.41***	-0.72***	-0.35***	1	
BANK_CL	0.04	-0.03	0.13**	0.02	0.08	-0.06	0.07	-0.14**	-0.02	-0.13**	-0.15***	-0.12**	-0.04	-0.04	-0.26***	0.34***	-0.45***	-0.62***	-0.37***	0.73***	1

Anhang Tab. 18: Definition und Quellen der bankindividuellen Kontrollvariablen

Diese Tabelle gibt Definitionen und Quellennachweise für die Bankkontrollvariablen in der Moderatorenanalyse.

Variable	Definition	Datastream
Leverage ratio	$\dfrac{\text{Fremdkapital}}{\text{Eigenkapital}}$	WC08231
Liquidity ratio	$\dfrac{\text{Geldvermögen} + \text{Wertpapiere}}{\text{Einlagen}}$	WC15013
Market to book ratio	$\dfrac{\text{Marktkaptialisierung}}{\text{Buchwert Eigenkapital}}$	WC09704
Return over invested capital (ROIC)	$\dfrac{\text{Gewinn vor Fremdkapitalzinsen} - \text{Steuern}}{\text{investiertes Kapital}}$	WC08376
Non interest income ratio	$\dfrac{\text{nicht} - \text{zinsabhängige Erträge}}{\text{Erträge}}$	WC01021, WC01016
Non performing loan ratio	$\dfrac{\text{Rückstellungen für Kreditausfälle}}{\text{ausgereichte Kredite}}$	WC01271, WC02271

Literaturverzeichnis

Acharya, Viral V./Bharath, Sreedhar/Srinivasan, Anand (2004): Understanding the Recovery Rates on Defaulted Securities, CEPR Discussion Paper 4098, London.

Acharya, Viral V. (2009): A theory of systemic risk and design of prudential bank regulation, in: Journal of Financial Stability 5 (3), S. 224-255.

Acharya, Viral V./Pedersen, Lasse H./Philippon, Thomas/Richardson, Mathew P. (2011): Measuring Systemic Risk, AFA 2011 Denver Meetings Paper, Denver.

Acharya, Viral V./Steffen, Sascha (2014): Analyzing Systemic Risk of the European Banking Sector, in: Fouque/Langsam (eds.) Handbook on Systemic Risk, Cambridge, S. 191-225.

Acharya, Viral V./Engle, Robert/Pierret, Diane (2014): Testing macroprudential stress tests: The risk of regulatory risk weights, in: Journal of Monetary Economics 65, S. 36-53.

Achtelik, Olaf C./Boos, Karl-Heinz/Schulte-Mattler, Hermann (2012): Kreditwesengesetz – Kommentar zu KWG und Ausführungsvorschriften, 4. Aufl., München.

Adrian, Tobias/Brunnermeier, Markus K. (2014): CoVaR, Working Paper Federal Reserve and Princeton University, New York/Princeton.

Affleck-Graves, John F./McDonald, Bill (1989): Nonnormalities and Tests of Asset Pricing Theories, in: Journal of Finance 44 (4), S. 889-908.

Aktas, Nihat/Bodt, Eric de/Cousin, Jean-Gabriel (2007): Event studies with a contaminated estimation period, in: Journal of Corporate Finance 13 (1), S. 129-145.

Alexander, Kern (2012): Bank capital management and macro-prudential regulation, in: Zeitschrift für Bankrecht und Bankwirtschaft 24 (5), S. 331-342.

Allen&Overy LLP (2014): G20 likely to raise capital requirements for global banks in "TLAC" proposal, New York.

Alter, Adrian (2013): Three Essays on Systemic Risk and Financial Contagion, Konstanz (zugl.: Konstanz, Univ., Diss., 2013).

Alves, Carlos/Mendes, Victor/Pereira, Paulo (2015): Do stress tests matter? A study on the impact of the disclosure of stress test results on European financial stocks and CDS markets, in: Applied Economics 47 (12), S. 1213-1229.

Angbazo, Lazarus/Saunders, Anthony (1996): The Effect of TBTF Deregulation on Bank Cost Funds, Working Paper No. 97-25, New York University, New York.

Angell, Wayne D. (1988): A proposal to rely on market interest rates on intraday funds to reduce payment system risk: Remarks at the 1988 CATO Institute Conference, Governing Banking's Future: Markets vs. Regulation, Washington, DC.

Arezki, Rabah/Candelon, Bertrand/Sy, Amadou N. (2011): Sovereign Rating News and Financial Markets Spillovers: Evidence from the European Debt Crisis, CESifo Working Paper No. 3411, München.

Arntz, Marthe-Marie (2013): Strengere Regeln für Ratings – Die neue Verordnung über Ratingagenturen, in: Zeitschrift für Bankrecht und Bankwirtschaft 25 (5), S. 318-329.

Athavale, Manoj (2000): Uninsured deposits and the too-big-to-fail policy in 1984 and 1991, in: American Business Review 18 (2), S. 123-128.

Ausschuss der Europäischen Aufsichtsbehörden für das Bankwesen (2009): CEBS's press release on the results of the EU-wide stress testing exercise, Press Release, 01.10.2009, Brüssel.

Ausschuss der Europäischen Aufsichtsbehörden für das Bankwesen (2010): Aggregate outcome of the 2010 EU wide stress test exercise coordinated by CEBS in cooperation with the ECB, Summary Report, Brüssel.

Avdjiev, Stefan/Kartasheva, Anastasia/Bogdanova, Bilyana (2013): CoCos: a primer, in: BIS Quarterly Review (September), S. 44-56.

Avgouleas, Emilios/Goodhart, Charles/Schoenmaker, Dirk (2013): Bank Resolution Plans as a catalyst for global financial reform, in: Journal of Financial Stability 9 (2), S. 210-218.

Ayadi, Rym/Groen, Willem Pieter de (2014): Stress Testing, Transparency, and Uncertainty in European Banking, in: Forssbæck/Oxelheim (eds.) The Oxford Handbook of Economic and Institutional Transparency, Oxford, S. 521-544.

Bagehot, Walter (1873): Lombard Street: A Description of the Money Market, London.

Bähr, Johannes/Platthaus, Andreas/Rudolph, Bernd (2011): 1931 – Finanzkrisen – 2008, München.

Baker, Dean/McArthur, Travis (2009): The Value of the "Too Big to Fail" Big Bank Subsidy, in: CEPR Issue Brief (September 2009), S. 1-5.

Baker, Dean (2009): The Problem Of Deciding Who Is "Too Big To Fail", Interview, National Public Radio, npr.org/templates/story/story.php?storyId=114237286, geprüft am 25.10.2015.

Bandt, Olivier de/Hartmann, Philipp (2000): Systemic risk: A survey, ECB Working Paper No. 35, Frankfurt.

Bank für Internationalen Zahlungsausgleich (1994): 64th Annual Report of the Bank for International Settlements, Basel.

Bank für Internationalen Zahlungsausgleich (2001): Core Principles for Systemically Important Payment Systems, Committee on Payment and Settlement Systems, Basel.

Bank für Internationalen Zahlungsausgleich (2011): Report on progress on resolution policies and frameworks issued by the Basel Committee, Pressemitteilung vom 06.07.2011, Basel, bis.org/press/p110706.htm, geprüft am 23.10.2015.

Banner, Jeffrey (2012): Systemic risk – Oversight and reform considerations, New York.

Barajas, Adolfo/Catalán, Mario (2015): Market discipline and conflicts of interest between banks and pension funds, in: Journal of Financial Intermediation 24 (3), S. 411-440.

Barclays Capital (2010): Standard Corporate CDS Handbook – Ongoing evolution of the CDS market, London.

Barnier, Michel (2014): Statement by Michel Barnier on the EBA publication of key components of the common methodology for the 2014 EU-wide stress test, European Commission Statment, 29.04.2014, Brüssel.

Bartholomew, Philip F./Whalen, Gary W. (1995): Fundamentals of Systemic Risk, in: Kaufmann (ed.) Research in Financial Services: Banking, financial markets, and systemic risk, Greenwich, Conn., S. 3-18.

Basler Ausschuss für Bankenaufsicht (2005): An Explanatory Note on the Basel II IRB Risk Weight Functions, Basel.

Basler Ausschuss für Bankenaufsicht (2010a): An assessment of the long-term economic impact of stronger capital and liquidity requirements, Basel.

Basler Ausschuss für Bankenaufsicht (2010b): Basel III: Ein globaler Regulierungsrahmen für widerstandsfähigere Banken und Bankensysteme, Basel.

Basler Ausschuss für Bankenaufsicht (2011): Global systemrelevante Banken: Bewertungsmethodik und Anforderungen an die zusätzliche Verlustabsorptionsfähigkeit, Basel.

Basler Ausschuss für Bankenaufsicht (2012): Rahmenregelung für den Umgang mit national systemrelevanten Banken, Basel.

Basler Ausschuss für Bankenaufsicht (2013): Global systemically important banks: updated assessment methodology and the higher loss absorbency requirement, Basel.

Bassett, William F./Lee, Seung Jung/Spiller, Thomas Popeck (2015): Estimating changes in supervisory standards and their economic effects, in: Journal of Banking & Finance 60, S. 21-43.

Baumann, Horst/Honsell, Heinrich (1999): Berliner Kommentar zum Versicherungsvertragsgesetz – Kommentar zum deutschen und österreichischen VVG, Berlin.

Baumol, William J. (1959): Business behavior, value and growth, New York.

Beccalli, Elena/Anolli, Mario/Borello, Giuliana (2015): Are European banks too big? Evidence on economies of scale, in: Journal of Banking & Finance 58, S. 232-246.

Beck, Anne/Bremus, Franziska (2007): Wie kann systemisches Risiko beschränkt werden?, DIW Roundup 36, Berlin.

Beck, Thorsten/Jonghe, Olivier de/Schepens, Glenn (2013): Bank competition and stability: Cross-country heterogeneity, in: Journal of Financial Intermediation 22 (2), S. 218-244.

Beck, Thorsten (2014): Europe's banking union – glass half full or glass half empty?, Cass Business School London Working Paper, London.

Belaisch, Agnes/Kodres, Laura E./Levy, Joaquim V./Ubide, Angel J. (2001): Euro-Area Banking at the Crossroads, Internationaler Währungsfonds Working Paper 01/28, Washington, DC.

Benmelech, Efraim/Dlugosz, Jennifer (2010): The Credit Rating Crisis, in: Acemoglu/Rogoff (eds.) NBER macroeconomics annual 2009, Chicago, S. 162-207.

Benoit, Sylvain (2014): Where is the system?, in: International Economics 138, S. 1-27.

Benston, George J. (1998): Regulating financial markets – A critique and some proposals, London.

Benston, George J. (2000): Consumer Protection as Justification for Regulating Financial-Services Firms and Products, in: Journal of Financial Services Research 17 (3), S. 277-301.

Berg, Daniel (2009): Copula goodness-of-fit testing: An overview and power comparison, in: European Journal of Finance 15 (7), S. 675-701.

Berle, Adolf Augustus/Means, Gardiner Colt (1932): The modern corporation and private property, New York.

Bernanke, Ben S. (2009): Financial Reform to Address Systemic Risk, Rede beim Council on Foreign Relations, Speech at the Council on Foreign Relations, 10.03.2009, Washington, DC.

Bernanke, Ben S. (2013): Transcript of Press conference with Chairman of the Federal Open Market Commitee, 20.03.2013, Washington, DC.

Bernays, Jacob (1872): Aristoteles' Politik, Berlin.

Beville, Matthew (2009): Financial Pollution: Systemic Risk and Market Stability, in: Florida State University Law Review 36 (2), S. 245-274.

Billio, Monica/Getmansky, Mila/Lo, Andrew W./Pelizzon, Loriana (2012): Econometric measures of connectedness and systemic risk in the finance and insurance sectors, in: Market Institutions, Financial Market Risks and Financial Crisis 104 (3), S. 535-559.

Bisias, Dimitrios/Flood, Mark/Lo, Andrew W./Valavanis, Stavros (2012): A Survey of Systemic Risk Analytics, in: Annual Review of Financial Economics 4 (1), S. 255-296.

Black, Harold/Collins, Cary/Robinson, Breck/Schweitzer, Robert (1997): Changes in market perception of riskiness: The case of too-big-to-fail, in: Journal of Financial Research 20 (3), S. 389-406.

Black, Lamont/Correa, Ricardo/Huang, Xin/Zhou, Hao (2015): The Systemic Risk of European Banks during the Financial and Sovereign Debt Crises, in: Journal of Banking & Finance, forthcoming.

Blaschke, Winfrid/Jones, Matthew T./Majnoni, Giovanni/Peria, Soledad M. (2001): Stress Testing of Financial Systems: An Overview of Issues, Methodologies, and FSAP Experiences; Internationaler Währungsfonds Working Paper WP/01/88, Washington, DC.

Bluhm, Christian/Overbeck, Ludger/Wagner, Christoph (2010): Introduction to Credit Risk Modeling, 2. Aufl., Boca Raton.

Blum, Jürg (1999): Do capital adequacy requirements reduce risks in banking?, in: Journal of Banking & Finance 23 (5), S. 755-771.

Blundell-Wignall, Adrian/Lumpkin, Stephen/Schich, Sebastian/Slovik, Patrick (2011): Bank Competition and Financial Stability, OECD, Paris.

Boehmer, Ekkehart/Masumeci, Jim/Poulsen, Annette B. (1991): Event-study methodology under conditions of event-induced variance, in: Journal of Financial Economics 30 (2), S. 253-272.

Bongini, Paola/Nieri, Laura (2014): Identifying and Regulating Systemically Important Financial Institutions, in: Economic Notes by Banca Monte dei Paschi di Siena SpA 43, S. 39-62.

Bongini, Paola/Nieri, Laura/Pelagatti, Matteo (2015): The importance of being systemically important financial institutions, in: Journal of Banking & Finance 50, S. 562-574.

Bookstaber, Rick/Cetina, Jill/Feldberg, Greg/Flood, Mark/Glasserman, Paul (2014): Stress Tests to Promote Financial Stability: Assessing Progress and Looking to the Future, in: Journal of Risk Management in Financial Institutions 7 (1), S. 16-25.

Born, Karl E. (1967): Die deutsche Bankenkrise 1931, München.

Borri, Nicola/Caccavaio, Marianna/Giorgio, Giorgio Di/Sorrentino, Alberto (2012): Systemic risk in the European banking sector, CASMEF Working Paper Series, Rome.

Boucher, Christophe M./Lubachinsky, Catherine/Maillet, Bertrand B. (2015): Systemic and Disaster Risks, Paper presented at the 2015 64th Annual Meeting of the French Economic Association.

Boulton, Thomas J./Braga-Alves, Marcus V./Kulchania, Manoj (2014): The flash crash – An examination of shareholder wealth and market quality, in: Journal of Financial Intermediation 23 (1), S. 140-156.

Boyd, John H./Runkle, David E. (1993): Size and performance of banking firms, in: Journal of Monetary Economics 31 (1), S. 47-67.

Brandao-Marques, Luis/Correa, Ricardo/Sapriza, Horacio (2013): International Evidence on Government Support and Risk Taking in the Banking Sector, IWF Working Paper WP/13/94, Washington, DC.

Brousseau, Vincent/Chailloux, Alexandre/Durre, A. (2013): Fixing the fixings – What road to a more representative money market benchmark?, Washington, DC.

Brownlees, Christian T./Engle, Robert (2012): Volatility, Correlation And Tails For Systemic Risk Measurement, Working Paper Stern School, New York.

Brown, Morton B./Forsythe, Alan B. (1974): Robust Tests for the Equality of Variances, in: Journal of the American Statistical Association 69 (346), S. 364-367.

Brown, Stephen J./Warner, Jerold B. (1980): Measuring security price performance, in: Journal of Financial Economics 8 (3), S. 205-258.

Brown, Stephen J./Weinstein, Mark I. (1985): Derived factors in event studies, in: Journal of Financial Economics 14 (3), S. 491-495.

Brown, Stephen J./Warner, Jerold B. (1985): Using daily stock returns: The case of event studies, in: Journal of Financial Economics 14 (1), S. 3-31.

Brunnermeier, Markus K. (2009): Deciphering the Liquidity and Credit Crunch 2007–2008, in: Journal of Economic Perspectives 23 (1), S. 77-100.

Brunnermeier, Markus K./Crockett, Andrew/Goodhart, Charles/Persaud, Avinash/Shin, Hyun Song (2009): The Fundamental Principles of Financial Regulation, Genua.

Brunnermeier, Markus K./Garicano, Luis/Lane, Philip R./Pagano, Marco/Reis, Ricardo/Santos, Tano (2011): European Safe Bonds: A new proposal, Working Paper Cambridge University, Cambridge.

Brunnermeier, Markus K./Krishnamurthy, Arvind (2014): Risk topography – Systemic risk and macro modeling, Chicago/London.

Buchanan, James M./Stubblebine, Craig (1962): Externality, in: Economica 29 (116), S. 371-384.

Bühler, Wolfgang/Prokopczuk, Marcel (2010): Systemic Risk: Is the Banking Sector Special?, Working Paper Leibnitz Universität, Hannover.

Bundesanstalt für Finanzdienstleistungsaufsicht (2013): BaFin Journal (Oktober), Frankfurt.

Bundesanstalt für Finanzdienstleistungsaufsicht (2015): BaFin Journal (April), Frankfurt.

Bundesministerium für Wirtschaft und Energie (2014): Mehr Licht! Der neue Regulierungsrahmen für Schattenbanken, in: Schlaglichter der Wirtschaftspolitik (2), S. 1-6.

Burns, Arthur F./Mitchell, Wesley C. (1946): Measuring Business Cycles, National Bureau of Economic Research, New York.

Literaturverzeichnis 267

Calliess, Christian (2013): Staat, Demokratie und Finanzmarkt – Zwischen Globalisierung, Privatisierung und Re-Regulierung, Diskussionspapier für Berlin Kolloquium: Rethinking Law in a Global Context Themenschwerpunkt "Private ordering and public authority", 16.04.2013, FU Berlin, Berlin.

Calomiris, Charles (1990): Is deposit insurance necessary? A historical perspective, in: Journal of Economic History 50 (2), S. 283-295.

Campbell, Andrew/LaBrosse, John Raymond/Mayes, David G./Singh, Dalvinder (2007): Deposit insurance, Basingstoke.

Campbell, John Y./Lo, Andrew W./MacKinlay, A. Craig (1997): The econometrics of financial markets, Princeton.

Candelon, Bertrand/Sy, Amadou N. (2014): What matters most in the design of stress tests? Evidence from U.S. and the Europe, IPAG Working Paper Series, WP 2014-609, Paris.

Carletti, Elena/Hartmann, Philipp (2002): Competition and stability: what's special about banking?, ECB Working Paper No. 146, Frankfurt.

Carow, Kenneth A./Kane, Edward J. (2001): Event-Study Evidence of the Value of Relaxing Longstanding Regulatory Restraints on Banks, 1970-2000, NBER Working Paper 8594, Cambridge.

Carrington, Tim (1984): U.S. Won't Let 11 Biggest Banks in Nation Fail, in: Wall Street Journal, 20.09.1984, S. A2.

Casella, George/Berger, Roger L. (2008): Statistical inference, Pacific Grove.

Chan-Lau, Jorge (2010a): Regulatory Capital Charges for Too-Connected-to-Fail Institutions: A Practical Proposal, IMF Working Paper 10/98, Washington DC.

Chan-Lau, Jorge A. (2006): Market-Based Estimation of Default Probabilities and Its Application to Financial Market Surveillance, IMF Working Paper 06/104, Washington, DC.

Chan-Lau, Jorge A. (2010b): Default Risk Codependence in the Global Financial System: Was the Bear Stearns Bailout Justified?, in: Gregoriou (ed.) The banking crisis handbook, Boca Raton, S. 437-454.

Chan-Lau, Jorge A. (2013): Systemic risk assessment and oversight, London.

Chan-Lau, Jorge A./Liu, Estelle X./Schmittmann, Jochen M. (2015): Equity returns in the banking sector in the wake of the Great Recession and the European sovereign debt crisis, in: Journal of Financial Stability 16, S. 164-172.

Chatterjee, Samprit/Hadi, Ali S. (2012): Regression analysis by example, 5. Aufl., Hoboken.

Chiaramonte, Laura/Croci, Ettore/Poli, Federica (2015): Should we trust the Z-score? – Evidence from the European Banking Industry, in: Global Finance Journal, forthcoming.

Chung, Kee H./Ann Frost, Carol/Kim, Myungsun (2012): Characteristics and Information Value of Credit Watches, in: Financial Management 41 (1), S. 119-158.

Claessens, Stijn/Herring, Richard J./Schoenmaker, Dirk/Summe, Kimberly A. (2010): A Safer World Financial System: Improving the Resolution of Systemic Institutions, in: Geneva Reports on the World Economy (12).

Cline, William R. (1986): International debt – Systemic risk and policy response, 2. Aufl., Cambridge.

Coase, Ronald H. (1960): The Problem of Social Cost, in: Journal of Law and Economics 3, S. 1-44.

Cobbs, John (1975): When companies get too big to fail, in: Business Week, 27.01.1975, S. 16.

Cochrane, John H. (2009): Lessons from the Financial Crisis, in: Regulation 32 (4), S. 34-37.

Conrad, Jennifer/Dittmar, Robert/Hameed, Allaudeen (2013): Cross-Market and Cross-Firm Effects in Implied Default Probabilities and Recovery Values, AFA 2012 Chicago Meetings Paper.

Constâncio, Vítor (2014): Transcript of the comprehensive assessment press conference (with Q&A) Rede in der Europäischen Zentralbank vom 26.10.2014, Frankfurt.

Corrado, Charles J. (1989): A nonparametric test for abnormal security-price performance in event studies, in: Journal of Financial Economics 23 (2), S. 385-395.

Cowan, Arnold (1992): Nonparametric Event Study Tests, in: Review of Quantitative Finance and Accounting (2), S. 343-358.

Craig, Ben R./Peter, Goetz von (2014): Interbank tiering and money center banks, in: Journal of Financial Intermediation 23 (3), S. 322-347.

Craig, Ben R./Fecht, Falko/Tümer-Alkan, Günseli (2015): The role of interbank relationships and liquidity needs, in: Journal of Banking & Finance 53, S. 99-111.

Credit Suisse AG (2015): Pressemitteilung, 08.10.2015, credit-suisse.com/de/de/about-us/media/news/articles/media-releases/2015/10/de/strategy.html, geprüft am 16.10.2015.

Crockett, Andrew (1997): Why is financial stability a goal of public policy?, in: Proceedings Federal Reserve Bank of Kansas City, S. 7-36.

Crouhy, M./Galai, D./Mark, R. (2005): The Essentials of Risk Management: The Definitive Guide for the Nonrisk Professional, New York.

Cunningham, Lawrence A./Zaring, David (2009): The Three or Four Approaches to Financial Regulation: A Cautionary Analysis Against Exuberance in Crisis Response, in: George Washington Law Review 78 (1), S. 39-113.

Czado, Claudia (2010): Pair-Copula Constructions of Multivariate Copulas, in: Jaworski (ed.) Copula Theory and Its Applications, Berlin, S. 93-109.

Dam, Lammertjan/Koetter, Michael (2012): Bank Bailouts and Moral Hazard: Evidence from Germany, in: Review of Financial Studies 25 (8), S. 2343-2380.

Das, Sanjiv R./Uppal, Raman (2004): Systemic Risk and International Portfolio Choice, in: Journal of Finance 59 (6), S. 2809-2834.

Davis, Philip (1995): Debt, financial fragility, and systemic risk, Oxford/New York.

Dell'Ariccia, Giovanni/Ratnovski, Lev (2013): Bailouts and Systemic Insurance, IMF Working Paper WP/13/23, Washington, DC.

Deloitte (2014): U.S. regulatory capital: Basel III liquidity coverage ratio final rule, New York.

Demirgüç-Kunt, Asli/Detragiache, Enrica (2002): Does deposit Insurance Increase Banking System Stability?, in: Journal of Monetary Economics 49, S. 1373-1406.

Demsetz, Rebecca S./Saidenberg, Marc/Strahan, Philip E. (1996): Banks with Something to Lose: The Disciplinary Role of Franchise Value, in: FRBNY Economic Policy Review (8), S. 1-14.

Demsetz, Rebecca S./Strahan, Philip E. (1997): Diversification, Size, and Risk at Bank Holding Companies, in: Journal of Money, Credit and Banking 29 (3), S. 300-313.

Deutsche Bank AG (2013): Deutsche Bank schließt Kapitalerhöhung erfolgreich ab, Pressemitteilung, 30.04.2013, Frankfurt.

Deutsche Bundesbank (2009): Finanzstabilitätsbericht 2009 der Deutschen Bundesbank, Frankfurt.

Deutsche Bundesbank (2013): Fragen und Antworten zur europäischen Bankenaufsicht, bundesbank.de/Redaktion/DE/FAQ_Listen/themen_europaeische_bankenaufsicht.html, geprüft am 16.10.2015.

Deutsche Bundesbank (2014): Monatsbericht (Juni), Frankfurt.

Deutsche Kreditwirtschaft (2014): Stellungnahme zum Vorschlag für eine Verordnung des Europäischen Parlaments und des Rates über strukturelle Maßnahmen zur Erhöhung der Widerstandsfähigkeit von Kreditinstituten in der Union vom 29. Januar 2014; COM (2014) 43 final, Berlin.

Deutscher Bundestag (1961): Schriftlicher Bericht des Wirtschaftsausschusses (16. Ausschuß) über den von der Bundesregierung eingebrachten Entwurf eines Gesetzes über das Kreditwesen und den vom Bundesrat eingebrachten Entwurf eines Gesetzes über Zinsen, sonstige Entgelte und Werbung der Kreditinstitute, zu Drucksache 2563, Berlin.

Deutscher Bundestag (2012): Antwort der Bundesregierung – Größen- und Geschäftsmodell-differenzierte Aufsicht von Finanzinstituten, Drucksache 17/10931, 05.10.2012, Berlin.

Diamond, Douglas W./Dybvig, Philip H. (1983): Bank Runs, Deposit Insurance, and Liquidity, in: Journal of Political Economy 91 (3), S. 401-419.

Diamond, Douglas W. (1984): Financial Intermediation and Delegated Monitoring, in: Review of Economic Studies 51 (3), S. 393-414.

Diamond, Douglas W. (1989): Reputation Acquisition in Debt Markets, in: Journal of Political Economy 97 (4), S. 828-862.

Doluca, Hasan/Klüh, Ulrich/Wagner, Marco/Weder di Mauro, Beatrice (2010): Reducing Systemic Relevance – A Proposal, Working Paper Sachverständigenrat.

Dombret, Andreas R. (2012): Auslandsbanken zwischen Finanzkrise und Finanzstabilität, Vortrag anlässlich des 30. Gründungsjubiläums des Verbandes der Auslandsbanken in Deutschland, 22.08.2012, Frankfurt.

Dombret, Andreas R. (2013): Systemrisiko, „too big to fail"-Problematik und Abwicklungsregelungen, Deutsche Bundesbank, Keynote zum Salzburg Global Seminar Out of the Shadows: Should Non-Banking Financial Institutions be Regulated?, 19.08.2013, Salzburg.

Dombret, Andreas R./Kenadjian, Patrick S. (2013): The Bank Recovery and Resolution Directive – Europe's Solution for "Too Big To Fail"?, Berlin.

Dombret, Andreas R./Cunliffe, Jon (2014): A missing tool against "too big to fail", Bank of England (zugl.: Wall Street Journal, 02.06.2014) London.

Dombret, Andreas R. (2014a): Der Marathon hat erst begonnen – was kommt nach dem Stresstest?, Eingangsstatement zur Pressekonferenz anlässlich der Veröffentlichung der Ergebnisse des Comprehensive Assessment, 26.10.2014, Frankfurt.

Dombret, Andreas R. (2014b): Finanzmarktregulierung – Stillstand ist Rückschritt, Rede auf der Alternative Investor Conference 2014 des Bundesverbands für Alternative Investments, 14.05.2014, Frankfurt.

Dombret, Andreas R./Kenadjian, Patrick S. (2015): Too Big to Fail III: Structural Reform Proposals – Should We Break Up the Banks?, Berlin.

Dougherty, Carter (2008): Germany guarantees bank deposits, NY Times online, 05.10.2008, nytimes.com/2008/10/05/business/worldbusiness/05iht-hypo.4.16708030.html?_r=0, geprüft am 25.10.2015.

Dowd, Kevin (1999): Too Big to Fail? Long-Term Capital Management and the Federal Reserve, Cato Briefing Papers No. 52, Oxford.

D'Souza, Julia/Jacob, John (2000): Why firms issue targeted stock, in: Journal of Financial Economics 56, S. 459-483.

Dudley, William C. (2012): Solving the Too Big to Fail Problem – Federal Reserve Bank of New York, Rede zur Clearing House's Second Annual Business Meeting and Conference, 15.11.2012, New York.

Duffie, Darrell (1999): Credit Swap Valuation, in: Financial Analysts Journal 55 (1), S. 73-87.

Dufour, Jean-Marie/Khalaf, Lynda/Beaulieu, Marie-Claude (2003): Exact skewness-kurtosis tests for multivariate normality and goodness-of-fit in multivariate regressions with application to asset pricing models, in: Oxford bulletin of economics and statistics 65, S. 891-906.

Duggan, Jennifer (2015): China plans stock market 'circuit breaker' to curb volatility, The Guardian online, 08.09.2015, theguardian.com/business/2015/sep/08/china-plans-stock-market-circuit-breaker-as-shares-slide-on-import-woes, geprüft am 25.10.2015.

Dullien, Sebastian/Schwarzer, Daniela (2009): Too European to fail, European Voice online, 23.02.2009, politico.eu/article/too-european-to-fail, geprüft am 25.10.2015.

Dunbar, Nicholas (2000): Inventing money – The story of Long-term Capital Management and the legends behind it, Chichester.

Durand, Helene (2014): Europe strives for consistency as MREL consultation begins, Reuters online, 28.11.2014, London, reuters.com/article/2014/11/28/banks-capital-idUSL6N0TI2KG20141128, geprüft am 23.10.2015.

Dyckman, Thomas/Philbrick, Donna/Stephan, Jens (1984): A Comparison of Event Study Methodologies Using Daily Stock Returns: A Simulation Approach, in: Journal of Accounting Research 22, S. 1-30.

Edgell, Stephen E./Noon, Sheila M. (1984): Effect of violation of normality on the t test of the correlation coefficient, in: Psychological Bulletin 95 (3), S. 576-583.

Edwards, Franklin R. (1996): The new finance – Regulation and financial stability, Washington, DC.

Eidenmüller, Horst (2005): Effizienz als Rechtsprinzip – Möglichkeiten und Grenzen der ökonomischen Analyse des Rechts, 3. Aufl., Tübingen.

Eilenberger, Guido (1996): Bankbetriebswirtschaftslehre, 6. Aufl., München/Wien.

Ellahie, Atif (2012): Capital Market Consequences of EU Bank Stress Tests, Working Paper London Business School, London.

Embrechts, Paul/McNeil, Alexander J./Straumann, Daniel (2002): Correlation and Dependence in Risk Management: Properties and Pitfalls, in: Dempster (ed.) Risk Management, Cambridge, S. 176–223.

Engle, Robert/Jondeau, Robert/Rockinger, Michael (2012): Systemic Risk in Europe, Swiss Finance Institute, Research Paper Series N°12 - 45, New York/Lausanne.

Engle, Robert/Jondeau, Eric/Rockinger, Michael (2014): Systemic Risk in Europe, in: Review of Finance 19 (1), S. 145-190.

Erdland, Alexander (1981): Eigenkapital und Einlegerschutz bei Kreditinstituten – Eine funktions- und abbildungstheoretische Analyse, Berlin (zugl.: Hagen, Fernuniv., Diss., 1980).

Ergungor, Emre/Thomson, James B. (2005): Systemic Banking Crises, Discussion Paper, Federal Reserve Bank of Cleveland, Cleveland.

Espinosa-Vega, Marco A./Kahn, Charles/Matta, Rafael/Solé, Juan (2011): Systemic Risk and Optimal Regulatory Architecture, IMF Working Paper 11/193, Washington, DC.

Estrada, Edward J. (2011): The Immediate and Lasting Impacts of the 2008 Economic Collapse – Lehman Brothers, General Motors and the Secured Credit Markets, in: University of Richmond Law Review 45, S. 1111-1142.

Eucken, Walter (1990): Grundsätze der Wirtschaftspolitik, 6. Aufl., Tübingen.

Europäische Bankenaufsichtsbehörde (2011): European Banking Authority 2011 EU-wide Stress Test: Aggregate Report, London.

Europäische Bankenaufsichtsbehörde (2012): Final report on the implementation of Capital Plans following the EBA's 2011 Recommendation on the creation of temporary capital buffers to restore market confidence, London.

Europäische Bankenaufsichtsbehörde (2014a): Draft Regulatory Technical Standards on criteria for determining the minimum requirement for own funds and eligible liabilities under Directive 2014/59/EU, EBA/CP/2014/41, London.

Europäische Bankenaufsichtsbehörde (2014b): EBA publishes indicators from global systemically important institutions (G-SIIs) vom 09.09.2014, eba.europa.eu/-/eba-publishes-indicators-from-global-systemically-important-institutions-g-siis, geprüft am 25.10.2015.

Europäische Bankenaufsichtsbehörde (2014c): Main features of the 2014 EU-wide stress test, London.

Europäische Bankenaufsichtsbehörde (2014d): Results of 2014 EU - wide stress test – Summary of bank - level results, London.

Europäische Bankenaufsichtsbehörde (2014e): Results of 2014 EU - wide stress test, London.

Europäische Bankenaufsichtsbehörde (2015a): 2015 EU-wide Transparency Exercise – Sample of banks, London.

Europäische Bankenaufsichtsbehörde (2015b): EBA Final Draft Regulatory Technical Standards, EBA/RTS/2015/05, 03.07.2015, London.

Europäische Bankenaufsichtsbehörde (2015c): Technical advice on the delegated acts on critical functions and core business lines, EBA/Op/2015/05, London.

Literaturverzeichnis

Europäische Kommission (2010a): EBA-Verordnung – Verordnung (EU) Nr. 1093/2010 des Europäischen Parlaments und des Rates vom 24. November 2010 zur Errichtung einer Europäischen Aufsichtsbehörde (Europäische Bankenaufsichtsbehörde) zur Änderung des Beschlusses Nr. 716/2009/EG und zur Aufhebung des Beschlusses 2009/78/EG der Kommission, Brüssel.

Europäische Kommission (2010b): ESRB-Verordnung – Verordnung (EU) Nr. 1092/2010 des Europäischen Parlaments und des Rates vom 24. November 2010 über die Finanzaufsicht der Europäischen Union auf Makroebene und zur Errichtung eines Europäischen Ausschusses für Systemrisiken, Brüssel.

Europäische Kommission (2011): CRA II – Verordnung (EU) Nr. 513/2011 des Europäischen Parlamentes und des Rates vom 11.05.2011 zur Änderung der Verordnung (EG) Nr. 1060/2009 über Ratingagenturen, Brüssel.

Europäische Kommission (2012): Technical fiche: Tax contribution of the financial sector, Brüssel.

Europäische Kommission (2013): SSM-Verordnung – Verordnung (EU) Nr. 1024/2013 des Rates vom 15. Oktober 2013 zur Übertragung besonderer Aufgaben im Zusammenhang mit der Aufsicht über Kreditinstitute auf die Europäische Zentralbank, Brüssel.

Europäische Kommission (2014a): Bankenunion: Wiederherstellung der Finanzstabilität im Euroraum, Pressemitteilung, 15.04.2014, Brüssel.

Europäische Kommission (2014b): Einheitlicher Bankenabwicklungsmechanismus (SRM) – Verordnung (EU) Nr. 806/2014 des Europäischen Parlaments und des Rates zur Festlegung einheitlicher Vorschriften und eines einheitlichen Verfahrens für die Abwicklung von Kreditinstituten und bestimmten Wertpapierfirmen im Rahmen eines einheitlichen Abwicklungsmechanismus und eines einheitlichen Abwicklungsfonds sowie zur Änderung der Verordnung (EU) Nr. 1093/2010, Brüssel.

Europäische Kommission (2014c): Einlagensicherungsrichtlinie – Richtlinie 2014/49/EU des Europäischen Parlaments und des Rates vom 16. April 2014 über Einlagensicherungssysteme, Brüssel.

Europäische Kommission (2014d): EU Bank Recovery and Resolution Directive (BRRD): Frequently Asked Questions, Pressemitteilung, 15.04.2014, Brüssel.

Europäische Kommission (2014e): Publication of Single Resolution Board top management posts: frequently asked questions, 10.07.2014, Brüssel.

Europäische Kommission (2014f): Report from the Commission to the European Parliament and the Council on the operation of the European Supervisory Authorities (ESAs) and the European System of Financial Supervision (ESFS), Brüssel.

Europäische Kommission (2014g): Richtlinie zur Sanierung und Abwicklung von Kreditinstituten (BRRD) – Richtlinie 2014/59/EU des Europäischen Parlaments und des Rates vom 15. Mai 2014 zur Festlegung eines Rahmens für die Sanierung und Abwicklung von Kreditinstituten und Wertpapierfirmen und zur Änderung der Richtlinie 82/891/EWG des Rates, der Richtlinien 2001/24/EG, 2002/47/EG, 2004/25/EG, 2005/56/EG, 2007/36/EG, 2011/35/EU, 2012/30/EU und 2013/36/EU sowie der Verordnungen (EU) Nr. 1093/2010 und (EU) Nr. 648/2012 des Europäischen Parlaments und des Rates, Brüssel.

Europäische Kommission (2014h): SRM-Verordnung – Verordnung (EU) Nr. 806/2014 des Europäischen Parlaments und des Rates vom 15. Juli 2014 zur Festlegung einheitlicher Vorschriften und eines einheitlichen Verfahrens für die Abwicklung von Kreditinstituten und bestimmten Wertpapierfirmen im Rahmen eines einheitlichen Abwicklungsmechanismus und eines einheitlichen Abwicklungsfonds sowie zur Änderung der Verordnung (EU) Nr. 1093/2010, Brüssel.

Europäische Kommission (2014i): Strukturreform des Bankensektors in der EU, Pressemitteilung, 29.01.2014, Brüssel.

Europäische Kommission (2014j): Vorschlag für eine Verordnung des Europäischen Parlaments und des Rates über die Meldung und Transparenz von Wertpapierfinanzierungsgeschäften, COM(2014) 40 final 2014/0017 (COD), Brüssel.

Europäische Kommission (2014k): Vorschlag für eine Verordnung des Europäischen Parlaments und des Rates über strukturelle Maßnahmen zur Erhöhung der Widerstandsfähigkeit von Kreditinstituten in der Union, COM(2014) 43 final, 2014/0020 (COD), Brüssel.

Europäische Zentralbank (2014a): Aggregate report on the comprehensive assessment, Frankfurt.

Europäische Zentralbank (2014b): Guide to banking supervision, Frankfurt.

Europäische Zentralbank (2014c): Leitfaden zur Bankenaufsicht, Frankfurt.

Europäische Zentralbank (2014d): SSM-Rahmenverordnung – Verordnung der Europäischen Zentralbank vom 16. April 2014 zur Einrichtung eines Rahmenwerks für die Zusammenarbeit zwischen der Europäischen Zentralbank und den nationalen zuständigen Behörden und den nationalen benannten Behörden innerhalb des einheitlichen Aufsichtsmechanismus, EZB/2014/17, Frankfurt.

Europäische Zentralbank (2014e): Stellungnahme der Europäischen Zentralbank vom 19. November 2014 zu einem Vorschlag für eine Verordnung des Europäischen Parlaments und des Rates über strukturelle Maßnahmen zur Erhöhung der Widerstandsfähigkeit von Kreditinstituten in der Union (CON/2014/83), Frankfurt.

Europäische Zentralbank (2014f): The list of significant supervised entities and the list of less significant institutions, Frankfurt.

Europäische Zentralbank (2015a): List of significant supervised entities, 16.03.2015, Frankfurt.

Europäische Zentralbank (2015b): Number of monetary financial institutions MFIs, www.ecb.europa.eu/stats/money/mfi/general/html/mfis_list_2015-04.en.html, geprüft am 03.06.2015.

Europäischer Rat (2015a): Proposal for a regulation of the European Parliament and of the Council on structural measures improving the resilience of EU credit institutions, 2014/0020 (COD) EF 121 ECOFIN 528 CODEC 910, Brüssel.

Europäischer Rat (2015b): Restructuring risky banks: Council agrees its negotiating stance, Pressemitteilung 474/15, 19.06.2015, Brüssel.

Eurostat (2014): National accounts (including GDP) (ESA95) (nama_gdp_c) ec.europa.eu/eurostat/en/web/products-datasets/-/NAMA_GDP_C, geprüft am 07.11.2014.

Fama, Eugene F. (1965): The Behavior of Stock-Market Prices, in: Journal of Business 38 (1), S. 34-105.

Fama, Eugene F./Fisher, Lawrence/Jensen, Michael C./Roll, Richard (1969): The Adjustment of Stock Prices to New Information, in: International Economic Review 10 (1), S. 1-21.

Fama, Eugene F. (1970): Efficient Capital Markets: A Review of Theory and Empirical Work, in: Journal of Finance 25 (2), S. 383-417.

Fama, Eugene F. (1991): Efficient Capital Markets: II, in: Journal of Finance 46 (5), S. 1575-1617.

Fama, Eugene F./French, Kenneth R. (1992): The Cross-Section of Expected Stock Returns, in: Journal of Finance 47 (2), S. 427-465.

Fechtner, Detlef (2015): Finanzminister ohne Zeitdruck, Börsenzeitung, 04.09.2015, S. 2.

Federal Deposit Insurance Corporation (2014): Resolution of systemically important financial institutions: The single point of entry strategy, Federal Register US 78 (243), S. 76614-76624.

Federal Reserve St. Louis (2015): Merrill Lynch US Corporate Ratings Effective Yield, research.stlouisfed.org/fred2/series/BAMLC0A4CBBBEY, geprüft am 20.10.2015.

Fernández, Santiago/Pardo, José C./Santillana, Victoria (2014): Total Loss-Absorbing Capacity (TLAC): making bail-in feasible and credible instead of bail-out, Global Regulation Watch BBVA Research, Barcelona.

Ferri, Giovanni/Liu, Li/Stiglitz, Joseph E. (1999): The procyclical role of rating agencies – Evidence from the East Asian crisis, in: Economic Review of Banca Monte dei Paschi di Siena 28 (3), S. 335-355.

Fest, Alexander (2008): Zwecke, Ansätze und Effizienz der Regulierung von Banken, Berlin (zugl.: FU Berlin, Univ., Diss., 2008).

Fidrmuc, Jana P./Goergen, Marc/Renneboog, Luc (2006): Insider Trading, News Releases, and Ownership Concentration, in: Journal of Finance 61 (6), S. 2931-2973.

Finanzstabilitätsrat (2010): Reducing the moral hazard posed by systemically important financial institutions, Basel.

Finanzstabilitätsrat (2011): Policy Measures to Address Systemically Important Financial Institutions, Basel.

Finanzstabilitätsrat (2012): Update of group of global systemically important banks G-SIB, Basel.

Finanzstabilitätsrat (2013a): 2013 update of group of global systemically important banks G-SIBs, Basel.

Literaturverzeichnis

Finanzstabilitätsrat (2013b): Consultative Document: Assessment Methodology for Key Attributes of Effective Resolution Regimes for Financial Institutions, Basel.

Finanzstabilitätsrat (2013c): FSB Data Gaps Initiative – A common data template for global systemically important banks, Basel.

Finanzstabilitätsrat (2013d): Recovery and Resolution Planning for Systemically Important Financial Institutions: Guidance on Identification of Critical Functions and Critical Shared Services, Basel.

Finanzstabilitätsrat (2014a): 2014 update of list of global systemically important banks (G-SIBs), Basel.

Finanzstabilitätsrat (2014b): 2014 update of list of global systemically important insurers (G-SIIs), Basel.

Finanzstabilitätsrat (2014c): Adequacy of loss-absorbing capacity of global systemically important banks in resolution, Basel.

Finanzstabilitätsrat (2014d): Key Attributes of Effective Resolution Regimes for Financial Institutions, Basel.

Finanzstabilitätsrat, Internationaler Währungsfonds und Bank für Internationalen Zahlungsausgleich (2009): Guidance to Assess the Systemic Importance of Financial Institutions, Markets and Instruments – Initial Consideration , Finanzstabilitätsrat, financialstabilityboard.org/publications/r_091107d.pdf, geprüft am 01.11.2015.

Fitch Ratings (2014a): Bank Resolution Not a Priority in Latin America, Pressemitteilung, 27.03.2014, New York.

Fitch Ratings (2014b): Definitions of Ratings and Other Forms of Opinion, New York.

Flannery, Mark J. (1998): Using Market Information in Prudential Bank Supervision: A Review of the U.S. Empirical Evidence, in: Journal of Money, Credit and Banking 30 (3), S. 273-305.

Flannery, Mark J. (2001): The Faces of "Market Discipline", in: Journal of Financial Services Research 20 (2), S. 107-119.

Flannery, Mark J./Kwan, Simon H./Nimalendran, Mahendrarajah (2013): The 2007–2009 financial crisis and bank opaqueness, in: Journal of Financial Intermediation 22 (1), S. 55-84.

Flannery, Mark J./Giacomini, Emanuela (2015): Maintaining adequate bank capital – An empirical analysis of the supervision of European banks, in: Journal of Banking & Finance 59, S. 236-249.

Forssbæck, Jens (2011): Ownership structure, market discipline, and banks' risk-taking incentives under deposit insurance, in: Journal of Banking & Finance 35 (10), S. 2666-2678.

Foster, George (1980): Accounting policy decisions and capital market research, in: Journal of Accounting and Economics 2 (1), S. 29-62.

Frankel, Allen/Marquardt, Jeffrey C. (1983): Payment Systems: Theory and Policy, International Finance Disucssion Papers 216 Federal Reserve Board, New York.

Freixas, Xavier/Giannini, Curzio/Hoggarth, Glenn/Soussa, Farouk (2000): Lender of Last Resort: What Have We Learned Since Bagehot?, in: Journal of Financial Services Research 18 (1), S. 63-84.

Freixas, Xavier (2013): Crisis Management in Europe, in: Kremers/Schoenmaker/Wierts (eds.) Financial Supervision in Europe, Cheltenham, S. 102-109.

Freixas, Xavier/Laeven, Luc/Peydró, José-Luis (2015): Systemic risk, crises, and macroprudential regulation, Cambridge/London.

Freund, Eric/Orth, Michael (2014): Stresstest – EBA und EZB veröffentlichen Einzelheiten, in: BaFin Journal (3), S. 29f.

Fritsch, Michael (2011): Marktversagen und Wirtschaftspolitik – Mikroökonomische Grundlagen staatlichen Handelns, 8. Aufl., München.

Froyen, Richard T. (2013): Macroeconomics – Theories and policies, 10. Aufl., Boston.

Gai, Prasanna (2013): Systemic risk – The dynamics of modern financial systems, Oxford.

Galizia, Federico (2013): Managing systemic exposure – A risk management framework for SIFIs and their market, London.

García Alcubilla, Raquel/Ruiz del Pozo, Javier (2012): Credit rating agencies on the watch list – Analysis of European regulation, Oxford.

Gärtner, Manfred/Griesbach, Björn/Jung, Florian (2011): PIGS or Lambs? The European Sovereign Debt Crisis and the Role of Rating Agencies, in: International Advances in Economic Research 17, S. 288-299.

Gauthier, Céline/Lehar, Alfred/Souissi, Moez (2012): Macroprudential capital requirements and systemic risk, in: Journal of Financial Intermediation 21 (4), S. 594-618.

Gelman, Eric (1984): The Continental Bailout, Newsweek, 30.07.1984, S. 86.

Generaldirektion Interner Markt und Dienstleistungen der Europäischen Kommission (2011): Technical details of a possible EU framework for bank recovery and resolution, Brüssel.

Generaldirektion Interner Markt und Dienstleistungen der Europäischen Kommission (2012): Discussion paper on the debt write-down tool, Brüssel.

Genest, Christian/Rémillard, Bruno/Beaudoin, David (2009): Goodness-of-fit tests for copulas: A review and a power study, in: Insurance: Mathematics and Economics 44 (2), S. 199-213.

Geys, Walter/Vermaelen, Theo/Keuleneer, Luc/Davies, Roxane (1987): Feasibility Study for a European Centre for Credit Ratings – Supervised and financed by the E.E.C, Brüssel.

Gissy, William G. (2000): Regulatory forbearance: A reconsideration, in: International Advances in Economic Research 6 (4), S. 722-729.

Glatzl, Stefan (2009): Geldpolitik und Bankenaufsicht im Konflikt – Die Pflicht der Mitgliedstaaten zur Unterstützung der EZB im Bereich der Preisstabilität unter besonderer Berücksichtigung der Bankenaufsicht, Baden-Baden (zugl.: Heidelberg, Univ., Diss., 2008).

Göbel, Henning/Henkel, Knut/Lantzius-Beninga, Berthold (2012): Berechnung der Bankenabgabe, in: Die Wirtschaftsprüfung (1), S. 27-39.

Godenrath, Björn (2014): Gesellschafter beschließen Auflösung der Liko-Bank, Börsenzeitung, 05.04.2014, S. 4.

Goerke, Björn (2009): Event Studies, in: Albers/Klapper/Konradt/Walter/Wolf (eds.) Methodik der empirischen Forschung, Wiesbaden, S. 467-484.

Goldman Sachs (2012): Summary of Resolution Plan, New York.

Goldstein, Itay/Sapra, Haresh (2013): Should Banks' Stress Test Results be Disclosed? An Analysis of the Costs and Benefits, in: Foundations and Trends in Finance 8 (1), S. 1-54.

Goldstein, Morris/Véron, Nicolas (2012): Too big to fail – The transatlantic debate, Working Paper 11-02 Peterson Institute for International Economics, Washington, DC.

Goodhart, Charles (1999): Myths about the Lender of Last Resort, in: International Finance 2 (3), S. 339-360.

Goodhart, Charles (2008): Liquidity risk management, in: Banque de France Financial Stability Review (11), S. 39-44.

Gorton, Gary/Winton, Andrew (2015): Financial Intermediation, in: Constantinides/Harris/Stulz (eds.) Handbook of the Economics of Finance, Amsterdam, S. 431-552.

Greene, William H. (2003): Econometric analysis, 5. Aufl., Upper Saddle River, N. J.

Greenspan, Alan (2008): The age of turbulence – Adventures in a new world, 2. Aufl., London.

Grochulski, Borys/Slivinski, Stephen (2009): Systemic Risk Regulation and the "Too Big to Fail" Problem, Economic Brief Federal Reserve Richmond EB09-07, Richmond.

Gropp, Reint/Vesala, Jukka/Vulpes, Giuseppe (2006): Equity and Bond Market Signals as Leading Indicators of Bank Fragility, in: Journal of Money, Credit and Banking 38 (2), S. 399-428.

Gropp, Reint/Hakenes, Hendrik/Schnabel, Isabel (2011): Competition, Risk-shifting, and Public Bail-out Policies, in: Review of Financial Studies 24 (6), S. 2084-2120.

Gros, Daniel/Schoenmaker, Dirk (2014): European Deposit Insurance and Resolution in the Banking Union, in: Journal of Common Market Studies 52 (3), S. 529-546.

Gruppe der 10 (2001): Report on Consolidation in the Financial Sector, Paris.

Gruppe der 20 (2008): Declaration Summit of Financial Market and the World Economy, 15.11.2008, Washington, DC.

Gruppe der 20 (2009a): Erklärung der Staats- und Regierungschefs Gipfeltreffen – Arbeitsübersetzung Bundesregierung Deutschland, 25.09.2009, Pittsburgh.

Gruppe der 20 (2009b): Erklärung der Staats- und Regierungschefs, 02.04.2009, London.

Guerra, Solange M./Tabak, Benjamin M./de Souza, Rodrigo A./Castro-Miranda, Penaloza/de Castro Miranda, Rodrigo César (2013): Systemic Risk Measures; Working Papers Banco Central Do Brasil 321, Brasilia.

Gup, Benton E. (2004): Too big to fail – Policies and practices in government bailouts, Westport, Conn.

Gürtler, Marc/Hibbeln, Martin (2013): Improvements in loss given default forecasts for bank loans, in: Journal of Banking & Finance 37 (7), S. 2354-2366.

Hackethal, Andreas R./Tyrell, Marcel (1998): Complementarity and Financial Systems – A Theoretical Approach, Finance and Accounting Working Paper No. 11 Goethe Universität, Frankfurt.

Hakenes, Hendrik/Schnabel, Isabel (2011): Capital regulation, bank competition, and financial stability, in: Economics Letters 113 (3), S. 256-258.

Haldane, Andrew G. (2013): Constraining discretion in bank regulation, Speech Bank of England, 09.04.2013, London.

Hampel, Frank (2000): Robust Inference, ETH Zürich Research Report #93, Zürich.

Hansen, Lars Peter (2014): Challenges in Identifying and Measuring Systemic Risk, in: Brunnermeier/ Krishnamurthy (eds.) Risk topography, London/Chicago, S. 15–30.

Hanson, Samuel G./Kashyap, Anil K./Stein, Jeremy C. (2011): A Macroprudential Approach to Financial Regulation, in: Journal of Economic Perspectives 25 (1), S. 3-28.

Haq, Mamiza/Heaney, Richard (2012): Factors determining European bank risk, in: Journal of International Financial Markets, Institutions and Money 22 (4), S. 696-718.

Harbrecht, Erich/Wieland, Martin (2010): Ist eine europäische Ratingagentur sinnvoll, und wie sollte sie organisiert sein?, in: ifo Schnelldienst 63 (1), S. 3-11.

Hardin, Garrett (1968): The tragedy of the commons, in: Science 162 (3859), S. 1243-1248.

Harrison, Barnett E./Carter, Heathe (2012): Too big to fail or systemically important financial institutions, New York.

Hartmann-Wendels, Thomas/Pfingsten, Andreas/Weber, Martin (2014): Bankbetriebslehre, 6. Aufl., Berlin.

Hauptmann, Johannes/Zagst, Rudi (2011): Systemic Risk, in: Wu (ed.) Quantitative Financial Risk Management, New York, S. 321-338.

Hausmann, Jerry (1978): Specification Tests in Econometrics, in: Econometrica 46 (6), S. 1251-1271.

Hautsch, Nikolaus/Schaumburg, Julia/Schienle, Melanie (2014): Forecasting systemic impact in financial networks, in: International Journal of Forecasting 30 (3), S. 781-794.

Hayek, Friedrich A. von (1937): Economics and Knowledge, in: Economica 4 (13), S. 33-54.

Hayek, Friedrich A. von (1945): The Use of Knowledge in Society, in: American Economic Review 35 (4), S. 519-530.

Hayek, Friedrich A. von (1974): The pretence of knowledge, in: Swedish Journal of Economics 77 (4), S. 433-442.

Hayek, Friedrich A. von (1977): Entnationalisierung des Geldes – Analyse der Theorie und Praxis konkurrierender Umlaufsmittel, Tübingen.

Hayek, Friedrich A. von (2003): Recht, Gesetz und Freiheit – Eine Neufassung der liberalen Grundsätze der Gerechtigkeit und der politischen Ökonomie, Tübingen.

Hellwig, Martin (1998): Systemische Risiken im Finanzsektor, in: Schriften des Vereins für Socialpolitik: Zeitschrift für Wirtschafts- und Sozialwissenschaften 261, S. 123-151.

Herring, Richard J. (2009): Why and How Resolution Policy Must Be Improved, in: Ciorciari/Taylor (eds.) The road ahead for the Fed, Stanford, S. 171-178.

High, Jack C./Pearce, Jack A. (1993): Regulation as an Entrepreneurs' Process, in: Journal of Private Enterprise 9 (2), S. 39-48.

Hilgers, Hans A. (2010): Der Glass-Steagall Act und die Bankenregulierung, Wissenschaftliche Dienste, Deutscher Bundestag, Berlin.

Hillmer, Steven C./Yu Po-Lung (1979): The Market Speed of Adjustment to New Information, in: Journal of Financial Economics 7, S. 321-345.

Hinrichs, Thorsten (2012): Rolle von Ratings in Aufsicht und Markt, Vortrag Österreichische Finanzmarktaufsicht, 14.09.2012, Wien.

Hirshleifer, David/Lim, Sonya S./Teoh, Siew H. (2009): Driven to Distraction: Extraneous Events and Underreaction to Earnings News, in: Journal of Finance 64 (5), S. 2289-2325.

Hirtle, Beverly/Lehnert, Andreas (2014): Supervisory Stress Tests, FRB of New York Staff Report No. 696, New York.

HM Treasury (2013): Financial Services (Banking Reform) Bill, London.

Hoelscher, David S. (2006): Bank restructuring and resolution, New York.

Hogan, Thomas L./Luther, William J. (2014): The Explicit Costs of Government Deposit Insurance, in: Cato Journal 34 (1), S. 145-170.

Holm, Lars/Hovard, Thomas (2014): MREL is not going to cure the headache caused by TLAC, Dankse Bank Research, Kopenhagen.

Hölzl, Werner (2001): Komplementarität, Veränderung und Konvergenz von Finanzsystemen, in: Kurswechsel – Zeitschrift für gesellschafts-, wirtschafts- und umweltpolitische Alternativen (2), S. 30-39.

Horsch, Andreas (1998): Versichertenschutzfonds in der deutschen Assekuranz – Möglichkeiten und Grenzen ihres Einsatzes in der Kfz-Haftpflicht- und Lebensversicherung, Wiesbaden (zugl.: Bochum, Univ., Diss., 1998).

Horsch, Andreas (2006): Rating in der Versicherungswirtschaft – Eine ökonomische Analyse, Karlsruhe.

Horsch, Andreas (2008): Rating und Regulierung – Ökonomische Analyse der Prozesse, Strukturen und Regeln der Märkte für Ratings, Baden-Baden (zugl.: Bochum, Univ., Habil.-Schr., 2007).

Horsch, Andreas/Schulte, Michael (2010): Wertorientierte Banksteuerung II: Risikomanagement, 4. Aufl., Frankfurt am Main.

Horsch, Andreas/Kleinow, Jacob/Traun, Maximilian (2013): Ökonomische Analyse von Konzepten einer Europäischen Ratingagentur, in: Zeitschrift für Bankrecht und Bankwirtschaft 25 (4), S. 417-436.

Horsch, Andreas/Kleinow, Jacob (2015): Der Bankenstresstest 2014 im Vorfeld des Single Supervisory Mechanism: Theorie und Empirie zu einem Lackmustest der neuen europäischen Bankenregulierung, in: Zeitschrift für Bankrecht und Bankwirtschaft 27 (1), S. 1-12.

Horsch, Andreas (2016): Regulating SIFIs in the European Union: A Primer from an Economic Point of View, in: Andaenas/Deipenbrock (eds.) Regulating and Supervising European Financial Markets. Risks and Achievements, New York, forthcoming.

Hoskins, W. Lee (1990): Payment System Risk, in: Vital Speeches of the Day 56 (20), S. 612-615.

Hou, David/Skeie, David (2014): LIBOR: Origins, Economics, Crisis, Scandal, and Reform; Federal Reserve Bank of New York, Staff Report No. 667, New York.

House of Lords (2011a): Sovereign Credit Ratings: Shooting the Messenger?, 21st Report of Session 2010-12, HL Paper 189, London.

House of Lords (2011b): The Future of Economic Governance in the EU, 12th Report of Session 2010-11, HL Paper 124, London.

Huber, Peter J. (1967): The behavior of maximum likelihood estimates under nonstandard conditions, in: Proceedings of the Fifth Berkeley Symposium on Mathematical Statistics and Probability, S. 221-233.

Hull, John C./White, Alan D. (2000): Valuing Credit Default Swaps I: No Counterparty Default Risk, in: Derivatives 8 (1), S. 29-40.

Hull, John C./White, Alan D. (2013): LIBOR vs. OIS: The Derivatives Discounting Dilemma, in: Journal of Investment Management 11 (3), S. 14-27.

Hull, John C. (2014): Risikomanagement – Banken, Versicherungen und andere Finanzinstitutionen, 3. Aufl., Hallbergmoos.

Humphrey, Thomas M. (2010): Lender of Last Resort: What it is, Whence it Came, and Why the Fed isn't it, in: Cato Journal 30 (2), S. 333-364.

Hundt, Steffen/Horsch, Andreas (2012): Kapitalmarktreaktionen auf Ankündigungen von M&A-Transaktionen – Eine Ereignisstudie am Beispiel der Unicredit, in: Corporate Finance biz (3), S. 141-148.

Hurley, Cornelius (2010): Paying the price for too big to fail, in: Entrepreneurial Business Law Review 4, S. 351-390.

Imerman, Michael B. (2012): Structural Credit Risk Models: Endogenous Versus Exogenous Default, in: Lee (ed.) Encyclopedia of Finance, New York, S. 645-657.

Independent Commission on Banking UK (2011): Final Report Recommendations, London.

Internationale Organisation der Wertpapieraufsichtsbehörden (IOSCO) und Finanzstabilitätsrat (2015): Assessment Methodologies for Identifying Non-Bank Non-Insurer Global Systemically Important Financial Institutions Proposed High-Level Framework and Specific Methodologies, zweites Konsultationspapier, Madrid.

Internationaler Währungsfonds (2007): Global Financial Stability Report 2007, Washington, DC.

Internationaler Währungsfonds (2009): Global Financial Stability Report 2009, Washington, DC.

Jacewitz, Stefan/Pogach, Jonathan (2014): Deposit Rate Advantages at the Largest Banks, Working Paper Series FDIC & CFR 2014-02, Washington, DC.

Jacobs, Thomas A. (2009): Changing Market Perceptions of Who is "Too Big to Fail" During the Financial Crisis of 2007-2008, Working Paper DePaul University, Chicago.

Jankowitsch, Rainer/Nagler, Florian/Subrahmanyam, Marti G. (2014): The determinants of recovery rates in the US corporate bond market, in: Journal of Financial Economics 114 (1), S. 155-177.

Jenkins, Patrick/Davies Paul J. (2009): Thirty financial groups on systemic risk list, Financial Times UK online, 30.11.2009, ft.com/intl/cms/s/0/df7c3f24-dd19-11de-ad60-00144feabdc0.html, geprüft am 30.04.2013.

Jensen, Uwe/Döring, Maik/Gandy, Axel/Mathe, Kinga (2009): Mathematische Modelle zur quantitativen Analyse der Zuverlässigkeit, in: Bertsche/Göhner/Schinköthe/Wunderlich/Gäng (eds.) Zuverlässigkeit mechatronischer Systeme Grundlagen und Bewertung in frühen Entwicklungsphasen, Heidelberg, S. 99-155.

Jobst, Andreas/Gray, Dale (2013): Systemic Contingent Claims Analysis – Estimating Market-Implied Systemic Risk, IMF Working Paper 13/54, Washington, DC.

Joe, Harry (2014): Dependence modeling with copulas, Boca Raton.

Joines, Adam (2010): Signals to the Market: Too Big to Fail Banks and the Recent Crisis, Working Paper University of Notre Dame, Notre Dame.

Jondeau, Eric/Rockinger, Michael (2003): Testing for differences in the tails of stock-market returns, in: Journal of Empirical Finance 10 (5), S. 559-581.

Jonghe, Olivier de/Diepstraten, Maaike/Schepens, Glenn (2015): Banks' size, scope and systemic risk: What role for conflicts of interest?, in: Journal of Banking & Finance, forthcoming.

Jorion, Philippe (2000): Risk management lessons from Long-Term Capital Management, in: European Financial Management 6 (3), S. 277-300.

JP Morgan (1997): CreditMetrics Technical Document, New York.

JP Morgan (2011): EBA Stress Tests: Our View on Today's Disclosure. The Stress Test Converted into JPM Acid Test, New York.

Kane, Edward J. (1981): Accelerating Inflation, Technological Innovation, and the Decreasing Effectiveness of Banking Regulation, in: Journal of Finance 36 (2), S. 355-367.

Kane, Edward J. (2000): Incentives for Banking Megamergers: What Motives Might Regulators Infer from Event-Study Evidence?, Working Paper presented at the 36th Annual Conference on bank structure and competition, Chicago.

Kang, Teuk R. (2012): Reform des europäischen Finanzaufsichtssystems als Vorbild für Ostasien, Berlin.

Kaufman, George G. (2000): Banking and currency crises and systemic risk: Lessons from recent events, in: Economic Perspectives 24 (3), S. 9-28.

Kaufman, George G. (2014): Too big to fail in banking: What does it mean?, in: Journal of Financial Stability 13, S. 214-223.

Keeley, Michael C. (1990): Deposit Insurance, Risk, and Market Power in Banking, in: American Economic Review 80 (5), S. 1183-1200.

Kellermann, Kersten (2010): Too Big To Fail: Ein gordischer Knoten für die Finanzmarktaufsicht?, KOFL Working Papers No. 6, Vaduz.

Kenadjian, Patrick S. (2012): Too big to fail – Brauchen wir ein Sondersolvenz recht für Banken?, Berlin/Boston.

Kindleberger, Charles Poor (1996): Manias, panics, and crashes – A history of financial crises, 3. Aufl., New York.

Kindleberger, Charles Poor/Aliber, Robert Z. (2005): Manias, panics, and crashes – A history of financial crises, 5. Aufl., Hoboken.

Kirzner, Israel M. (1983): Die zentrale Bedeutung unternehmerischen Entdeckens, in: Zeitschrift für Wirtschaftspolitik 32, S. 207-224.

Kirzner, Israel M. (1985): Discovery and the capitalist process, Chicago.

Kleinow, Jacob/Horsch, Andreas (2014): The impact of state guarantees on banks' ratings and risk behaviour, in: Journal of Governance and Regulation 3 (2), S. 42-57.

Kleinow, Jacob/Nell, Tobias/Rogler, Silvia/Horsch, Andreas (2014): The value of being systemically important: event study on regulatory announcements for banks, in: Applied Financial Economics 24 (24), S. 1585-1604.

Kleinow, Jacob/Nell, Tobias (2015): Determinants of systemically important banks: the case of Europe, in: Journal of Financial Economic Policy, forthcoming.

Kleinow, Jacob/Horsch, Andreas/Garcia-Molina, Mario (2015a): Factors driving systemic risk of banks in Latin America, in: Journal of Economics and Finance, forthcoming.

Kleinow, Jacob/Horsch, Andreas/Garcia-Molina, Mario (2015b): Identification and Regulation of Systemically Important Financial Institutions in Latin America – A Primer, in: Brazilian Journal of Political Economy, forthcoming.

Kleinow, Jacob/Moreira, Fernando (2015): Systemic Risk, Contagion and Joint Default Probability: A Copula Approach, Working Paper, Freiberg/Edingburgh.

Kleinow, Jacob/Moreira, Fernando/Strobl, Sascha/Vähämaa, Sami (2015): Systemic risk: What do we actually measure?, Working Paper, Edinburgh/Freiberg/Vaasa.

Kleinow, Jacob/Morscher, Christof/Horsch, Andreas (2015): Systemrelevante Finanzinstitute, in: WiSt Wirtschaftswissenschaftliches Studium (2), S. 75-81.

Kleinow, Jacob/Horsch, Andreas/Morscher, Christof (2015): Too big to fail, in: WISO – Wirtschafts- und Sozialpolitische Zeitschrift 38 (1), S. 95-114.

Kleinow, Jacob (2016): Loss-absorbing capacity: The last remedy for European SIFI regulation?, in: Andaenas/Deipenbrock (eds.) Regulating and Supervising European Financial Markets. Risks and Achievements, New York, forthcoming.

KMV Inc. (1987): Probability of Loss on Loan Portfolio, San Francisco.

Kness-Bastaroli, Thesy (2015): Nach Kapitalerhöhung sucht MPS Partner, Börsenzeitung, 16.06.2015, S. 2.

Knight, Frank H. (1921): Risk, uncertainty and profit, Boston/New York.

Literaturverzeichnis

Knips, Susanne (2015): Bankanleihen und Bail-in-Regeln: Deutschland schafft Klarheit bei Haftungskaskade, Landesbank Hessen-Thüringen Research, 01.10.2015, Frankfurt.

Kolari, J. W./Pynnonen, S. (2010): Event Study Testing with Cross-sectional Correlation of Abnormal Returns, in: Review of Financial Studies 23 (11), S. 3996-4025.

Kolari, James W./Pynnonen, Seppo (2011): Nonparametric rank tests for event studies, in: Journal of Empirical Finance 18 (5), S. 953-971.

Körnert, Jan (1998): Dominoeffekte im Bankensystem – Theorien und Evidenz, Berlin (zugl: Freiberg, Univ., Diss, 1998).

Körnert, Jan (2012): Paradigmenwechsel in der deutschen Bankenregulierung. Zur Evolution eigenkapitalorientierter Solvabilitätsnormen in Theorie und Praxis seit 1850, in: Zeitschrift für das gesamte Handelsrecht und Wirtschaftsrecht 176, S. 96-127.

Kothari, Prasant S./Warner, Jerold B. (2007): Econometrics of Event Studies, in: Eckbo (ed.): Handbook of Corporate Finance, North-Holland, S. 4-32.

Kounadis, Gerry G. (2015): Legal and Compliance Aspects of "Financial Regulatory Overshooting" on Non-Financial Entities: the Case of European Market Infrastructure Regulation, in: Journal of International Banking Law & Regulation 30 (3), S. 59-61.

Kraay, Aart/Kaufmann, Daniel/Mastruzzi, Massimo (2010): The worldwide governance indicators – Methodology and analytical issues, World Bank, Washington, DC.

Krahnen, Jan P. (2006): Vertrauen schaffen durch Begrenzung systemischen Risikos: Das Beta-Verfahren, in: Zeitschrift für Wirtschaftspolitik 55, S. 54-60.

Krämer, Georg (2000): Ziele, Adressaten und Risiken der Bankenaufsicht, Aachen (zugl.: Saarbrücken, Univ., Diss., 2000).

Kregel, Jan (2009): Observation on the problem of "Too Big to Fail/Save/Resolve", in: Policy Note Levy Economics Institute of Bard College (11), S. 2-6.

Krivin, Dmitry/Patton, Robert/Rose, Erica/Tabak, David (2000): Determination of the Appropriate Event Window Length in Individual Stock Event Studies, National Economic Research Associate (NERA) Economic Consulting Paper, New York.

Kullrich, Antje (2014): HSBC Trinkaus kündigt Kapitalerhöhung an, Börsenzeitung, 25.09.2014, S. 3.

Kwan, Simon H./Laderman, Elisabeth S. (1999): On the Portfolio Effects of Financial Convergence – A Review of the Literature, in: Federal Reserve Bank of San Francisco Economic Review (2), S. 18-31.

Ladbury, Adrian (2015): Don't expect regulators & formulas to manage your risk says Van Hulle, European Risk Insurance Management News, 10.06.2015, commercialriskeurope.com/cre/4461/80/Don-t-expect-regulators-formulas-to-manage-your-risk-says-Van-Hulle/, geprüft am 24.10.2015.

Laeven, Luc/Levine, Ross (2009): Bank governance, regulation and risk taking, in: Journal of Financial Economics 93 (2), S. 259-275.

Lambert, Claudia (2015): Die Debatte um die Einlagensicherung: Hintergründe und Perspektiven, DIW Roundup 56, Berlin.

Lamdin, Douglas J. (2001): Implementing and interpreting event studies of regulatory changes, in: Journal of Economics and Business 53 (2-3), S. 171-183.

Lang, Gunnar/Schröder, Michael (2013): Do we need a separate banking system? An assessment, ZEW Discussion Paper No 13-011, Mannheim.

Lannoo, Karel/Groen, Willem Pieter de (2014): The ECB AQR and the EBA stress test: What will the numbers tell?, Brüssel.

Laware, John (1991): Statements to the Congress, in: Federal Reserve Bulletin 77 (7), S. 549-554.

Leathers, Charles G./Raines, J. Patrick (2004): Some Histroical Perspectives on "Too Big to Fail" Policies, in: Gup (ed.) Too big to fail – Policies and practices in government bailouts, Westport, Conn., S. 3-28.

Lee, Cheng-Few (1991): Markowitz, Miller, and Sharpe – The first nobel laureates in finance, in: Review of Quantitative Finance and Accounting 1 (2), S. 209-228.

Lee, Seung H. (2013): Systemic liquidity shortages and interbank network structures, in: Journal of Financial Stability 9 (1), S. 1-12.

Lehmann, Erich L. (2006): Nonparametrics – Statistical methods based on ranks, New York.

Lehmann, Matthias/Manger-Nestler, Cornelia (2014): Einheitlicher Europäischer Aufsichtsmechanismus: Bankenaufsicht durch die EZB, in: Zeitschrift für Bankrecht und Bankwirtschaft 26 (1), S. 2-21.

Lenzu, Simone/Tedeschi, Gabriele (2012): Systemic risk on different interbank network topologies, in: Physica A: Statistical Mechanics and its Applications 391 (18), S. 4331-4341.

Liikanen, Erkki/Bänziger, Hugo/Campa, José M./Gallois, Luis/Goyens, Monique/Krahnen, Jan P./Mazzucchelli, Marco/Sergeant, Carol/Tuma, Zdenek/Vanhevel, Jan/Wijffels, Herman (2012): High-level Expert Group on reforming the structure of the EU banking sector, Brüssel.

Lintner, John (1965a): Security Prices, Risk, and Maximal Gains From Diversification, in: Journal of Finance 20 (4), S. 587-615.

Lintner, John (1965b): The Valuation of Risk Assets and the Selection of Risky Investments in Stock Portfolios and Capital Budgets, in: The Review of Economics and Statistics 47 (1), S. 13-37.

Liu, Xian/Engel, Charles E. (2016): Methods and Applications of Longitudinal Data Analysis, Amsterdam.

Lopez, Jose A. (1999): Using CAMELS Ratings to Monitor Bank Conditions, in: Federal Reserve Bank of San Francisco Economic Letters 19 (Juni) frbsf.org/economic-research/publications/economic-letter/1999/june/using-camels-ratings-to-monitor-bank-conditions/, geprüft am 25.10.2015.

Lord Kelvin (1883): Electrical units of measurement, Vortrag 03.05.1883, Nachdruck erschienen in: Thomson, William (eds.) 2011, Popular Lectures and Addresses, Cambridge, S. 73-136.

Lumley, Thomas/Diehr, Paula/Emerson, Scott/Chen, Lu (2002): The importance of the normality assumption in large public health data sets, in: Annual review of public health 23, S. 151-169.

Macey, Jonathan R. (1988): Market Discipline by Depositors: A Summary of the Theoretical and Empirical Arguments, in: Yale Journal of Regulation 5, S. 215-239.

Makrose, Sheri/Giansante, Simone/Gatkowski, Mateusz/Shaghaghi, Ali R. (2009): Too interconnected to fail: Financial contagion and systemic risk in network model of CDS and other credit enhancement obligations of US banks, Discussion Paper No. 683 University of Essex, Colchester.

Markowitz, Harry (1952): Portfolio Selection, in: Journal of Finance 7 (1), S. 77-91.

Marquaridt, Donald W. (1970): Generalized Inverses, Ridge Regression, Biased Linear Estimation, and Nonlinear Estimation, in: Technometrics 12 (3), S. 591-612.

Martínez-Jaramillo, Serafín/Pérez, Omar P./Embriz, Fernando A./Dey, Fabrizio L. (2010): Systemic risk, financial contagion and financial fragility, in: Journal of Economic Dynamics and Control 34 (11), S. 2358-2374.

McAndrews, James J./Morgan, Donald P./Santos, João A./Yorulmazer, Tanju (2014): What Makes Large Bank Failures So Messy, and What to Do About It?, in: FRBNY Economic Policy Review December, S. 229-224.

McFadden, Daniel (1977): Quantitative Methods for Analyzing Travel Behaviour of Individuals: Some Recent Developments, in: Henscher, Stopher (eds.) Behavioural Travel Modelling, London, S. 279-318.

McWilliams, Abagail/Siegel, Donald (1997): Event Studies in Management Research: Theoretical and Empirical Issues, in: Academy of Management Journal 40 (3), S. 626-657.

Menard, Scott (1995): Applied Logistic Regression Analysis, Thousand Oaks, CA.

Mendonça, Helder/Galvão, Délio/Loures, Renato (2013): Credit and bank opaqueness: How to avoid financial crises?, in: Economic Modelling 33, S. 605-612.

Mengle, David L. (1985): Daylight Overdrafts and Payment System Risks, in: Economic Review Federal Reserve Richmond (May/June), S. 14-27.

Merton, Robert C. (1974): On the Pricing of Corporate Debt: The Risk Structure of Interest Rates, in: Journal of Finance 29 (2), S. 449-470.

Merton, Robert C. (1977): An analytic derivation of the cost of deposit insurance and loan guarantees – An application of modern option pricing theory, in: Journal of Banking & Finance 1, S. 3-11.

Meyer zu Selhausen, Hermann (2004): Das Modellrisiko der Kreditportfoliorisikomodelle – Konzeptionalisierung und Ursachen, in: Lohmann et al. (eds.) Banken, Finanzierung und Unternehmensführung, Festschrift für Karl Lohmann zum 65. Geburtstag, Berlin, S. 273-296.

Milgrom, Paul/Roberts, John (1995): Complementarities and fit Strategy, structure, and organizational change in manufacturing, in: Journal of Accounting and Economics 19, S. 179-208.

Mises, Ludwig von (1940): Nationalökonomie – Theorie des Handelns und des Wirtschaftens, Genf.

Mises, Ludwig von (1949): Human Action, 4. Aufl., New Haven.

Mishkin, Frederic S. (1995): Comment on Systemic Risk, in: Kaufmann: Research in Financial Services: Banking, financial markets, and systemic risk, Greenwich, S. 31-45.

Modigliani, Franco/Miller, Merton H. (1958): The Cost of Capital, Corporation Finance and the Theory of Investment, in: American Economic Review 48 (3), S. 261-297.

Mollenkamp, Carrick/Whitehouse, Mark/Hilsenrath, Jon/Dugan, Ianthe J. (2008): Lehman's Demise Triggered Cash Crunch Around Globe, Wall Street Journal online, 28.09.2008.

Moody's (2011): Weekly Credit Outlook, 25. Juli 2011, New York.

Moody's (2015): Rating Symbols and Definitions, New York.

Moosa, Imad A. (2010): The Myth of Too Big To Fail, Basingstoke.

Morgan, Donald P. (2002): Rating Banks: Risk and Uncertainty in an Opaque Industry, in: American Economic Review 92 (4), S. 874-888.

Morgan, Donald P./Stiroh, Kevin (2005): Too Big to Fail after All These Years, Federal Reserve Bank of New York Staff Reports, New York.

Morrison, Alan D. (2011): Systemic risks and the "too-big-to-fail" problem, in: Oxford Review of Economic Policy 27 (3), S. 498-516.

Moss, David A. (2009): An Ounce of Prevention – The Power of Public Risk Management in Stabilizing the Financial System, Working Paper 09-087 Harvard Busniness School, Cambridge.

Mossin, Jan (1966): Equilibrium in a Capital Asset Market, in: Econometrica 34 (4), S. 768-783.

Nagel, Joachim/Waßner, Theo (2014): Die Liko-Bank: ein Nachruf, in: Zeitschrift für das gesamte Kreditwesen (15), S. 576f.

National Commission on the Causes of the Financial and Economic Crisis in the United States (2011): Financial crisis inquiry report, Washington, DC.

Nelsen, Roger B. (2006): An introduction to copulas, 2. Aufl., New York.

Neretina, Ekaterina/Sahin, Cenkhan/Haan, Jakob de (2014): Banking stress test effects on returns and risks, DNB Working Paper No. 419, De Nederlandsche Bank NV, Amsterdam.

Neubacher, Bernd (2015): Warten auf die TLAC-Vorgaben geht weiter, Börsenzeitung, 29.09.2015, S. 3.

Newman, Mark E. (2010): Networks – An introduction, Oxford/New York.

Nicoló, G. de/Loukoianova, E. (2007): Bank Ownership, Market Structure and Risk, IWF Working Paper WP/07/215, Washington, DC.

Nier, Erlend/Baumann, Ursel (2006): Market discipline, disclosure and moral hazard in banking – Basel II: Accounting, Transparency and Bank Stability, in: Journal of Financial Intermediation 15 (3), S. 332-361.

Nier, Erlend/Yang, Jing/Yorulmazer, Tanju/Alentorn, Amadeo (2007): Network models and financial stability, in: Journal of Economic Dynamics and Control 31 (6), S. 2033-2060.

North, Douglass C. (1990): Institutions, institutional change and economic performance, Cambridge.

Noteboom, Bart (2014): How Markets Work and Fail, and What to Make of Them, Cheltenham.

o. V. (2008): European Banks: Too Big to Rescue?, Wall Street Journal online, 22.09.2008, blogs.wsj.com/economics/2008/09/22/european-banks-too-big-to-rescue/, geprüft am 24.10.2015.

o. V. (2012): 36 Banken müssen Testament für Krisenfall vorlegen, Reuters Deutschland online, welt.de/wirtschaft/article112089770/36-Banken-muessen-Testament-fuer-Krisenfall-vorlegen.html, geprüft am 28.08.2015.

o. V. (2013): Einigung bei Bankenaufsicht: „Größter Schritt zu mehr Integration seit dem Euro", Handelsblatt online, 19.03.2013., handelsblatt.com/politik/international/einigung-bei-bankenaufsicht-groesster-schritt-zu-mehr-integration-seit-dem-euro/7952398.html, geprüft am 16.10.2015.

o. V. (2015a): Banking and nothingness, The Economist vom 17.10.2015, economist.com/news/finance-and-economics/21674778-europes-dithering-banks-are-losing-ground-their-decisive-american-rivals-banking, geprüft am 24.10.2015.

o. V. (2015b): EZB-Aufseherin: Europas Banken müssen wieder Stresstest bestehen, FAZ online, 07.06.2015, faz.net/-gv6-847s8, geprüft am 11.10.2015.

o. V. (2015c): Finanzindustrie will eine vertiefte Währungsunion, Börsenzeitung, 21.07.2015, S. 6.

O'Brien, Robert M. (2007): A Caution Regarding Rules of Thumb for Variance Inflation Factors, in: Quality & Quantity 41 (5), S. 673-690.

OECD (2014): Economic Surveys – Netherlands 2014, Paris.

O'Hara, Maureen/Shaw, Wayne (1990): Deposit Insurance and Wealth Effects: The Value of Being "Too Big to Fail", in: Journal of Finance 45 (5), S. 1587-1600.

Oh, Dong Hwan/Patton, Andrew J. (2013): Time-Varying Systemic Risk: Evidence from a Dynamic Copula Model of CDS Spreads, Economic Research Initiatives at Duke (ERID) Working Paper No. 167, Durham.

Ohler, Christoph (2015): Bankenaufsicht und Geldpolitik in der Währungsunion, München.

Oordt, Maarten R. van (2014): Securitization and the dark side of diversification, in: Journal of Financial Intermediation 23 (2), S. 214-231.

Österreichische Nationalbank (2014): Stress testing, Guidelines to market risk, Wien.

Ötker-Robe, İnci/Narain, Aditya/Ilyina, Anna/Surti, Jay (2011): The Too-Important-to-Fail Conundrum: Impossible to Ignore and Difficult to Resolve; IMF Staff Discussion Notes SDN/11/12, Washington, DC.

Overbeck, Ludger (2005): Credit Risk Portfolio Modeling: An Overview, in: Frenkel et al. (eds.) Risk management – Challenge and opportunity, Berlin/New York, S. 197-217.

Packer, Frank/Tarashev, Nikola (2011): Rating methodologies for banks, in: BIS Quarterly Review (4), S. 39-52.

Pakin, Nizan (2013): The Case Against the Dodd-Frank Act's Living Wills: Contingency Planning Following the Financial Crisis, in: Berkeley Business Law Journal 9 (1), S. 29-93.

Paltalidis, Nikos/Gounopoulos, Dimitrios/Kizys, Renatas/Koutelidakis, Yiannis (2015): Transmission Channels of Systemic Risk and Contagion in the European Financial Network, in: Journal of Banking & Finance, forthcoming.

Partnoy, Fraiml (2000): Why Markets Crash and What Law Can Do About It, in: University of Pittsburgh Law Review 61, S. 741-817.

Perotti, Enrico/Ratnovski, Lev/Vlahu, Razvan (2011): Capital Regulation and Tail Risk, IMF Working Paper 11/188, Washington, DC.

Petrella, Giovanni/Resti, Andrea (2013): Supervisors as information producers: Do stress tests reduce bank opaqueness?, in: Journal of Banking & Finance 37 (12), S. 5406-5420.

Pflock, Thomas Martin (2014): Europäische Bankenregulierung und das "Too big to fail-Dilemma", Berlin (zugl.: Tübingen, Univ., Diss., 2014).

Philippas, Dionisis/Siriopoulos, Costas (2013): Putting the "C" into crisis: Contagion, correlations and copulas on EMU bond markets, in: Journal of International Financial Markets, Institutions and Money 27, S. 161-176.

Pianeti, Riccardo (2014): Essays in Systemic Risk and Contagion (zugl.: Bergamo, Univ., Diss., 2013).

Literaturverzeichnis

Pigou, Artur C. (1932): The Economics of Welfare, 3. Aufl., London.

Pikulina, Elena/Renneboog, Luc/Ter Horst, Jenke/Tobler, Philippe N. (2014): Bonus schemes and trading activity, in: Journal of Corporate Finance 29, S. 369-389.

Polk, Davis (2014): U.S. Bank Holding Companies: Overview of Dodd-Frank Enhanced Prudential Standards Final Rule, New York.

Pop, Adrian/Pop, Diana (2009): Requiem for market discipline and the specter of TBTF in Japanese banking, in: The Quarterly Review of Economics and Finance 49 (4), S. 1429-1459.

Porter, Gary E./Roenfeldt, Rodney L./Sicherman, Neil W. (1999): The Value of Open Market Repurchases of Closed‐End Fund Shares, in: The Journal of Business 72 (2), S. 257-276.

PriceWaterhouseCoopers (2014a): First take: TLAC, New York.

PriceWaterhouseCoopers (2014b): Ten key points from Basel's final NSFR, New York.

Professoren-Arbeitsgruppe (1981): Zur Bestimmung des "haftenden Eigenkapitals" von Kreditinstituten. Stellungnahme einer Professoren-Arbeitsgruppe zum Bericht der Studienkommission "Grundsatzfragen der Kreditwirtschaft", in: Schriftenreihe des Bundesministeriums der Finanzen (28).

Professoren-Arbeitsgruppe (1987): Bankaufsichtsrechtliche Begrenzung des Risikopotentials von Kreditinstituten. Ein Reformvorschlag., in: Die Betriebswirtschaft 47 (3), S. 285-302.

Prokopczuk, Marcel (2009): Essays on Systemic Risk (zugl.: Mannheim, Univ., Diss., 2009).

Pukropski, Tobias (2013): Regulierung von Ratingagenturen als Reaktion auf die Finanzkrise: die europäische Ratingverordnung 1060/2009 vor dem Hintergrund von Fehlentwicklungen auf dem Ratingmarkt, Münster (zugl.:, Bonn, Univ., Diss., 2013).

Quijano, Margot (2014): Information asymmetry in US banks and the 2009 bank stress test, in: Economics Letters 123 (2), S. 203-205.

Raffestin, Louis (2014): Diversification and systemic risk, in: Journal of Banking & Finance 46, S. 85-106.

Randell, Charles (2012): Triggers for bank resolution, in: Kenadjian (ed.)Too Big To Fail – Brauchen wir ein Sonderinsolvenzrecht für Banken?, Berlin, S. 105-128.

Reich, Robert B./Donahue, John D. (1985): Lessons from the Chrysler bailout, in: California Management Review 27 (4), S. 157-183.

Remsperger, Hermann (2010): Ökonomenstimme: Basel III: Unvollendet, aber nicht allein, 13.10.2010, oekonomenstimme.org/artikel/2010/10/basel-iii-unvollendet-aber-nicht-allein/, geprüft am 20.10.2015.

Rengier, Lukas (2014): Too Big to Fail als Frage des Kartellrechts, Wettbewerbseffekte, Fusionskontrolle und Entflechtung, Baden-Baden (zugl.: Bonn, Univ., Diss., 2013).

Resti, Andrea/Sironi, Andrea (2005): The Basel Committee Approach To Risk-Weights And External Ratings: What Do We Learn From Bond Spreads?, Working Paper 548 Banca D'Italia, Università Commerciale Luigi Bocconi, Mailand.

Richter, Rudolf (1990): Banking regulation as seen by the New Institutional Economics, in: Furubotn/Richter (eds.) The economics and law of banking regulation, Saarbrücken, S. 135-160.

Rime, Bertrand (2005): Do too big to fail expectations boost large banks issuer ratings? , Schweizerische Nationalbank, Zürich.

Rochet, Jean-Charles/Tirole, Jean (1996): Interbank Lending and Systemic Risk, in: Journal of Money, Credit and Banking 28 (4), S. 733-762.

Rodríguez-Moreno, María/Peña, Juan Ignacio (2013): Systemic risk measures: The simpler the better?, in: Journal of Banking & Finance 37 (6), S. 1817-1831.

Roman, Angela/Şargu, Alina C. (2013): Analysing the Financial Soundness of the Commercial Banks in Romania – An Approach based on the Camels Framework, in: Procedia Economics and Finance 6, S. 703-712.

Rosengren, Eric S. (2010): Asset Bubbles and Systemic Risk, FED Boston, Boston.

Ross, Stephen A. (1976): The arbitrage theory of capital asset pricing, in: Journal of Economic Theory 13 (3), S. 341-360.

Roth, Michael (1994): "Too-big-to-fail" and the stability of the banking system: Some insights from foreign countries, in: Business economics 29 (4), S. 43-49.

Royal Swedish Academy of Sciences (1990): The Prize in Economics 1990, Pressemitteilung, 16.10.1990, Stockholm.

Rudolph, Bernd (2006): Unternehmensfinanzierung und Kapitalmarkt, Tübingen.

Rudolph, Bernd (2010): Bankenregulierung nach der Finanzkrise, in: Grundmann/Haar/Merkt et al. (eds.) Unternehmen, Markt und Verantwortung- Festschrift für Klaus J. Hopt zum 70. Geburtstag am 24. August 2010, Berlin, S. 2407-2425.

S&P Dow Jones Indices (2015): S&P Global 1200 – Methodology, New York.

Sachverständigenrat zur Begutachtung der gesamtwirtschaftlichen Entwicklung (2008): Jahresgutachten 2008/2009, Wiesbaden.

Sachverständigenrat zur Begutachtung der gesamtwirtschaftlichen Entwicklung (2009): Jahresgutachten 2009/2010, Wiesbaden.

Sachverständigenrat zur Begutachtung der gesamtwirtschaftlichen Entwicklung (2011): Jahresgutachten 2011/2012, Wiesbaden.

Sahut, Jean-Michel/Mili, Mehdi (2011): Banking distress in MENA countries and the role of mergers as a strategic policy to resolve distress, in: Economic Modelling 28, S. 138-146.

Santomero, Anthony M./Watson, Ronald D. (1977): Determining an Optimal Capital Standard for the Banking Industry, in: Journal of Finance 32, S. 1267-1282.

Sarbu, Sorana/Schmitt, Claus/Uhrig-Homburg, Marliese (2013): Market expectations of recovery rates, Working paper KIT, Karlsruhe.

Sauernheimer, Karlhans (2011): Greece: Bail-out Packages, Current Account and Foreign Debt, in: CESifo Forum (4), S. 37-43.

Schäfer, Alexander/Schnabel, Isabel/Weder di Mauro, Beatrice (2015): Financial Sector Reform after the Subprime Crisis: Has Anything Happened?, in: Review of Finance, forthcoming.

Schäfer, Dorothea (2013): Nachhaltige Finanzmärkte: Finanztransaktionssteuer und hohe Eigenkapitalpuffer sind unverzichtbar, in: DIW Wochenbericht (8), S. 3-9.

Schäfer, Dorothea (2014): Vor dem Stresstest: Staaten retten die Banken – wieder einmal, in: DIW Wochenbericht 81 (30), S. 736.

Schäfer, Thilo (2015): Europas Banken rekapitalisieren sich – Santander gibt Marschroute vor, Börsenzeitung, 13.01.2015, S. 2.

Schich, Sebastian/Lindh, Sofia (2012): Implicit guarantees for bank debt: Where do we stand?, in: OECD Journal: Financial Market Trends 2012 (1), S. 1-22.

Schieber, Jörg: Konzern, Konzernrecht und Konzernfinanzierung – Das Aufsichtsrecht der Finanzdienstleistungsunternehmen im Spannungsverhältnis zwischen Gruppen- und Einzelinstitutsaufsicht, Berlin (zugl.: Darmstadt, Univ., Diss., 1998).

Schildbach, Jan (2009): Global banking trends after the crisis, Deutsche Bank Research, Frankfurt.

Schildbach, Jan (2013): Bank performance in the US and Europe: An ocean apart, Deutsche Bank Research, Frankfurt.

Schiltz, Christoph B. (2011): Härte gegen Griechen aus Sorge um Italien, Die Welt onlinen, 11.07.2011, www.welt.de/print/die_welt/wirtschaft/article13479660/Haerte-gegen-Griechen-aus-Sorge-um-Italien.html, geprüft am 11.10.2015.

Schmidheiny, Kurt (2014): Panel Data: Fixed and Random Effects, Universität Basel, Basel.

Schneider, Dieter (2011): Betriebswirtschaftslehre als Einzelwirtschaftstheorie der Institutionen, Wiesbaden.

Literaturverzeichnis 285

Schoenmaker, Dirk (2010): Burden sharing for cross-border banks, in: Estabilidad Financiera (18), S. 33-47.

Schönfelder, Bruno (1991): Theorien über Schalterstürme und geeignete Gegenmaßnahmen – Eine kritische Analyse, in: Kredit und Kapital (4), S. 508-523.

Schönfelder, Bruno (2012): Vom Spätsozialismus zur Privatrechtsordnung – Eine Untersuchung über die Interdependenz zwischen Recht und Wirtschaft am Beispiel von Gläubigerschutz und Kredit, Berlin.

Schröder, Michael (2013): Trennbanken – Eine analytische Bewertung von Trennbankelementen und Trennbankensystemen im Hinblick auf Finanzmarktstabilität, Abschlussbericht für den Bundesverband Öffentlicher Banken Deutschlands, Berlin.

Schuermann, Til (2013): Stress Testing Banks, Wharton Financial Institutions Center Working Paper, Pensylvania.

Schumann, Harald (2013): Staatsgeheimnis Bankenrettung, Tagesspiegel online, 24.02.2013, www.tagesspiegel.de/wirtschaft/eurokrise-staatsgeheimnis-bankenrettung/7826402.html, geprüft am 11.10.2015.

Schumpeter, Joseph A. (1934): The theory of economic development, Cambridge.

Schumpeter, Joseph A. (1992): Capitalism, socialism, and democracy, London/New York.

Schwarcz, Steven L. (2011): Identifying and Managing Systemic Risk: An Assessment of our Progress, in: Harvard Business Law Review online 1, S. 94-104.

Securities Exchange Commission (2014): Annual Report on Nationally Recognized Statistical Rating Organizations, Washington, DC.

Sharifova, Manizha (2014): Essays on Measuring Systemic Risk, Santa Cruz (zugl.: California Santa Cruz, Univ., Diss., 2014).

Sharpe, William F. (1964): Capital Asset Prices: A Theory of Market Equilibrium under Conditions of Risk, in: Journal of Finance 19 (3), S. 425-442.

Sheskin, David J. (2011): Handbook of parametric and nonparametric statistical procedures, 5. Aufl., Boca Raton.

Silk, Leonard/Garvy, George/Weston, Fred J. (1971): The Industrial Economics Background of the Penn Central Bankruptcy, in: Journal of Finance 26 (2), S. 311-326.

Sironi, Andrea (2003): Testing for Market Discipline in the European Banking industry: Evidence from Subordinated Debt Issues, in: Journal of Money, Credit and Banking 35 (3), S. 443-470.

Sklar, Abe (1959): Fonctions de répartition à n dimensions et leurs marges, in: Publications de l'Institut de Statistique de L'Université de Paris 8, S. 229-231.

Smith, Roy C./Walter, Ingo (2006): Four Year After Enron: Assessing the Financial-Market Regulatory Cleanup, in: The Independent Review 11 (Summer), S. 53-66.

Snijders, Tom A. (2011): Statistical Methods: Robustness, University of Oxford Notes, Oxford.

Soussa, Farouk (2000): Too Big to Fail – Moral Hazard and Unfair Competition, Bank of England, London.

Souza, Sergio R./Tabak, Benjamin M./Silva, Thiago C./Guerra, Solange M. (2015): Insolvency and contagion in the Brazilian interbank market, in: Physica A: Statistical Mechanics and its Applications 431, S. 140-151.

Souza, Sergio R. de (2014): Capital Requirements, Liquidity and Financial Stability: the case of Brazil, Working Paper 375 Banco Central do Brasil, Brasilia.

Sprague, I. (1986): Silent partners – Uncle Sam's compact with the big banks, in: Bankers Monthly 103 (November), S. 28-30.

Standard & Poor's (2015): Standard & Poor's Ratings Definitions, New York.

Steffen, Sascha (2014): Robustness, Validity and Significance of the ECB's AQR and Stress Test Exercise, Brüssel.

Steinberg, Manfred (1984): Die Mehrfachbelegung des haftenden Eigenkapitals durch Bank-an-Bankbeteiligungen, Universität Erlangen-Nürnberg, Nürnberg.

Stern, Gary H./Feldman, Ron J. (2004): Too big to fail – The hazards of bank bailouts, Washington, DC.

Stevens, E. J. (1984): Risk in Large-Dollar Transfer Systems, in: Economic Review Federal Reserve Cleveland (Fall), S. 2-16.

Stiglitz, Joseph E./Weiss, Andrew (1981): Credit Rationing in Markets with Imperfect Information, in: The American Economic Review 71 (3), S. 393-410.

Stokey, Edith/Zeckhauser, Richard (1978): A primer for policy analysis, New York.

Stoltenberg, Silke (2014): DZ Bank glückt historische Milliarden-Kapitalerhöhung, Börsenzeitung, 08.07.2014, S. 1.

Storm, Regina (2001): Wahrscheinlichkeitsrechnung, mathematische Statistik und statistische Qualitätskontrolle, 11. Aufl., München/Wien.

Stoxx (2015): STOXX® Global 3000 Banks, Zürich, www.stoxx.com/indices/index_information.html?symbol=SXG83P, geprüft am 30.08.2015.

Streissler, Erich W. (2000): Internationale Finanzmärkte aus einer von Hayek inspirierten Sicht, in: ORDO – Jahrbuch für die Ordnung von Wirtschaft und Gesellschaft (51), S. 75-96.

Stuwe, Alexander/Weiß, Mirko/Philipper, Jürgen (2012): Ratingagenturen – Sind sie notwendig, überflüssig, notwendiges Übel oder schädlich? , Friedrich Ebert Stiftung, Bonn.

Süchting, Joachim/Paul, Stephan (1998): Bankmanagement, 4. Aufl., Stuttgart.

Swary, Itzhak (1986): Stock Market Reaction to Regulatory Action in the Continental Illinois Crisis, in: Journal of Business 59 (3), S. 451-473.

Szegö, Giorgio (2002): Measures of risk, in: Journal of Banking & Finance 26, S. 1253-1272.

Tabak, Benjamin M./Fazio, Dimas M./Cajueiro, Daniel O. (2013): Systemically important banks and financial stability: The case of Latin America, in: Journal of Banking & Finance 37 (10), S. 3855-3866.

Tasca, Paolo/Mavrodiev, Pavlin/Schweitzer, Frank (2014): Quantifying the impact of leveraging and diversification on systemic risk, in: Journal of Financial Stability 15, S. 43-52.

Tavolaro, Santiago/Visnovsky, Frédéric (2014): What is the information content of the SRISK measure as a supervisory tool?, Débats économiques et financiers N°10 Banque de France, Paris.

Taylor, John (2009): Systemic Risk and the Role of Government, Dinner Keynote Speech Conference on Financial Innovation and Crises, Federal Reserve Bank of Atlanta, Jekyll Island.

Thiele, Alexander (2014): Finanzaufsicht – Der Staat und die Finanzmärkte, Tübingen.

Thomson, James B. (2009): On Systemically Important Financial Institutions and Progressive Systemic Mitigation, FRB of Cleveland Policy Discussion Paper No. 7, Cleveland.

Tokat, Yesim/Rachev, Svetlozar T./Schwartz, Eduardo S. (2003): The stable non-Gaussian asset allocation – A comparison with the classical Gaussian approach, in: Journal of Economic Dynamics and Control 27 (6), S. 937-969.

Torres-Reyna, Oscar (2007): Panel Data Analysis Panel Data Analysis – Fixed and Random Effects using Stata, Princeton University, Princeton.

Trautwein, Friedrich (1990): Merger motives and merger prescriptions, in: Strategic Management Journal 11 (4), S. 283-295.

Treynor, Jack L. (1962): Toward a Theory of Market Value of Risky Assets, unveröffentlichtes Manuskript, eine Endversion wurde erst 1999 veröffentlicht, in: Korajczyk (ed.): Asset pricing and portfolio performance – Models, strategy, and performance metrics, London, S. 15-22.

Turk, George/Swicegood, Philip (2012): Assessing The Market's Reaction To The Dodd-Frank Act, in: Journal of Business & Economics Research 10 (10), S. 569-578.

U.S. Congress-House of Representatives-Committee on Banking, Finance and Urban Affairs (1984): Inquiry into Continental Illinois Corp. and Continental Illinois National Bank, Hearing, Washington, DC.

Ueda, Kenichi/Weder di Mauro, Beatrice (2013): Quantifying structural subsidy values for systemically important financial institutions, in: Journal of Banking & Finance 37 (10), S. 3830-3842.

Literaturverzeichnis 287

Uhde, André/Heimeshoff, Ulrich (2009): Consolidation in banking and financial stability in Europe: Empirical evidence, in: Journal of Banking & Finance 33 (7), S. 1299-1311.

US Federal Deposit Insurance Corporation (FDIC) und Federal Financial Institutions Examination Council (FFIEC) (2015): BHCPR Peer Group Average Reports Page, ffiec.gov/nicpubweb/content/BHCPRRPT/BHCPR_Peer.htm, geprüft am 28.05.2015.

Vallascas, Francesco/Keasey, Kevin (2012): Bank resilience to systemic shocks and the stability of banking systems: Small is beautiful, in: Journal of International Money and Finance 31 (6), S. 1745-1776.

Varotto, Simone/Zhao, Lei (2014): Systemic Risk in the US and European Banking Sectors, Working Paper ICMA Centre, Reading.

Viscusi, W. Kip/Harrington, Joseph E./Vernon, John M. (2005): Economics of regulation and antitrust, 4. Aufl., Cambridge.

Vishvanatha, Aruna/Hope, Bradley/Albanese, Chiara (2015): "Flash Crash" Trader Sarao Accused Rivals of Misconduct, Wall Street Journal online, 13.05.2015, wsj.com/articles/trader-accused-in-flash-crash-accused-rivals-of-misconduct-1431556193, geprüft am 17.06.2015.

Völz, Manja/Wedow, Michael (2009): Does banks size distort market prices? Evidence for too-big-to-fail in the CDS market, Working Paper Deutsche Bundesbank, Frankfurt.

Wallenborn, Ingo/Brisbois, Esther (2014): Abwicklung – Zusätzliche Kapitalanforderungen für global systemrelevante Institute. Grenzüberschreitende Anerkennung von Anordnungen, in: BaFinJournal (12), S. 27-32.

Watts, Duncan (2009): Too Big to Fail? How About Too Big to Exist?, in: Harvard Business Review 87 (6), S. 16.

Webber, Lewis/Willison, Matthew (2011): Systemic capital requirements, in: BIS Papers (60), S. 44-50.

Weder di Mauro, Beatrice (2010): Taxing Systemic Risk: Proposal for a Systemic Risk Levy and a Systemic Risk Fund, Working Paper Universität Mainz, Mainz.

Weidmann, Jens (2013): Wo liegt aus Sicht der Bundesbank Handlungsbedarf bei der Bankenaufsicht und Bankenregulierung, Rede beim Club Hamburger Wirtschaftsjournalisten, 30.08.2013, Hamburg.

Weiß, Gregor/Bostandzic, Denefa/Neumann, Sascha (2014): What factors drive systemic risk during international financial crises?, in: Journal of Banking & Finance 41, S. 78-96.

Weistroffer, Christian (2011): Systemisch relevante Finanzinstitute (SIFIs) – Wie misst man systemische Relevanz?, Deutsche Bank Research, Frankfurt.

Weitzel, Jan (2014): Die ökonomische Bedeutung des Bankensektors unter Berücksichtigung der "Too-Big-to-Fail"-Doktrin – Theoretische Zusammenhänge, empirische Erkenntnisse und ordnungspolitische Lösungsansätze, Göttingen (zugl.: Münster, Univ., Diss., 2014).

Welch, Bernard L. (1947): The generalization of "student's" problem when several different popoulation variances are involved, in: Biometrika 34 (1/2), S. 28-35.

Weltbank (2005): Financial Sector Assessment, Washington, DC.

Wendt, Siegfried (1991): Nichtphysikalische Grundlagen der Informationstechnik – Interpretierte Formalismen, 2. Aufl., Berlin.

West, Robert Craig (1985): A factor-analytic approach to bank condition, in: Journal of Banking & Finance 9 (2), S. 253-266.

Wewel, Claudio N. (2014): Essays on systemic risk and stock market contagion (zugl.: Köln, Univ., Diss., 2013) Köln.

White, Halbert (1980): A Heteroskedasticity-Consistent Covariance Matrix Estimator and a Direct Test for Heteroskedasticity, in: Econometrica 48 (4), S. 817-838.

Wiemann, Markus (2013): Essays on the role of credit ratings in corporate finance, Hamburg (zugl.: Frankfurt, Univ., Diss, 2013).

Wieser, Friedrich von (1884): Über den Ursprung und die Hauptgesetze des wirthschaftlichen Werthes, Wien.

Literaturverzeichnis

Wieser, Friedrich von (1914): Theorie der gesellschaftlichen Wirtschaft, in: Grundriß der Sozialökonomik 1, S. 125-444.

Williamson, Oliver E. (1964): The economics of discretionary behavior: managerial objectives in a theory of the firm, Englewood Cliffs.

Williams, Richard (2015): Fixed Effects vs Random Effects Models, University of Notre Dame, Notre Dame.

Willke, Helmut/Becker, Eva/Rostásy, Carla (2013): Systemic Risk – The Myth of Rational Finance and the Crisis of Democracy, Frankfurt.

Wilson, Harry (2012): Banks are 'too big to prosecute', says FSA's Andrew Bailey, Telegraph UK online, 14.12.2012, telegraph.co.uk/finance/newsbysector/banksandfinance/9743839/Banks-are-too-big-to-prosecute-says-FSAs-Andrew-Bailey.html, geprüft am 24.10.2015.

Worrell, DeLisle (2004): Quantitative Assessment of the Financial Sector: An Integrated Approach, IMF Working Paper No. 04/153, Washington, DC.

Yellen, Janet L. (2013): Interconnectedness and Systemic Risk: Lessons from the Financial Crisis and Policy Implications, Speech at the American Economic Association/American Finance Association Joint Luncheon, 04.01.2013, San Diego.

Zhang, Zhaohui/Karim, Khondkar E. (2004): Is Too-Big-To-Fail Policy Effective for US Banks in an International Currency Crisis?, in: Review of Pacific Basin Financial Markets & Policies 7 (3), S. 311-333.

Zhou, Chen (2013): The impact of imposing capital requirements on systemic risk, in: Journal of Financial Stability 9 (3), S. 320-329.

Zimmer, Daniel (2010): Finanzmarktregulierung – Welche Regelungen empfehlen sich für den deutschen und europäischen Finanzsektor?, Gutachten E zum 68. Deutschen Juristentag, München.